FRANÇOIS Ier
ET LA RENAISSANCE

Auteur de trente-cinq ouvrages, essais, romans, biographies, prix Interallié en 2002, conteur de l'Histoire au présent, Gonzague Saint Bris a remporté un grand succès avec son *La Fayette*. Il organise chaque année en Touraine, à Chanceaux-près-Loches, « La forêt des livres » qui ouvre traditionnellement la rentrée littéraire.

Paru dans Le Livre de Poche :

L'ENFANT DE VINCI

LES VIEILLARDS DE BRIGHTON

GONZAGUE SAINT BRIS

François Ier
et la Renaissance

ÉDITIONS SW-TÉLÉMAQUE

© Éditions SW-Télémaque, 2008.
ISBN : 978-2-253-12913-4 – 1ʳᵉ publication LGF

SOMMAIRE

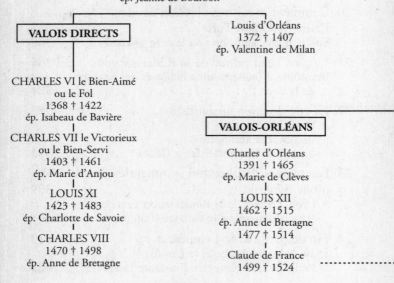

CHARLES V le Sage
1338 †1380
ép. Jeanne de Bourbon

VALOIS DIRECTS

Louis d'Orléans
1372 † 1407
ép. Valentine de Milan

CHARLES VI le Bien-Aimé
ou le Fol
1368 † 1422
ép. Isabeau de Bavière

CHARLES VII le Victorieux
ou le Bien-Servi
1403 † 1461
ép. Marie d'Anjou

VALOIS-ORLÉANS

Charles d'Orléans
1391 † 1465
ép. Marie de Clèves

LOUIS XI
1423 † 1483
ép. Charlotte de Savoie

LOUIS XII
1462 † 1515
ép. Anne de Bretagne
1477 † 1514

CHARLES VIII
1470 † 1498
ép. Anne de Bretagne

Claude de France
1499 † 1524 -----------------

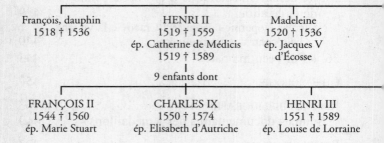

François, dauphin
1518 † 1536

HENRI II
1519 † 1559
ép. Catherine de Médicis
1519 † 1589

Madeleine
1520 † 1536
ép. Jacques V
d'Écosse

9 enfants dont

FRANÇOIS II
1544 † 1560
ép. Marie Stuart

CHARLES IX
1550 † 1574
ép. Elisabeth d'Autriche

HENRI III
1551 † 1589
ép. Louise de Lorraine

GÉNÉALOGIE SIMPLIFIÉE
DES VALOIS

VALOIS-ANGOULÊME

Jean d'Angoulême
† 1467
ép. Marguerite de Rohan

Charles d'Angoulême
† 1496
ép. Louise de Savoie
1476 † 1531

FRANÇOIS Ier
1494 † 1547

Charles d'Angoulême
duc d'Orléans
1522 † 1545

Marguerite
1523 † 1574
ép. Emmanuel-Philibert
de Savoie

Marguerite de Valois
duchesse d'Alençon
puis reine de Navarre
1492 † 1549
ép. Henri d'Albret

Jeanne d'Albret
1528 † 1572
ép. Antoine de Bourbon
roi de Navarre

HENRI IV
roi de France et de Navarre
1553 † 1610
ép. Marguerite de Valois
puis Marie de Médicis

Marguerite de Valois
dite la Reine Margot
1553 † 1615
ép. Henri IV
répudiée en 1599

LOUIS XIII

AVANT-PROPOS

« *L'immense alléluia de la Renaissance...* »

André Malraux.

La Renaissance est un moment exceptionnel de concordance des temps où, sous le prétexte de retour à l'antique, on crée le mouvement d'une ère nouvelle comme un futur chatoyant et multiple déjà présent, irradiant l'Europe d'un sentiment de naissance et de flamboyante jeunesse. Entre 1450 et le début du XVII\ :sup:`e` siècle, des êtres qui paraissent séparés par tant de frontières – rois, marchands, artistes, navigateurs, hommes de foi ou chefs de guerre – prennent conscience qu'ils vivent sur le même continent. C'est le temps où l'Italie surgit comme la nation des arts et le pays du commerce, avec ses artistes et ses architectes, avec ses villes libres et ses riches marchands, avec ses extravagantes cités : Milan, Mantoue, Bologne, Padoue, Venise, Gênes, Florence, Sienne, mais aussi Ferrare, Naples, Urbino, la cour la plus prestigieuse du *Quattrocento*, sans oublier Rome, où commence le règne des grands papes passionnés d'art et de culture.

À Rome, sous l'impulsion de Pie II et de Léon X, de nombreux vestiges de la capitale impériale sont mis au jour grâce à des fouilles consciencieuses. Voilà que les nobles italiens et les descendants de saint Pierre qui se succèdent collectionnent mosaïques et statues. Grâce aux livres et à la gravure, cette mode inattendue des chefs-d'œuvre antiques se répand dans toute l'Europe. Ces redécouvertes, qui donnent un cachet particulier à la Renaissance, connaissent une ampleur sans précédent quand, soucieux d'imiter la perfection de l'Antiquité, les maîtres tels Michel-Ange ou Raphaël produisent de nouveaux chefs-d'œuvre.

Au Moyen Âge, la diffusion du savoir n'existe que grâce à la patience des moines copistes qui, durant de longs mois, retranscrivent à la main livres et manuscrits. C'est au moment où l'industrie du papier et la métallurgie se développent, vers 1440, qu'un orfèvre de Mayence, Johannes Gensfleisch, surnommé Gutenberg, met au point des caractères mobiles en métal réutilisables à volonté. L'imprimerie prend son essor ; la feuille de papier est intensément pressée sur le cadre où sont placés les caractères enduits d'encre. Ainsi le texte se trouve-t-il fixé sur le papier.

C'est en 1456 que sort de l'atelier de Gutenberg une première Bible imprimée et tirée à trente exemplaires. La marche triomphale de l'imprimerie vient de commencer. Elle envahit l'Europe. Vingt millions d'ouvrages sont imprimés entre 1456 et 1500. La fin du Moyen Âge trouve en Italie les racines d'un monde nouveau. La France et l'Angleterre vivent les derniers soubresauts de la guerre de Cent Ans, et l'Europe est ravagée par la peste noire. Les châteaux forts font leurs adieux à un siècle d'hostilité, les caravelles des conquistadors prennent la haute mer, l'âge d'or des grandes découvertes a le vent en poupe. C'est parce que les routes terrestres sont sévèrement contrôlées par les Turcs que s'impose l'urgence d'ouvrir de nouvelles voies commerciales vers l'Orient.

Les progrès de la navigation favorisent les expéditions maritimes. Les Européens partent à la conquête d'horizons lointains et, croyant atteindre des mondes connus, en découvrent d'inexplorés. Christophe Colomb, convaincu d'avoir atteint les Indes par l'ouest, découvre l'Amérique en 1492. C'est en contournant l'Afrique que le Portugais Vasco de Gama parvient aux Indes en 1498. Quant à Magellan, il accomplit le premier tour du monde en 1519. Chargé par François Ier de trouver une route vers l'Asie par le nord-ouest, Jacques Cartier prend possession du Canada en 1534.

Partout règne le temps des échanges, et maintenant l'imprimerie fonde le monde moderne de la culture et de la communication. Tout se bouscule, et même les contraires semblent entrer en harmonie. Découverte du Nouveau Monde, naissance du capitalisme, avènement du mécénat, révélations coperniciennes, Réforme et Concordat, conquête italienne par les rois de France, élan artistique et mouvement littéraire. L'humanisme est incarné par des esprits libres ou des caractères têtus : Dante, Érasme, Marsile Ficin, Galilée, Luther, Marguerite de Navarre, Clément Marot, Michel-Ange, Ambroise Paré, Pic de La Mirandole, Rabelais, Raphaël, Ronsard, Léonard de Vinci. La péninsule italienne se compose alors de différents États. Entre eux commence le bal ardent des rivalités créatrices. Les royaumes voisins sont fascinés par ce pays divisé mais riche d'un si grand futur.

Plusieurs fois, la France tente d'envahir l'Italie et de se rendre maître des États les plus importants, incapable de résister à la tentation de s'emparer de cette mosaïque du désir : au nord, le duché de Milan, auquel les Visconti et les Sforza ont attaché leurs noms ; au sud, le royaume de Naples. En 1454, tout devient lisse et cohérent. Cela se passe à Lodi, une ville lombarde qui appartient aux Sforza. C'est là qu'est signé un traité qui met fin aux rivalités entre ces différents États. L'ample mouvement qui vient de naître souffle enfin en toute liberté dans les voiles de l'esprit. La paix et la prospérité cousinent alors avec l'innovation et le luxe. Gutenberg met les mots en ordre de marche, Colomb découvre l'Amérique, Copernic, passionné de mathématiques et d'astronomie, contemplant le mouvement des astres, démontre que la Terre tourne sur elle-même et autour du Soleil ; quant à Érasme, le Hollandais volant, il parcourt toute l'Europe, encourageant l'enseignement du grec, du latin, de l'hébreu, et fondant à Louvain le collège des trois langues.

Écrivains, philosophes et artistes répandent un idéal nouveau d'esprit et de beauté. Les érudits, à la suite de Pic de La Mirandole qui a énoncé que « l'on ne peut rien voir de plus admirable que l'homme », placent celui-ci au centre du monde. Ils ont pour le corps humain la plus grande admiration. Alors que Michel Servais découvre la circulation sanguine, l'art de la chirurgie fait un bond prodigieux avec Ambroise Paré, à qui l'on doit la mise en pratique de la ligature des artères.

C'est aussi le temps où la merveille de l'organisme humain échappe aux chirurgiens pour passionner les artistes ; les sculpteurs étudient l'anatomie, le mouvement et les proportions, afin de reproduire fidèlement dans le marbre et dans le bronze la souveraineté du corps et la splendeur de sa nudité. La peinture est en pleine révolution grâce à l'amélioration de la technique à l'huile et la découverte de la perspective. Les artistes offrent un nouveau regard sur les mouvements de la lumière et les jeux optiques de l'espace. Un cortège de chefs-d'œuvre consacre ces métamorphoses de la vision du monde, signés Léonard, Botticelli, Michel-Ange et Raphaël. Dans le même temps, on invente la trigonométrie, et les méthodes de calcul numérique et d'algèbre sont perfectionnées.

Mais la forme, l'âme, la finesse de la Renaissance, c'est à la souveraineté de la femme que nous les devons. Elle est à la fois signée par la grâce de l'intelligence et l'intelligence de la grâce. À l'avant-garde, Christine de Pisan, fille d'un médecin et astrologue italien, entrée au service du roi Charles V et première femme de lettres. C'est elle qui a ouvert la voie. Anne de Bretagne, qui possédait une galiote sur la Loire et une meute de vingt-quatre chiens, était surtout une lectrice d'élite. Elle se plongeait avec passion dans les ouvrages que son mari Charles VIII avait rapportés d'Italie. Suzanne Erker, qui dirigeait la fabrique de monnaies de Kutna Horse, près de Prague, montrait l'exemple, et Elisabeth Ire s'avérait l'un des plus grands monarques d'Angleterre. Sophie Paléologue, épouse d'Ivan III, faisait connaître la Renaissance italienne à Moscou, tandis que Lady Margaret Beaufort, mère d'Henri VII, fondait deux collèges à Cambridge et protégeait le premier imprimeur anglais, William Caxton. Quant à Marguerite d'Écosse, elle avait tant de respect pour le talent littéraire que lorsqu'elle vit le vieux poète de cour Alain Chartier endormi adossé sur un meuble ouvragé dans une embrasure de pierre, pour signifier à tous son admiration et son amour des belles-lettres, elle l'embrassa sur la bouche.

Que dire encore des trois dames du Clos-Lucé, ces égéries royales aux talents multiples : Anne de Bretagne, duchesse en sabots, Louise de Savoie, mère de François Ier, et Marguerite de Navarre, notre premier grand écrivain français.

Ainsi est née l'Europe des cultures, dans ces pays où les langues populaires se substituent au latin et deviennent des langues officielles. Machiavel écrit *Le Prince* en italien, le Don Quichotte de Cervantès parle l'espagnol, et les personnages de Shakespeare s'interpellent en anglais dans cet espace où un Médicis se sent plus florentin qu'italien, un Van Eyck plus brugeois que bourguignon ou allemand. Cette Allemagne de Luther, dont le mouvement de la Réforme touchera l'ensemble de l'Europe, est d'ailleurs elle-même intégrée à un empire dont les capitales sont en Flandre et en Espagne. En France, sept poètes, réunis sous le nom de « Pléiade » et menés par Pierre de Ronsard et Joachim du Bellay, s'emploient à défendre et à enrichir la langue française. François Rabelais publie les aventures de *Pantagruel* et *Gargantua*, et c'est sous le masque de la farce qu'il dénonce les guerres et l'ignorance des prêtres. Certains ont été jusqu'à discerner dans son œuvre une prédiction de la Révolution française. Enfin, Montaigne vint, prônant dans ses *Essais* une façon d'être favorable à la raison et privilégiant l'équilibre de vie.

Comme l'écrit Jean Delumeau, membre de l'Institut et professeur honoraire au Collège de France : « Le français acquiert véritablement ses lettres de noblesse avec Rabelais, la Pléiade et Ronsard. Calvin écrit le premier grand livre de théologie en français. Le *Roland furieux* (1516) de l'Arioste, rédigé en toscan, est un best-seller européen des XVIe et XVIIe siècles. Le toscan devient la langue de la péninsule avec l'Arioste, Machiavel et l'installation à Rome des papes Médicis. Le Siècle d'or commence en Espagne. Les *Lusiades* de Camoëns sont la principale épopée de la littérature portugaise. Luther traduit la Bible dans un allemand compréhensible par la majorité de ses concitoyens. La Renaissance se termine avec Shakespeare et Cervantès... Au xvie siècle, la langue internationale des cours n'est pas le latin, mais l'italien... Le sonnet, mis à la mode par Pétrarque puis introduit par Marot en France, par Garcilaso de la Vega en Espagne et Wyatt en Angleterre, n'est pas antique mais italien d'origine, ou peut-être provençal... » Les étudiants se rendent à pied d'une université à l'autre pour conquérir ce savoir qui illumine les plus belles des villes, de Cracovie à Bologne, de Bâle à Louvain et de Paris à Salamanque.

L'esprit de la Renaissance rayonne non seulement par la trinité de Florence, Rome et Venise, mais aussi à travers Lyon, Augsbourg, la ville des banquiers Fugger, Nuremberg, la cité de Dürer, Anvers, Prague, Cracovie, Lisbonne et Séville. Ce qu'il y a de magnifique dans cette période de la Renaissance, c'est qu'ils apparaissent tous en même temps : le Polonais Nicolas Copernic, l'Allemand Martin Luther... Parce qu'ils sont tous contemporains, artistes et souverains, commerçants et pèlerins, découvreurs et hommes d'Église. Cette concordance des temps alliée aux hasards de l'histoire dessine le destin de la Renaissance ; ils ont régné en même temps : François Ier de 1515 à 1547, Charles Quint de 1516 à 1556 et Soliman le Magnifique de 1520 à 1566. Le roi très-chrétien va s'allier au Commandeur des croyants, tandis que Venise maintient un *modus vivendi* avec Istanbul.

Il est une date qui appartient à la mémoire collective et qui a la particularité, une fois prononcée, de soulever clameurs et exclamations : 1515 ! Sans doute la plus connue de l'Histoire de France.

Mais 1515 n'est pas seulement l'année de la victoire

du roi chevalier contre les Suisses, avec l'aide des Vénitiens, sur un champ de bataille devenu aujourd'hui un échangeur d'autoroute...

1515 c'est aussi l'année de la conquête de la Mésopotamie par Sélim Ier. L'année où les Portugais s'installent en Chine.

L'année où, en Angleterre, Thomas Wolsey accède à la chancellerie et devient cardinal.

L'année où Thérèse d'Avila naît en Espagne.

L'année où sont fondées les premières villes en Amérique.

L'année où éclatent les révoltes paysannes en Suisse et en Autriche.

L'année où Luther commence à rédiger ses *Quatre-vingt-quinze thèses* contre le pape.

Charles de Habsbourg, le futur Charles Quint, le premier Européen des Temps modernes, préfère la bière au vin, passe sa vie à cheval et, entre ses conquêtes et ses voyages, souffre de la goutte, écrit ses mémoires. Il ne part jamais sans ses tableaux – dix Titien –, des livres, des tapisseries, et emmène toujours avec lui son brasseur. Après avoir été le maître du monde, il veut finir ses jours près de Dieu. À cinquante-cinq ans, il se retire dans un monastère. Ennemi juré de François Ier, principal rival du beau paladin, lecteur d'*Amadis de Gaule* – modèle du roman de chevalerie qui donne le ton aux gentilshommes de l'époque –, ce Charles Quint qui domine politiquement et militairement le maître de la France va cependant baisser sa garde devant les effets de sa stratégie culturelle. En découvrant la splendeur du château de Chambord, il n'a que ce mot d'une humilité magnifique : « C'est l'abrégé de ce que peut effectuer l'industrie humaine. »

Face à lui, François de Valois-Angoulême, fastueux et jeune seigneur, souverain de légende, glorieux, intelligent et séducteur, conserve l'élégance et la splendeur éclairées du roi des belles-lettres, celui qui se soucie du sort des auteurs, celui à qui l'on doit la création du Collège des lecteurs royaux. Envisagé dès le début du règne, ce dernier n'est réalisé qu'en 1530, sans pour autant prendre la forme d'un véritable collège, comme l'avait espéré Guillaume Budé, helléniste et bibliothécaire du roi, qui prend soin de la librairie royale, héritée de ses prédécesseurs et installée à Blois, qu'il enrichira de ses acquisitions. Celui qui veille avec un soin jaloux sur sa seconde librairie, installée à Fontainebleau, dont le fonds initial vient de la confiscation des biens du connétable de Bourbon. Celui qui sait se faire le protecteur des écrivains quand la Sorbonne s'oppose à Rabelais, dont il fut le premier lecteur du *Tiers livre*, et alors qu'on accuse Marot, traducteur de Virgile, d'être luthérien. Celui qui, peut-être, a commandé à Baldassare Castiglione la rédaction de son chef-d'œuvre, le *Cortigiano*, parfait manuel de civilité nobiliaire. Celui à qui l'on doit la création de deux chaires à l'université de Paris, celles de grec et d'hébreu. Celui qui rejoint secrètement les libraires-imprimeurs et les hommes de lettres au sein de la société de pensée de l'Agla, dont le rendez-vous annuel a lieu à Paris à la librairie Estienne. Celui, enfin, qui parachève son œuvre par l'édit de Villers-Cotterêts, lequel impose le français dans tous les actes juridiques et administratifs à la place du latin, conférant ainsi à notre langue une énergie salvatrice et une unité définitive dès 1539. Ainsi, c'est sous le règne de François que la France entière se met à parler le « beau françois ».

1515, c'est aussi l'année où François devient roi, le

1er janvier, l'année de sa victoire emblématique. C'est enfin et surtout l'année où il invite Léonard en France.

Élan, enthousiasme, création, échanges et découvertes, l'Europe est en pleine accélération. La Renaissance atteint sa vitesse de croisière avec un dynamisme artistique, technique, scientifique, intellectuel et religieux sans pareil. Ce mouvement, pour certains, aurait commencé subrepticement dès le XIIe siècle, quand Bernard de Chartres comparait les Modernes à « des nains perchés sur les épaules de ces géants » que sont les Anciens. Désormais, rien ne peut arrêter la vision, le rythme et la cadence. Tout bouge dans l'art de la guerre, la politique, la science, la religion, l'homme est placé enfin au centre de l'univers et de la connaissance. Le moment est venu. C'est l'éclatement d'un monde ancien et l'avènement d'un monde nouveau.

À l'orée du XXIe siècle, quel bonheur serait le nôtre de connaître à l'heure de l'Europe une nouvelle Renaissance ! Seuls des hommes d'ardeur ou des théoriciens de la passion peuvent, en ce début du troisième millénaire, tels les audacieux lettrés de l'âge médiéval, redonner les clés intellectuelles du mythe de Tristan et Iseult. Denis de Rougemont, l'auteur de *L'Amour et l'Occident*, est ce visionnaire portant toujours avec la grâce de son esprit l'armure du chevalier. Nous ne voudrions pas être les seuls à nous souvenir que c'est lui le rédacteur du texte *Message aux Européens* prononcé à l'occasion du congrès de La Haye, en mai 1948. Il y définissait la vocation profonde de l'Europe d'unir ces peuples selon le vrai génie, qui est celui de la diversité et dans les conditions du XXe siècle, qui sont celles de la communauté, afin d'ouvrir au monde la voie qu'il cherche, la voie des libertés organisées.

Cette époque prodigieuse ne connaît pas encore son nom. Cette Renaissance que Vasari appelle, en 1568, *la Rinascita*, commence avec la fin de l'Empire byzantin quand savants et artistes d'Istanbul débarquent à Venise et à Rome. Le mot « Renaissance » est très postérieur à l'époque qu'il désigne puisqu'il apparaît au XIXᵉ siècle. Nous le devons aux romantiques. Balzac l'emploie pour la première fois en 1820.

Le Romantisme et la Renaissance sont comparables à bien des égards. Tous deux, penchés sur la poésie du passé, appellent avec énergie à des jours nouveaux. Tandis que le romantisme regrette la Renaissance, la Renaissance se retourne vers l'Antiquité. Tous deux sont à la fois multidisciplinaires et européens. Ces deux mouvements sont également servis par une galaxie d'artistes qui produisent au même moment des formes semblables dans des pays différents : Victor Hugo en France, Byron en Angleterre, Walter Scott en Écosse, Manzoni en Italie, Petöfi en Hongrie, Mickiewicz en Pologne, Goethe en Allemagne et Pouchkine en Russie composent la carte du Tendre de l'Europe romantique. C'est ce romantisme-là qui va donner à la Renaissance les habits neufs de l'actualité. Pour Jules Michelet, tout commence par l'importance culturelle de la première guerre d'Italie. C'est « le choc et l'étincelle ; et de cette étincelle naît la colonne de feu qu'on appelle la Renaissance ». L'image de la Renaissance est alors popularisée par les ouvrages allemands de Burckhardt et surtout par les *Chroniques italiennes* de Stendhal. C'est cette époque romantique que choisit Gérard de Nerval pour acquérir, lors d'un voyage en val de Loire, en 1835, par fétichisme amoureux, le lit à colonnes dans lequel Marguerite de Valois couchait au château de Tours en 1519. La description de Chambord par Alfred de Vigny,

ému par la légèreté de ses balustrades et la beauté de ses
escaliers qui unit l'Orient à l'Occident, est à l'image de
ce décalage de trois siècles. « On dirait que, contraint
par quelques lampes merveilleuses, un génie de l'Orient
l'a enlevé pendant une des mille et une nuits et l'a
dérobé aux pays du soleil pour le cacher dans ceux des
brouillards. »

La gloire de *La Joconde* commence en vérité avec le
grand mouvement de 1830. On se met soudain à la
reproduction en série, et l'on peut dire que c'est la vision
romantique de Mona Lisa qui est à l'origine du mythe
mondial de *La Joconde*, quand Théophile Gautier parle
d'« un charme singulier presque magique ». Il voit en
elle l'Isis d'une religion cryptique qui, se croyant seule,
entrouvre les plis de son voile, dût l'impudent qui la
surprendrait devenir fou et mourir. Walter Pater, de son
côté, ordonne avec art la succession des idées noires :
« *La Joconde* exprime tout ce que l'homme a pu désirer
à travers un millier d'années. »
Curieusement, les XVIIe et XVIIIe siècles oublieront
tout à fait la figure tutélaire de l'homme de la Renaissance par excellence, cet autodidacte à la fois poète,
peintre, sculpteur, architecte, ingénieur et savant. Il faut
attendre la parution du poème de Charles Baudelaire,
Les Phares, pour que Léonard de Vinci fasse sa réappa-
rition dans la lueur étrange du génie :

> « Léonard de Vinci, miroir profond et sombre
> Où les anges charmants, avec un doux souris
> Tout chargés de mystère, apparaissent à l'ombre
> Des glaciers et des pins qui ferment leur pays. »

Pour nous qui marchons sur les pas de Léonard, nous
retrouvons avec émotion, dans ses déambulations, le
désarroi et la sincérité de cette âme errante qui va de

ville en ville et de maître en maître, à la recherche du bonheur et de celui qui pourrait lui offrir enfin la sérénité nécessaire à la création. Errance et attirance sont les deux démons de ce génie à la recherche du bien, dont les pas foulent la poussière du monde.

*

Ce qu'il y a de remarquable sous la Renaissance, c'est que l'imprimerie avance à la vitesse des découvertes ; c'est elle qui propage les bonnes nouvelles rapportées par les conquérants et les explorateurs. Dès 1477, à Bologne, est édité le *Traité de géographie* de Ptolémée. Christophe Colomb en est l'un des premiers lecteurs. C'est à Gênes que le jeune homme a appris le métier de tisserand. Et c'est dans la taverne dont son père est le tenancier et où viennent se restaurer les voyageurs des rivages innommés qu'il s'initie à la cartographie. Cette science, il l'a perfectionnée quand, prisonnier des barbaresques, il a eu l'intelligence d'apprendre de ses ravisseurs l'art de lire le monde à partir d'un parchemin. L'époque était faste pour les navigateurs, car venaient d'apparaître l'astrolabe, le quadrant, la sonde et le loch. Le prince du Portugal, Henri le Navigateur, qui voulait atteindre l'Orient par la mer et qui, quarante ans durant, à partir de Sagres, lança ses vaisseaux dans des expéditions aux folles ambitions mais aux méthodes calculées, était d'une grande intelligence. Il s'était entouré de savants juifs, musulmans, arabes, génois, vénitiens et allemands et, en échange des informations fournies à propos des terres découvertes, laissait aux marchands le profit entier de leurs cargaisons.

À la mort d'Henri le Navigateur, les Portugais doublent le cap des Palmes à l'ouverture du golfe de Guinée.

Cartes et compas de mer, devenus indispensables, avaient
été améliorés par l'observation des étoiles. Henri, protecteur de l'université de Lisbonne, avait fait appel aux
savants les plus renommés de toute l'Europe, des mathématiciens allemands aux cartographes catalans. En 1460,
il s'éteignit face au large, le 13 novembre, à l'époque des
tempêtes, la main crispée sur un fragment de la Croix.
L'esprit de Sagres inspira pendant un siècle encore les
découvertes lusitaniennes. Parmi les grands paradoxes de
la Renaissance, il en est un particulièrement flagrant : la
conquête, par cette minuscule nation qu'est le Portugal,
de l'immense Brésil. De ce fait, aujourd'hui, plus de deux
cents millions d'hommes parlent portugais.

Ainsi la Renaissance avait-elle à la fois une vocation
verticale et une dimension horizontale. Verticale quand,
en 1492, un savant de Nuremberg met au point la première mappemonde connue, horizontale quand, le
3 août de cette même année, Christophe Colomb sur
son navire amiral, long de vingt-trois mètres, fait voile
vers l'ouest accompagné de deux caravelles. Horizontale encore quand, en 1507, le moine allemand
Waldseemüller, dans sa *Cosmographiae introductio*,
attribue à Amerigo Vespucci la découverte du nouveau
continent désigné depuis par son prénom. Verticale
quand François Ier fonde le collège des lecteurs royaux
en 1530. Horizontale quand Jacques Cartier découvre le
Canada en 1532 et verticale de nouveau quand Rabelais
publie *Gargantua* en 1534. Verticale en voyageant dans
le temps et en remontant jusqu'à l'Antiquité. Horizontale en franchissant les océans et en découvrant, grâce à
ses grands navigateurs aux luxueux bérets de velours le
Nouveau Monde.

*

Ainsi est composé ce livre qui vous conte la vie – toute la vie – de François Ier : ses chapitres sont scandés par des « médaillons » de l'actualité de l'époque, images fortes qui vous permettent de découvrir ce que vivent, en même temps mais ailleurs, les contemporains de la Renaissance, dans le décalage horaire de l'Histoire.

C'est une femme au charme singulier, au visage volontaire, aux yeux marine, au teint de lait, à la bouche charnue. Extrêmement lettrée, immensément riche, désirée pour épouse par tous les princes d'Europe, elle est fine, vêtue de martre et de zibeline, couverte de diamants, de perles, de rubis et d'émeraudes. À trente-cinq ans, elle est déjà deux fois reine de France. Au cœur de la nuit, penchée sur son prie-Dieu, ses épaules sont secouées de sanglots. De ses yeux jaillissent tout droit comme les lames de son chagrin l'eau du cœur et le sel de Bretagne. La reine Anne, épouse de Louis XII, en son oratoire du château de Blois, sous les trois petits tableaux d'or émaillé et auprès de son bénitier d'argent massif, pleure sur son livre d'heures tant est fort le sort qui s'acharne sur l'œuvre de son ventre. Six enfants perdus tour à tour sans souci de la cadence de ses prières. Parfois ses filles survivent... mais les mâles, jamais !

Et pourtant, à chaque fois, la renaissance de l'espérance. Deux garçons, tous deux prénommés François, les dauphins de janvier, l'un né en 1503, l'autre en 1512, mourront au bout de quelques semaines pour le premier et de quelques jours pour le second. « Seigneur, comment la mort auprès de moi ne peut donc

jamais être distraite ! » se demandait Anne de Bretagne
le visage inondé de larmes. Elle accumule les fausses
couches, les morts d'enfants royaux. Sous l'azur de la
voûte étoilée, cette nuque d'albâtre qui se soumet,
ployée par le mauvais sort. Les épaules, cette fois sans
contrôle, expriment la succession des chocs intérieurs,
les rebondissements cruels d'une cascade de chagrins.

Déjà après la mort de Charles-Orland, ce dauphin si
charmant qui descendait du château royal au manoir du
Clos-Lucé sur le chemin pentu en s'accrochant avec
ses petites mains à la cordelière, le roi Charles VIII,
son premier époux, ne cachait plus son exaspération. Il
en voulait à sa femme de cette suite de maternités
infructueuses.

Au château de Blois où vient de s'installer la cour, on
rêve encore de la naissance d'un fils. Ce n'est plus
qu'un espoir ténu, comme un fil qui s'échappe de vos
doigts, pour la reine Anne, dont le dernier et pénible
accouchement a encore altéré la santé. Au point que la
duchesse de Bretagne et reine de France se demande si
elle va pouvoir se relever d'une pareille douleur. Et
pourtant n'a-t-elle pas assez prié ? Elle requiert des
messes dans les églises de Bretagne. On dit même
qu'elle a recours aux vertus des amulettes qu'elle garde
précieusement serrées dans un coffret ouvragé. Son
entourage a noté la façon dont elle caresse son chapelet
de jaspe, la manière dont elle saisit fébrilement un écu
enveloppé de papier béni ou un morceau de cire noire.
Elle porte un anneau d'or qui, paraît-il, renferme de la
poudre de corne de licorne. Elle ne cesse de marcher
vers Dieu et de prier la Vierge, de pèlerinages en lieux
saints. Quelqu'un l'a vue à Angers en visite à Saint-
René, un autre l'a signalée à la cathédrale de Saint-
Claude en Bretagne présentant ses offrandes à la Vierge

d'Auray. Supplications, invocations, prières, offices : à la lumière des cierges, c'est toujours un chemin de croix.

*

À quelques lieues de là, apparaît de profil sous la lumière dorée de midi, à l'une des fenêtres à meneaux du Clos-Lucé d'Amboise, manoir de brique rose et de tuffeau immaculé, un visage féminin plus que radieux. Quelle est la raison de ce triomphant sourire ?

Louise de Savoie, car c'est elle, est à la fois belle, impérieuse, avide de pouvoir, sensuelle, impatiente et gourmande. Jeune veuve, toujours sobrement vêtue de sombre, elle est la mère de deux enfants : Marguerite et François. Elle a foi dans les prédictions de son devin et médecin Cornélius Agrippa qui vient de quitter la pièce, laissant flotter dans l'air comme une promesse embaumée, c'est son astrologue italien. Encore une fois, il l'a félicitée de sa longue patience, encouragée à la prudence et à l'attente. Encore une fois, il lui a assuré que Saturne à son ascendant lui serait favorable ; la planète du temps lui donnerait, le moment voulu – c'était le doigt du destin qui l'indiquait –, la plus complète des victoires. Toujours la magie, le surnaturel et cette suite de hasards qui semblent se placer en bon ordre avec des airs de défilé pour la satisfaire et n'ont eu de cesse de la combler. À l'âge de treize ans déjà, Louise s'est rendue auprès d'un moine fameux, tenu pour la providence des femmes stériles, qu'elles soient souveraines ou paysannes. Il s'appelait François de Paule. Le bonhomme, remarqué par Louis XI, familier du château de Plessis-lès-Tours, avait prédit à Louise : « Vous aurez un fils et ce fils sera roi. » Et quand, le 12 septembre 1494, au lendemain de ses dix-huit ans, elle accouche d'un garçon, c'est la même expression triomphante qui affleure son visage : désormais, elle ne doute plus que ce fils, un jour, montera sur le trône de France. Ce jour a commencé sa marche sur la tapisserie des astres vers la gloire et les honneurs.

Le 1er janvier 1496, à l'âge de quinze mois, François perd son père, le comte d'Angoulême. Nommée par testament tutrice des enfants et usufruitière du domaine, Louise, à dix-neuf ans et demi, règne sur la cour de Cognac. Comment la fille de Philippe II de Savoie va-t-elle passer de branche en branche pour pousser son fils, dans les verdures éternelles de l'arbre généalogique, vers le tronc fort du pouvoir absolu ? Par quel miracle va-t-elle se rapprocher du bois doré de la souveraineté ? Comment va-t-elle faire de son fils François, si lointain cousin de l'actuel souverain, un prétendant sans prétention, à qui elle offre le luxe suprême : se voir appelé à Amboise par le roi Louis XII sans qu'elle ait eu à formuler de ses lèvres fruitées, parfois minces et parfois ourlées, une quelconque demande ? Bien sûr, celui qu'elle a mis au monde au pied d'un chêne, dit-on, est déjà pourvu de riches ornements, et les belles feuilles ne manquent pas dans son grand arbre. François est l'arrière-petit-fils de Louis Ier d'Orléans, second fils de Charles V et grand-père de Louis XII.

Ainsi donc, pour Louise de Savoie, née en 1476, la même année qu'Anne de Bretagne, la vie de jour en jour semble se charger de confirmer la promesse des étoiles.

Et l'espoir a changé de camp, passant sans faire aucune manière d'une femme à l'autre, d'une reine couronnée à une princesse en attente. Tels sont les caprices cruels de l'Histoire. Telle est la brutalité du destin, ce vilain qui ne se fie pas aux mains jointes et qui fait fi des anneaux d'or. La certitude a quitté Anne. La foi est passée du côté de Louise qui rêve d'une aurore sur la France : celle de François, son fils, son « César ».

Louise de Savoie a quitté la fenêtre du Clos-Lucé et la belle lumière de cet hiver ensoleillé pour aller écrire son journal à sa table. Assise sur son fauteuil de cuir rouge, la tête gracieusement penchée, elle aligne avec application ces mots qui ont comme la couleur du sang : « Anne, reine de France, le jour de la Sainte-Agnès, le 21 janvier, eut un fils. Mais il ne pouvait retarder l'exaltation de mon César, car il y avait faute de vie. »

1

Une couronne en héritage

Comme chaque nuit ou presque, elle ne cesse de se tourner et de se retourner dans son lit, toujours inquiète, toujours angoissée, surtout lorsque les rêves et les cauchemars alternent, la laissant, à l'aube, épuisée par cette succession d'espoirs et de désespoirs. Tantôt elle le voit en haut d'une montagne, une couronne sur la tête, illuminant la nature, tantôt elle l'imagine tué par un dragon féroce, au détour d'une vallée semée d'épines ; tantôt elle se figure qu'il dicte ses lois à l'univers ; tantôt elle voit son tombeau, abandonné de tous, sauf de son cheval qui, tristement, monte la garde. Son imagination est vive, sa sensibilité aussi, ce qui explique, selon son astrologue, cette succession de chimères qui s'emparent de son âme dès que le voile de la nuit descend sur les hommes, à l'heure où son conscient lutte avec son inconscient, dirait-on aujourd'hui.

En cette croisée du XVᵉ et du XVIᵉ siècle, qui est aussi celle du Moyen Âge et des temps modernes, Louise de Savoie, dans la solitude de sa chambre, au Clos-Lucé d'Amboise, ne peut empêcher son esprit de vagabonder dès lors qu'il s'agit de son fils, qui pourtant dort paisiblement dans la chambre voisine, son « César

bien-aimé », dont elle attend tellement depuis qu'elle
s'est persuadée qu'elle a porté dans ses flancs la nouvelle merveille du monde, le modèle des chevaliers,
bientôt des rois d'Europe, puisque, elle en est certaine, il
en sera un jour le maître. Ne manifeste-t-il pas, depuis
qu'il est né, toutes les qualités de loyauté, de courage
et d'intelligence qu'on est en droit d'espérer d'un futur
souverain ? Ne possède-t-il pas, comme les héros de
roman, le charme qui fascine les hommes et séduit les
femmes ? Mais une chute de cheval, une flèche perdue,
un verre empoisonné ne risquent-ils pas de ruiner ce
projet fou ? La veuve du comte d'Angoulême ne cesse
de peser les chances et les risques, dans cette impi-
toyable compétition qu'est la vie, et dont Dieu se joue,
qui tient le destin des hommes, les grands comme les
humbles, dans le creux de sa main. Prions donc, et
conservons l'espoir, se dit-elle en égrenant ce chapelet
qui ne la quitte jamais et par lequel elle finit par retrouver le sommeil.

Comme dans les contes de fées, en effet – mais l'histoire de France n'en fut-elle pas un, et le plus beau de
tous ? –, depuis l'implantation de la dynastie des Valois,
au début du XIVe siècle, et jusqu'à la mort de Louis XI, au
XVe siècle, les choses avaient été relativement simples : la
transmission de la couronne s'opérait par filiation directe,
dans l'ordre immuable de la primogéniture mâle, c'est-
à-dire le fils aîné succédant, le moment venu, à son père,
un père que, généralement, il avait connu et qui, dans le
meilleur des cas, avait eu le temps de le « former ». Les
choses avaient radicalement changé lorsque Charles VIII,
fils et successeur de Louis XI, mourut prématurément,
ce qui avait, sinon inversé le cours de l'histoire, du
moins modifié la donne. Car, à défaut de l'héritier – que
Charles VIII n'eut jamais –, ce fut son plus proche parent,
en l'occurrence son cousin et beau-frère, qui, par tradi-

tion, succéda au monarque défunt. Le duc d'Orléans devint alors le populaire roi Louis XII, chef d'une nouvelle dynastie qui, normalement, eût dû se développer. Mais, malheureusement pour lui, et malgré ses trois mariages, il ne parviendra jamais à engendrer d'héritier mâle.

Pour la seconde fois consécutive, on dut donc chercher un nouveau proche parent, et non pas lorsque Louis XII mourut, mais de son vivant même. Et ce fut ainsi que le futur François Ier comprit un jour que son destin allait l'appeler à monter sur le trône de France, même si, *a priori*, rien ne devait faire de ce prince improbable un héritier potentiel. Mais d'où venait-il, ce jeune homme déjà couronné par les Muses qui, malgré son charme et sa valeur, n'était ni fils, ni petit-fils, ni même neveu de roi, seulement l'obscur rejeton d'une famille, certes de sang royal, mais non la plus importante du royaume à l'époque où il naquit. Une famille de surcroît manquant de tout ou presque, à commencer par la fortune ?

Pour s'y retrouver, il convient de revenir quelques décennies en arrière, en 1380, à l'époque où s'éteignit le roi Charles V. Surnommé « le Sage », il fut probablement, après Saint Louis, le plus grand roi de la chrétienté, en tout cas le Capétien idéal qui non seulement gouverna sagement son royaume, mais encore le défendit des Anglais qu'il finit par bouter hors de France sans guère quitter son château du Louvre, car il était de constitution plutôt fragile.

Il laissa deux fils, Charles VI, dit « le Bien-Aimé », et, plus tard, « le Fol » en raison de ses crises de démence, et Louis Ier, titré duc d'Orléans, considéré de ce fait comme « le premier prince du sang ». Ce

dernier, grand-père de Louis XII et arrière-grand-père
de François Ier, fut un personnage assez fantasque,
volontiers conspirateur, ne manquant ni de panache ni
de bravoure. Il tenta, dès lors que fut constatée la folie
de son frère, de prendre le contrôle du conseil du roi en
s'opposant à ses oncles – Louis d'Anjou, Jean de
Berry, Louis de Bourbon et Philippe II de Bourgogne –
qui le dominaient. Jean sans Peur s'imposa comme
l'homme fort de cette époque de troubles et finit par
faire assassiner, en point d'orgue d'une fameuse guerre
civile, celle des « Bourguignons contre les Arma-
gnacs », le chef du second parti, le duc d'Orléans.

Moins d'un siècle plus tard, l'arrière-petit-fils du duc
de Bourgogne, Charles Quint, allait tenter de vider cette
querelle dynastique aux allures de « vendetta » avec
l'arrière-petit-fils du duc d'Orléans, François Ier. De ce
jour, l'hostilité entre les Français et les Habsbourg
devint une pierre d'achoppement si inamovible que
Marie-Antoinette, en 1793, allait y trébucher jusque sur
l'échafaud et, en 1920, l'empereur Charles, lorsque
Georges Clemenceau allait le priver de ses États !

Et quelle est l'origine de l'obsession de cette conquête italienne qui fit tant rêver les trois rois de France
Charles VIII, Louis XII et François Ier ? La rage de
retrouver l'héritage provenant du mariage – 17 août
1348 – du duc d'Orléans avec Valentine Visconti, fille
de Jean Galéas, duc de Milan. Ce duc d'Orléans laissa
en s'éteignant une fille, Marguerite (qui épousa Richard
de Bretagne), un bâtard, Jean de Dunois, fameux compagnon d'armes de Jeanne d'Arc, et trois fils légitimes.

L'aîné de ses fils, Charles duc d'Orléans, fut célèbre
non seulement pour avoir, un quart de siècle durant,
croupi à la Tour de Londres, après avoir été fait prisonnier à la bataille d'Azincourt, mais encore pour avoir été

l'un des plus grands poètes de son temps. Il reste
l'auteur de cent trente et une chansons, cent deux bal-
lades, sept complaintes et quatre cents rondeaux. Il est
l'un des plus admirables écrivains de son siècle,
contemporain de François Villon, avec lequel il fut en
concurrence dans un concours notoire sur le thème : « Je
n'ai plus soif, tarie est la fontaine. » Pour l'occasion, il
composa ces vers :

> « Je n'ai plus soif, tarie est la fontaine
> Bien échauffé, sans le feu amoureux ;
> Je vois bien clair, là ne faut qu'on me mène ;
> Folie et sens me gouvernent tous deux ;
> En Nonchaloir m'éveille sommeilleux... »

Tandis que Villon rima ainsi :

> « Je meurs de soif auprès de la fontaine,
> Chaud comme feu, et tremble dent à dent.
> En mon pays suis en terre lointaine,
> Près d'un brasier frissonne tout ardent ;
> Nu comme un ver, vêtu en président,
> Je ris en pleurs et attends sans espoir... »

Marié en troisièmes noces à Marie de Clèves, il fut
le père du roi Louis XII, successeur de Charles VIII et
prédécesseur de François Ier.

Si le cadet des fils de Charles d'Angoulême, Philippe,
comte de Vertus, ne marqua guère l'histoire, le benjamin Jean, comte d'Angoulême – au reste surnommé par
ses sujets « le bon comte » – fut lui aussi un grand lettré.
Dans son château de Cognac, il fit construire une bibliothèque parmi les plus riches de France, lorsqu'il rentra
à son tour de Londres où, comme son frère aîné, il
fut captif, mais lui pendant... trente-deux années !
Renommé pour sa piété – une tradition veut que l'on

songea quelque temps à lui pour en faire un pape ! –, il mania la plume, comme son père, et devint l'auteur d'un *Caton moralisé*, manuscrit hélas brûlé pendant le sac d'Angoulême par les protestants, en 1562.

De son épouse Marguerite de Rohan, Jean d'Angoulême fut père d'une fille, Jeanne, qui devint comtesse de Taillebourg, et d'un fils, Charles, qui, à sa mort survenue en 1467, lui succéda, alors qu'il n'avait que sept ans. Initialement, il avait été prévu que celui-ci épousât Marie de Bourgogne, fille de Charles le Téméraire, mais l'affaire – qui eût fait de lui l'un des princes les plus puissants d'Occident – n'aboutit pas, ce qui permit à l'immense héritage de la princesse de passer plus tard sur la tête de son petit-fils Charles Quint, l'adversaire de... François Ier !

En attendant, le petit et menu Charles d'Angoulême qui, à l'instar de son père, s'intéressa aux lettres et aux arts, car bon sang ne saurait mentir, mena une vie relativement paisible au château de Cognac, entouré d'une petite cour de beaux esprits, dans laquelle se distingua, parmi d'autres, le poète Octavien de Saint-Gelais, traducteur de Virgile et d'Ovide, qui célébra ce terroir de la douceur de vivre, administré par un comte peu riche mais sage, se satisfaisant de ce qu'il avait, sans chercher noise à ses voisins.

Malgré son goût pour la vie tranquille, Charles d'Angoulême se laissa entraîner, en 1487, dans une révolte des grands contre la régente de France, fille de Louis XI, Anne de France, épouse de Pierre de Beaujeu. Dans cet épisode qu'on appela « la guerre folle », il leva une armée en Saintonge, mais fut bientôt battu, « écrasé comme une gaufre entre deux fers », écrivit joliment l'un de ses contemporains, et dut se soumettre. La régente ne fut pas trop cruelle envers lui, puisqu'elle ne mit qu'une condition à son pardon : qu'il épouse sa nièce et pupille Louise de Savoie, fille de Philippe, comte de Bresse et de Bugey, et de Marguerite de Bourbon (sœur de Pierre de Beaujeu).

Ces deux beaux noms, toutefois, cachaient bien des misères : Philippe, en effet, cadet des fils du duc de Savoie, était surnommé « sans terre » parce que les Suisses s'étaient emparés de ses biens, qui étaient les comtés de Bresse et de Bugey. Quant à Marguerite de Bourbon, elle était morte depuis sept ans. Anne de Beaujeu avait donc recueilli sa fille à la cour de France, puisqu'elle était la nièce de son mari. Avec les revenus des comtés d'Angoulême et de Périgord, ceux de quelques seigneuries, parmi lesquelles Melle, Cognac et Romorantin, et les quelques milliers de livres de sa dot, ce n'était pas le bout du monde, tant s'en faut, mais un état honorable pour deux rejetons de la famille royale aux marges du trône !

Autant dire que Louise était un bien mauvais parti. Cependant, la belle éducation qu'elle avait reçue de sa tante, et plus encore l'exemple d'une femme politique rusée, lui seront utiles, lorsque, plus tard, à son tour, elle exercera la régence du royaume, tentant d'être, selon le mot de Louis XI, « la moins folle femme de France, car de sage, il n'y en a point » !

Le mariage fut célébré le 16 février 1487. Le comte Charles d'Angoulême avait vingt-huit ans et Louise seulement douze, ce qui ne choquait personne à l'époque.

Aussitôt le couple prit ses quartiers au château de Cognac, aux prémices d'une union qui, bien qu'arrangée, ne fut pas plus mauvaise qu'une autre. Un observateur attentif nota qu'il n'y eut jamais entre eux « ni courroux, ni parole malheureuse » ! Y eut-il, pour autant, de l'amour ? Pas plus que de la haine ! Car Charles était tout sauf fidèle, puisqu'il continua à entretenir des relations suivies avec ses deux maîtresses, Antoinette de Polignac, fille du gouverneur d'Angoulême, qui lui donna deux filles, Jeanne et Madeleine, et Jeanne Conte, qui lui en donna une troisième, Souveraine. Or non seulement Louise s'entendit fort bien avec Antoinette, dont elle fit sa dame d'honneur, et Jeanne sa suivante, mais encore, devenue veuve, elle continua d'élever les bâtardes de son mari et les fit par la suite légitimer, ce qui leur permit de paraître à la cour de France avant d'être établies.

Conformément à la prédiction de François de Paule, deux enfants leur naquirent : Marguerite, la future reine de Navarre, le 11 avril 1492, et François, le 12 septembre 1494. Le choix du prénom fut en effet inspiré à Louise autant par celui du moine visionnaire que par celui du parrain de l'enfant, François de La Rochefoucauld[1].

---

1. En 1494, François de La Rochefoucauld, conseiller des rois Charles VIII et Louis XII, devient le parrain de François d'Angoulême, futur roi de France. Dès son accession au trône, François Ier érigea l'ancien comté d'Angoulême en duché et le donna à sa mère. Il fit de même pour la baronnie de La Rochefoucauld qui devint un comté en faveur de François de La Rochefoucauld. Le fils de ce dernier, François II, qui partagea la captivité de François Ier en Espagne, et son épouse, Anne de Polignac, transformèrent à partir de 1520 le château médiéval des La Rochefoucauld en château Renaissance, tout en conservant les sept siècles d'architecture qui en font la particularité. La diversité, la qualité et l'élégance de son architecture font de ce château l'un des plus beaux de France. Bâti en pierre blanche, il conserve les vestiges d'un donjon roman carré construit par Foucauld II en l'an mil. Son harmonieuse façade Renaissance sculptée de coquilles rappelle les autres châteaux de la Loire. Le châtelet d'entrée du XIVe siècle donne accès à la somptueuse cour d'honneur, dont deux façades bordées de trois étages de galeries à arcades évoquent celles des palais italiens. L'escalier à

Cette même année naquit un autre François, près de Chinon, en la métairie de La Devinière : Rabelais !

Dès ses premiers jours, le jeune François d'Angoulême se signala par sa voracité. Il fallut deux nourrices pour calmer son appétit déjà puissant : Andrée Lignage et Louise Frouyne, dont il téta goulûment les seins rabelaisiens.

Ce bonheur fut cependant de courte durée. Très vite, celle qui n'avait que dix-huit ans lorsqu'elle mit son fils au monde dut prendre son destin en main, puisque, à l'hiver 1495, son mari qui venait de quitter Angoulême pour Paris tomba gravement malade, victime d'une probable pneumonie, à Châteauneuf où elle le rejoignit aussitôt afin de le soigner. Las, épuisé, le 1er janvier 1496, il rendit son âme à Dieu, lui confiant par testament l'éducation de leurs deux enfants, respectivement âgés de quatre et de deux ans.

Aussitôt, leur plus proche parent, le duc d'Orléans, réclama la tutelle de ceux-ci, ce qui nécessita l'arbitrage du Grand Conseil de France. La sentence fut rendue en forme de jugement de Salomon : la comtesse d'Angoulême conserva la garde des enfants, mais le duc d'Orléans demeura leur tuteur, c'est-à-dire le décideur de toutes les affaires les plus importantes les concernant.

En fait, cela n'aurait pas eu grande importance si, à la surprise générale, le 7 avril 1498, le roi Charles VIII, fils de Louis XI, n'était pas mort prématurément à Amboise. Il avait décidé d'aller voir, avec la reine, les meilleurs joueurs de paume de la cour s'exercer à leurs

---

vis, avec son élégante voûte en palmier, fait partie des trois plus beaux escaliers de France avec ceux des châteaux de Chambord et de Blois.

« desports favoris ». Le couple royal passa à la galerie
Haquelebac – « qui était un lieu fort déshonnête car tout
le monde y pissoit », écrit Philippe de Commynes –, et
en sortant, le roi se heurta violemment le front au lin-
teau d'une porte basse. Le souverain regarda les joueurs
de paume un quart d'heure, puis s'effondra devant sa
femme terrifiée. Charles VIII n'ayant pas eu d'enfant
de son épouse Anne de Bretagne, le duc d'Orléans
devint aussitôt roi sous le nom de Louis XII et s'em-
pressa de faire annuler son mariage avec Jeanne de
France, fille de Louis XI, pour épouser la veuve de son
prédécesseur. Si celle-ci donnait le jour à un fils, la
dynastie se perpétuerait. Mais, dans le cas contraire,
l'héritier du trône serait désormais le plus proche parent
du roi, en l'occurrence son pupille, le petit François
d'Angoulême, l'orphelin de son cousin germain.

De ce jour commença cette véritable « guerre des
ventres » entre Anne de Bretagne et Louise de Savoie.

Malgré une certaine avarice, ou du moins un manque
évident de prédisposition à dépenser de l'argent, le nouveau roi, Louis XII, éleva au profit de son jeune parent
la seigneurie de Valois en duché et lui attribua une pension annuelle de huit mille livres pour lui permettre de
tenir son rang.

Après l'avoir reçu en personne, avec sa mère et sa
sœur, à Chinon, il le confia à la garde du gouverneur
Pierre de Rohan, seigneur de Gié, duc de Nemours et
maréchal de France. Selon les ordres du roi, celui-ci
devait les accueillir à Amboise, où François, après
quatre années passées à Cognac, allait être désormais
élevé.

Une page se tourna pour le nouveau duc de Valois. Il
s'agissait à présent d'en faire un homme, avant d'en
faire, peut-être, un roi, si telle était la volonté de Dieu.

Louise de Savoie, avec ses deux enfants, quitta alors l'antique château de Cognac où, finalement, elle avait été heureuse aux côtés d'un éphémère mari et d'une petite cour qui savait penser, écrire et jouer de la musique.

Elle prit le chemin d'Amboise pour une nouvelle vie dont elle percevait naturellement toute l'importance et saisissait la nature des enjeux. Elle décida de ce jour de ne se consacrer qu'à son fils, renonçant de ce fait à toutes les propositions de remariage, y compris celle qui vint du roi d'Angleterre.

Mais ce ne fut pas dans l'ancien château médiéval dominant la Loire, dont Charles VIII avait fait le premier palais de la Renaissance, qu'elle prit ses quartiers, car il n'était encore qu'un vaste chantier difficilement habitable et, de toute façon, réservé au roi seul, qui en était le propriétaire. À deux pas de là, la comtesse douairière d'Angoulême s'établit au manoir du Cloux, qu'on devait appeler plus tard le « Clos-Lucé », une demeure à la fois confortable et intime.

Charles VIII avait acheté ce logis le 22 novembre 1490 à Étienne Le Loup, maître d'hôtel et premier huissier d'armes de Louis XI. À sa femme Anne de Bretagne, qui, découvrant le lieu, se plaignait qu'il n'y eût pas là de « chambre pour Dieu », le roi fit bâtir un oratoire de tuffeau, orné de dentelles de pierre et surmonté de gargouilles. Ici, la reine Anne allait prier des nuits entières. Et, « afin que monseigneur le dauphin (Charles-Orland) et les autres du chastel allassent plus aisément dusdit Chastel au Cloux », il fut aménagé un chemin descendant du château royal.

L'acte de vente qui mentionne que le manoir a été acquis pour trois mille cinq cents écus d'or nous révèle exactement ce qu'était alors le Cloux où le futur

François Ier allait grandir. Le manoir était cerné d'un jardin magnifique, avec une haute haie qui le gardait d'un côté et la rivière l'Amasse qui le bordait de l'autre. Le jardin était déjà planté d'arbres au feuillage touffu, dissimulant ce petit *palazzo* teinté de rose. Alentour, ce n'étaient que des vergers, des vignes, un vivier, une saulaie. Les branches des arbres ployaient sous la charge des fruits délicieux apportés par le jardinier italien dom Pacello qui venait de Naples. Ce paysage avait de quoi enchanter le futur roi de France.

À la lisière de la forêt, la lumière changeait d'heure en heure, avec des variations de violet, des jaillissements de bleu et des retours de nuages roses. Les habitants du Clos-Lucé jouissaient de ces terrasses qui dominaient la masse émeraude de la forêt d'Amboise et offraient la plus belle des vues sur la flèche de la chapelle Saint-Hubert, réalisant en un seul site l'harmonie du nord et du sud, et mariant heureusement dans une architecture torsadée le baroque flamand et le gothique italien. Tout était prêt pour accueillir plus tard Léonard de Vinci, qui, dans la grandeur de sa sagesse et la maîtrise de son amour de l'art, allait enseigner la façon de contempler le monde à partir du *palazzo del Cloux*.

Un cadre charmant pour y élever un futur roi, idéalement champêtre et plus encore suffisamment discret et bucolique pour illustrer l'adage fameux : « Pour vivre heureux, vivons cachés », dans lequel se développa cette « trinité » d'Amboise constituée d'une femme et de ses deux enfants qui allait demeurer, jusqu'à la fin, envers et contre tout, indissoluble.

Nostradamus, le bachelier en médecine qui sait éradiquer la peste

Qui sait que Nostradamus, né le 14 décembre 1503 à Saint-Rémy-de-Provence et demeuré dans les esprits comme l'un des plus grands voyants, fut autant qu'un prophète un homme qui sut combattre le pire mal de son temps ? Ce jeune étudiant s'appelle Michel de Nostredame. Écolier assidu et brillant, inscrit à l'université de Montpellier, il y a été reçu en 1525 « bachelier en médecine ». La peste ravage alors tout le Midi de la France, et voilà l'homme qui s'en va sur les routes de Provence et du Sud-Ouest pour la combattre. Il donne, dans son *Traité des Fardements et Confitures*, une description très détaillée de la peste, qu'elle soit bubonique ou pulmonaire. La peur de la pandémie est si forte que plusieurs, rapporte-t-il, « se sont jettes dedens les puix, d'autres se sont precipitez de leurs fenestres en bas sur le pavé », et « la désolation estoit si grande, que avec l'or et l'argent à la main, souventes fois mourroit-on par faute d'un verre d'eau ». Pour lutter contre ce fléau, il crée un électuaire à base de plantes et d'œufs. Il a mis au point un vinaigre d'aromates aux qualités antiseptiques et élaboré une énigmatique « poudre souveraine » contre toutes contagions. Il sait qu'il vaut mieux prévenir que guérir, c'est pourquoi il préconise de nettoyer les maisons au vinaigre, de répandre des essences de plantes, de laisser une torche allumée dans la demeure et surtout de se masquer la bouche et le nez. Pérégrinant de villes en villages, Nostradamus est donc l'ancêtre des *French Doctors*. Un saint nomade, mi-sorcier, mi-apothicaire, obsédé par sa mission de secours au profit des autres sur la France des grands chemins. Comment détient-il autant de savoir au service de la survie de ses contemporains ? C'est son bisaïeul, Jean de Saint-Rémy, qui lui a délivré sa connaissance approfondie de la botanique, lui a enseigné les vertus des plantes et le tour de main des préparations d'officines. Son dévouement dans le Midi, lors de l'épidémie de peste, a rendu Nostradamus immensément célèbre. Non content de sauver des vies, il veut maintenant rendre heureuse une clientèle féminine qui a tout simplement les mêmes désirs, les mêmes rêves et les mêmes préoccupations au XVIe siècle qu'aujourd'hui. Homme d'affaires avisé, Nostradamus est aussi un avant-gardiste de la cosmétique – « pommade d'une souveraine odeur », « huile pour emblanchir la face », « onguent pour faire venir les cheveux comme un filet d'or encore qu'ils fussent noirs ou blancs », des recettes et des produits qui remportent un succès immédiat et font tomber les ducats dans la bourse du bienfaiteur. Écologiste avant l'heure, il ajoute des épices à ses confitures et à ses gelées, invente des procédés pour bonifier et parfumer les vins et élabore des vinaigres et des moutardes aux aromates. À Aix, le « charbon provençal » a encore frappé. Vingt ans plus tard, c'est la grande peste qui est de retour : elle noircit affreusement l'épiderme de ceux qu'elle touche, sans espérance de salut. Avec un semblable courage, une même détermination et une aussi grande générosité, Nostradamus poursuit le fléau qui remonte le Rhône jusqu'à Lyon. C'est à Aix qu'il met au point sa formule sanitaire : une « poudre excellente pour chasser les odeurs pestilentielles ». Sa recette magique est ainsi composée : sciure de cyprès, d'iris de Florence, de clous de girofle, de musc, d'ambre gris, d'aloès et de roses incarnadines. Elle fait merveille, et voilà que le médecin du monde aura sa récompense, puisqu'à Salon, grâce à son frère Bertrand, Michel épouse à Noël 1547 Anne Ponsard, une jeune veuve absolument ravissante. Huit enfants naîtront de cette union. Pour les nourrir, Michel se consacre de plus belle au commerce de la beauté. Un nouveau marché s'ouvre à lui, celui des femmes qui veulent devenir blondes. Il faut satisfaire à cette mode, et c'est par dizaines qu'il vend les flacons de sa potion. Elle permet « d'avoir dans les trois ou quatre jours, le poil blond et roux comme or de ducat ». Mais Nostradamus va plus loin, il pense aux hommes vénérables qui veulent plaire à des jeunesses et aux femmes inquiètes de la virilité de leur partenaire. Contre tous ces maux, il a un remède magique, une « huile de repopulation » réputée jusqu'en Italie ! Nostradamus est un médecin sans frontières qui aime à dévoiler son savoir. Il publie son almanach, en 1550, à Lyon, avec des conseils de santé et même… des prévisions météo ! Rabelais, qui n'est pas en reste, en fait autant pour renflouer ses finances. Dans cette Renaissance qui a élevé la pluridisciplinarité à la hauteur d'un art, le prophète est un apothicaire de génie et l'écrivain un inoubliable médecin.

Mais rappelons-nous que ce docteur miracle possède un autre don tout aussi prodigieux : celui de la prémonition. Un jour, à Savone, en Italie, il se prosterne devant un moine parfaitement inconnu en déclarant : « C'est ainsi qu'on doit saluer un pape. » Ce moine, Felice Peretti, sera en effet élu pape trente-sept ans plus tard sous le nom de Sixte Quint !

2

Le petit prince d'Amboise

En ce bel été de l'an 1507, une bande de joyeux chenapans, âgés de dix à douze ans, écume littéralement le parc du Clos-Lucé et ses alentours, jouant à la guerre, s'envoyant des projectiles au visage, hurlant, riant, se poursuivant, se jetant les uns sur les autres, explorant les bois environnants ou, quand il fait beau, se baignant dans la Loire, au risque d'être emportés par le courant. Du matin au soir, dans l'enchantement d'une enfance qui bientôt s'achèvera, François, duc de Valois, se prépare à être un jour le chef d'un grand royaume, même s'il n'a pour sujets que ses compagnons de jeux qui font office de frères que cet enfant n'a pas eus. Parmi ceux-là : Anne de Montmorency, Martin de Montchenu, Chabot de Brion et surtout Robert de La Marck, seigneur de Fleuranges, dit « le jeune adventureux ». Louis XII, le jour où l'impétueux enfant vint le trouver pour solliciter une mission à la guerre, lui dit : « Mon fils, soyez le bienvenu. Vous êtes trop jeune pour me suivre et, pour ce, je vous enverrai devant Monseigneur d'Angoulême, qui est de votre âge et avec qui je crois que vous ferez un très bon ménage. »

Grâce aux Mémoires de Fleuranges, nous pouvons avoir une idée de ce que fut l'enfance, à Amboise, du futur François Ier, entre une mère et une sœur attentives et de solides camarades avec lesquels, l'arc à la main, le carquois noué dans le dos, il s'initie à la chasse dans cette forêt royale que le roi fait régulièrement repeupler à son intention, quitte à transporter du gibier d'Île-de-France jusqu'aux bords de la Loire. On l'y voit, en effet, confectionner des pièges, tendre des « raies et toutes manières de harnais pour prendre les cerfs et les bêtes sauvages », s'initier à la fauconnerie ou améliorer son assiette en montant son cheval « à poil », autrement dit sans selle ni couverture.

Ensemble, ils s'adonnent encore au jeu de « la grosse boule ». Cet ancêtre du football importé d'Italie consiste à se disputer « une boule aussi pleine de vent, aussi grosse que le fond d'un tonneau ». Ils s'amusent à l'escaigne, sorte de hockey sur gazon auquel on joue avec une crosse, importé aussi de la péninsule. Les uns comme les autres développent leur adresse autant que leur combativité, qu'ils manifestent aussi en jouant à la paume, dont le lanceur clame « tenez », qui est à l'origine du mot « tennis ». Toutes ces activités constituent les « desports », dont les Anglais tireront le mot « sport ».

Ensemble encore, les enfants dévalent les escaliers, emplissent de leurs rires les corridors et grimpent sur les toits, poussant parfois leurs escapades au château royal, toujours en travaux, pour s'y faire expliquer par le maître d'œuvre les subtilités de cette architecture savante, introduite par Fra Giocondo et Domenico da Cortone. Elle illumine les vieux logis, renouvelle l'art de la perspective et sculpte la pierre, dans un mélange de science, d'art et d'élégance. De la tour Hurtault à celle des Minimes, du logis des Sept Vertus à la chapelle Saint-Hubert, ce ne sont que galopades et poursuites à travers les parterres à l'italienne naguère dessinés par Pacello.

Bientôt, les compagnons commenceront à regarder les filles, échangeront leurs premières confidences de jeunes mâles, dès lors que telle ou telle servante, point trop farouche, acceptera de montrer à ces jeunes seigneurs comment le monde est fait et comment il se fait.

En attendant d'être tout à fait des hommes, ils tiennent un soir un conseil secret dans lequel chacun demande à François ce qu'il fera d'eux, une fois roi. Sa réponse les rassure : « Choisissez. » Anne de Montmorency veut être connétable de France, Brion amiral, Montchenu premier maître d'hôtel et Fleuranges maréchal. Tous seront exaucés, car celui qui sera un jour leur maître n'a, malgré son jeune âge, qu'une parole.

Courtois, tels sont et doivent être les chevaliers, qui font tout pour le devenir, comme l'écrit encore Fleuranges : « Comment mon dict sieur d'Angoulême et le jeune adventureux et autres gentilhommes faisoient des bastillons et les assailloient tout armez pour les prendre et déffendre à coup d'épées. » Mais si, pour eux, les journées sont une fête toujours recommencée, la dame du Clos-Lucé, elle, demeure dans l'angoisse dès que son fils quitte le logis pour courir les chemins avec ses camarades. C'est qu'elle voit partout le danger ! Ne peut-on se blesser en maniant l'épée, perdre un œil en recevant un caillou, se noyer dans le fleuve, tomber d'un arbre, se faire charger par un sanglier furieux ou, pire, piétiner par un cheval emballé ? Au terme d'une angoissante expérience, trois ans auparavant, elle l'écrit elle-même dans son journal :

> « Le jour de la conversion de saint Paul, le 25 janvier 1504, environ deux heures de l'après-midi, mon roi [sic], mon seigneur, mon César, mon fils,

auprès d'Amboise, fut emporté à travers champs par une haquenée que lui avait donnée le maréchal de Gié. Et fut le danger si grand que ceux qui étaient présents l'estimèrent irréparable. Toutefois, Dieu, protecteur des femmes veuves et défenseur des orphelins, prévoyant les choses futures, ne me voulut abandonner, connaissant que si cas fortuit m'eût si soudainement privée de mon amour, j'eusse été trop infortunée. »

Est-ce à cette occasion ou parce que son fils vient de fêter ses dix ans qu'elle fait frapper une médaille ? L'alerte a été chaude ! Trembler tout le temps, telle est sa destinée, depuis qu'en 1499 la peste touchant Amboise l'a contrainte à fuir à Romorantin avec ses enfants. Oui, mais, d'un autre côté, on ne peut, comme on l'a fait avec Achille, cacher trop longtemps dans un gynécée un futur chevalier, qui plus est si celui-ci, destiné à ceindre une couronne et donc à commander des armées, doit maîtriser, depuis son plus jeune âge, chevauchées, tournois ou maniement de la lance. Quand il ne s'exerce pas à l'épée sur les portes ou à jeter de lourdes bûches de bois sur des mannequins de chiffons.

Terrible dilemme que vit, chaque jour, Louise de Savoie, veuve du comte d'Angoulême, attendant avec fébrilité que sonne l'heure de son fils et redoutant le moindre malheur qui pourrait le frapper. Ne vit-elle pas que pour lui, elle qui, déjà, le jour de sa naissance, consigna dans son journal ce qui, incontestablement, constitua le moment le plus fort de sa vie :

« François, par la grâce de Dieu, roi de France et mon César pacifique, prit la première expérience de la lumière mondaine à Cognac, environ dix heures de l'après-midi 1494, douzième jour de septembre. »

L'enfant naquit-il en plein air, sous un chêne, comme une légende tenace le rapporta par la suite, pour corroborer symboliquement sa force et sa vitalité ? Sans doute pas, aucun contemporain ne suggérant cette audacieuse métaphore sur laquelle brodera beaucoup plus tard le XIX\e siècle romantique. Il a plus vraisemblablement vu le jour, comme avant lui sa sœur, dans la puissante tour de Cognac, un bâtiment qui fleurait encore bon le Moyen Âge, car l'esprit de la Renaissance n'avait pas encore soufflé de ce côté-là.

Quoi qu'il en soit, il s'éveilla au monde et fit ses premiers pas, entouré des compagnons qu'on lui avait attachés, Prévost de Sansac et Mellin de Saint-Gelais, le premier de Cognac, le second d'Angoulême, étant le propre fils de celui qui, depuis la mort du comte Charles, passait pour être l'amant de sa veuve ; également Jean de Saint-Gelais, seigneur de Montlieu et, comme il se doit, le chambellan de la petite cour de Cognac puis de celle d'Amboise.

Bon administrateur, ce dernier était aussi écrivain, auteur bientôt d'une *Histoire de Louis XII*, tout comme son frère cadet, Octovien, évêque d'Angoulême, mais plus intéressé par la poésie que par la théologie et par les dames que par ses ouailles. Mais, aujourd'hui, qu'a-t-elle à craindre ? Pour tous ceux qui, chaque jour, voient le duc de Valois, celui-là sera bientôt un vrai chevalier, et non un ange éphémère, tel ce fils de Charles VIII, le pauvre Charles-Orland, décédé à l'âge de trois ans lors d'une épidémie de rougeole dont les plus anciens se souviennent avec émotion. Il n'avait pas vécu, comme tous les fils de la reine Anne, ceux du premier lit comme ceux du second.

Tel ne semble pas être le destin de François, duc de

Valois, qui grandit si vite et excelle aujourd'hui dans
le maniement des armes et des chevaux.

Au reste, n'est-il pas protégé par la salamandre,
emblème de sa famille, avec la devise qui lui est inhé-
rente, *Nutrisco et Extinguo* (« Je me nourris [du feu] et
je l'éteins »), telle qu'elle figure dans le bestiaire de
ses armes ?

> « Seigneur humain, doux et prudent,
> Père de paix et d'union,
> Qui éteignez tous feux ardents
> De noise et de division,
> Je vous fais cy obligation
> D'une salamandre qui éteint
> Le feu par opération
> Naturelle... »

Comment, au XVIe siècle, en est-on venu à attribuer à
ce lézard amphibien constellé de taches jaunes les qualités d'esprit du feu ? Didier Colin, l'auteur du *Dictionnaire des symboles, des mythes et des légendes*, nous
donne la réponse parfaite : « Selon les alchimistes, les
salamandres étaient des animaux fabuleux, indestruc-
tibles et vivant dans le feu. Toutefois, toujours selon les
alchimistes, contrairement aux ondines, les esprits des
eaux, les salamandres ne pouvaient pas entrer en contact
direct avec les hommes sous peine de les brûler. Cependant, elles n'avaient pas un caractère démoniaque, elles
jouaient le rôle de gardiennes du feu. « Ce lézard fabuleux ne désigne pas autre chose que le sel central,
incombustible et fixe qui garde sa nature jusque dans les
cendres des métaux calcinés et que les anciens ont
nommé *semence métallique* » (selon Fulcanelli). En
remontant le temps, on s'aperçoit que, chez les Grecs
déjà, la salamandre avait été assimilée au mythe du phé-

nix, cet oiseau qui était censé survivre au feu et renaître
de ses cendres. Dès lors, rêver d'un ou de plusieurs
lézards est le signe avant-coureur d'un problème à venir
ou une représentation du bien-être au foyer. [...] Mais
s'il s'agit d'une représentation de la salamandre, alors
c'est l'ardeur des passions ou bien un changement radical, une transformation profonde, inéluctable, qui se
prépare ou se produit en soi. » La salamandre traversait,
croyait-on à l'époque, les flammes sans brûler, d'où la
devise de François Ier.

Mais, conformément à la pensée néo-platonicienne
qui distingue le bon et le mauvais feu, la salamandre
symbolise non seulement la puissance, mais encore la
lutte du bien contre le mal, ce qui signifie aussi – et
François le sait parfaitement ! – qu'il doit traverser et
éteindre le feu de ses passions ! Ainsi posée, sa devise
peut être traduite d'une autre façon : « Je nourris le bon
feu et j'éteins le mauvais », ce qui signifie encore que
ses qualités physiques ne sont utiles qu'une fois liées à
ses qualités morales, comme le phénix qui renaît de ses
cendres, symbole d'immortalité de l'âme et, de ce fait,
de cette Renaissance marquant le passage du Moyen
Âge aux Temps modernes, celui de la raison souveraine
contre les ténèbres de l'hérésie, de la justice contre
l'injustice, du droit contre l'anarchie, de l'ordre contre
le désordre.

Jamais on attendit autant d'un futur souverain que de
François Ier, peut-être parce que, n'étant pas fils de roi
mais au début d'une dynastie, il dut faire ses preuves
plus qu'un autre ! Il est vrai qu'à défaut de père, dont
il ne conserva sans doute aucun souvenir, ce furent
assurément sa mère et sa sœur qui composèrent
l'inébranlable socle de sa formation. Louise de Savoie
ne parlait-elle pas d'« un seul cœur en trois corps » et ne

se voyait-elle pas en Latone, mère de Diane et d'Apollon ? Toutes deux, en tout cas, se mirent au service total et absolu du jeune mâle appelé à exercer un jour les plus hautes fonctions. « François Ier naquit entre deux femmes prosternées, et telles elles restèrent dans cette extase de culte et de dévotion », écrit Jules Michelet, utilisant une formule qui n'est pas tout à fait exacte : ce n'est pas en enfant gâté qu'elles le virent toujours, mais en futur roi.

Très vite, on s'aperçut que si Marguerite était plus prompte à comprendre, elle ne semblait vouloir apprendre que pour mieux aider son petit frère et son futur seigneur, qu'elle initia au jeu d'échecs. Future duchesse d'Alençon et future reine de Navarre, Marguerite de Valois, première du nom – la seconde sera sa petite-nièce, la fameuse « reine Margot » –, comptera dans l'histoire de la pensée humaniste et religieuse.

François avait donc dû quitter Cognac pour Amboise, où il passa sous l'autorité du maréchal de Gié, petit-fils de du Guesclin et pupille du fameux Tanguy du Châtel, ami de Louis XI puis de Louis XII. Conscient que celui qu'on lui avait confié était orphelin de père, le maréchal tenta de le remplacer. Et ce, quitte à s'opposer à sa mère qui, manifestement, ne l'aimait pas, surtout lorsqu'il décida de chasser du Clos-Lucé les deux frères Saint-Gelais. L'énergique Breton désapprouvait que, jusque-là, le garçon dormît dans la chambre de sa mère et, chaque matin, fût lavé et habillé par elle et elle seule. Il dut souvent combattre avec énergie, comme ce jour où son subordonné, du Restal, venu chercher l'enfant, trouva porte close et, aussitôt, commanda de l'enfoncer !

Les six ans de François révolus, le maréchal fit passer l'enfant « aux hommes », comme le voulait l'usage, et lui donna pour aumônier Ytier Bouvereau, pour précepteur l'abbé de Saint-Mesmin, et pour écuyer Renaud du Refuge qui, aussitôt, lui mit le cul sur un cheval.

À la même période, on lui attacha de nouveaux compagnons de jeux, ceux dont il a été question plus haut. Certes, le soir, sa mère, appliquant sa devise *libris et liberis* («pour mes livres et pour mes enfants»), le retrouvait pour superviser ses activités de l'esprit, mais elle n'était plus la maîtresse absolue du destin de son fils.

Ceci la décide à perdre le maréchal de Gié, qui pourtant travaillait jusque-là dans la même optique qu'elle, la défense des intérêts de François. L'occasion se présente bientôt lorsque Gié commet la maladresse d'empêcher la reine Anne d'abandonner la cour pour son duché de Bretagne, un jour où, le roi étant malade, elle le croit perdu. Certes, il n'est condamné qu'à une peine légère, mais il doit renoncer à toutes ses charges, parmi lesquelles celle de gouverneur du duc de Valois.

Lui succède alors le plus accommodant Artus Gouffier, seigneur de Boisy, en Poitou, dont un contemporain nous dit qu'«il trouva dans son élève, un tempérament plein de feu, capable de toutes les vertus et de toutes les passions, mais il fallait diriger ce feu utile et dangereux, tantôt l'aviver, tantôt l'amortir». Compétent, honnête, dévoué et attentif, Boisy veille à ce que toutes les heures de la journée soient bien occupées et à ce que les activités physiques et intellectuelles soient équitablement réparties.

À ses côtés, Louise de Savoie recouvre donc son influence, mais la partage désormais avec les maîtres de son fils, Gian Franco Conti, François Desmoulins, chanoine de Sainte-Radegonde, Jean Thenaud, cordelier du couvent de Melle, et Christophe de Longueil.

Compétents, érudits, dévoués, ils parviennent sans
grande difficulté à intéresser un élève ouvert et intelligent, dont le programme éducatif n'est pas sans offrir
une certaine ressemblance avec celui du Pantagruel
de Rabelais, puisqu'il oscille du trivium au quadri-
vium, sans oublier les langues (l'italien et l'espagnol),
l'instruction religieuse, le catéchisme, l'art de la poésie
et même la musique, avec la maîtrise du solfège et
l'apprentissage du luth. Et ce à une époque où les
connaissances commencent à « exploser » sous les
coups d'un formidable mouvement culturel, cette
Renaissance venue d'Italie qui, aujourd'hui, touche la
France comme une grâce divine, et qui modifie l'éducation des enfants par ce qu'il est convenu d'appeler
« l'humanisme » :

> « Au commencement du repas était lue quelque
> histoire plaisante des anciennes prouesses. Après
> devisaient des leçons lues le matin, comme géo-
> métrie, astronomie et musique. Après s'esbaudis-
> saient à chanter musicalement à plaisir de gorge. Il
> apprit à jouer du luth, de l'espinette, de la harpe,
> de la flutte. La digestion parachevée, se remettait
> à son étude principale tant à repasser la lecture
> matutinale que aussi à escripre et bien traire et
> former les antiques et romaines lettres. Changeant
> de vêtements, montait sur un coursier, le faisait
> voltiger. Nageant en profonde eau, plongeait es
> abymes et gouffres. Issant de l'eau, gravait es
> arbres comme un chat. Le temps ainsi employé,
> lui, frotté, nettoyé et rafraîchi, tout doucement
> s'en retournait, visitait les arbres et plantes, les
> conférant avec des livres anciens qui en ont
> escript. En beau pré, ils récollaient par cœur
> quelque plaisant vers de Virgile. En pleine nuit,

devant que soi retirer, allaient au lieu de leur logis le plus découvert voir la face du ciel et là, notaient les figures, situations, aspects, oppositions et conjonctions des astres. Si priait Dieu le créateur en l'adorant et ratifiant leur foi envers lui. Ce fait, entrait en le repos. » (*Gargantua*, Rabelais).

Un beau programme, en vérité, que complètent les commandes, passées par Louise de Savoie, la première, à l'humaniste lyonnais Symphorien Champier, d'un ouvrage destiné à inculquer à son fils l'héroïcité des vertus, *Le Régime et Doctrinal d'un jeune prince*, la seconde à Desmoulins d'une série de *Dialogues* entre un confesseur et son pénitent.

Rarement éducation princière fut poussée à ce point. François lit attentivement les écrits des anciens comme de ses contemporains, en particulier *L'Institution d'un prince* de Guillaume Budé, que ce dernier écrit à son intention, et sait en parler, ce que remarquent les ambassadeurs étrangers. On sait par les observateurs de la petite cour d'Amboise qu'il aime les romans de chevalerie, comme *Amadis de Gaule* ou *L'Histoire des quatre fils Aymon*, sans compter le cycle arthurien.

À sept ans, François est mandé à la cour pour remplir sa première mission officielle : accueillir avec le roi l'archiduc Philippe le Beau et sa femme, Jeanne de Bourgogne, venus concrétiser la promesse de mariage entre la fille de Louis XII, Claude de France, et leur propre fils, Charles de Gand, duc de Luxembourg, le futur Charles Quint, selon la volonté expresse de la reine Anne qui, de surcroît, a mis la Bretagne dans la corbeille de noces. Louis XII, toutefois, et avec lui ce que l'on n'appelle pas encore « l'opinion publique » mais l'esprit général du royaume, voient le danger d'une telle union, entre l'héritière de la Bretagne et l'héritier d'une grande partie de l'Europe du Nord, de l'Est et du Sud. Cette union ne permettrait-elle pas de prendre un jour la France en tenailles ? C'est une évidence qui n'échappe pas à Louis XII qui, malgré les réserves que lui inspire son petit-cousin, sait depuis des années qu'il n'a pas le choix et que sa fille ne peut qu'épouser François d'Angoulême. Selon sa propre expression, il ne peut « allier ses souris qu'aux rats de son royaume ». Cependant, il n'ose tenir tête à sa femme qui, en son for intérieur, a résolu que jamais ce mariage n'aurait lieu.

Louis XII préfère donc ruser en attendant patiemment la réunion des états généraux, à Tours, le 13 mai 1506. Ce jour-là, comme jamais avant et sans doute après – excepté peut-être le jour de la fête de la Fédération –, le cœur d'un roi et celui de la France vibrent à l'unisson, ainsi que le rapporte un chroniqueur du temps : « Il y a cinq cents ans qu'il ne se connut, en France, si bon temps qu'il est à présent. »

En conséquence, « le père du peuple » et les représentants des trois ordres s'accordent sur tout, excepté sur un point : le mariage Habsbourg, qui effraie aussi bien les représentants de la noblesse et de l'Église que ceux du tiers état. Un seul vœu est alors formulé à l'unanimité, que prononce le chanoine de Notre-Dame de Paris, Thomas Bricot, considéré comme le meilleur orateur de son temps : « Sire, nous sommes venus ici sous vostre bon plaisir pour vous faire une requête pour le bien général de vostre royaume, qui est telle que vos très humbles sujets vous supplient qu'il vous plaise de donner Madame Claude de France, votre fille unique, à Monsieur Françoys de Valois, icy présent, qui est tout François. »

Tout est dit ! Louis XII acquiesce à la volonté de ses

sujets et fait approuver cette idée, d'abord par Louise de
Savoie, qui curieusement, au départ, n'y était pas favorable, ensuite par son conseil, le 19 mai suivant. Par la
voix de son chancelier, le roi ordonne, s'il devait prochainement disparaître, de reconnaître pour souverain le
fils de son cousin, bientôt son gendre et, dans tous les
cas, désormais, son héritier.

Le surlendemain, Claude, qui a sept ans, en manteau
d'hermine, et François, au terme d'une cérémonie présidée par le cardinal d'Amboise, sont officiellement
fiancés, devant toute la cour, ce jour où n'échappent à
personne la liesse à peine dissimulée de la comtesse
Louise et la colère tout juste rentrée de la reine Anne,
celle-ci étant d'autant plus furieuse que ses sujets bretons ont manifesté leur enthousiasme de ne pas avoir
l'archiduc pour souverain !

Certes, ils ne sont encore que des enfants, mais la
parole du roi est engagée et nul ne songe à la contester, puisque même si Louis XII mourait, l'armée serait
la caution de ses volontés.

La petite Claude, princesse sans beauté, peut à présent retourner à ses poupées, et François, le déjà beau
prince, à ses devoirs… et à ses plaisirs, avec en perspective la jouissance d'une dot de cent mille écus d'or et la
promesse d'être un jour le maître du plus beau des
royaumes. A-t-il fait attention à ce bébé femelle qu'il va
prochainement épouser ? Sans doute pas. Son cœur est
déjà pris par Anne de Graville, fille de feu l'amiral
Louis Malet de Graville, qu'il a remarquée à la cour.
Lui cède-t-elle et l'initie-t-elle à ce jeu d'amour dans
lequel il sera un jour expert ? Ce n'est pas impossible !

En la cour d'Amboise où toutes les dames étaient
galantes, le jeune duc d'Angoulême a grandi au milieu
d'un merveilleux parterre de femmes-fleurs. Dès l'âge

de treize ans, il n'avait plus rien à apprendre des choses
de l'amour.

À cet égard, laissons la parole à Marguerite, sa
sœur, le plus tendre des témoins : « On raconte qu'une
des suivantes de ma mère, une veuve fort belle, bien
agréable et tout à fait aimable, voulut obtenir la première faveur du jeune duc. Comme la dame était séduisante et que François la désirait de longtemps déjà, il
feignit l'ignorance. Le prince s'en fut dans la chambre
de la dame et, bientôt, à la grande confusion de celle
qui voulait enseigner, le rusé seigneur parut tant habile
qu'il se révéla tout aussi savant qu'elle. La vérité c'est
qu'une simple mais accorte chambrière avait depuis
longtemps déniaisé le jeune duc d'Angoulême. La
pauvre dame, qui avait donné quelques conseils, se
trouva subitement bien morfondue. Elle ne sut tenir
secrète sa déception. La nouvelle s'en fut même jusqu'à moi et je dois dire que je ne pus me tenir d'en rire
de tout mon cœur. Cette intrigue amusante m'a d'ailleurs inspiré – mais vous le savez – un de mes contes.
À la cour d'Amboise, François faisait la pluie et le
beau temps. Les dames, prosternées devant sa jeunesse
et sa grande beauté, n'attendaient qu'un signe de lui
pour consentir à satisfaire son désir. »

Pour François, ce sera l'apparition, à Amboise, d'une
« claire-brune » qui déterminera son véritable premier
amour. En lisant l'*Heptaméron* de sa sœur, Marguerite
d'Angoulême, on peut reconnaître, dans la quarante-
deuxième nouvelle, une évocation qui rappelle étrange-
ment la première passion de François. Il ne s'agit cette
fois nullement de galanterie, mais d'un authentique
grand amour. « Un jour, alors qu'il était âgé de quinze
ans, François tomba amoureux d'une jeune fille à
l'église. Lui qui jamais encore n'avait aimé sentit en son
cœur un plaisir non accoutumé. Il se renseigna sur la

jeune fille, assez belle pour une claire-brune. » Alors qu'il lui adressait un messager pour lui déclarer sa flamme, « Françoise, car c'était son prénom, lui fit répondre que le château abritait quantité de femmes plus belles qu'elle et qu'en outre elle était très honnête. Mais cela bien sûr ne suffit pas à mettre fin à l'ardeur de mon frère. Il la poursuivit de ses assiduités et à la messe ne la quittait pas des yeux. Il était si tenace et tellement omniprésent qu'elle finit par changer de chapelle… Encore une fois le futur roi fit intervenir quelqu'un pour tenter de convaincre la belle. C'était son sommelier qui était marié à la sœur aînée de Françoise. Il se rendit devant la maison de son complice, sur la grande place d'Amboise, et se laissa choir dans la boue du haut de son cheval. Puis il sollicita des serviteurs du sommelier de quoi se changer. Il se déshabilla, se mit au lit et fit appeler la jeune fille, qui vint en tremblant. « M'esti-mez-vous si mauvais homme que je mange les femmes en les regardant ? » lui dit-il avant de lui avouer son subterfuge. Puis il tenta de l'embrasser, mais Françoise résista : « Pourquoi vous intéresser à moi ? Est-ce parce que vous n'osez pas vous attaquer aux demoiselles de la cour ? Ou pensez-vous que la modestie de ma condition sera plus facile pour vous ? » François finit par quitter la maison de son sommelier, estimant plus que jamais l'honnêteté de la jeune fille. Quelqu'un lui suggéra plus tard d'offrir une belle somme d'argent à Françoise, mais le futur roi dépendait de notre mère et n'avait que peu d'argent. Il emprunta cependant cinq cents écus qu'il envoya à Françoise ; celle-ci refusa le cadeau. Finale-ment le jeune duc d'Angoulême capitula, ne l'impor-tuna plus et la garda toute sa vie en bonne estime. »

Une fois François et Claude fiancés, l'itinérante cour de France peut reprendre son cheminement d'un

château à l'autre. Louise reconduit son fils à Amboise,
où il retrouve ses maîtres, ses chevaux et ses compagnons de jeux auxquels s'ajoute un nouveau, Bonnivet,
le frère cadet de son gouverneur. Bientôt gendre du roi,
François n'ignore pas qu'il doit s'aguerrir pour devenir
le meilleur. Fleuranges le comprend, qui précise :
« Comment, après que le dict sieur d'Angoulême et le
jeune adventureux et autres gentilshommes devinrent
un peu plus grands, commencèrent à eux armer et faire
joustes et tournois de toutes les sortes qu'on se pouvoit
adviser, et ne fust qu'à jouer au vent, à la selle dessain-
glée ou à la nappe ; et croy que jamais prince n'eust
plus de passe temps qu'avoit mon dict sieur, ni mieux
endoctriné que Madame sa mère l'a toujours nourry. »

Il est temps de passer à la vitesse supérieure, songe
Louise de Savoie, qui veut faire de son fils un chef-
d'œuvre absolu. Leur relation est privilégiée et le
demeurera, jusqu'à la fin, même si beaucoup, comme la
reine Anne, ne voient en elle qu'un Machiavel féminin,
dont le dessein, soutenu par le cardinal d'Amboise, ini-
tiant l'adolescent aux subtilités de la politique, est de lui
faire gravir, le plus rapidement possible, les marches du
trône. D'autant qu'au printemps 1510 la reine Anne met
au monde son avant-dernier enfant, une fille prénommée Renée, future duchesse de Ferrare. C'est l'ultime
illusion d'un couple qui se croit désormais maudit pour
n'avoir pas su donner à une France, régie par la loi
salique, le futur roi qu'elle était en droit d'attendre !

Les malchances de Machiavel

En 1513, l'année de la rédaction de son chef-d'œuvre *Le Prince*, comment ne pas regarder de plus près son étrange auteur : Nicolas Machiavel ? Ce n'est pas parce que l'on conseille brillamment les princes qu'on est soi-même un homme heureux. Il ne suffit pas de couler à l'oreille de son maître le mot juste ou la formule idéale pour recueillir l'estime des puissants. Nicolas Machiavel devrait le savoir, lui qui écrit : « Le temps n'attend pas, la bonté est impuissante, la fortune inconstante et la méchanceté insatiable ».

Il n'a pas de chance. Lorsqu'il vient en France en 1500, dans l'espoir de rencontrer Louis XII au château de Loches, il trouve porte close : ce dernier ne l'a pas attendu, et Machiavel, qui pensait que sa grande notoriété lui assurerait ce rendez-vous, se sent vivement offensé. Lui, si cynique dans ses raisonnements est naïf dans sa vie privée. Nous sommes face à un homme berné par ses semblables et malheureux en ménage.

À Florence, il est loin d'être un poids pour l'État. Sous l'humble titre de secrétaire, il produit un travail considérable, aussi bien au service du département des affaires extérieures qu'à celui de la guerre, le tout pour la modeste somme de cent florins. Contrairement à sa redoutable réputation, il n'a rien d'un révolutionnaire. C'est un modéré, non un homme de fer. Il est même prêt à attribuer à la bonté une certaine vertu politique : « Un geste d'humanité et de charité a parfois plus d'empire sur l'esprit de l'homme qu'une action marquée du sceau de la violence et de la cruauté. » Ainsi est Machiavel : un pacifiste qui ne traite que de la guerre et un stratège dérouté par les surprises de la vie privée. Incapable de se servir lui-même, il est un collaborateur d'exception pour les autres. Il voit tout, comprend tout et se fait le peintre parfait du flou de l'âme humaine : « Une des premières choses de l'homme, c'est sa fureur pour la nouveauté, deux grands mobiles font agir les hommes : la peur et la nouveauté. »

Machiavel trouve plus sa place dans l'Histoire que dans le présent. Mais il sait pourquoi :

« Pour prévoir l'avenir, il faut connaître le passé, car les événements de ce monde ont en tout temps des liens aux temps qui les ont précédés. Créés par les hommes animés des mêmes passions, ces événements doivent nécessairement avoir les mêmes résultats. »

Personnage tout à fait paradoxal, perpétuellement décalé, il est capable de se vêtir en habit de cérémonie pour lire les Anciens, tandis qu'il ne craint pas de se montrer dans une tenue négligée dans l'exercice de son service. Il ne sait ni flatter, ni faire les antichambres et, soucieux de sa liberté, il est parfois irrespectueux à l'égard des puissances de son temps. À propos de la gent féminine, il tient ce langage des plus cynique : « N'aie une femme que si elle peut te pousser ; prends-la donc mondaine, intrigante, belle, sachant se servir de sa langue, de son esprit, voire de son corps pour te pousser. » Dans les moments les plus difficiles de sa vie quand, sans emploi, il est contraint de se retirer à la campagne, il est sauvé par son prodigieux don d'écrivain et compose alors les pages admirables de

La Mandragore et de sa nouvelle très plaisante
L'Archidiable Belphégor. Comment se fait-il que
cet homme gentil soit passé à la postérité pour un
monstre de duplicité et de perversion, capable de
combinaisons criminelles et de ruses odieuses ? En
vérité, Nicolas Machiavel est un génie de la politique qui se comporte dans la vie avec la naïveté
d'un enfant. Voilà pourquoi il redoute la retraite qui
l'attend à quarante-trois ans. Il s'effraie à l'idée de
devoir passer toute sa journée avec Marietta, son
épouse qui lui a donné huit enfants. Aussi préfère-
t-il fuir le domicile conjugal pour aller boire son
broc de vin toscan à l'auberge. C'est là que ce
pauvre hère se métamorphose en génie, en grand
politique et qu'il élabore les pages immortelles
de ce chef-d'œuvre qui fera le tour du monde :
Le Prince. Machiavel, qui connaît tout de la machi-
nerie du pouvoir, va s'apercevoir que même le
temps travaille contre lui. Quand les Médicis sont
renversés, alors qu'il vient de passer quinze ans
dans l'exil et la misère, il croit que l'heure de la
récompense est enfin arrivée. Il a déjà oublié qu'il
est lui-même l'auteur de cette phrase : « Il perd
celui qui sait ce qu'il va faire s'il gagne. Il gagne,
celui qui sait ce qu'il va faire s'il perd. » Il espère
un poste prestigieux, ambassadeur ou ministre…
Mais malheureusement, dans sa période sombre, ne
serait-ce que pour pouvoir nourrir sa famille, il a
sollicité de Jules de Médicis quelque argent et ce
dernier lui a donné de quoi écrire *Une histoire de
Florence*. Dès que cette révélation est faite, on
l'affuble d'une étiquette de transfuge et de traître à
son parti. Ses amis, qui ont repris le pouvoir, n'ont
maintenant plus qu'une idée, le chasser de leur
cercle doré et le priver de la volupté du retour en

grâce. Pourquoi la malchance, la guigne semblent-
elles s'acharner sur Nicolas Machiavel? Peut-être
parce que, comme il l'a lui-même écrit: «La fortune ne change que pour ceux qui ne savent pas se
conformer au temps.» De son vivant, il n'est pas
reconnu, lui, l'auteur des *Relations diplomatiques*,
des *Images des choses d'Allemagne*, des *Images
des choses de France*, du *Discours sur la première
décade de Tite-Live* et de *L'Art de la guerre*. Et
pourtant, avec son œuvre, il va hanter les esprits
des philosophes, des historiens et des politiques,
pour les siècles à venir. Ainsi fut cet esprit si riche
qui mourra dans la peau d'un homme pauvre. Ainsi
fut ce Florentin trop discret qui allait éclairer le
monde de sa lumière noire.

3

Le dauphin de France

Lors de ce même hiver 1510, sous l'une des galeries du château de Blois récemment ouvertes sur ordre de Louis XII, prisant particulièrement ce lieu qui, avant lui, ne ressemblait qu'à un château fort, un jeune homme d'une quinzaine d'années, le visage aimable, déjà grand, vêtu d'un pourpoint de drap d'or et de chausses de soie, les cheveux noirs enserrés dans un filet d'argent, salue avec déférence un petit groupe d'hommes qui s'inclinent à leur tour respectueusement à son approche. Avec modestie, le jeune homme sollicite le privilège d'entrer dans leur cercle et de participer à leur conversation relative aux derniers ouvrages qu'ont lus les hommes de qualité, tels *Le Jardin d'Honneur du Voyage que fist le roy Charles à Naples*, *Le Triomphe de Pétrarque*, ou la nouvelle édition des œuvres de Diodore de Sicile.

Tels, jadis, à Athènes, les élèves de Platon dans les jardins d'Academos, le petit groupe déambule dans la galerie, évoquant Socrate, Aristote ou saint Augustin, dissertant sur l'immortalité de l'âme et la pensée philosophique, tout en se demandant comment la tradition chevaleresque peut être compatible avec l'idéal humaniste que la pensée nouvelle a rendu familier aux

contemporains. Mais surtout, par la bouche de ses interlocuteurs, le jeune François ne se lasse pas d'entendre
parler de ce laboratoire ou mieux, comme l'ont dit certains, de cette véritable « clé » de la Connaissance, cette
Italie d'où viennent les peintres, les sculpteurs, les
architectes et les musiciens, et que, depuis Charles VIII,
les détenteurs de la couronne de France rêvent de
conquérir et de posséder comme la plus désirable des
maîtresses.

Attentif aux propos de ses interlocuteurs, parmi lesquels brillent particulièrement Budé, Lascaris, Longueil
et Conti, François d'Angoulême, duc de Valois, leur
répond avec pertinence et leur prouve aisément qu'une
tête bien faite dans un corps sain constitue le meilleur
gage d'avenir. Tous sont sous le charme de celui qui,
un jour prochain, s'assoira sur le trône de France.

N'est-il pas d'une maison où l'on a toujours cultivé
les lettres et les arts ? Et n'est-ce pas par les lettrés et
les artistes qu'on entre dans l'histoire ? Content de son
effet, le jeune homme prend congé du petit groupe et
continue sa promenade, ne manquant pas de saluer les
ambassadeurs étrangers – tous des gens qu'il faut
ménager pour se construire une réputation – et naturellement les dames de la cour, à qui il lance œillades et
sourires.

Il y a deux ans, en raison de sa majorité, il a quitté
Amboise pour suivre la cour de Louis XII, où il s'est
initié aux usages. Il a pris de l'assurance et ne ressemble
plus en rien à l'orphelin qu'il était naguère, à la fois
parent pauvre de la famille royale et pièce plus ou moins
suspecte qu'on tenait à l'écart. N'a-t-il pas aujourd'hui
une maison comptant cinquante-huit officiers, cent
vingt-neuf bas-officiers, six veneurs, dix secrétaires,
sans compter les médecins, chapelains, musiciens, gens
de cuisine et autres ? Il sait que, politiquement, son rôle

se dessine déjà, et c'est pourquoi il entend répondre favorablement aux espoirs que beaucoup fondent sur lui, en offrant l'image platonicienne de la perfection du corps et de l'esprit, les deux faces de son apparence de futur roi.

Depuis 1508, à la cour, il apprend l'art de gouverner, qui ne s'acquiert que par l'observation du souverain en place et, parfois, des conseils que celui-ci veut bien prodiguer. Ceci doit parachever une éducation certes solide, mais jusque-là trop provinciale pour celui qui doit être un jour appelé à devenir le maître du royaume. Ainsi, après les exercices physiques et les exercices intellectuels, se familiarise-t-il avec les mœurs des grands, tout en prenant son service dans l'armée, puisqu'il serait, à cette époque, inconcevable qu'un roi ne soit pas aussi un chevalier, et même un stratège. En cas de guerre, en effet, c'est celui qui porte la couronne qui commande les troupes, derrière la bannière de Saint-Denis, l'oriflamme pourpre hautement sacrée qu'on ne peut sortir de l'abbaye qu'en sa présence.

Dans cette double perspective, François entre au Conseil du roi en 1512 et, à l'automne de la même année, se voit nommé capitaine de cent lances, avant de commander l'armée de Guyenne, chaperonné par un ancien, Odet de Foix, seigneur de Lautrec, avec pour mission de protéger Bayonne pendant la retraite du duc d'Albe vers Pampelune. Toujours galant, il ne manque pas, avant de descendre dans le Sud, de saluer sa mère.

Cette campagne, destinée à rendre au roi de Navarre les terres que les Espagnols lui ont confisquées, est un échec. On frappe néanmoins une médaille à son effigie avec cette inscription : « *Maximus Franciscus Francorum Dux, 1512* ».

Élevé au rang de gouverneur de la Guyenne, François est ensuite envoyé dans le nord de la France pour

participer au siège de Thérouanne, avec le duc de Bourbon. Là encore, c'est un échec : ses débuts militaires
sont peu glorieux !

Lorsqu'il n'est pas de service à l'armée, c'est à une
autre activité qu'il se livre, quoique plus discrètement :
l'amour, en compagnie des jeunes femmes séduites par
le charme d'un bel adolescent à qui rien ne manque pour
être initié à ces rites auxquels, on s'en souvient, son
défunt père était loin d'être insensible.

On ignore quelle fut l'experte qui le déniaisa, mais
on connaît, grâce au témoignage de sa sœur Marguerite,
une de ses premières liaisons.

C'était avec la femme de l'avocat parisien Jacques
Dixommes, chez laquelle il se présenta un soir, croyant
le mari absent, d'où cette aventure en tout point
conforme à l'esprit de Boccace. À sa grande surprise,
c'est le mari qui lui ouvrit la porte. François lui expliqua
qu'il était venu le trouver pour solliciter un conseil juri-
dique et lui conta une fable à laquelle répondit consciencieusement l'homme de loi, très honoré de s'entretenir
avec l'héritier du trône. L'entretien achevé, il appela sa
femme pour la présenter au prince. Celle-ci feignit de le
raccompagner mais le cacha en réalité dans un appentis
en lui suggérant d'attendre que son époux s'endorme.
Alors, la belle retrouva son galant et, ajoute la princesse
Marguerite, « je ne doute pas qu'elle lui ait tenu tout ce
qu'elle lui avait promis ».

L'histoire connaît d'autres développements : pour
ne pas éveiller les soupçons de l'avocat, François,
s'étant aperçu que son logis était voisin d'un couvent
d'hommes, demanda à plusieurs reprises à son supérieur de passer la nuit en prière dans sa chapelle, faveur
que ce dernier accorda, impressionné par la piété du
jeune homme. Bien sûr, une fois les moines le dos
tourné, il se précipita chez sa maîtresse !

D'autres conquêtes, de plus en plus nombreuses, l'appellent dans d'autres logis parisiens, à commencer par celui de la baronne de Plessis, épouse d'un barbon, chez qui il se rend masqué, mais qu'une duègne surveille en permanence. Qu'à cela ne tienne, son complice Bonnivet accepte de se dévouer en courtisant la vieille demoiselle, et le stratagème fonctionne au-delà de toute espérance. On imagine les rires, lorsque les deux compagnons, au petit matin, rejoignent discrètement leur demeure !

Passant sans préjugés des dames de la cour aux bourgeoises – car cet authentique séducteur n'a pas de préjugé –, il inscrit encore à son tableau de chasse « la belle ferronnière », épouse du sieur Jean Ferron, Parisienne fameuse dans les annales de la galanterie, et nombre de femmes dont l'histoire n'a pas retenu le nom, mais qu'honora ce jeune ardent en qui toutes virent le dieu de l'Amour.

Au mois de janvier 1514, au terme d'une énième grossesse conclue par un enfant mort-né, la reine Anne rend son âme à Dieu et s'en va reposer pour l'éternité dans le sépulcre de Saint-Denis où Jean Juste lui sculptera bientôt un somptueux tombeau.

La disparition d'Anne est un soulagement pour Louise de Savoie, d'autant que l'événement permet de presser le mariage de son fils avec la fille de la défunte, d'unir enfin la salamandre des Angoulême à l'hermine de Bretagne.

La cérémonie, qu'on veut simple en raison du deuil, est célébrée à Saint-Germain-en-Laye, près de Paris, sans aucun signe de joie, comme l'écrit un chroniqueur : « Pas l'ombre de drap d'or ou de soie, de satin ni de velours. » Le peu de témoins présents, tous vêtus

de noir, ne manquent pas de remarquer le contraste
entre ce grand garçon viril de vingt ans, séduisant et
charmeur, à la prestance déjà royale, et la petite princesse sans beauté, boiteuse et déjà corpulente, impressionnée d'unir son destin avec un aussi « beau et grand
prince », elle qui, selon un contemporain, est « un vrai
miroir de pudicité, de sainteté et d'innocence ». Choyée
par ses parents, dont elle fut longtemps, jusqu'à sa
sœur Renée née dix ans plus tard, la seule des enfants
survivantes, c'est une femme douce, tendre et effacée,
traits de caractère qu'elle tient davantage de son père,
fort honnête homme et roi consensuel, que de sa mère,
à la fois féministe et combative.

Mais si Claude de France n'est guère avenante, sa
dot, elle, peut faire légitimement tourner bien des têtes.
Elle est constituée de la Bretagne, du Milanais, des
comtés d'Ast, de Blois, d'Étampes, de Vertus, de Coucy
et de Montfort-l'Amaury. Tous ces territoires produisent
des revenus considérables, faisant de François, son
époux, l'un des plus riches seigneurs du royaume. Ceci,
pour autant, ne l'empêche pas de manquer d'argent et
d'emprunter à ses banquiers de Lyon pour satisfaire sa
prodigalité légendaire, son goût pour les beaux meubles,
les vêtements les plus raffinés et les bijoux les plus fabuleux, mais aussi les gages de ses gens ou les cadeaux à
ses amis. Louis XII fulmine, s'écrie : « Ce gros garçon
gâtera tout. » Il le convoque pour le sermonner, mais ne
parvient pas à refréner sa fringale de luxe. Est-ce pour
cela qu'il n'hésite pas, un jour où ils vont tous deux à
cheval, à le morigéner par un exemple symbolique ?

> « Regardez, beau Sire, le clocher de ce village, au
> loin, qu'on aperçoit d'ici et que l'on croit tout
> proche.
> – Oui, Sire.

– Eh bien, il est infiniment plus loin qu'il n'y paraît, et la route est longue qui y conduit… »

Demande-t-il le gouvernement de la Bretagne qu'on lui a promis naguère ? Il se fait vertement rabrouer par le roi qui le lui accordera certes, mais le moment venu ! François, au terme de ses épousailles, confie-t-il réellement à un ami : « Je la veux, cette enfant. Question d'État ! Pour l'amour il est d'autres prés où, sans presque me baisser, j'aurais tout loisir de cueillir à foison les plus capiteuses corolles » ? On ne sait, mais, jusqu'au bout, il se comportera en mari courtois, aimable et attentif, avec une femme qui non seulement l'aimera jusqu'à son dernier souffle, mais encore, avec une régularité métronomique, lui donnera sept enfants.

Au jour de la mort de la reine Anne, songe Louise de Savoie, rien ne peut désormais empêcher son César de monter bientôt sur le trône. Louis XII, qui fut sa vie durant de santé fragile, montre, à cinquante-deux ans, d'inquiétants signes de faiblesse. Il déclare même, le jour des funérailles de sa femme : « Faites un caveau assez grand pour elle et pour moi, car avant que l'an soit passé, je serai avec elle et lui tiendrai compagnie. » Celui qui, jadis, fut le beau duc d'Orléans ne ressemble-t-il pas aujourd'hui à un vieillard, « fort antique et débile », comme l'écrit sans ambages Louise de Savoie dans son journal ?

À l'automne suivant, la France stupéfaite apprend que le souverain, pour conclure son traité d'alliance avec le roi d'Angleterre Henri VIII, avec lequel on avait récemment eu maille à partir, accepte de se remarier avec la sœur de celui-ci, la très jeune Marie Tudor, seize ans. La cérémonie nuptiale a lieu le 9 octobre 1514 à Abbeville, où il est venu en grand cortège à la rencontre

de cette jeune princesse que les aléas de la diplomatie
européenne avait fiancée, elle aussi, au futur Charles
Quint, sans que cette union se réalisât, celle du porc-
épic (emblème du roi) avec la rose (emblème de la
famille d'York).

Marie a trente-six ans de moins que son époux, mais,
à ses côtés, le vieux souverain semble retrouver la jeunesse, tout en oubliant Anne qu'il pleurait si fort avant-
hier. Il est vrai que la jeune princesse est tout à fait
séduisante et passablement délurée. Louis XII ignore
du reste que cette blonde à la peau blanche brûle d'un
amour secret pour le beau Charles Brandon, duc de
Suffolk. Cet ancien valet de vénerie, aujourd'hui
ambassadeur de Sa Gracieuse Majesté en France, avait
su admirablement mener sa barque en appliquant le
vieux précepte d'écouter les hommes mûrs et de séduire
les femmes.

Conformément à l'étiquette, c'est François en personne qui est venu accueillir à son arrivée en France la
nouvelle reine, de trois ans sa cadette. Séduit par son
charme et emporté par son élan, il va vers l'irréparable.
Captivé par ses câlineries – elle l'embrasse même sur
la bouche –, il est prêt à succomber sans mesurer l'immense danger. En effet, que se passerait-il si, grâce à
lui, l'Anglaise donnait un fils à son mari, le roi de
France ? Tout serait-il à recommencer ? Beaucoup rient
sous cape de ce rebondissement imprévu, en particulier
les espions d'alcôve. D'autres cherchent à percevoir,
sur le visage de celui en qui Louise de Savoie ne voit
qu'« un fort antique et débile homme », les signes de
ses exploits nocturnes qui, chaque matin, lui creusent
un peu plus les traits.

Le roi son époux parvient-il ou non à la posséder ?
Telle est la question que chacun se pose, même si
Louis XII assure qu'il fait merveille et qu'il est « tout

vaillant », ce dont François doute, en raison de ce que ses espions lui font savoir. D'où cette confidence à Fleuranges : « Je suis plus joyeux et plus aise que je ne fus passé vingt ans, car je suis sûr, ou on m'a fort bien menti, qu'il est impossible que le roi et la reine puissent avoir enfants, ce qui est fait à mon avantage. »

Une pièce burlesque, montée à Paris sur un tréteau populaire, dans laquelle on voit le roi d'Angleterre envoyer au roi de France une haquenée destinée à le conduire au paradis ou... en enfer, fait rire les badauds. Elle n'en dit pas moins la vérité puisque, pour les historiens, il ne fait bientôt plus de doute que les efforts déployés par Louis XII pour se montrer « gentil compagnon » avec sa femme vont lui être fatals, comme allait l'écrire assez crûment Hilarion de Coste : « Ce mariage était si mal assorti pour l'âge et la partie si mal faite qu'en moins de trois mois, elle l'envoya dans l'autre monde. » En effet, le jour de Noël, alors qu'il séjourne en son palais des Tournelles, bâti sur une partie de l'emplacement occupé par un côté de l'actuelle place des Vosges, et qu'il n'a pas encore fêté sa cinquante-deuxième année, il tombe gravement malade et s'alite, victime probablement d'un mélange de fièvre pernicieuse et d'une dysenterie chronique. D'aucuns seront plus affirmatifs : il est mort d'épuisement sexuel.

Son agonie est de courte durée puisque, le 31 décembre 1514, entre dix heures et onze heures du soir, assisté de son confesseur Guillaume Parvi, il meurt, après avoir confié le royaume à son gendre. Il dit joliment à celle qui allait devenir sa veuve : « Mignonne, je vous donne ma mort pour vos étrennes. » On voit que, jusqu'à la fin, il ne manque pas de lucidité.

Aussitôt, les amis du dauphin, Montmorency, Fleuranges, Chabot de Brion, Montchenu et Bonnivet, ivres de bonheur, se bousculent autour de lui en jetant leurs bonnets en l'air et en criant « Vive le roi ! » et « Belle étrenne ! », sans aucun respect pour le défunt, comme cela s'est toujours fait à la cour de France, et comme cela se fera toujours, jusqu'à la mort de Louis XV et l'avènement de Louis XVI.

La partie est-elle enfin gagnée pour François ? Non, car la reine Marie prétend être enceinte des œuvres du défunt roi. Par prudence, on l'isole pendant quarante jours à l'hôtel de Cluny, tous volets clos, uniquement confiée, à la lueur des chandelles, à la garde d'une maison de femmes dirigée par Mesdames d'Aumont et de Nevers, comme il était d'usage lorsqu'une reine de France se retrouvait veuve, du moins lorsqu'elle était encore en âge d'avoir des enfants. Ne voyant rien venir, on finit par faire ausculter celle que, selon la tradition, on appelle « la reine Blanche » – ainsi nommée car c'est la couleur de deuil portée par les reines veuves –, et on s'aperçoit que la prétendue grossesse n'est qu'une mystification.

Brantôme et d'autres ont glosé à foison sur l'attirance que l'héritier du trône aurait manifesté pour la belle Marie, qui se fût concrétisée si Louise de Savoie n'avait pas mis le holà en encourageant son fils à la prudence, lui démontrant le danger pour lui d'engrosser une reine, dont la naissance d'un héritier mâle lui eût fermé la porte de la Couronne : « Ne voyez-vous pas que cette femme, qui est fine, vous veut attirer à elle afin que vous l'engrossiez ? Et si elle vient à avoir un fils, vous voilà encore simple comte d'Angoulême, et jamais roi de France, comme vous espérerez… Cette reine voulait bien pratiquer le proverbe qui dit : "Jamais femme habile ne mourut sans héritier", c'est-à-dire que si son mari ne lui en fait, elle s'aide d'un second pour lui en faire. »

Or, si François est incontestablement un coureur de jupons, il n'est en rien un sot. Céderait-il si facilement aux câlineries d'une Anglaise qui n'hésitait pas à l'embrasser sur la bouche ? Aurait-il compromis son avenir pour un moment de plaisir ? Songe-t-il en revanche que, devenu roi, il peut répudier Claude de France pour épouser la veuve de son prédécesseur, comme l'avait fait Louis XII ? C'est possible, et certains ont évoqué cette hypothèse, même si on ne voit pas bien l'intérêt de cette alliance qui lui aurait fait perdre tout espoir de posséder la Bretagne.

Quoi qu'il en soit, si cette proposition lui fut faite, Marie la refusa pour laisser son cœur parler, ne cachant plus son inclinaison pour le duc de Suffolk. « Plus folle que reine », conclut le nouveau souverain qui pardonne le mensonge de la jeune Anglaise et l'autorise à quitter le royaume, avec l'objet de sa passion, le beau Suffolk. Elle épousera ce dernier le mois suivant et lui donnera plusieurs enfants, dont l'un enfantera la célèbre Jeanne Grey qui, plus tard, disputera le trône d'Angleterre à une autre Marie Tudor, plus célèbre et dite « la Sanglante ».

Marie reviendra une nouvelle fois en France pour l'entrevue du Camp du Drap d'or. Contrairement à la légende, toute cette histoire « d'amour » entre François et Marie ne fut qu'une plaisante anecdote, tout au plus un « flirt ». Il n'eut d'ailleurs pas véritablement d'incidence sur son destin, puisque, dès la mort de Louis XII, François se proclama immédiatement roi de France sans que personne contestât cette décision, pas même le grand écuyer du défunt souverain qui, selon l'usage, fut chargé de préparer ses funérailles.

Le 1er janvier 1515, donc, selon l'usage qui veut qu'en France on ne puisse demeurer sans roi plus d'une journée, le cri rituel retentit aussitôt : « Le roi est mort. Vive le roi ! » Immédiatement, le duc de Valois est proclamé roi, sous le nom de François Ier. Une nouvelle ère commence pour la France et le monde, à la satisfaction de Louise de Savoie qui se livre, dans son journal, à un singulier parallèle, dans lequel elle voit naturellement un signe du ciel : « Le premier jour de janvier, je perdis mon mari, et le premier jour de janvier, mon fils fut roi de France. »

Est-ce encore l'ambivalence de la salamandre ? Sans doute, un bonheur efface un malheur, comme le bien anéantit le mal et comme le présent succède au passé. Pour elle, mais aussi pour beaucoup, l'avènement du fils unique tant aimé n'est pas seulement un moment de liesse, mais une véritable régénération de la nation. À partir de ce jour rien ne sera plus comme avant, ce qu'une intense propagande se chargera de faire savoir à tous.

**À Londres, une même adresse pour
deux génies : Didier Érasme
et Thomas More**

Qui est cet éternel étudiant qui, à trente ans
passés, bat encore le pavé de Paris et gagne sa vie de
justesse en donnant des leçons particulières à des fils
de la riche bourgeoisie ? Il s'appelle Érasme et vient
de Flandre : c'est un éternel voyageur et un Européen avant la lettre. Justement, l'un de ses élèves
vient de lui proposer de l'accompagner en Angleterre. Il s'agit du jeune William Bloumt, Lord
Mountjoy. Ce premier séjour est une révélation pour
l'humaniste à venir. D'abord, il rencontre en Angleterre des personnalités profondément cultivées.
Ensuite, il a des contacts avec la cour royale. Enfin,
il est reçu chez le théologien John Colet, l'un des
plus grands maîtres de l'université d'Oxford, le futur
doyen de Saint Paul's Cathedral et le promoteur
d'une école humaniste fameuse. Or la Saint Paul's
school, construite à l'ombre de la cathédrale, fut
celle de Thomas More, un juriste époustouflant de
dix ans son cadet, futur chancelier d'Angleterre.
Voilà que vont cohabiter chez John Colet, dans cette
aimable et confortable demeure anglaise, au sein
d'une famille à la fois très chrétienne et très unie, les
deux grands esprits de l'Europe, Érasme et More.
Une belle amitié commence dans ce climat harmo-
nieux et enrichissant, rythmé par des lectures, des
traductions faites en commun et des commentaires
de textes : ces plaisirs de l'intelligence, d'autant plus
voluptueux que partagés par des penseurs d'exception. Tandis que l'humaniste hollandais compose sa
célèbre satire *Éloge de la folie*, More, à son tour,

écrit *Utopia*. L'esprit d'Érasme coloré d'humour, ses idées pédagogiques présentées avec originalité ont tout pour plaire à l'Angleterre. On ne peut que saluer la qualité de leur hôte, John Colet, l'éclaireur qui n'avait pas son pareil pour deviner, attirer et révéler les grands talents. Il était de ces êtres chez qui la générosité était si grande qu'elle produisait aussi le sens de la prémonition. C'est à lui qu'on doit ce mot : « Le nom d'Érasme ne périra jamais. » Cet esprit de grand accueil, si propre à la Renaissance, se retrouve chez le roi de France en personne. Une lettre autographe de François Ier à Érasme datée de 1523 prouve que le roi chercha à faire venir à Paris le célèbre humaniste de Rotterdam : « Je vous avertys que sy vous voules venyr, vous seres le byen venu. » Voilà six ans que François Ier tentait d'attirer Érasme à Paris, vivement inspiré dans cette démarche par Guillaume Budé, qui souhaitait le voir associé à la création d'un « collège royal d'enseignement supérieur ». Dans une lettre à Érasme, Budé fait l'éloge du roi François tout en exposant le projet royal : « Il est instruit dans les lettres et il possède, en outre, une éloquence naturelle, de l'esprit et du tact, un abord facile et prévenant. En un mot, la nature l'a généreusement doué des dons les plus rares de l'esprit et du corps. Il se plaît à louer et admirer les anciens princes qui ont brillé par l'élévation de leur esprit et par l'éclat de leurs actions. Il a l'avantage de disposer d'autant de richesses qu'aucun roi du monde, et de donner plus largement que personne. Autant que je peux conjecturer, il a le désir d'être le fondateur d'un illustre institut, afin d'en faire profiter les arts libéraux dans l'avenir, contrairement à ce qui a été fait jusqu'à présent. » On peut considérer que la boucle est bouclée quand on prend connaissance aussi de la lettre d'un autre François, celle de Rabelais adressée à Érasme : « J'ai saisi avec empressement cette occasion, ô mon père humanissime, de te prouver, par un hommage reconnaissant, quels sont pour toi mon profond respect et ma piété filiale. Mon père, ai-je dit ? Je t'appellerais ma mère, si ton indulgence m'y autorisait. Car ce que nous voyons des mères qui nourrissent le fruit de leurs entrailles avant de l'avoir vu, avant de savoir même ce qu'il sera, qui le protègent, l'abritent contre l'inclémence de l'air, tu l'as fait pour moi, moi dont le visage ne t'était point connu, et dont le nom obscur ne pouvait être favorable. Tu m'as élevé ; tu m'as prêté les chastes mamelles de ton divin savoir ; tout ce que je suis, tout ce que je vaux, je le dois à toi seul. Si je ne le publiais hautement, je serais le plus ingrat des hommes. Salut encore une fois, père chéri, honneur de la patrie, appui des lettres, champion indomptable de la vérité. »

4

Un roi de vingt ans

Le 25 janvier 1515, à midi, l'immense nef de la cathédrale de Reims est comble. La cérémonie, qui a débuté pratiquement à l'aube, commence à paraître longue aux invités. Vêtus de leurs plus beaux atours, ceux-ci manifestent en effet quelques signes de fatigue, de faim et de froid, car, malgré le beau temps, l'hiver est rude. Pourtant, chaque seigneur de France, chaque clerc et chaque bourgeois représentant le tiers état de sa ville ou de sa sénéchaussée ne troquerait sa place pour rien au monde, fascinés qu'ils sont par la splendeur de la liturgie, l'encens répandu à profusion ou la douceur des voix de la maîtrise de Reims. Partout ce ne sont que riches tapisseries et étendards tendus sur les murs. Leurs couleurs se renvoient le chatoiement, mettant en valeur la beauté des dames de la cour parées de leurs joyaux, la solennité des armures des gens d'armes, la martiale vigueur des grands officiers de la Couronne. Une seule absente : la nouvelle reine, retenue à Blois par ses futures couches.

Depuis des heures, le plus beau des spectacles se déroule sous leurs yeux. Le plus beau des spectacles, mais aussi le plus immuable, puisque cela fait déjà plus de cinq siècles qu'il a été codifié. Le plus complexe encore, dont seuls les clercs les plus érudits comprennent les tréfonds de la symbolique.

Avec science et attention, Robert de Lenoncourt, archevêque de Reims, officie, assisté d'autres pairs ecclésiastiques du royaume – c'est-à-dire les évêques de Laon, Beauvais, Langres, Chalons et Noyon – et les six pairs laïques : les ducs de Bourgogne, de Normandie et d'Aquitaine, les comtes de Champagne, de Toulouse et de Flandres. Comme ils n'existent plus, ce sont les ducs d'Alençon et de Lorraine, les comtes de Châtellerault, de Saint-Paul et de Vendôme, ainsi que le prince de La Roche-sur-Yon qui en font office.

Autour d'eux, un grand concours de prêtres, de musiciens et de valets permet de procéder aux principales étapes de ce qui est en fait une triple cérémonie comportant le sacre, le couronnement et l'intronisation, le tout sur fond de *Te Deum* et de messe, dont la signification profonde est d'affirmer l'aspect surnaturel de la monarchie française.

Par la magie des mots et des gestes, dans ce sanctuaire qui est probablement l'un des plus grands et des plus beaux de la Chrétienté, en quelques heures à peine, ce grand jeune homme, arrivé la veille, se métamorphose en un être transcendant, qui n'est pas seulement le maître du plus beau des royaumes, mais le représentant du Christ sur la terre. Il va en adopter la couleur, le blanc, symbole de pureté. Cette couleur, associée aux deux couleurs de Paris, le bleu, symbole de saint Martin, et le rouge, symbole de saint Denis, donnera plus tard à la république une triple symbolique religieuse.

Tout au long de la matinée, François Ier s'est prêté de bonne grâce à l'interminable rituel par lequel il a reçu les onctions à genoux et, avec elles, les ordres mineurs, avant de revêtir les chausses d'azur, la robe bleue brodée de fleurs de lys. Tour à tour assis, debout, couché, habillé, déshabillé, il a prêté nombre de serments et reçu les éperons d'or, l'épée, l'anneau, le sceptre et la main de justice, avant que la lourde couronne de Charlemagne, soutenue par les pairs, soit déposée sur sa tête. Nouvelle couronne, il s'entend, puisque, pour ceindre un tel géant, il avait fallu la refondre entièrement ! Ceci fait, le nouveau roi remet le broc d'argent et les treize pièces d'or, et se voit conduit sur son trône. Lorsqu'il y est installé, l'archevêque de Reims se tourne enfin vers l'assistance et prononce la formule traditionnelle : « *Vivat Rex in aeternum ! Vivat Rex in aeternum ! Vivat Rex in aeternum* », que la foule, tout entière, reprend en applaudissant, tandis que les oiseaux en grand nombre sont lâchés dans la nef, où ils volent à présent affolés par le bruit.

Dans ce moment privilégié de liesse générale, où un homme et un peuple communient dans le même enthousiasme, chacun est heureux, particulièrement Louise de Savoie qui jubile en tribune. Elle écrit dans son journal, ce même jour : « Le jour de la conversion de saint Paul 1515, mon fils fut oint et sacré dans l'église de Reims. Pour ce, suis-je tenue et obligée à la divine miséricorde, par laquelle j'ai été amplement récompensée de toutes les adversités et inconvénients qui m'étaient advenus en mes premiers ans, et en la fleur de ma jeunesse. Humilité m'a tenu compagnie et patience ne m'a jamais quittée. »

Plus important que le mariage avec Claude, c'est aujourd'hui le mariage mystique de François Ier avec la France – la presque homonymie du nom du roi et de celui de son royaume n'échappe à personne ! – qui est prononcé, faisant désormais du roi un personnage sacré, inviolable et intouchable, comme une idole.

Puis un grand banquet rassemble les participants à l'archevêché. Ensuite, le nouveau roi touche les

malades victimes des écrouelles – une variété de tuberculose – d'une phrase rituelle : « Le roi te touche, Dieu
te guérit. » Il ne reste plus à Brantôme qu'à rimer ces
vers :

> « Quand la Pasque Dieu décéda (Louis XI)
> Par le jour Dieu luy succéda (Charles VIII)
> Le diable m'emporte s'en tint près (Louis XII)
> Foy de gentilhomme vint après (François Ier) »

*

Pourtant, depuis la mort de son prédécesseur, et plus
encore depuis que celui-ci avait été inhumé à Saint-
Denis le 12 janvier précédent, François Ier avait *de
facto* exercé les responsabilités suprêmes en maintenant en place les membres des cours souveraines et les
principaux dignitaires de la Couronne qui, civils ou
militaires, étaient tous gens de sagesse et d'expérience :
Robert Stuart d'Aubigny, Louis de La Trémoille, Gian
Jacopo Trivulzio, Jacques de Genouillac ou Florimont
Robertet. Mais il récompensa aussi ses proches de leur
fidélité. Il commença par sa mère, venue la première le
féliciter. Elle reçut le comté d'Angoulême (désormais
érigé en duché-pairie), le duché d'Anjou, les comtés
du Maine et de Beaufort et la baronnie d'Amboise,
ainsi que les seigneuries de Jarnac, de Châteauneuf, de
Montignac, de Bassac, d'Épernay, de Saint-Meixant,
de Civray, d'Usson et d'Utrenay. Il continua par le
demi-frère de celle-ci, René, surnommé « le grand
bâtard de Savoie », promu grand sénéchal et gouverneur de Provence. Il n'oublia naturellement pas sa
sœur, Marguerite, à laquelle il fit don du duché de
Berry et confirma la succession d'Armagnac. Son
beau-frère, Charles d'Alençon, lui, fut nommé gouver-

neur de Normandie et devint « la seconde personne du
royaume ».

Comme le nouveau roi l'avait promis, ses compagnons d'enfance furent promus. Bonnivet obtint la
charge d'amiral, son gouverneur Gouffier de Boisy
celle de Grand Maître de France, titre que l'on nom-
mera plus tard ministre de la Maison du roi. Saint-
Gelais fut quant à lui désigné poète officiel de la cour.
Prodigue, François gratifia encore ses compagnons
de pensions ou de seigneuries, au titre de ce que l'on
avait joliment baptisé « le don de joyeux avènement »,
ce qui le contraignit à dépenser la somme colossale
pour l'époque de cent mille écus. Un plaisant s'écria
que le roi avait les mains aussi percées que son patron,
saint François d'Assise, connu pour ses stigmates,
avant d'ajouter qu'« il eût été bien désirable qu'on bou-
chât de temps en temps les trous ».
Au-delà de ces démonstrations d'affection, le jeune
souverain remit l'essentiel du pouvoir à un homme
éprouvé, au reste proche de sa mère, l'Auvergnat
Antoine Duprat, fils d'un marchand d'Issoire qui s'était
propulsé par ses mérites à la présidence du Parlement de
Paris, et qu'il avait nommé chancelier de France, charge
vacante depuis la mort de Guillaume de Rochefort.
Parallèlement, il confia le commandement de l'armée
au duc de Bourbon en le nommant connétable de France
en remplacement du défunt Jean II de Bourbon. Singulier contraste d'ailleurs entre Duprat, petit homme
vieux, gras et laid, colérique, mesquin et sans panache,
mais d'une intelligence remarquable, et le duc de Bourbon, grand, jeune et beau, généreux et plein de noblesse,
considéré de surcroît comme le meilleur capitaine du
royaume, auquel on attribuait la victoire d'Agnadel. Le
premier ne cessera de monter, le second devait bientôt

descendre ! Tous deux, en fait, n'exercent leur pouvoir
qu'en rendant compte à Louise de Savoie, patronne du
premier et cousine du second. Elle est véritablement
« l'adjointe » du roi, c'est-à-dire, pour les contemporains, « la reine sans queue », et va bientôt recevoir le
titre, jusque-là inusité, de « Madame », comme une
« reine mère ». Tous trois, sans doute, ont mis la main à
la rédaction de la proclamation du nouveau souverain :

> « Il a plu à Dieu prendre et appeler à sa part le roi,
> notre sire et beau père, et nous laisser son succes-
> seur à la couronne, de quoi comme nos bons et
> loyaux sujets, nous avons bien voulu vous avertir
> afin que, si durant sa vie vous lui avez été tels que
> vous deviez, vous veuillez continuer envers nous
> et au surplus faire guet et garde en votre ville et
> soyez sûrs que en ce faisant nous vous traiterons
> en toutes choses, tant en général qu'en particulier,
> aussi bien ou mieux que vous aurez cause de vous
> contenter et si quelque chose vous survient et que
> vous entendez que puisse toucher le bien de nous
> et de votre état, vous nous en avertirez en toute
> diligence, comme faire devez et que nous en avons
> en vous notre singulière et parfaite confiance. »

Cette proclamation est une nouveauté, car
François Ier, qui n'est pas fils de roi, doit, sinon justifier
son accession au trône, du moins l'accompagner de
toute une littérature qui, dans le passé, n'était pas
nécessaire lorsque, dans l'ordre de la primogéniture
mâle, les fils succédaient à leur père...

Après cette généreuse distribution de dons, de titres
et de nominations, le roi gagna Reims en grand équipage, vêtu d'un habit de drap d'argent, monté sur un

cheval pareillement caparaçonné, suivi par les dignitaires de la Couronne somptueusement équipés.

Le lendemain, la cérémonie du sacre commença dès sept heures et ne s'acheva qu'à deux heures de l'après-midi. Après avoir passé deux jours à Reims et accompli rituellement le pèlerinage au monastère de Corbeny, François Ier, suivi de toute sa cour, quitte la ville du sacre le 27 janvier et regagne Paris par le chemin des écoliers, *via* Laon, Soissons et Compiègne, où il prend ses quartiers pendant quelques jours.

Il séjourne ensuite deux jours à l'abbaye de Saint-Denis et fait, le 15 février, son entrée solennelle dans sa capitale. Cette « joyeuse entrée », comme on dit alors, a été remarquablement organisée par les Parisiens. Ils se sont surpassés malgré les rigueurs d'une saison peu propice aux fleurs et au plein air.

En début d'après-midi, toutes les rues que doit emprunter le cortège sont sablées et tendues de tapisseries ; l'Hôtel de Ville resplendit ; chacun a revêtu des habits neufs, et des spectacles sont donnés en plein air, comme le mentionne le Bourgeois, auteur de ce précieux journal anonyme : « Il y eut moult grand triomphe et y furent moult princes et barons, et ce fut la plus belle entrée que jamais fut vue. »

L'entrée dans la « bonne ville » commence, à midi, par la descente de la rue Saint-Denis, axe traditionnel du retour du sacre, dans l'ordre suivant : d'abord les archers et les arbalétriers, vêtus de hoquetons d'orfèvrerie ; puis le prévôt des marchands, les échevins, en longues robes, et les douze conseillers de l'hôtel. Suivent les représentants des dix-sept métiers et corporations, les officiers du guet, les sergents à verge, les sergents du prévôt de Paris, les lieutenants, greffiers, conseillers, avocats, notaires et procureurs du Châtelet. À cheval viennent à présent les deux prévôts de Paris entourés de leurs pages, les membres du Parlement, leurs quatre présidents en tête, puis les officiers de la Maison du défunt roi, puis ceux du nouveau, leurs habits portant ses couleurs (jaune, blanc, rouge), et, précédés des quatre trompettes et des pages portant leurs bannières, les quatre maréchaux de France, Trivulzio, La Palice, Stuart d'Aubigny et Lautrec, et avec eux le grand maître Boisy, vêtus de drap d'or et d'argent.

Derrière eux viennent les cent suisses de la garde royale conduits par Montbazon, les chambellans du roi, les maîtres des requêtes ordinaires, les rapporteurs de la chancellerie en longues robes noires fourrées de martre et portant le chaperon. Précédé par vingt chauffe-cire à cheval, caracole ensuite, mené par deux palefreniers à pied, le cheval portant sur sa selle, dans un coffre de velours bleu, le sceau du roi. Il est suivi par le chancelier de France, le gros Duprat, en simarre de velours cramoisi fourrée de martre, entouré par treize pages habillés de blanc, montés comme lui sur des chevaux d'Espagne. Viennent ensuite, au son des trompettes, hautbois et sacquebutes, les vingt-deux hérauts, les quatre gentilshommes portant la couronne, le manteau, l'épée et le casque du roi, les huissiers détenteurs de la main de justice, du sceptre et des masses d'argent. Enfin, après le connétable brandissant haut l'épée du roi, paraît, sous les cris et les applaudissements, le héros du jour. C'est François Ier, celui que tous attendent, depuis le plus humble des artisans massés sur le parcours jusqu'à la reine Claude, les duchesses Louise et Marguerite et l'ensemble des dames de la cour et de la ville regroupées sur une tribune érigée près de la porte Saint-Denis.

François Ier, en effet, vêtu d'une somptueuse armure de parade incrustée de pierres précieuses sur laquelle il a passé une dalmatique de drap d'argent, sa toque étin-

celante de pierreries et de plumes d'autruche, monté sur
un cheval luxueusement apprêté, pénètre dans Paris
sous un dais tenu par les échevins, en jetant à foison, autour de lui, des pièces d'or et d'argent. Il est
entouré des ducs de Longueville et de La Trémoille,
et le suivent les laquais, en chausse blanche et pourpoint d'argent, le maréchal d'Aubigny, les vingt-quatre
Écossais, et enfin les princes du sang, les cent gentilshommes et les quatre cents archers qui ferment la prestigieuse marche. Témoin de la scène, l'ambassadeur de
Hollande consigne le moment où, passant devant la tribune des dames, François Ier fit effectuer à son cheval
de brillantes figures de haute école : « Après le roi armé
sur son cheval bardé, tout accousté de toile d'argent, et
ne se tenant point dessous la pale, mais faisant rage sur
son cheval qu'était toujours en l'air, et faisait bon voir
et y avait tout plaisir de bons chevaux et de bons chevaucheurs qui faisaient merveille à se montrer devant
les dames. » Spontanément, la foule applaudit le
« grand roy Françoy », dont la vigueur semble augurer
un règne heureux.

Toutes cloches carillonnant, l'Hôtel de Ville dépassé,
le cortège franchit à présent le pont Notre-Dame, dont
on admire les six arches parfaitement symétriques, et
dont les habitants sont tous aux fenêtres, puisque l'édifice est entièrement bordé de maisons. Puis le cortège
s'immobilise devant le portail de la cathédrale, où,
accueilli par Étienne Poncher, évêque de Paris, entouré
de tout son clergé, le roi assiste à une messe d'actions
de grâces, avant de prêter le traditionnel serment de
respecter l'Église de France et de baiser les Évangiles.
   Enfin, tandis que des feux de joie sont allumés un
peu partout, qu'un grand nombre de saynètes sont
représentées, le roi préside un grand banquet offert

dans la salle Saint Louis du Palais de justice. Là, assis devant l'immense table où les mets se succèdent pendant des heures, à la lueur des flambeaux, chacun dévisage le nouveau souverain que Dieu vient de donner à la France et qui, à l'issue de cette auguste journée, multiplie les amabilités à ses sujets.

Les jours suivants voient se succéder bals populaires, tournois, combats d'épées et autres spectacles organisés au palais des Tournelles. Le 11 mars, le Corps de Ville de Paris vient offrir au roi une statue en or massif représentant saint François au pied duquel un angelot tient une grosse émeraude, symbole de révélation divine.

Comment donc est perçu ce jeune souverain que Jean Clouet, la même année, immortalise dans ce fameux portrait conservé au Louvre, le représentant face au spectateur qu'il semble regarder avec complicité ?

Tout d'abord, il est grand, très grand – un mètre quatre-vingt-dix-huit – à une époque où la taille moyenne des hommes est nettement inférieure à la nôtre, ce qui lui procure un avantage immédiat : on le remarque de loin, comme le souligne cet ambassadeur vénitien : « Son aspect est tout à fait royal, en sorte que, sans avoir jamais vu sa figure, ou son portrait, à le regarder seulement, un étranger dirait : C'est le roi. » Il est bien fait, c'est-à-dire admirablement proportionné, et d'une virilité indiscutable. À l'exception de son nez, d'une exceptionnelle longueur, ses traits sont réguliers, et chacun s'accorde à le trouver magnifique, ce qu'affirme clairement le chroniqueur Marin Sanuto : « Sa Majesté a aujourd'hui vingt et un ans, c'est un fort beau roi, d'une belle prestance. » Il porte longs ses cheveux bruns, mais son menton est rasé. Il a des yeux vifs et rieurs qui séduisent tous ceux qui l'approchent, et ce d'autant plus qu'il est naturellement aimable, galant avec les dames, serviable avec tous.

En vérité, depuis Philippe le Bel, la France n'avait plus connu de monarque aussi beau et n'en connaîtra plus jusqu'à Louis XV. Mais François Ier offre un avantage réel sur eux : il n'est ni glacial comme le premier, ni timide comme le second, Sanuto le décrit « se connaissant aux choses d'État, patient à entendre tout le monde, se plaisant à répondre et excellent au Conseil ». Mais outre ses évidentes qualités physiques et ses éminents talents intellectuels, que nul de ses contemporains n'a contestés, pas même ses ennemis, ce qui est le plus remarquable chez lui est son charme, fait de prestance et de naturel, de majesté et de simplicité, de gaieté et d'attention aux autres. Comment s'étonner que la France soit amoureuse de lui et place d'instinct sa totale confiance en lui ?

Cette France, du reste, va apprendre à le connaître, car il décide de consacrer une partie de son règne à aller à sa rencontre. Le roi nomade se déplace avec sa caravane. Au XVIe siècle, régner c'est voyager. Une étude détaillée a été réalisée à propos des migrations de François Ier tout au long de ses trente-deux ans de règne. Elle ne dément pas les remarques de l'ambassadeur de Venise, épuisé de devoir suivre un souverain toujours en partance. En effet, hors ses campagnes italiennes et le temps de sa captivité, le roi séjourne sur le territoire de la France au moins dans sept cent vingt-huit lieux différents, demeurant en moyenne dix jours dans chacun d'eux. Et ce souverain est loin de cheminer tout seul... Son cortège est composé de dix mille, douze mille, voire dix-huit mille personnes, suivi par une foule aussi nombreuse, ce qui équivaut à la population d'une ville d'aujourd'hui. Le nombre d'habitants moyen d'une ville française au début du XVIe siècle était de dix mille.

Qui accompagne le roi dans ses déplacements ? En

premier lieu, tout son personnel politique, les membres
du Conseil qui compte une dizaine de personnes, le
chancelier, les secrétaires d'État et leurs commis ; trois
grands coffres sont même prévus pour les principales
archives. Les princes, les ducs, les barons, les prélats,
chacun escorté, outre de son gouverneur, d'un écuyer,
de deux pages, d'un fourrier, d'un cuisinier, d'un sommelier et d'un argentier. En plus des maisons prin-
cières qui le suivent, le souverain ne se défait pas d'une
nombreuse ménagerie. Celle-ci ne se limite pas à la
meute des chiens de chasse, mais comporte des ours,
des lions et des guépards destinés à montrer au peuple
la magnificence du roi. Le meilleur ennemi du roi français, Charles Quint, a lui-même voyagé durant son
règne un jour sur quatre, et un historien espagnol a
calculé qu'il aurait pu dormir dans trois mille deux
cents lits différents s'il n'avait pas emporté le sien avec
lui.

François Ier vit dans une éternelle itinérance qui lui
permet de faire étape un jour ici, un autre ailleurs. Ces
déplacements ont pour avantage d'accroître largement
sa légitimité aux yeux de ses sujets. Pour le peuple, plus
un souverain voyage, mieux il gouverne, car il partage
avec ses populations les mêmes faits et événements
qu'eux. Jamais règne ne connaîtra autant d'entrées
solennelles que le sien, jusqu'à celui de Napoléon,
contrairement aux derniers Bourbons qui s'enfermeront
dans Versailles, Louis XVI en particulier, qui ne voya-
gea que deux fois en France !
    Ainsi le jeune roi va-t-il directement à la rencontre de
son peuple ; ainsi s'informe-t-il à la source ; ainsi prend-
il les décisions « sur place », donnant satisfaction aux
préceptes de Claude de Seyssel : « Le prince doit aller
par ses pays et provinces, donnant facile audience et

prompte provision aux sujets qui viennent à lui plain-
tifs. » N'est-il pas du reste le père, le juge suprême et le
thaumaturge, c'est-à-dire celui qui guérit ? L'exercice,
pourtant, n'est pas simple, puisque chacun de ses déplacements met en scène des milliers de personnes, autant
de chevaux, des centaines de chariots transportant les
meubles, les effets et les dames – « chose incroyable à
qui ne l'a pas vue », dit Brantôme. Tout le monde tente
d'avancer plus ou moins vite sur des routes souvent
encore imprécises, qui se transforment en fondrières
quand il pleut. En conséquence, on met une journée
pour couvrir la distance qu'on parcourt aujourd'hui en
une heure.

Mais qu'importe à ce roi si jeune à la santé insolente
et à la bonne humeur chronique, qui s'amuse de ses
déboires et pousse le galop quand il lui chante ! Ainsi
le voit, en mars suivant, ce témoin de l'audience qu'il
accorde aux ambassadeurs de Venise : « Le roi était fort
richement vêtu : dans sa toilette dominait cette belle
étoffe qu'on appelait le brocart blanc. Les princes du
sang étaient présents ; le chancelier, nombre de prélats,
l'infant d'Aragon, le bâtard de Savoie, le grand maître,
M. de Boisy, M. de La Palice, le marquis de Rhotelin,
le grand écuyer et M. Robertet. Lorsque le roi vit entrer
les ambassadeurs, il se leva tenant sa toque à la main.
Sa Majesté ne voulut point, par courtoisie, donner sa
main à baiser, mais elle embrassa les ambassadeurs
avec les marques d'une grande effusion. Après les discours d'usage, l'audience prit une forme intime. »

Signifier au peuple que l'on est toujours heureux de
le rencontrer, se montrer disponible pour lui font partie
des caractéristiques des grands « communicateurs » à la
race desquels appartient François Ier. Et peut-être est-il
véritablement le premier à affirmer ainsi cette qualité

qui faisait défaut même au si respecté Louis XII, « le
Père du Peuple ».

S'il aime le faste et s'il est toujours vêtu avec magnificence, il n'a pas pour habitude de se prélasser dans ses
palais, puisque rien ne lui plaît tant que les séjours au
grand air, la chasse dans les forêts et la vie des camps.
On le sait bon cavalier, expert au maniement des armes ;
on apprendra bientôt qu'il est valeureux au combat et
heureux en amour, capable d'engendrer des fils, ce qui
ne fut pas le cas de son prédécesseur. Comme on le sait
encore intelligent et instruit, il incarne l'idéal de cette
Renaissance qui pénètre la France, mais aussi celui d'un
Moyen Âge qui n'est pas tout à fait mort : roi chevalier,
roi lettré, roi amoureux, roi politique, sachant passer des
armes à la plume et du bal au conseil. Déjà, il fait savoir
ce qu'il veut : assumer pleinement sa fonction réga-
lienne, l'affirmer, la consolider et l'étendre, ce qu'il ne
va cesser de faire en allant à longueur de temps ou
presque à la rencontre de son peuple.

En cela très en avance sur son temps, François Ier
maîtrise parfaitement ce qu'on appellerait aujourd'hui
la « communication politique » et, jusqu'à son dernier
jour, demeurera aimé et respecté – chose rare et sans
doute unique dans l'histoire de France. Le plus extraordinaire, sans doute, est qu'il lui est naturel d'aimer
autrui, les Français comme ses alliés, ses amis comme
ses ennemis. Cela n'a pas de prix lorsqu'on est destiné à
incarner la synthèse d'une nation.

Quant à sa cour, il en est le talentueux metteur en
scène. Il va l'agrandir, la magnifier et en faire l'instru-
ment le plus efficace de la consolidation de l'État, d'une
part, de la majesté royale, d'autre part. S'inspirant des
théories que l'Italien Baldassare Castiglione avait développées, en 1528, dans son livre *Le Courtisan*, il avait
compris que la seule cour pouvait unir le luxe, l'esprit

et l'art, afin de donner du roi, et donc de la nation, la meilleure image possible. Mais surtout, pour lui la souveraineté de la femme constituait l'idéal du monde. Il la voulait au centre de la cour, cette femme qu'il porta au pinacle ; sa présence exprimait ainsi le haut niveau de civilisation auquel la France était à présent parvenue. « Le roi François, écrit un chroniqueur, considérant que toute la décoration d'une cour était des dames, l'en voulut peupler plus que de coutume ancienne. Comme de vrai une cour sans dames, c'est un jardin sans fleurs et que mieux ressemble une cour de satrape et d'un Turc que non pas d'un grand roi chrétien. »

Rien n'est trop beau pour les dames de la cour, auxquelles le roi offre pièces de tissu et joyaux à profusion, banquets raffinés, bals féeriques, joutes et tournois, parties de chasse et, pour certaines, l'intimité de son lit.

L'affabilité n'exclut pas la fermeté, ni la séduction l'autorité. Pour ce roi si jeune soit-il, il ne saurait y avoir qu'un seul maître dans le royaume, à savoir lui-même, *primus inter pares*, oint du Seigneur et représentant de Jésus-Christ sur la Terre, lui dont la couronne est fermée, ce qui signifie qu'il est « empereur dans son pays » et qu'il n'est le vassal de personne. Certes, la tradition lui recommande de ménager et de respecter les cours souveraines et les états généraux, ces états généraux auxquels il doit son trône, puisqu'ils l'ont, naguère, poussé dans le lit de Claude de France.

Mais ne nous y trompons pas : malgré son charisme, le roi est une main de fer dans un gant de velours, et la réalité du pouvoir n'est en rien un leurre, même si cette même année où il monte sur le trône, Thomas More récrit son *Utopie*. Avec l'aide du chancelier Duprat, de sa mère et de sa sœur, François va progressivement affermir le pouvoir royal et construire les premières marches de ce qu'on appellera plus tard la « monarchie absolue ». N'est-ce pas sous son règne que s'impose l'usage d'appeler le roi « Votre Majesté » (et non sous le règne de son petit-fils, Henri III, comme le prétend une légende tenace), et n'est-il pas le premier à utiliser la formule appelée à connaître une grande fortune par la suite, « car tel est notre bon plaisir » ? Tout ceci illustre déjà le mot très juste du subtil Paul Valéry, que l'avenir va confirmer pleinement : « François Ier ? Un Louis XI de luxe » !

Le 24 avril 1515, le souverain quitte Paris avec sa suite et reprend les routes de France. Il fait successivement étape à Melun, Fontainebleau, Montargis, Gien et enfin Amboise, voyageant, selon les circonstances, le caprice des chemins ou les fantaisies de la Loire, à cheval ou en bateau. Il a laissé son épouse à Blois. Comme jadis son père, la reine Claude loge dans l'aile luxueuse qui comprend son oratoire où, tout le long de sa courte vie, elle passera son temps à attendre son royal mari. Lui, c'est manifeste, préfère Amboise. En prenant possession de ce château où il avait tant joué, enfant, avec ses compagnons, il comprend, sans doute plus qu'ailleurs, au cœur de ses souvenirs, qu'il est à présent le maître du plus beau des royaumes. C'est là que, peu à peu, il va construire, non sa personnalité qui est naturellement déjà bien établie, mais son image, encore floue chez ses sujets. Parvenu sur le trône grâce à une succession de hasards ou, pour reprendre l'expression d'un contemporain, cette « addition de fortunes », il a besoin de toute une propagande pour imposer son image à tous, à l'intérieur comme à l'extérieur du royaume.

Cela commence par son prénom, puisqu'il est le premier de la dynastie des Valois à le porter, prénom qui semble augurer une sorte d'osmose avec la nation : « François », roi de « France » et des « Français ». Jusqu'à présent, le royaume n'avait guère connu que des « Louis », des « Henri » et autres « Philippe ». De même, depuis quelques règnes, on s'était habitué à des rois montés relativement tard sur le trône. François est jeune. En outre, son éclatante santé, sa vigueur, sa séduction font de lui, aux yeux de ses sujets, une sorte de héros de roman de chevalerie, un être parfait, peut-être aussi un présent de Dieu. D'où les signes plus ou moins « merveilleux » perçus dès sa naissance ; d'où les innombrables poèmes composés à sa gloire dès son avènement, comme s'il était un nouveau Christ, un prince de la Foi devant porter l'idéal chrétien de par le monde, tel celui-ci :

« Dieu t'a donné la bénédiction,
Qui iras dessus les haults monts de Syon,
Malgré tous ceulx qui ont sur toy envye,
L'honneur aura d'estranges nations,
Et parviendras à ton intencion,
Car la fortune et bonheur te y convye. »

Au siècle de la danse, la France invente la chanson

François Ier est le premier roi qui fera rimer musique et majesté. Il en fait un art majeur. C'est l'époque où la musique se libère du carcan religieux et où le soliste se révèle. C'est une musique galante qui met en valeur la beauté des sentiments et la liberté en amour. Grâce à Octaviano Petrucci, qui à Venise va imprimer des partitions de polyphonie, la musique n'est plus seulement réservée aux princes. Les bourgeois pourront, lors de leurs fêtes, faire jouer des morceaux et trouveront à Paris ou à Lyon un livre fraîchement imprimé sur la musique et la danse. La musique voyage et devient populaire.

La polyphonie arrive d'Italie à la fin du *Quattrocento* et surpasse les compositions franco-flamandes de la cour de Bourgogne. L'aspect mélodique est modifié, on passe des couleurs sombres aux lignes légères et à la clarté. La musique devient aussi descriptive pour la plus grande gloire du roi. Dans l'hommage au vainqueur de Marignan composé par Clément Janequin, apparaît un style musical opulent et visuel : la musique imite les trompettes annonçant les charges et les retraites, le cri des blessés et le choc des épées sur les armures. Le règne de François Ier fait figure d'âge d'or de la musique. La France contribue à la Renaissance en créant la chanson, plus particulièrement la chanson française dite « parisienne », que les Italiens baptiseront à leur tour *canzona*. La musique est omniprésente dans la vie de la cour : des baptêmes aux obsèques, des entrées royales aux réceptions des princes étrangers, à la

messe comme dans les bals et autres divertissements.
Le roi recrute chantres, copistes, fifres, trompettes,
hautbois, sacqueboutes ou violons, mais aussi cor-
nets, luthistes, organistes, flûtistes, violistes. Il
s'attache aussi les plus grands compositeurs et vir-
tuoses de son époque, de Claude de Sermisy à Albert
de Rippe, en passant par Sandrin. Il inaugure les
différents corps musicaux de la cour : la Chapelle,
l'Écurie et la toute nouvelle musique de la Chambre.
Le roi donne le ton, le roi donne la note. Avant
Louis XIV, il fait entrer la majesté musicale dans le
rituel du pouvoir. Au Camp du Drap d'or, les deux
souverains, François et Henri, vont se livrer à une
joute musicale où rivaliseront leurs ensembles.

En même temps que la musique accompagne les
grands moments de la monarchie, elle enseigne à la
France la liberté de la danse. On dit d'ailleurs du
XVIᵉ siècle qu'il est le siècle de la danse. Le premier
exemplaire imprimé de la pavane date de 1508. La
pavane est une danse par couples en colonne qui
s'achève en quadrille, une danse noble et lente au
rythme binaire à deux ou quatre temps. Elle est originaire de Padoue (Padova) – d'où son nom, dérivé
de *padovana* –, même si certains pensent qu'elle
vient d'Espagne où *pava* signifie « faire le paon ». À
la suite de la pavane, on danse la gaillarde, vive et
gaie, au rythme rapide à trois temps. Il y en avait
pour tous les goûts : le branle, danse de groupe en
ronde ou en chaîne, l'allemande, danse de couple à
l'allure modérée, et la courante, très en vogue, danse
rapide à trois temps.

Enfin, grâce à la pluridisciplinarité de l'enseignement pendant la Renaissance, la formation musicale

fait partie de l'éducation des peintres : Verrocchio,
Bramante, Giorgione sont aussi musiciens. Léonard
de Vinci crée une lyre en argent en forme de crâne
de cheval. S'accompagnant de cette *lira*, le musicien récite les grands textes antiques de Virgile et
d'Homère. Au-delà de son talent d'interprète célébré
par ses contemporains, Léonard s'intéresse à la théorie musicale, à la production du son, aux phéno-
mènes acoustiques et aux instruments de musique.
Dans *Le Paragone*, il trace des parallèles entre la
justesse des proportions en peinture et l'harmonie en
musique.

5

Portrait de groupe

Amboise, 26 juin 1515. Dans ce château magique autant qu'enchanteur, joyau de la nouvelle architecture, dont l'une des façades s'ouvre, comme un miroir, sur la Loire, grands seigneurs et gentes dames, parés de leurs plus beaux atours, vont et viennent entre les parterres fleuris. Inlassablement les couples se forment et se reforment. En cette belle journée d'été, les cours de France et de Lorraine sont réunies à l'occasion des noces de Renée de Bourbon et d'Antoine, duc de Lorraine. Depuis plusieurs jours, ce ne sont que banquets, bals et divertissements pour lesquels cuisiniers, musiciens et ingénieurs se sont surpassés.

Mais le jeune roi de France n'est pas satisfait. Il cherche depuis un moment un stratagème pour attirer l'attention générale, ou tout au moins pour la susciter. On le voit bientôt sourire et appeler ses veneurs, avec lesquels il converse secrètement, tandis que chacun aimerait lire dans ses pensées. Mais nul n'ose le questionner. Alors on se regroupe avant de se jeter dans les forêts giboyeuses.

Le jour suivant, accompagné de plusieurs paysans du voisinage et de gens d'armes, on revient au château. Une charrette est attelée sur laquelle est juchée une grande cage aux forts barreaux de bois. Chacun se précipite pour savoir ce qu'elle contient et, non sans étonnement, découvre un grand sanglier mâle, le poil hérissé, les défenses en avant, grognant à en perdre le souffle, fâché d'avoir été arraché à sa bauge, capturé, enfermé.

Profitant de cette agressivité, sur laquelle il comptait, le roi fait alors transporter la cage dans une enceinte close, où des mannequins de chiffon ont été pendus par des cordes, puis la fait ouvrir. Aussitôt, le sanglier s'élance sur les leurres pour les renverser, au grand amusement des dames et des seigneurs qui applaudissent à tout rompre à ce spectacle improvisé.

Soudain, les rires se changent en cris. Le sanglier furieux a trouvé un passage non protégé dans les lices et s'y est précipité dans l'espoir de retrouver sa liberté, provoquant l'épouvante des dames présentes et même celle de nombre d'hommes qui, vêtus de leur tenue de cour, n'ont aucune lance pour se défendre des assauts de la bête féroce. Le sanglier furieux dévale à présent la galerie basse du château puis l'escalier conduisant au logis du roi. Chacun se range pour éviter la charge de l'animal. Seul le roi, saisissant la grande épée d'un de ses gardes, lui fait face, attendant qu'il ne soit plus qu'à un pas de lui. De plus en plus furieux, le sanglier s'apprête à sauter sur sa cuisse, lorsque, d'un coup particulièrement adroit, la lame de l'épée s'enfonce dans son flanc. La bête fait une courte retraite puis tombe morte dans la cour, sous les cris d'admiration du public. S'est-elle vraiment échappée seule ou François a-t-il donné l'ordre de faire en sorte qu'elle se libère ? On ne sait, mais il n'est pas mécontent de son effet qui impressionne les dames et inspire aux hommes l'admiration de son sang-froid, de sa force et de son courage. Il est le nouvel Hercule vainqueur du sanglier d'Érymanthe !

En 1515, François Ier monte, à vingt ans, sur le plus beau des trônes. Après huit Charles et douze Louis, sans parler de six Philippe, un François est pour la première fois roi des lys. Il apporte des idées nouvelles, une éducation nouvelle, un nom nouveau. Le Vénitien Marino Cavalli nous le décrit *de visu* : « Il n'est pas choses, ni études, ni arts sur lesquels il ne puisse raisonner très pertinemment et qu'il ne juge d'une manière aussi assurée que ceux-là mêmes qui y sont spécialement adonnés. Ses connaissances ne se bornent pas si simplement à l'art de la guerre, à la manière d'approvisionner, de conduire une armée, de dresser un plan de bataille, de préparer des logements, de donner assaut à une ville ou même de la défendre ; il ne comprend pas seulement tout ce qui a trait à la guerre, mais il est très expérimenté dans la chasse, dans la peinture, en littérature, dans les langues, dans les différents exercices du corps qui peuvent convenir à un bon chevalier. » Ses contemporains sont frappés par la splendeur de son physique qui égale la hauteur de son esprit. Ainsi, Gattinara le décrit comme « le plus beau prince qu'il y eut jamais au monde ». Quant à l'historien Henri Martin, il revient sur l'impact produit par la beauté physique du jeune prince : « une fleur étrange et splendide ». François Ier reçoit l'éducation dont rêve François Rabelais : « Qu'il n'y ait ni mer, ni rivière, ni fontaine dont tu ne reconnaisses les poissons, que tous les oiseaux de l'air, tous les arbres, arbustes et buissons des forêts, toutes les herbes de la terre, tous les métaux cachés au ventre des abîmes, les pierreries de tout l'Orient et le Midi, rien ne te soit inconnu. » Né à une époque de grandes peurs, où les brigands foisonnent, les loups entrent dans Paris, les monstres hantent les imaginations, les comètes jaillissent de l'inconnu, les éclipses se chargent de menaces et où règnent, selon Ambroise Paré, « les vastes abîmes peuplés de *diamons* », François vit ses premiers chagrins et affronte courageusement le risque.

Il a huit ans, le 24 octobre 1502, lorsqu'il verse ses premières larmes à la mort de son petit chien bien-aimé, Hapegay. Il a treize ans, quand, se promenant dans un jardin de Fontevrault, une pierre lancée par-dessus le mur qu'il longe lui porte au front un coup dont la violence fait craindre pour sa vie. Il a vingt ans quand l'épée au poing, à Marignan, parmi trente mille fantassins, dix mille chevaliers, soixante-douze canons, il passe vingt-huit heures en selle sans boire ni manger.

Les années de son règne sont celles de la synthèse. Pour Michelet, c'est l'appropriation française de la Renaissance italienne qui donne à l'Europe son sens progressif et qui en fait l'époque de fondement du monde moderne. Pour Lavisse : « Pendant ces années si remplies d'événements graves à l'extérieur, notre pays accomplit une évolution sociale, économique, intellectuelle et morale qui aboutit à changer en partie ses destinées. » Pour Arthur Comte : « L'allégresse du nouveau savoir, qui est une nouvelle vie, est telle qu'il faut applaudir le fait que les femmes et jeunes filles puissent être, elles aussi, instruites, et qu'un palefrenier puisse être plus instruit qu'un savant. » Car comme l'écrit Clément Marot : « Le monde est dans sa jeunesse. » Renaissance, le mot serait issu de la formule latine « *renascentis litterae* » : « la restitution des belleslettres ».

Face à François Ier, le personnage le plus important d'Europe à cette heure, ou plus exactement celui qui se prépare à le devenir, c'est Charles Quint. On peut

se demander si cet esprit calculateur, à la résistance
physique remarquable et dont le seul vice est la glouton-
nerie, aurait triomphé, aussi facilement que le roi chevalier, d'un sanglier furieux. Certainement pas, non
seulement parce qu'il est plus jeune que François de
cinq ans, mais parce que rien, dans sa nature, ne le
pousse à se donner en spectacle. C'est un homme timide
qui n'est véritablement heureux que dans la solitude. Il
est tout sauf séduisant, avec « ses mâchoires qui ressemblent à une maque, écrit un de ses compatriotes,
avec sa lèvre qui tombe au-dessous, comme s'il était
infirme ». Il s'apprête à entrer dans l'histoire sous le
nom de Charles Quint, c'est Charles de Habsbourg. Né
à Gand le 24 février 1500 dans le Prinsenhof, la résidence des ducs de Bourgogne, il deviendra duc de
Bourgogne à quinze ans, roi d'Espagne à seize, empereur d'Allemagne à dix-neuf.

Depuis la mort de son père, Philippe le Beau, en
1519, il est duc de Luxembourg, de Brabant, de
Franche-Comté, comte de Flandre, de Hollande, de
Zélande, d'Artois et de Hainaut, bientôt héritier de la
Haute et Basse Autriche (Carinthie, Carniole, Tyrol,
Styrie) appartenant à son grand-père paternel, l'empe-
reur Maximilien, et des royaumes d'Espagne, de Naples
et de Sicile, détenus par son grand-père maternel,
Ferdinand.

Élevé et éduqué par sa tante, Marguerite d'Autriche,
sa mère Jeanne de Castille ayant perdu la raison (elle
est désormais plus connue sous le nom de Jeanne la
Folle), il se considère d'abord comme un chevalier
chrétien. Certes passionné par la guerre et la chasse, il
reste prisonnier d'un catholicisme intransigeant qui fait
de lui l'ardent défenseur de la chrétienté, qui sait néanmoins se montrer ambitieux, tenace et autoritaire.

Lorsqu'il accepte de se livrer un peu, cet être gauche

et morose – qu'on taxerait aujourd'hui de «psychori-gide» – ne manque cependant pas d'esprit. Il est l'incar-nation du paradoxe des princes européens, c'est un Flamand qui ne parle ni l'espagnol, ni l'allemand, mais principalement sa langue maternelle, le français. Cepen-dant, il a son idée sentimentale de la déclinaison des langues et aime à répéter : «Je parle espagnol à Dieu, italien aux femmes, français aux hommes et allemand à mon cheval» !

Ce grand prince est un sang-mêlé car, dans les veines de Charles Quint, coulent du sang juif et du sang arabe. À ce propos, dans sa belle biographie de l'empereur, Jean-Pierre Soisson fait cette révélation : «Comme pour la plupart des Grands d'Espagne, huit siècles de luttes et de rapprochements entre Maures et Espagnols ont mêlé les sangs. L'Espagne médiévale, pays des trois religions – chrétienne, musulmane et juive –, a toujours constitué un pont entre l'Occident et l'Orient… Au Xe siècle, le roi Ramiro d'Aragon a un fils de la sœur d'un roi maure. Au XVe siècle, Alphonse V est appelé "Adfun-ibn Barbarya" c'est-à-dire le "fils de la femme berbère".» Dans son *Nobilato*, imprimé en 1640, Poncho de Barcelos, fondateur de la généalogie espagnole, men-tionne aussi, parmi les ancêtres de Charles Quint, un collecteur d'impôts d'origine juive, Ruycapon, dont la fille épouse Gonzalo Paez de Tavara.

Philippe le Beau a eu deux fils : Charles Quint et l'empereur Ferdinand Ier. Charles Quint a fondé la ligne espagnole des Habsbourg, et Ferdinand, la ligne autri-chienne. Otto de Habsbourg, dont la ligne dynastique remonte directement à Ferdinand, nous livre à propos de Charles Quint, ce portrait de son très grand oncle :

« Le trait dominant de son caractère, tel qu'il ressort de ses écrits et de ses actes, est sans nul doute son contrôle de lui-même, une maîtrise absolue de ses sentiments. Les occasions où il montre sa colère ou son dédain sont extrêmement rares au cours d'une longue vie publique dont tous les faits et gestes sont soigneusement notés par ses contemporains. Sa force de volonté et sa patience s'allient à une confiance sans limite en Dieu, confiance qui ne l'abandonnera jamais. Celle-ci le rend capable de supporter l'adversité qu'il accepte comme l'expression de la volonté du Tout-Puissant. Maître de sa propre personne, il l'est aussi des autres. On raconte qu'il tremble de tout son corps quand on lui revêt son armure, mais que ce signe de faiblesse disparaît dès qu'il descend dans l'arène pour se battre en tournoi ou lorsqu'il marche vers l'ennemi à la tête de ses troupes. Comme figure historique Charles Quint était mortel. Il ne reste de son passage sur terre qu'un peu de poussière dans un sarcophage de marbre à l'Escurial, mais en tant que représentant d'un idéal éternel, l'empereur, après plus de cinq siècles, est encore vivant parmi nous : non seulement comme un ancêtre de l'Europe mais comme un guide vers les siècles à venir. »

Si on le trouve toujours au cœur de la mêlée, Charles Quint ne mentionne cependant jamais ses exploits militaires dans ses écrits. Il se contente d'évoquer les faits objectifs. Du reste, il interdit à ses historiographes de célébrer ses actes de courage ou ses hauts faits d'armes, qui, à ses yeux, n'ont aucune valeur.

Charles est également grand amateur de peinture, comme le montre son inclination pour Giorgione et Titien. On prétend qu'il aurait ramassé le pinceau tombé des mains de Titien, en déclarant que dans le domaine de l'esprit un grand artiste était un prince à l'égal du souverain ! On raconte aussi cette anecdote au sujet de l'empereur Maximilien et de Dürer…

Comme Henri VIII et François Ier passionnés de culture, Charles Quint ne néglige pas l'écriture. C'est en remontant le Rhin en bateau qu'il dicte ses Mémoires tel un César rédigeant ses *Commentaires*. Lui aussi se distingue par ses relations privilégiées avec les intellectuels de son temps et notamment par son échange singulier avec Érasme. À cet égard, Fontenelle imagine un dialogue des morts entre l'humaniste et l'empereur. Érasme apostrophant ainsi Charles : « Toute votre grandeur n'a été qu'un composé de plusieurs hasards. » L'empereur lui faisant cette réponse subtile : « Oui, si l'on donne ce nom à un ordre que l'on ne connaît pas. »

Les relations de Charles avec François Ier sont extrêmement ambiguës, à l'image de cette France qu'il admire, mais qu'il n'aime pas. Il lui reproche de lui avoir volé le fleuron de son héritage, la Bourgogne. Avant d'être allemand, espagnol, flamand ou italien, en effet, ce jeune homme est avant tout bourguignon, héritier du grand Charles le Téméraire. Et il n'aura de cesse – quoique sans y parvenir – de reconquérir cette Bourgogne qui est pour lui un paradigme et la source fondamentale de toutes ses guerres contre François Ier.

Au fond, ce fut peut-être Victor Hugo qui sut le mieux définir cet être complexe, dans le prologue d'*Hernani*, en lui faisant dire, devant le tombeau de Charlemagne :

> « Ah ! J'étais seul, perdu, seul devant un empire,
> Tout un monde qui hurle, menace et conspire,
> Le Danois à punir, le Saint Père à payer,

Venise, Soliman, Luther, François premier,
Mille poignards jaloux luisaient déjà dans l'ombre,
Des pièges, des écueils, des ennemis sans nombre,
Vingt peuples dont un seul ferait peur à vingt rois,
Tout pressé, tout pressant, tout à faire à la fois,
J'ai crié : Par où faut-il que je commence ?
Et tu m'as répondu : – Mon fils, par la clémence. »

François Ier ressemble peut-être davantage (le cynisme en moins) au troisième protagoniste de cette saga : Henri VIII d'Angleterre, fils du roi Henri VII, et son aîné, puisqu'il est âgé de vingt-quatre ans. Aussi extraverti que le précédent est introverti, celui qui ne règne que parce que son frère aîné, Arthur, est mort prématurément est, lui aussi, un grand sportif, un amateur de femmes, un lettré passionné par les arts, la musique en particulier. Henri VIII est un homme cultivé : il parle latin, français, espagnol et italien. Il aime les lettres et la philosophie : il prend « plus de plaisir à lire de bons livres qu'aucun prince de son âge ». Il joue divinement du luth et de l'épinette. C'est un cavalier remarquable et un archer émérite. Il sait distinguer les plus beaux esprits, les traite avec beaucoup d'égards et leur donne des charges honorables : il confie à Érasme, le père de l'*Éloge de la folie*, une chaire à Cambridge et nomme John Colet prédicateur de la cour. Mais il est d'un naturel fourbe, toujours prêt à trahir pour préserver ses intérêts et assouvir son inextinguible orgueil et son désir de faire de l'Angleterre une grande puissance sur la scène du monde. Pour cela, il ira jusque dans les détails, se passionnant pour la logistique de son armée. Grâce à lui les soldats en campagne connaîtront des avancées technologiques dont il est l'inventeur comme ces fameuses « cuisines roulantes » ou ces inoubliables « fours à pain ambulants »…

Longtemps ravagé par la guerre civile, en effet, son royaume a perdu un lustre qu'il entend lui redonner et, avec lui, son influence en Europe. « Qui je défends est maître », telle est sa devise. Sa fille, Elisabeth Ire, la fera également sienne et accomplira son œuvre !

Malgré sa jeunesse, le souverain traîne déjà la détestable réputation d'un personnage aussi violent que cruel, réputation qui ne fera que s'affirmer avec le temps. Au seuil de sa vie, il pourra se prévaloir d'avoir fait mourir deux cardinaux, dix-neuf évêques, treize abbés, cinq cents prieurs, soixante et un chanoines, quatorze archidiacres, cinquante docteurs, douze marquis, trois cent dix chevaliers, douze barons, six cent vingt roturiers. Marié six fois, deux de ses épouses moururent de la main du bourreau, deux autres furent répudiées. Henri VIII terminera son règne en parachevant son image de Barbe-Bleue. Pour montrer qu'il n'avait pas perdu la main, neuf jours avant sa mort, il faisait encore décapiter un de ses sujets après un procès de fantaisie. Mais les Anglais lui ont volontiers pardonné, puisque ce fut grâce à lui que leur nation commença véritablement à se développer.

Toujours prêt à se vendre au plus offrant, à pousser sa sœur ou sa fille dans le lit de n'importe quel prétendant pouvant servir ses intérêts, Henri VIII, plus séduisant, dit-on, que sur le terrible portrait qu'Holbein a laissé de lui, est un être tout à fait fascinant, comme l'est aussi celui qui le seconde dans ses hautes et basses œuvres, Thomas Wolsey, son homme de confiance et légat du pape, capable d'être tout à la fois un danseur, un mime, un musicien et un prestidigitateur. François Ier entretiendra avec Henri VIII, jusqu'à la fin de ses jours, des relations faites de rivalité, de haine et d'ambivalence, mais également, aussi paradoxale qu'elle soit, d'une certaine complicité. Si le roi de France ne fut jamais, sur aucun sujet, en accord avec l'empereur, il lui arriva de penser souvent comme le roi d'Angleterre. N'alla-t-il pas, en 1542, jusqu'à plaider sa cause auprès du pape, écrivant à ce dernier : « L'amitié est telle entre nous que j'estime les affaires de mon frère Henri avec les miennes, n'être qu'une même chose et que le tort qu'on voudrait faire à cet endroit, je l'estimerais être fait à moi-même » ?

Un peu plus loin, à Istanbul, l'ancienne Constantinople romaine, règne un quatrième protagoniste, avec lequel François fera un jour alliance, Soliman le Magnifique, le sultan, c'est-à-dire le maître, non seulement de l'actuelle Turquie, mais encore de la Bosnie, de la Serbie, de la Bulgarie, de la Grèce, de l'Asie Mineure, du Kurdistan, de l'Arménie, de la Mésopotamie, de la Syrie, de la Palestine, de l'Égypte, du Yémen, de la Libye et de la Tunisie. Chef de guerre intrépide malgré son échec devant Vienne, législateur subtil, infatigable bâtisseur, celui qui, dans son palais de Topkapi, incarne, selon la titulature officielle, « l'ombre de Dieu sur Terre » fascine l'Occident.

Soliman, grand, mince, le visage ovale, a un air noble et sévère encore magnifié par sa façon d'enfoncer son turban jusqu'au-dessus de ses yeux. Majestueux et distant, c'est un vrai padichah, un musulman sans fanatisme, tolérant avec les chrétiens. Le spectacle du sultan au milieu de sa garde impériale de six mille cavaliers vêtus de velours et de soie, montés sur des chevaux de race, est impressionnant. Le Commandeur des Croyants est aussi appelé le « Calife exalté ».

Tout comme celui qui est au pouvoir depuis plus longtemps et est devenu le premier tsar de Moscovie : Ivan IV, dit « le Terrible », maître d'une Russie qui, pour être chrétienne, n'en demeure pas moins assez différente

de l'Europe. Très intelligent, charismatique et conquérant – il a agrandi son empire, au sud jusqu'à Kazan, au
nord jusqu'au golfe de Finlande –, il n'en règne pas
moins par la terreur, signe d'une paranoïa délirante.
Malgré les flots de sang de ses innombrables victimes, il
passe à juste titre pour le fondateur de la Russie.

D'autres hommes comptent encore de par le vaste
monde. En Chine, le dixième empereur de la dynastie
Ming, Zhengde, succombe à une pneumonie contractée
en tombant d'une barque. Il laisse le trône à son cousin
Jiajing.

Si, au Japon, règne le quatre-vingt-dixième « Fils du
Ciel », Kashiwabara, en Inde, l'Empire moghol n'est
pas encore créé et ne verra le jour que dans onze ans.

De l'autre côté de la terre, dans cette Amérique que
les Portugais et les Espagnols commencent à peine à
explorer, à Tenochtitlan – future ville de Mexico –,
Moctezuma règne sur le puissant empire aztèque, que
le premier des conquistadors, Hernán Cortés, ne décou-
vrira qu'en 1518. Les Occidentaux ignorent donc cette
fantastique civilisation, à la fois barbare et raffinée, qui
pratique encore les sacrifices humains mais maîtrise
parfaitement l'astronomie.

À l'ouest du même continent, une autre civilisation
reste inconnue des Européens : celle des Incas, gouvernée par l'empereur Huayna Capac, dont le nom dynastique « Capaccuna » signifie en quechua « l'homme le
plus puissant parmi les êtres humains ».

La connaissance du reste du monde sera l'une des
avancées majeures de la civilisation de la Renaissance,
mais elle ne fait que commencer. C'est pourquoi les
trois principaux souverains d'Europe, François de
Valois, roi de France, Charles de Habsbourg, bientôt

empereur d'Allemagne, et Henri Tudor, roi d'Angleterre, se considèrent comme les plus puissants personnages de leur temps, uniques protagonistes d'une
subtile et complexe partie d'échecs à six mains, dans
laquelle tous les coups sont permis, les meilleurs
comme les pires.

Guillaume Budé galope avec le roi dans la forêt des savoirs

De ces trois rois qui partagent une même passion pour la chasse, peut-être est-ce François Ier qui s'y livre avec le plus de frénésie. Du haut des grands arbres de l'Histoire de France, du faîte d'un chêne majestueux, ce chêne pédonculé qui possède un haut pied irrégulier et laisse filtrer la lumière, on observe des choses, en forêt d'Amboise, que les autres ne voient pas.

Sous les sombres frondaisons, deux cavaliers exhortant leur monture se défient dans une course folle. Pour éviter les branches basses, le premier se penche sur l'encolure de son cheval, appuyant sa joue à sa robe mouillée au parfum agréable et sauvage. Le second pousse sa monture par l'assiette ; par ses mouvements de bassin, il incite l'animal à se porter en avant afin de tenter de combler son léger retard. Les sabots de leurs chevaux martèlent les fougères, les bouquets d'armillaires, les pelotons de mycènes. Ils foncent maintenant vers un taillis épais tels de fabuleux centaures. La communion est totale, et les chevaux ferment les yeux pour pénétrer la broussaille, vouant une confiance aveugle à leurs écuyers. Ils sont comme des cavaliers de l'Apocalypse, car la rage qui les anime est celle d'une étrange rivalité. Tous deux sont souverains en leur matière. Le premier est le roi de France, le second est le prince des poètes : Guillaume Budé, amoureux des chevaux, des chiens et des oiseaux, mais qui ne dédaigne pas le noble déduit, au point d'oser, ce jour-là, courir le même sanglier que François Ier !

Guillaume Budé, né sous le signe du Verseau le 26 janvier 1468, est issu d'une grande famille de fonctionnaires royaux anoblie par Charles VI. Son père Jean Budé, conseiller du roi, est un remarquable lettré, propriétaire d'une riche bibliothèque. Ce n'est qu'à vingt-quatre ans que Guillaume se décide à des études sérieuses. Après s'être penché sur le droit civil, il assume les charges de notaire et de secrétaire du roi. À la cour de François Ier, il plaide la cause des belles-lettres et de la philologie. Il acquiert une si vaste science qu'Érasme l'appelait le Prodige de la France. C'est à la requête de ce dernier que Guillaume Budé, connu comme un grand helléniste, entreprend une compilation de notre lexicographie d'origine grecque. Sa conversation est éblouissante, et quel regard de feu quand il vous parle de sciences, de théologie, de jurisprudence ou de mathématiques ! Il est lié avec toute l'Europe des cultures, de Thomas More à Pietro Bembo et d'Étienne Dolet à François Rabelais.

Issu nettement du brouillard des premières années de sa biographie, il est un document auquel nous pouvons nous attacher avec certitude : le premier signe de la vocation littéraire de François Rabelais. C'est la lettre qu'il envoie à Guillaume Budé le 4 mars 1521, lorsque le jeune humaniste se trouve encore chez les Cordeliers de Fontenay-le-Comte où il reçoit les ordres majeurs et mineurs et se fait ordonner prêtre. Budé est, avec Érasme, un de ces hommes essentiels en qui luit l'esprit de la Renaissance. Le jeune François, insolent plus tard, mais spontanément respectueux à l'instant, s'autorise de son compagnon, frère Pierre Amy, pour s'introduire

dans l'amitié du maître : « Je préférerais, lui écrit-il,
cet avantage à celui de régner sur l'Asie tout
entière. » Et, alignant les mots dans la suite de la
révérence, il lance à Guillaume Budé cette humble
interrogation : « Qu'est-ce qu'un adolescent inculte,
obscur, inexpérimenté, complètement étranger à l'art
de bien dire, peut attendre d'un homme renommé
pour son éloquence, que son mérite et son heureux
génie mettent au-dessus de tous les autres ? »

Guillaume Budé est si fin, érudit, ouvert, intelligent, ferme dans sa pensée et souple dans ses raisonnements qu'on ne peut jamais se brouiller avec lui.
Même Érasme, après une querelle littéraire l'opposant à ce chasseur de sens et à cet excellent veneur,
s'est exprimé ainsi : « Je ne suis point réconcilié avec
Budé : je n'ai jamais cessé de l'aimer. »

François Ier est ce souverain qui sait faire des
intellectuels ses amis. Le roi de France déteste les
déjeuners idiots. Il adore partager son repas de midi
avec un convive qui l'instruit. C'est souvent le cas,
à table, avec Guillaume Budé ou Clément Marot.
Avec Budé, les joutes ne sont pas seulement celles
de l'esprit, la passion de la chasse leur offre aussi
l'occasion de communier dans la concurrence des
corps.

Jadis, dans les forêts devenues extrêmement
denses après le Déluge, les géants erraient sans pouvoir imaginer l'existence d'un ciel au-delà des
sombres frondaisons qui les protégeaient. Aujour-
d'hui, sous la Renaissance, ce sont les géants de la
culture qui galopent sous les grands ombrages.
François Ier et Guillaume Budé cavalcadent de la
forêt des arbres à la forêt des savoirs. La forêt c'est le

royaume de nos songes et la sève de nos rêves ; elle court de l'arbre généalogique à l'arbre de la connaissance, de l'arbre de la vie à l'écorce de la mémoire, de l'éden de la nature au paradis de la culture.

Guillaume Budé, grâce à sa relation privilégiée avec François Ier, métamorphose le roi de France en protecteur de ces humanistes qui, dans le sillage d'Érasme, veulent retrouver le savoir des Anciens par l'étude des textes dans leur langue d'origine. Face à une Sorbonne figée par la scolastique, le Collège de France fondé en 1530 proposera un enseignement nouveau. Est-ce parce que Guillaume Budé a partagé une cavalcade en forêt avec le souverain qu'il ose ainsi le rappeler à l'ordre : « Nous vous avons représenté la philologie comme une fille pauvre qui était à marier, et nous vous avons prié de lui faire une dot. Vous nous avez promis, avec cette bonté naturelle et spontanée qui vous est propre, que vous fonderiez une école, une pépinière, en quelque sorte, de savants et d'érudits renommés. Vous nous avez dit que vous orneriez votre capitale de cet établissement qui doit être pour toute la France une sorte de musée. D'après vos promesses, un magnifique bâtiment devait s'élever, où les deux langues seraient enseignées. Dans ce temple des bonnes études, vous deviez fournir à ceux qui voudraient s'y livrer un entretien convenable et les loisirs nécessaires. Le nombre des membres de cette communauté consacrée à Minerve et aux Muses, vous ne l'aviez pas limité à l'avance. Vous aviez décidé qu'il serait considérable. Voilà ce que vous aviez promis. Or, à l'heure qu'il est, on dit que vous n'avez pas tenu vos promesses et, comme je m'en suis porté caution, on s'en prend à moi de ce retard. On se moque de moi et on me traite de parjure. »

Une légende prétend qu'un jour, courant le cerf seul en forêt du val de Loire, le roi François Ier perdit son chemin et, à la tombée de la nuit, dut demander l'hospitalité à un groupe de charbonniers francs-maçons réunis pour un rituel. Ayant l'habitude de prendre la meilleure place, il s'assit sur le billot servant de trône au Père-Maître. Celui-ci l'en délogea en prétextant : « Par droit et par raison, chacun est maître chez soi. » La chronique du temps se chargea de muer ces mots en : « Chacun est roi en sa maison », qui, sous la plume de Mme de Sévigné, dans une lettre adressée en 1676 à sa fille Mme de Grignan, devint : « Le charbonnier est maître à sa maison. » « M. d'Armagnac ayant voulu reparler au roi de cette proposition, le roi lui fit comprendre qu'il le voulait ainsi. M. d'Armagnac lui dit : "Sire, le charbonnier est maître à sa maison." » Aujourd'hui, nous connaissons ce proverbe sous cette forme : le charbonnier est maître chez lui.

Encore une fois, c'est à la pensée d'un Italien, Giambattista Vico, qu'on doit de conclure et de résumer le mieux cette progression du temps dans un parcours émeraude : « Les choses se sont succédé dans l'ordre suivant, d'abord les forêts puis les cabanes, les villages et enfin les Académies savantes. »

6
Une mère, une sœur, une épouse

À chaque retour du roi, elles sont là, à Amboise, à Blois ou ailleurs, parées de leurs plus beaux atours, mais la tête toujours pudiquement couverte, comme le veut la mode du temps interdisant à une femme de se montrer en public « en cheveux ». De loin, on les prendrait pour des nonnes, tant elles sont peu décolletées, mais de près, à la qualité de leurs joyaux on voit qu'elles sont de grandes dames. Le noir est leur couleur préférée. Elles s'en départent peu, le doublant d'un peu de brocart à la belle saison, de fourrure l'hiver, martre, vair ou petit-gris, selon les aléas de la chasse.

Sur la terrasse, d'où l'on peut contempler l'horizon, suivies de leurs dames d'honneur qui se tiennent respectueusement en retrait, elles attendent, toujours un peu inquiètes, le retour de leur « César » bien-aimé et semblent retenir leur respiration, jusqu'à ce que le nuage de poussière accompagné du son des trompes des veneurs les rassure sur son approche, à cheval, entouré de ses compagnons. Ces derniers, à leur vue, se découvrent et, sans quitter leur monture, saluent respectueusement Madame la Mère du Roi, Madame la Duchesse et Sa Majesté la Reine de France, qui laisse très volontiers la préséance à sa belle-mère et à sa belle-sœur.

Ainsi est-ce dans cet ordre qu'elles quittent la terrasse, où elles se sont précipitées dès l'annonce du
retour royal, pour descendre à sa rencontre, saluées par
les serviteurs puis par les courtisans réunis dans la cour
d'honneur. À présent, François Ier baise respectueusement la main de sa mère, de sa sœur et de son épouse.
Qui ne devinerait, à les voir toutes trois ne regarder que
lui, n'écouter que lui, ne penser qu'à lui, qu'elles ne
vivent que par et pour lui ? Ce trait particulier n'a
échappé à aucun de leurs contemporains.

Il est un fait acquis que le jeune roi de France compte
parmi les souverains qui ont le plus aimé les femmes,
comme après lui Henri IV, Louis XIV et Louis XV.
Mais à côté de ses nombreuses maîtresses de passage,
ce sont bien ces trois femmes qui, jusque-là, ont accompagné sa vie. Sa mère, sa sœur et sa première épouse
ont incontestablement constitué le triangle de sa formation affective, humaine et intellectuelle, puisqu'il est
peu de dire que, tel Achille, le premier souverain de la
maison de Valois a été forgé par les femmes. Ceci est
aussi conforme à la place que la femme occupe désormais dans la société française, beaucoup plus importante que par le passé, conforme donc au haut degré de
civilisation dans lequel entre le royaume. Depuis 1516,
en effet, l'Arioste, dans son *Roland furieux*, a chanté Bra-
damante, la femme idéale que les poètes, les peintres et
les musiciens portent aux nues. Comment, dans un tel
contexte, les trois « dames » du roi n'occuperaient-elles
pas une place de choix ?

Lorsqu'il devient roi de France, Louise de Savoie, sa
mère, n'a que trente-huit ans : « Elle est extrêmement
grande, encore belle de teint, très vive et enjouée »,
écrit Antonio Beatis de cette femme raffinée, dont la

fille, Marguerite, fera la « dame Oisille » de son *Hepta-méron*. Elle est par ailleurs fort cultivée, passionnée de livres et de tableaux, ceux de François Clouet, en particulier, qui fit plusieurs fois son portrait. Et, fait inusité à l'époque, Louise de Savoie se lève et s'habille seule.

Jusqu'alors, elle n'a vécu que dans un seul but, enfin accompli : installer son fils sur le trône et l'assister totalement, même lorsqu'elle n'est pas d'accord avec lui. De ce fait, son influence est considérable dans le cours des affaires, notamment dans le choix des conseillers, comme lorsqu'elle nomme Duprat ou, au contraire, lorsqu'il s'agit de disgracier Semblançay et surtout, nous le verrons, le connétable de Bourbon.

Occupant au conseil la seconde place après son fils, elle accède à la charge prestigieuse de régente de France à deux reprises, 1515 et 1525, dès lors que, selon l'usage, le roi réside à l'étranger. Volontiers autoritaire, bien que suffisamment subtile pour que cela ne se voie pas trop, il est manifeste qu'elle aime le pouvoir. Un pouvoir dont elle use sagement, ne prenant jamais de décision qui puisse nuire à l'intérêt de la France, mais en tenant aussi toujours compte des intérêts de sa famille, ce qui, parfois, la contraint à prendre des positions complexes.

Élevée à l'école d'Anne de Beaujeu, fille de Louis XI et régente de France pendant la minorité de Charles VIII, elle a eu l'occasion de mesurer, pendant son enfance, combien une femme peut s'imposer aux hommes et diriger l'État. Femme de tête, elle n'est pas dénuée de sensibilité ; la rumeur publique lui attribue donc, peut-être à tort, plusieurs amants, dont le connétable de Bourbon. Louise de Savoie, sur le plan politique, est une femme de paix, ce qu'elle montrera lors de l'épisode de « la paix des dames ». Wolsey la surnomme du reste « la mère et la nourrice de la paix ».

Elle s'intéresse tout particulièrement à la diplomatie, et y excelle. Elle aime fasciner les ambassadeurs par sa culture et son intelligence pratique, et tente surtout, tant bien que mal, de restaurer les bonnes mœurs dans une cour plutôt galante, sur laquelle règne son fils, qu'elle idolâtre, mais qui n'est pas précisément un modèle de vertu.

Les conquêtes féminines de ce dernier l'irritent d'ailleurs au plus haut point. C'est la raison pour laquelle elle mènera, certes en vain, le combat contre sa principale maîtresse : la comtesse Françoise de Châteaubriant. Plus tard, elle ira même jusqu'à pousser une rivale, la jeune Anne de Pisseleu, dans le lit de son fils pour s'en débarrasser ! Mère quelque peu possessive comme le fut avant elle Blanche de Castille avec Saint Louis, Louise de Savoie ne cède jamais à l'émotion et se contrôle toujours parfaitement. Elle préfigure sa petite-fille, Jeanne d'Albret, qui sera la mère autoritaire de son fils unique Henri IV.

Son influence est durable, jusqu'à son rappel à Dieu, le 22 septembre 1531. Atteinte de la peste, elle s'éteint à Grez-sur-Loing, alors qu'elle regagne son château de Romorantin, où elle a toujours aimé venir se délasser des fatigues de la vie publique.

Plus douce, plus compréhensive, plus intellectuelle aussi est Marguerite, la fille de Louise, la sœur aînée de François Ier, avec qui elle fut élevée. Bien que présentant un air austère, elle ne manque ni de charme ni d'allure. « Corps féminin, cœur d'homme et tête d'ange », ainsi la décrit Clément Marot qui précise avec raison : « Elle en sait plus que son pain quotidien. » Si elle s'entend assez bien avec son premier mari, le duc Charles

d'Alençon, pourtant soldat inculte mais qui la respecte
et la vénère, les choses iront moins bien lorsque, après
son veuvage, elle épousera en secondes noces Henri
d'Albret, roi de Navarre, de dix ans son cadet. Leurs
relations seront plus difficiles, malgré la naissance
d'une fille unique, Jeanne, la future mère d'Henri IV.
Persuadé que son beau-frère l'aidera à reconquérir la
plus grande partie de son royaume, la Navarre espagnole
que Charles Quint lui a ravie, Henri d'Albret compren-
dra vite qu'il devra y renoncer et se vengera sur sa
femme en la trompant et, dit-on, en la battant.

Longtemps première dame de la cour de France – elle
remplace sa belle-sœur la reine, toujours enceinte – ses
admirateurs la surnomment la « Minerve de France » –,
y brille pendant quelques années, conseillant toujours
son frère à bon escient et imposant aux courtisans sa
tenue toujours parfaite, comme le fera, beaucoup plus
tard, Madame Adélaïde avec Louis-Philippe. Par la
suite, elle prendra peu à peu ses distances, sous le coup
d'une crise mystique consécutive à la mort de son fils
en bas âge, avant de jouer, à la mort de Louise de
Savoie, le rôle de mère du roi.

Pour l'heure, elle est toujours disponible et, comme
le roi, toujours nomade, passant sa vie en litière ou à
cheval, sur les chemins du royaume de France.

Correspondante de Calvin et animatrice de ce que
l'on nomme « le Cénacle de Meaux », Marguerite
d'Angoulême, femme de grande culture, théologienne
accomplie et philosophe consommée, est l'une des
introductrices de la pensée de la Réforme en France, ou
du moins l'éloquente avocate de la tolérance religieuse,
voire de l'œcuménisme. Elle va jusqu'à offrir ses États
aux réfugiés protestants que l'on persécute et se trouve
ainsi à l'origine de la conversion de sa fille et, avec elle,
de ses États.

Elle est également la protectrice de nombreux humanistes, en particulier Jacques Lefèvre d'Étaples, Guillaume Briçonnet, Michel d'Arande et surtout le poète Clément Marot, inquiété pour ses *Cinquante psaumes*. Prototype de ces femmes que la Renaissance émancipe progressivement, « si instruite dans le Seigneur et dans les saintes Écritures, qu'on ne saurait l'arracher du Christ », selon Pierre Toussain, elle incarne, aux yeux de ses contemporains, le point de jonction entre l'amour courtois qui s'achève et le règne de la féminité rayonnante qui surgit avec les temps modernes. L'auteur de son oraison funèbre fera remarquer, à juste titre : le monde conservera de son souvenir celui d'une femme d'exception « tenant un livre au lieu d'une quenouille ».

Marguerite est aussi un écrivain confirmé, auteur de nombreux poèmes, certains regroupés dans *Le Miroir de l'âme pécheresse* (condamné par la Sorbonne), de pièces de théâtre jouées en sa présence, d'une abondante correspondance et surtout d'un des chefs-d'œuvre de la littérature de la Renaissance, l'*Heptaméron*, remarquable livre publié seulement dix-sept ans après sa mort sans connaître les faveurs du public.

Recueil de nouvelles, dans l'esprit de Boccace, l'*Heptaméron* évoque les sept journées (d'où son titre) d'une élégante société réfugiée dans une abbaye pyrénéenne pour fuir les orages et les inondations, et se distrayant par le récit de contes. Ceux-ci sont naturellement un prétexte pour présenter la vision du monde de son auteur, avec humour, tendresse et esprit, dans un livre réunissant morale et éthique : un idéal de la pensée et du raffinement de la société de son temps. Tenant alternativement sa cour, où brillent Gérard Roussel, Carbon de Montpezat, Lazare de Baïf et Louise de

Daillon du Lude, épouse Bourdeille, la grand-mère de Brantôme, à Nérac ou à Pau, ces deux châteaux qu'elle fait entièrement réaménager dans le goût de la Renaissance, voire à l'abbaye de Tusson, « la Marguerite des Marguerites » y reçoit maints visiteurs, parmi lesquels Rabelais qu'elle protège également, Calvin lui-même et aussi Pocque et Quentin, protagonistes du « libertinisme spirituel », ou Lefèvre d'Étaples qui y finit ses jours en 1536.

Après avoir eu la tristesse de voir François, son frère cadet, partir avant elle, elle rédige *La Comédie sur le trépas du roi*, mais, malgré ses rhumatismes qui la laissent « pis que morte », doit reprendre son rôle à la cour en allant, à Lyon, saluer son neveu Henri II. À l'issue de ce voyage, à son retour dans les Pyrénées, elle s'éteint au château d'Odos, près de Tarbes, en Bigorre, le 21 décembre 1549, non sans avoir achevé son dernier texte, *Prisons*. Elle laisse, en matière de testament, ces vers mélancoliques extraits de son *Dialogue en forme de vision nocturne* :

> « C'est le malheur de cette vie humaine !
> Car qui plus a, moins a ; et qui moins, plus ;
> Et qui rien, tout : c'est chose bien certaine. »

Enfin, la troisième femme dans la vie de François est son épouse, Claude de France, celle à qui il doit en somme d'être roi de France. Si elle semble moins compter que Louise et Marguerite, le roi la traite toujours avec respect et déférence. Petite, les traits ingrats, légèrement boiteuse, atteinte d'une conjonctivite chronique qui lui donne un regard larmoyant, elle sait qu'elle n'est guère avenante.

Modeste depuis son enfance, comme si elle avait dû toujours s'excuser de n'avoir pas été un garçon dans ce

pays où la loi salique interdit le trône aux filles de roi
– ce qui n'est pas le cas en Angleterre, en Espagne et
dans d'autres royaumes –, elle est d'une discrétion absolue et se montre d'une charité peu ordinaire avec les
pauvres. Lorsque son mari est absent du royaume, c'est
elle qui devrait assurer la régence, et non sa belle-mère,
mais elle ne proteste jamais et se contente d'agir en fille
soumise à Louise de Savoie. Voilà pourquoi son valet de
chambre, le poète Claude Chappuis, rima ces vers :

> « Dans les adversités dont la fortune tente
> Le cœur le moins craintif, et l'esprit le plus fort,
> Claude, sans s'étonner, eut l'âme si constante,
> Qu'elle sut résister aux injures du sort. »

Très amoureuse de son mari depuis sa plus tendre
enfance et toujours émerveillée du bonheur de l'avoir
épousé, elle lui pardonne tout, même ses infidélités
conjugales, lorsque, comme le dit Beatis, « il boit à une
autre fontaine ».

Mais n'a-t-elle pas pour emblème héraldique le
cygne et pour devise *Candida* ? Pure parmi les pures,
elle ne voit peut-être pas le mal où il est. Au fond, elle
sait que, même si son père fut roi et sa mère duchesse
régnante en Bretagne et deux fois reine, elle n'est rien
qu'un simple pion sur l'échiquier politique ou, au
mieux, un ventre chargé de donner naissance à l'héritier
du trône. Au péril de sa faible constitution, elle donne
gaillardement naissance à sept enfants en un peu moins
de neuf ans – Louise en 1515, Charlotte en 1516,
François en 1518, Henri en 1519, Madeleine en 1520,
Charles en 1522 et Marguerite en 1523 –, sans pour
autant s'en occuper, puisqu'on les lui retire dès leur
naissance. Il est vrai que la plupart d'entre eux vont
mourir en bas âge, pour avoir hérité de sa santé fragile,
ce qui fait dire à un chroniqueur que « la reine Claude ne

connut du pouvoir que les souffrances de la maternité et le triste privilège de la charité». Une exception toutefois : Henri, futur Henri II, dont la robustesse, au contraire, est digne de celle de son père.

Douce, résignée, sensible, désintéressée et dévote, elle s'efface volontiers devant sa belle-mère ou sa belle-sœur et refuse, quand elle le peut, la chaotique errance de la cour sur les routes de France, à l'exception du voyage en Provence de 1515 et de celui en Bretagne en 1517, préfère couler des jours paisibles, son livre d'heures à la main, tantôt au château de Romorantin, tantôt au château de Blois. Cette dernière résidence fut la favorite de son père, Louis XII. Elle s'intéresse particulièrement à l'art de son jardin, son verger, dans lequel poussent melons, asperges, artichauts, mûriers et orangers. Ces fruits alors très renommés justifient la tradition symbolique qui associe l'amour des fruits à la prospérité d'un royaume et une bonne jardinière à une bonne reine. Lorsqu'elle ne se promène pas dans son verger, Claude prie dans sa chapelle ou brode avec ses dames d'honneur, conformément aux mœurs d'une princesse pieuse et modeste, vouant un culte non seulement à son mari, mais encore à son fils, le dauphin François, l'enfant, selon elle, le plus beau au monde.

Hélas, bientôt épuisée par ses nombreuses maternités, elle s'alite, dicte son testament et meurt le 26 juillet 1524 à l'âge de vingt-cinq ans seulement. Elle s'éteindra sans avoir marqué particulièrement l'histoire, sauf en laissant son nom à une variété de prune : la «reine-claude».

Elle quitte cette terre alors que la situation politique est défavorable à la France : «Fatale année pour la France, écrit un contemporain, qui a perdu le duché de Milan et la reine.» Un autre s'écrie : «Décéda la perle des dames et

clair miroir de bonté sans aucune tache, et pour la grande
estime et sainteté que l'on avait d'elle, plusieurs lui portaient offrandes et chandelles. » Son royal époux confie
quant à lui : « Si je pensais la racheter pour ma vie, je la
lui baillerais de bon cœur. Et je n'eusse jamais pensé que
le lien de mariage, conjoint de Dieu, fût si dur et si difficile à rompre. » À sa demande, le poète Jean Marot, père
de Clément, rime ce bel hommage adressé à celle qui est
peut-être soulagée de descendre dans le néant glacé de la
basilique Saint-Denis :

> « Cy-gist envers Claude, royne de France
> Laquelle avant que mort luy fit oultrance
> Dit à son âme en guettant larmes d'œil
> Esprit lassé de vivre en peine et deuil,
> Que veux-tu plus faire en ces basses terres.
> Assez y a vécu en pleurs et guerres,
> Va vivre en paix au ciel resplendissant
> Si complairas à ce corps languissant
> Sur ce final par mort qui tout termine
> Le lys tout blanc, la toute noyre hermine
> Or veuille Dieu la mettre en haulte essence
> Et tant de paix au ciel luy est impartir
> Que sur la terre en puisse départir. »

Ainsi Louise, Marguerite et Claude sont les Trois
Grâces. Elles forment une trinité magique, celles du
Pouvoir, des Lettres et de la Charité.

Le goût de la Renaissance :
de la reine-claude au cépage
de Romorantin

C'est l'ambassadeur du royaume de France auprès de la Sublime Porte qui apporte à François Ier, de la part de Soliman le Magnifique, plusieurs arbres, dont un prunier. En l'honneur de Claude de France, sa femme, surnommée « la bonne reine », François baptise le fruit de ce prunier « la reine-claude ». Il montre un goût prononcé pour toutes les confitures, notamment de fraises, de mûres et de pêches en saison.

Comme la qualité des vins à cette époque est médiocre, on utilise des herbes, des épices ou des fruits pour les ennoblir et les aromatiser. Il y a le vin de sauge, le vin de menthe, le vin de céleri, le vin de romarin, le vin de poire. À l'époque, cette boisson se conserve très mal et tourne rapidement au vinaigre. On l'appelle d'ailleurs « piquette ». C'est grâce à l'inattention d'un serviteur, qui a rempli une barrique où il restait un fond de soufre, qu'on découvre que le vin se conserve mieux dans ces conditions.

François Ier fait planter le vignoble de Cour Cheverny avec un nouveau cépage, le Romorantin. C'est un vin blanc très minéral à l'acidité élevée. Comme le précise Jean-Bernard Cahours d'Aspry dans son livre *La Vigne et le Vin* : « À la cour du roi, on aimait toujours autant les bons vins, François Ier avait un faible pour le vouvray, mais à Fontainebleau il fit planter son propre vignoble avec des cépages qu'il fit venir de Gaillac, avec les vignerons pour s'en occuper. Autour de son château de Romorantin, il acclimata en 1519 un cépage venu de Bourgogne qui prit ensuite le nom de Romorantin. Il eut

également l'idée de faire venir des plants de vignes
de Grèce pour faire du malvoisie, celui que l'on
buvait en France à cette époque était une préparation
artificielle qui n'avait pas même la couleur et le goût
du vin de Chypre. » Et puisque nous voulons tout
dire de lui, signalons aussi le goût très prononcé du
roi pour le cidre. Peut-être un hommage pétillant à sa
femme, fille d'Anne de Bretagne ?

De quoi le roi se nourrit-il ? De préférence d'animaux volants bien identifiés parce que l'alimentation
d'un si grand prince doit d'abord venir du ciel. Les
cygnes, les hérons, les paons, les oiselets et les faisans en pâté ornent ses repas de haute volée. Les
seigneurs prisent les produits qui s'élèvent vers le
ciel : fruits, artichauts, cardons, tandis que les gens
de peu se contentent de ce qui pousse sous la terre :
carottes, panais, radis, betteraves. Ils se repaissent de
ce qui reste au niveau de la terre : conins (lapins),
poules et cochons. Le roi mange des viandes en rôt,
et la coutume veut que l'on dispose un grand nombre
de plats sur la table, mais on ne goûtera que ce que
l'on a devant soi. Cependant, il est des banquets véritablement gargantuesques, comme celui du Camp du
Drap d'or où, en quarante-huit heures, furent servis
deux cent quarante-huit mets. Lorsque l'on cuit un
bœuf entier au château, les restes du festin royal ne
sont pas perdus. Ils sont achetés par les commerçants
de la ville qui les revendent à leur tour, passant du
rôti au bouilli, ce qu'on appelle la « regrace ». Ainsi
les gens du commun peuvent-ils goûter les gratins de
légumes, les rôtis de viande et les fruits confits provenant de la table de leur souverain. Comme nous le
propose Sieur Sausin, le chef Renaissance du restau-
rant Le Prieuré au Clos-Lucé d'Amboise, un menu

« Renaissance » peut être composé en trois temps : en entrée le « courtil », un pâté des jardins potagers, en plat de résistance le « hochepot », où la viande est consommée avec les légumes, chaque légume étant cuisiné avec une épice différente, et enfin, en dessert, on servira une poire confite à l'orange et à la vanille. La nuit, on laisse le hochepot mijoter au coin de la cheminée pour en consommer le bouillon le lendemain matin…

À la table de la Renaissance, l'esprit est toujours présent, non seulement dans la conversation car le roi aime à s'entourer de convives cultivés qui peuvent l'instruire, mais encore dans le rituel, le protocole et le maintien. Celui qui décrit le mieux la manière de se tenir à table n'est autre qu'Érasme en personne, dans son traité *La Civilité puérile*.

7

L'exploit de Marignan

En cet été de l'année 1515, perchées sur les crêtes alpines les plus élevées, les hardes de chamois observent avec curiosité l'étrange spectacle d'une file ininterrompue d'humains et d'animaux progressant lentement, quelques centaines de mètres plus bas. Certes, ce n'est pas la première fois que ces antilopes des montagnes, ou les mouflons, les bouquetins et les ours, aperçoivent des hommes et des chevaux, mais jamais il n'y en eut en si grand nombre. Traditionnellement, seuls les intrépides chercheurs de cristaux, les courageux bergers entraînant leurs troupeaux dans les alpages et les audacieux transporteurs de glace osent fouler ce monde hostile, dont personne ne songerait à admirer la sévère beauté. La méfiance populaire en fait le repaire de cruels géants, et l'imprévisible climat, changeant d'une heure à l'autre, peut y apporter la foudre de Zeus frappant inexorablement tous ceux qui s'exposent dangereusement sur les rochers à découvert.

Mais la progression des nomades s'opère, et rien ne semble pouvoir la ralentir, malgré les incroyables difficultés soulevées à chaque pas, lorsque les chevaux trébuchent, lorsque les lourdes pièces d'artillerie menacent de se renverser et d'entraîner dans leur chute ceux qui

les convoient, lorsque la fatigue engendrée par le déni-
velé de plusieurs milliers de mètres se fait sentir. Déjà,
il a fallu faire tracer un embryon de chemin par les
mille deux cents « pionniers » embauchés, ces paysans
qui, lancés en avant-garde, ont déblayé et remblayé la
terre, miné les arbres et les rochers obstruant le passage,
pour parvenir à établir une ligne à peu près droite et
assez large pour permettre aux hommes, aux bêtes et au
matériel de s'engager. Mais l'ouvrage n'en est pas
moins précaire et pas toujours assuré, surtout les ponts
de bois sur les torrents ! Et que penser de ces inquiétants
vautours tournoyant dans les cieux à une hauteur inac-
cessible et de l'ombre menaçante portée par les nuages
sur ces immenses parois calcaires, plus infranchissables
que des murailles de forteresses ?

Oui, de mémoire d'homme, depuis Hannibal, nul
n'avait encore jamais contemplé le spectacle d'une telle
expédition, ce dont son chef a parfaitement conscience.
Il écrit à sa mère : « Nous sommes dans le plus étrange
pays où jamais fut homme de cette compagnie. Mais
demain, j'espère être en la plaine de Piémont avec la
bande que je mène, ce qui nous sera grand plaisir, car il
nous fâche fort de porter le harnais parmi ces montagnes, parce que la plupart du temps, nous faut être à
pied et mener nos chevaux par la bride. À qui n'aurait
vu ce que nous voyons, serait impossible de croire
qu'on pût mener gens de cheval et grosse artillerie
comme le faisons. Croyez, Madame, que ce n'est pas
sans peine, car si je fusse arrivé, notre artillerie grosse
fût demeurée, mais Dieu merci je la mène avec moi.
Vous avisant que nous faisons bon guet car nous ne
sommes qu'à cinq ou six lieues des Suisses. Et, sur ce
point, va vous dire bon soir, votre très humble et très
obéissant fils. »

Ainsi François Ier raconte-t-il à Louise de Savoie sa singulière marche à deux mille mètres de hauteur, une altitude où aucun de ses prédécesseurs ne s'est, à ce jour, risqué, et avec lui tous ceux qui le suivent. Ce sont les gentilshommes de la Maison du roi, les cent suisses, les gardes de la prévôté, les gendarmes des compagnies d'ordonnance, les chevau-légers, les lansquenets allemands, les arbalétriers gascons, les artilleurs et, à l'arrière, le rebut qui traditionnellement suit l'armée en marche : vivandiers, porte-balles, vagabonds et filles de joie, cherchant dérisoirement quelque profit à la bataille.

Six mois à peine après son avènement, le roi de France ne rêve que d'exploits chevaleresques et de conquêtes. Il entend mettre à exécution, et le plus rapidement possible, ce qu'il considère comme son œuvre prioritaire, la reconquête du duché de Milan, dont il revendique la propriété au nom de l'aïeule de Louis XII, Valentine Visconti.

Depuis Louis XI, l'Italie fascine et attise la convoitise de la France. Le pays n'est alors pas une nation unifiée ; c'est une péninsule composée d'une multitude d'États rivaux, de dimensions, de natures, de gouvernements différents, certains d'essence monarchique, d'autres théocratiques, d'autres républicains. Parmi ceux-ci, le duché de Milan, détenu par la maison Sforza, que François Ier entend reprendre, autant pour venger les échecs militaires de son prédécesseur que pour asseoir sa propre gloire. N'a-t-il pas confié aux ambassadeurs de Venise ce qui constituait son dessein : « Avant peu, je serai en Italie, car je suis si jeune qu'il y aurait honte à moi d'y envoyer quelqu'un à ma place » ?

Au début du mois de juillet, le roi s'était d'abord rendu à Saint-Denis pour prier devant la châsse des martyrs, puiser l'énergie nécessaire à son aventure, avant de se rendre à Blois et d'y saluer la reine Claude, à nouveau enceinte, et sa mère, à qui il confia la régence du royaume. Le 4, il monta à cheval, suivi des officiers de sa maison et de ses gardes, et gagna Romorantin, Bourges et Moulins, où Anne de Beaujeu le reçut avec faste. Le 15, il fit son entrée solennelle à Lyon. La ville lui réserva un accueil somptueux. À chaque place, chaque carrefour, apparaissaient des figures allégoriques représentant le roi défendant la Paix contre Sforza et l'Ours suisse, ou en Hercule cueillant les fleurs du jardin des Hespérides. De ravissantes jeunes filles portaient des « F » dorés sur lesquels des salamandres et des fleurs de lys étaient largement prodigués.

Présage de victoire, la capitale des Gaules lui avait offert un lion en or massif et l'avait régalé d'un grand banquet, à l'issue duquel une belle Lyonnaise lui fit don de sa personne.

De Lyon il partit pour Grenoble, où il retrouva son armée, assez formidable pour l'époque, bien que particulièrement hétéroclite, puisqu'elle rassemblait des Allemands, des Espagnols, des Écossais et des Français, unis non par la conscription, mais par le goût de l'aventure. Cette armée, en effet, était d'abord composée de trente mille fantassins, pour la plupart étrangers, des mercenaires groupés par bandes de cinq cents hommes chacune, tous armés d'une longue pique et certains d'une « haquebute », ancêtre de l'arquebuse, arme nouvelle d'une efficacité reconnue. Elle comprend ensuite une cavalerie lourde, constituée de gentilshommes en armure, organisés en « compagnies » de cent lances chacune, une lance comprenant en moyenne cinq per-

sonnes : le chevalier, en armure, un ou deux artilleurs,
un ou deux archers ou arbalétriers, un coutilier et plusieurs servants, pages ou valets.

On estime à deux mille cinq cents lances l'armée
du roi, soit environ dix mille combattants auxquels
s'ajoutent les trente mille fantassins cités plus haut, les
sept cents hommes de sa maison militaire, la compagnie des cent gentilshommes de sa suite et diverses
compagnies levées le long de sa route. Pour entretenir
ces équipages, le roi a emprunté des sommes colos-
sales aux banquiers italiens de Lyon et fait fondre la
vaisselle d'or de son prédécesseur.

Le roi et son armée passent par Embrun, Bourbon
et Guillestre, pour atteindre le pied même des Alpes et
y rencontrer l'ennemi. Mais qui est exactement cet
ennemi ? Les Italiens ? Non, car il y en a fort peu
enrôlés dans l'armée du duc de Milan. En fait, ce sont
les mercenaires suisses – trente mille hommes environ
– recrutés par Sforza pour défendre sa ville et son
territoire, placés sous le commandement d'un homme
d'Église, mais qui ne se plaît que dans les combats et
les chevauchées, Mathias Schiner, cardinal de Sion.
Ce sont des soldats aguerris, qui jadis ont vaincu
l'ardent Charles le Téméraire et, plus récemment, le
roi Louis XII, défait par eux à Novare. Par ses espions,
François Ier sait qu'ils viennent d'envahir le Piémont
pour couper court à toute attaque au débouché des
routes du mont Cenis, par le col de Suse, et du mont
Genève, par le col de Pignerol, les seules qui soient
praticables. Ceci explique pourquoi, dans un premier
temps, il a tenté de les acheter, mais sans succès, ce
qui, aujourd'hui, ne lui laisse pas d'autre choix que de
les vaincre ou de périr.

Certes, en décidant de franchir les Alpes, comme avant lui Hannibal, il sait qu'il ne choisit pas la route la plus facile. Mais c'est la plus courte et celle, surtout, qui lui permet de ménager l'effet de surprise. C'est le col de Larche, un lieu connu des seuls bergers et qui passe pour infranchissable. Trois mille sapeurs y ouvrirent, à la fin juillet 1515, un chemin carrossable, où, en cinq jours au mois d'août, passèrent environ trente mille fantassins, neuf mille cavaliers, soixante-douze gros canons et trois cents pièces de petits calibres. Après avoir franchi les cols de Larche et de l'Argentière, il ne reste plus qu'à descendre. Dans le dangereux défilé des barricades, les ingénieurs décident de câbler les canons. Tant bien que mal, Vinadio et Demonte sont traversées, sous les yeux stupéfaits d'une population qui se demande d'où vient une telle armée : « *Cosa incredibile !* » écrit dans son journal le Vénitien Maffeo Bernardo qui, voyageant dans la région, l'aperçoit au débouché de la plaine du Piémont. Cependant, le connétable de Bourbon, La Palice, Bayard et Montmorency tiennent conseil autour du roi, satisfait d'avoir réalisé ce premier exploit qui, déjà, vient de le faire entrer dans la légende. La nouvelle se propage du reste en Italie : « Les Français ont volé au-dessus des montagnes. »

L'audace ne manquant pas aux Français, ceux-ci tentent un autre coup de maître : s'emparer des troupes pontificales, commandées par Prospero Colonna, qui cantonnent à quelques lieues de là, à Villafranca, en attendant, selon la propre expression du général italien, « de prendre comme au trébuchet ces beaux oiseaux de France ».

Aussitôt dit, aussitôt fait. Appliquant cet effet de surprise qui, quelques siècles plus tard, fera la gloire de Murat, les lances foncent et tombent sur Colonna, paisiblement occupé à déjeuner avec son état-major. En quelques minutes, sans coup tirer, trois cents fantassins, sept cents chevau-légers et toute la cavalerie pontificale sont mis hors de combat, comme l'écrit plaisamment ce chroniqueur : « Et tous ces gens, chevaux, meubles et hardes, sans qu'il en réchappât autre chose, furent butinés » ! Cette opération réalisée, qui rendit le roi « joyeulx à merveilles », il ne reste plus à ce dernier, vêtu de son armure étincelante, qu'à marcher sur Turin en ordre de bataille, dans l'enivrante odeur des prairies du Piémont, au son des fifres et des trompettes.

En tête, le connétable de Bourbon mène l'avant-garde. Derrière, le duc de Gueldre et ses seize mille lansquenets, le gentilhomme espagnol Pedro Navarro et ses six mille Gascons et Basques, l'élite des troupes de l'époque, le roi et sa maison. Derrière encore, l'arrière-garde, commandée par le duc d'Alençon, c'est-à-dire le gros des troupes, l'ensemble de l'artillerie en marche et l'intendance. Au loin, les paysans occupés à faire les foins s'agenouillent et se signent, étonnés de n'avoir été ni pillés ni maltraités, conformément aux ordres reçus de leur roi qui – c'est à souligner – se comporte en véritable humaniste tout au long de cette expédition, puisqu'il interdit aux soldats « d'aller fourrager et vivre sur le pauvre peuple des champs ». Fort de son droit et de la compétence de tous ceux qui l'entourent – car ils sont tous là, Bourbon, La Trémoille, San Severino, Montmorency, Montchenu, Brion-Chabot, Bonnivet, La Palice –, le roi avance confiant, persuadé qu'il sera plus heureux à la guerre que son défunt beau-père et prédécesseur.

La victoire est-elle à portée de la main ? Les Français le croient, mais préfèrent rester sur leurs gardes.

C'est alors que parvient au camp l'incroyable nouvelle : inquiets de l'exploit du franchissement des Alpes, les Suisses acceptent de négocier, moyennant l'octroi d'un million d'écus d'or, dont cent cinquante mille payables immédiatement. On s'interroge, on réunit la somme, grâce à la générosité des seigneurs français qui acceptent spontanément d'ouvrir leurs bourses. On signe le traité de Gallerate, négocié en partie par l'oncle du roi, le grand bâtard de Savoie. Mais au moment où Lautrec convoie les quatre cents kilos d'or, le redoutable cardinal de Sion riposte en divisant les Suisses, montant les uns contre les autres ceux qui demandent la fin des hostilités et ceux qui réclament leur poursuite. Ainsi parvient-il à rendre inopérant ce traité, alors que l'encre de sa signature n'est pas encore sèche. Usant sans vergogne de sa qualité de chef d'Église et de chef de guerre, il déclare que les Français sont des traîtres à la foi et annonce qu'en les écrasant on peut confisquer les richesses qu'ils transportent, ce qui a pour effet de redonner du cœur aux plus tièdes.

Pendant presque un mois on tergiverse dans l'échange d'informations contradictoires, tout en continuant de progresser, d'abord près de Turin, que le prudent duc de Savoie accepte d'ouvrir, avant de franchir le Pô à Moncalieri et le Tessin à Turbigo. Enfin, ayant dépassé Magenta et Binasco, on s'approche le plus près possible de Milan en enlevant Melegnano, que les Français baptiseront bientôt « Marignan », une plaine agricole à cette époque, un échangeur d'autoroute aujourd'hui…

Le 12 septembre, François Ier et ses troupes campent à proximité de ce lieu encore inconnu, au village de Santa Brigida. Le lendemain, à une heure de l'après-midi, le roi vient d'y déjeuner, lorsque Fleuranges se précipite dans sa tente. Il le trouve en train d'essayer un harnais d'Allemagne pour combattre à pied, lequel lui avait été apporté par son Grand Écuyer Galéas : « et étoit ledit harnois merveilleusement bien fait et fort aisé, tellement que l'on ne l'eût blessé d'une aiguille ou épingle. Et incontinent qu'il vit ledit adventureux, lui saillit au col et lui demanda des nouvelles de Milan car le Roy l'y avoit envoyé, et lui dit : "Comment ? Vous êtes armé et nous attendons aujourd'hui la paix ?" Sur quoi l'adventureux lui fit cette réponse : "Sire, il n'est plus question de se moquer ni attendre paix, il vous faut armer aussi bien comme moi, et faites sonner l'alarme." »

En effet, l'armée du cardinal de Sion, que le connétable de Bourbon vient de localiser à San Giuliano, marche à grands pas vers Marignan. Le roi revêt à la hâte une cotte d'armes « bleu d'azur semée de fleurs de lys » et un casque surmonté « d'une couronne d'or éclatante de pierreries » et d'un cimier à long panache. Puis il harangue ses hommes :

« Messieurs, combattons aujourd'hui virilement ! Je suis votre roi et votre prince. Je suis jeune, vous m'avez promis fidélité et juré d'être bons et loyaux. Je ne vous abandonnerai point et j'ai décidé de vivre et mourir avec vous. Souvenez-vous, chacun, de votre dame, car au regard de moi, je n'oublierai point la mienne. »

Alors il grimpe sur son cheval et, suivi de ses généraux, se porte au grand galop au secours de Bourbon. Lorsqu'il arrive, le combat est engagé, et c'est avec une extraordinaire « furia » qu'il se jette sur l'ennemi. Surpris par une telle vigueur, il commence, instinctivement, à reculer, malgré sa bravoure légendaire.

Débute alors un choc terrible dans lequel François Ier se déchaîne, au mépris du danger, déchirant de part en part son pourpoint de buffle. À ses côtés, Bayard n'est pas en reste, qui, après avoir eu son cheval tué sous lui, donne de l'épée autant que de la voix, lançant à l'ennemi des harangues : « Traîtres, vilains et maudits Suisses, retournez dans vos montagnes manger du fromage ! Mais vous n'en aurez le loisir ! Demandez pardon à Dieu, car demain, vous n'en aurez plus l'occasion ! » Son second cheval s'étant emballé, « le chevalier sans peur et sans reproche » manque même finir dans les lignes adverses avant d'être sauvé par la compagnie du duc de Lorraine.

Après une série de chocs plus violents les uns que les autres, le combat se poursuit au-delà de la tombée de la nuit, jusqu'à ce que l'obscurité totale entraîne la cessation des hostilités, « jusqu'à ce que la lune nous faillit », témoignera le roi. Chacun se replie alors comme il peut dans son camp, sans qu'aucune des deux parties ait vraiment eu l'avantage.

Nul doute que, cette nuit-là, François Ier ait peu dormi. Il prit le temps d'écrire à sa mère une lettre imagée, dans laquelle on peut lire ces lignes : « Toute la nuit, nous demeurâmes le cul sur la selle, la lance au poing, l'armet à la tête et les lansquenets en ordre pour combattre ; et comme j'étais le plus près de nos ennemis, il m'a fallu faire le guet, de sorte qu'ils ne nous ont point surpris au matin ! » Il ne lui dissimule pas que l'affaire fut rude : « Et vous assure, Madame, qu'il n'est pas possible de venir en plus grande fureur ni plus ardemment », lui précise-t-il !

Tout au long de cette nuit qui résonne du bruit des armes et des plaintes des blessés, Robert de Fleuranges est auprès du roi. Ce moment, il le raconte, tel un reporter de guerre en direct : « Le roi était resté à côté de l'artillerie, qu'il ne voulut jamais abandonner quoiqu'il n'eût avec lui aucun homme de pied. Les Suisses en étaient tout proches, à la distance d'une portée d'arc.

Mais ils ne pouvaient rien apercevoir, car le roi avait fait éteindre un feu qui brûlait auprès de cette artillerie, afin que les ennemis ne pussent voir combien elle était mal défendue. Comme tous ceux de sa maison, il restait là à cheval, sans oser bouger, mangeant et buvant avec ceux qui avaient quelque flacon au bissac. Les trompettes et les clairons sonnaient par toute la plaine et sonnèrent toute la nuit. Le roi demanda bientôt à boire, car il était fort altéré. Un soldat alla lui quérir de l'eau au ruisseau. Mais cette eau était mélangée de sang qui coulait partout, et cela, joint à la grande fatigue et au grand chaud, fit tant de mal au seigneur roi qu'il ne lui demeura rien dans le corps. Il descendit alors et se mit dans un caisson d'artillerie pour se reposer un peu et soulager son cheval qui était fort blessé. Il avait avec lui un trompette italien nommé Christophe qui le servit merveilleusement bien, car il ne le quitta pas, et on entendait la sonnerie au-dessus de toutes les autres, de sorte que les Français apprenaient où était le roi et se retiraient avec lui. M. de Vendôme et Fleuranges, qui savaient l'allemand, rallièrent les lansquenets, si bien que le roi en eut bientôt autour de lui près de quatre mille. On envoya quelques volées d'artillerie au milieu d'un grand feu autour duquel se rassemblaient les ennemis comme pour venir nous charger. Ils se tinrent tranquilles, bien que nul instant de la nuit ne se passât sans quelques petits combats. Puis tandis que nos trompettes appelaient les Français auprès du roi, le Taureau d'Uri et la Vache d'Underwald rassemblaient aussi les Helvétiens. »

Ainsi, dès le lever du jour, il reprend la charge, se tenant au centre des troupes, tandis qu'Alençon et Bourbon commandent, le premier l'aile gauche, le second l'aile droite, et que l'artillerie, placée sous les ordres de Galiot de Genouillac, fait merveille, contenant les

Suisses au-delà de leurs positions et « leur faisant baisser beaucoup de têtes ». Pendant huit heures successives, malgré la fatigue et la poussière, le combat fait rage, mais se dessine cette fois plus nettement l'avantage aux Français qui, en fin de matinée, constatent que les Suisses, laissant quelque quinze mille morts sur le terrain, commencent à abandonner du terrain.

Soudain, en début d'après-midi, le son des trompettes annonce la curée : les troupes vénitiennes de d'Alviano viennent à point nommé seconder l'armée française, qui les accueille aux cris de « San Marco ! San Marco ! ». Ils prennent l'ennemi à revers, pour achever le massacre. Cette fois, c'est la fin, le cardinal de Sion fait sonner la retraite. Cette nouvelle se répand comme une traînée de poudre. Les hurlements des Français s'élèvent à présent qu'ils viennent de remporter la bataille : « Victoire ! Victoire au noble roy François ! Montjoie saint Denis ! » Le roi écrit à sa mère :

> « Nous avons été vingt-huit heures à cheval sans boire ni manger. Et tout bien débattu, depuis deux mille ans, il n'y a point été vu si fière ni si cruelle bataille. Au demeurant, Madame, faites bien remercier Dieu par tout le royaume, de la victoire qu'il lui a plu de nous donner. »

Brantôme lui-même confirme la participation du souverain : « Il combattit si vaillamment que jamais on ne vist mieux à faire à combattant, faisant si bien sa charge de roy, de capitaine et d'homme d'arme qu'on ne sçauroit dire de laquelle il s'en acquitta mieux. » Il est vrai que ce combat qui s'achève fut l'un des plus longs que les Français eurent à soutenir : seize heures, ce qui ne s'était jamais vu, tout autant que le nombre total de morts, seize mille !

Ce fut alors, même si le fait est parfois contesté par

les historiens, que Bayard, devant le front des troupes, arma François Ier chevalier au terme d'un dialogue demeuré fameux :

> « Bayard, mon amy, je veulx que, aujourd'huy soye faict chevalier par vos mains, pour ce que le chevaillier qui a combattu à pied et à cheval en plusieurs batailles entre tous les aultres est tenu et réputé le plus digne.
> – Sire, celui qui est couronné et oint de l'huile sainte, roy d'un tel royaume et fils aîné de l'Église, est là, le premier de tous les chevaliers.
> – Non, non, Bayard ; hâtez-vous ! »

Bayard s'exécute et adoube de trois coups de lame le souverain, avant de s'écrier :

> « Sois fière, ô mon épée, d'avoir aujourd'hui conféré l'ordre de chevalerie à un roi si brave et si puissant ! Je te garderai désormais comme une relique, honorée sur toutes les autres, et ne te porterai plus que contre les Turcs, les Sarrasins ou les Maures. »

Il est vrai qu'il n'était pas d'usage de sacrer un roi de France chevalier. Mais apprécions la beauté du symbole : un jeune roi, privé de père dans son enfance, accepte humblement de s'agenouiller devant le plus grand capitaine de son temps ! Geste militaire, certes, mais aussi politique, qui galvanise l'armée et taille la première pierre de l'édifice de la gloire de François Ier, lequel, à son tour, adoube plusieurs de ses capitaines, parmi lesquels Fleuranges, son plus ancien ami. C'est le musicien Clément Janequin qui eut le mot de la fin en composant ce qui allait devenir « la chanson de Marignan ». On peut, à juste titre, la considérer comme le premier document de « communication politique » de notre histoire. Selon Noël du Fail, nul ne pouvait

l'écouter « sans regarder si son épée tenait au fourreau,
ni se hausser sur les orteils pour se rendre plus bragard
et de plus riche taille » :

> « Escoutez, escoutez tous gentils Gallois
> La victoire du noble roy François.
> Et oyez si bien
> Des coups ruez de tous costez.
> Soufflez, jouez, soufflez vos tours,
> Phifres, soufflez, frappez tambours !
> Soufflez, jouez, frappez toujours.
> Nobles, sautez dans les arçons.
> Armez, bouchez, frisqués mignons,
> La lance au poing, hardis et prompts.
> Alarme, alarme, alarme, alarme !
> Suivez François, suivez la couronne !
> Sonnez trompettes et clérons,
> Pour réjouir les compagnons !
> Victoire, victoire au noble François,
> Victoire au gentil de Valois !
> Victoire au noble roy François. »

Ainsi, selon le joli mot de Louise de Savoie, « le glorieux et triomphant César, subjugateur des Helvètes »
peut-il, avec éclat, justifier la confiance que le peuple lui
porte. Le « roi chevalier » de vingt ans, chevauchant en
armure une vallée alpine, entre d'un seul coup dans
l'histoire des grands capitaines, même si, à Marignan,
huit mille Français perdirent la vie, dans ce que
Guichardin allait définir comme « un combat de géants,
et tous les autres de jeux d'enfants ».

Parmi les disparus, le frère du connétable de Bourbon, le prince de Talmont, fils de La Trémoille, et le
seigneur d'Imbercourt qui, quelques jours plus tôt,
avait capturé Colonna, illustres parmi les dizaines de
milliers de morts anonymes de cette bataille. Bataille

qui, dans l'histoire de l'Europe, est la première à être aussi meurtrière, annonçant de ce fait celles des temps modernes.

À l'annonce de la victoire de Marignan, la France explosa de joie. François Ier ni ses sujets n'oublieront cette journée, qui servira de thème aux bas-reliefs du tombeau du roi à Saint-Denis.

En attendant la suite des événements, c'est à Pavie que François Ier s'installe, sans savoir, au lendemain d'une victoire qui vient de le faire entrer dans la légende, que dix ans plus tard au même lieu il essuiera la défaite la plus importante de sa carrière. Caprice du destin, on le sait, « la roche Tarpéienne est proche du Capitole » !

Mais point de mauvaise pensée en ce jour de gloire où François Ier, « le plus vaillant des princes », célèbre son succès, que les poètes s'empressent de louer. À commencer par Jean Marot :

> « En combattant et batant les bateurs,
> Contre tous droict et raison débateurs,
> Le roy Françoys en porte ceste gloire,
> D'avoir gaigné le camp et la victoire,
> Titre de preux et paix aux combateurs… »

La stratégie militaire sert la politique. Marignan prouve à ceux qui pourraient encore douter que Monseigneur François, bien qu'il ne soit pas fils de roi, est digne du trône. À la force de son épée, il le prouve et vient de confirmer que le destin, qui l'a appelé, est d'ordre miraculeux. Courageux, hardi, maître de lui sur le champ de bataille, il est le modèle de la chevalerie française et l'idéal d'une jeunesse qui ne cherche qu'à l'imiter, conforme, en cela, à une tradition issue de l'Antiquité, dans laquelle les plus grands se sont distingués :

> « Car vous serez par modération
> Jules César, qui deffit les Suisses. »

Ainsi la propagande officielle va-t-elle, à travers Marignan, non seulement légitimer François Ier, mais encore faire de lui le modèle absolu du roi chevalier, celui dont on contera les exploits de génération en génération. Jusqu'à l'époque romantique, où le style « troubadour », *via* les peintres, les poètes et les historiens, fera du jeune souverain le paradigme de la geste Renaissance, dont un lettré anonyme définit la valeur :

> « Roi te montra en force et en hardiesse
> Riche, en donnant tu as le nom pareil
> Robuste aux coups, sans faim et sans sommeil. »

Pour faire baisser la pression, Charles Quint aime à savourer une bonne bière

1515, c'est aussi l'année où Charles de Habsbourg reçoit son premier titre, à l'âge de quinze ans, celui de duc de Brabant. Or, dans le duché de Brabant, se trouve une abbaye bénédictine de très grande renommée, l'abbaye d'Affligem qui s'étend sur un domaine de huit mille quatre cents hectares. Son rôle est considérable puisqu'en temps de paix son père abbé est le détenteur de la bannière du duché. Cette abbaye est-elle à l'origine de la préférence que Charles Quint montrera toute sa vie pour la bière ? La blonde vénitienne d'Affligem, aux arômes de coing confit, de miel et de fleurs blanches, a-t-elle marqué son goût ?

Quand Charles naît en 1500, la fabrication de la bière connaît l'une de ses plus grandes mutations, nous explique le biérologue Hervé Marziou. Depuis les édits datant du XVe siècle et du début du XVIe siècle, les pouvoirs temporels obligent les brasseurs à utiliser du houblon dans l'élaboration de la bière, pour ses vertus antiseptiques et conservatrices.

Né à Gand, Flamand de naissance, Charles est élevé aux Pays-Bas méridionaux, c'est-à-dire dans un « pays de bière ». Le père d'un de ses précepteurs, Adrien Floriszoon, est d'ailleurs brasseur. Son histoire personnelle peut aussi nous renseigner sur l'origine de son intérêt pour cette boisson. En effet, son père, Philippe le Beau, est mort à vingt-huit ans après avoir bu de l'eau glacée, à une époque où la peste sévit terriblement dans de nombreuses régions et villes de son empire. Aussi a-t-on toujours conseillé à Charles de ne pas boire de l'eau tirée des puits, qui peut être infectée, mais de se désaltérer avec une boisson saine comme la bière. Charles Quint en est grand amateur, il en boit régulièrement mais modérément. Qu'il soit dans ses palais ou durant ses nombreux voyages, son brasseur le suit. Pour retrouver le décor de l'époque, rien de mieux que de se rendre au musée des Beaux-Arts de Bruxelles, où l'on peut admirer un magnifique tableau représentant les parents de Charles Quint, Philippe le Beau et Jeanne la Folle. Et qui a peint ce splendide triptyque ? Tout simplement le maître de l'abbaye d'Affligem !

Quelques observateurs à l'œil particulièrement aiguisé ont remarqué le défaut physique de Charles. Ses mâchoires ne s'emboîtant pas, il ne peut fermer correctement la bouche, laquelle s'assèche rapidement. Voilà pourquoi, peut-être, l'empereur est contraint de boire régulièrement pour rafraîchir son palais.

Charles Quint tient tellement à ce qu'on puisse lui servir commodément sa bière qu'il se fait fabriquer une chope à quatre anses. Ainsi, on peut la lui présenter à deux mains et il peut s'en saisir dans toutes les positions…

Dans les moments les plus tendus de la politique, une bonne bière à la mousse immaculée permet à l'empereur de faire baisser la pression. Il la goûte en connaisseur et sait en apprécier son attaque légèrement sucrée, sa belle suavité et cette amertume présente dès la première gorgée.

8

Le fruit italien et la tournée triomphale

À Milan, le 16 octobre 1515 en début d'après-midi, les cloches de la vieille cité lombarde carillonnent à pleine volée, à l'heure où ses portes s'ouvrent majestueusement pour laisser place aux deux mille gentilshommes, en habit de fête, venus accueillir leur nouveau maître. À la tête de son armée, celui-ci chevauche un splendide étalon bardé de ce bleu dont il est lui-même revêtu. C'est le signal de l'entrée officielle dans la ville. Toute la population est dans les rues. On a orné les façades des maisons des plus belles tapisseries. Un peu partout, sur des estrades, jouent des musiciens, sur d'autres, des comédiens présentent des spectacles ou récitent des compliments.

En tête, au son des tambours, marchent les quatre mille lansquenets, les mille hallebardiers, les mille arquebusiers et les deux mille piques conduits par le duc de Guise et le comte de Wolf. Puis viennent les quarante capitaines, les quatre cent trente archers, menés par Saint-Vallier, la masse des gens d'armes, les pages, les gentilshommes de la chambre, les vingt-quatre trompettes et le connétable de Bourbon. Selon l'usage, celui-ci précède immédiatement le jeune roi, au

milieu des bannières fleurdelisées, entouré de ses maréchaux, de ses conseillers, de son chancelier et des
princes du sang aussi somptueusement vêtus que lui, le
duc d'Alençon, le comte de Vendôme, le comte de
Saint-Pol et le prince de La Roche-sur-Yon. Mille deux
cents cavaliers, enfin, la lance à la cuisse, ferment la
marche triomphale, tandis que le soleil se reflète sur
les armures astiquées de neuf, jusqu'à presque aveugler
les habitants de la cité conquise. La foule acclame, les
femmes, en particulier, fascinées par ce grand et beau
gaillard dans la fleur de l'âge, « prince de belle apparence, noble d'allure et joyeux de caractère », comme
l'a décrit Edward Hall, ou encore Antonio de Beatis :
« Le roi François est de grande taille, il a un bon visage
et le caractère le plus gai et le plus agréable. »

Outre sa séduction, n'est-il pas à présent le duc légitime de Milan et du Milanais, cet admirable espace
situé au cœur de la riche province du Pô, d'où son
nom de Mediolanum, « au milieu des terres » ? Les
femmes ? François Ier ne manque pas de les considérer
en se demandant laquelle, ce soir, partagera sa couche,
tandis qu'il ne se lasse pas de contempler, au fil de sa
progression, ce fruit tant attendu dont tous ceux de sa
Maison rêvent depuis tant d'années, depuis le mariage
de Valentine avec son aïeul, le duc d'Orléans, depuis
que Louis XII avait tour à tour reconquis et perdu
cette perle, depuis que, à peine couronné, il avait
décidé de partir à sa conquête, faisant de celle-ci le
premier de ses devoirs. Cette fois-ci, il est enfin dans
cette place qu'avait en son temps conquise Hannibal,
dont Dioclétien fit sa capitale et où Constantin, enfin,
promulgua l'édit légalisant le christianisme.

Voilà pourquoi ses yeux ne se lassent pas d'admirer les basiliques San Nazaro, San Eustagnio et San

Lorenzo, les églises San Maurizio et Santa Maria, et surtout le Duomo, cette cathédrale hérissée de pierre, commencée un siècle et demi auparavant, et dont les travaux se poursuivent encore, devant laquelle il arrive en fin d'après-midi, salué par les trompettes, les tambours et les salves tirées par les arquebusiers. Mettant alors pied à terre, il assiste au *Te Deum* et remercie Dieu et la Vierge Marie de sa victoire. En sortant, il prend le chemin du palais pour présider le grand banquet prévu en son honneur, toujours frénétiquement acclamé par les Milanais. Prend-il pour argent comptant les applaudissements de ses nouveaux sujets qu'il sait pourtant versatiles ? Ou se contente-t-il de jouir de l'instant, sans se préoccuper du reste ? Il est encore un très jeune homme, peu sensible aux nuages du doute. La nuit suivante surtout, lorsque la signora Clerici, aux grands yeux noirs, aux cheveux bruns et à la poitrine voluptueuse, ne lui refuse rien de ce qu'il lui demande. Et ceci explique ces nouvelles lignes de Fleuranges : « N'y eut jamais prince en Italie qui fût mieux festoyé de seigneurs et dames qu'il fut. »

Pour autant, il n'avait pas été si facile de s'emparer de la cité dont, après Marignan, douze cents soldats suisses tenaient encore le château fort, refusant de se soumettre à celui qui avait vaincu leurs frères d'armes. Il avait donc fallu mettre le siège, sans toutefois exercer de représailles sur la population, comme le roi l'avait explicitement recommandé. Au bout de trois semaines, le connétable de Bourbon, avec l'aide précieuse de Pedro Navarro et de ses Basques et Gascons, les réduisit à la capitulation qu'était venu présenter en personne Maximilien Sforza, qu'on avait aussitôt conduit au roi de France. Il est plus magnanime que Louis XII, qui avait fait enchaîner son père, Ludovic le More. – Ce dernier, longuement détenu dans une cage de fer en la forteresse de Loches, avait laissé dans le donjon ce graffiti : « Pa contan ». Il y mourut d'ailleurs le jour même de sa libération. – François avait pardonné au fils Maximilien qui, il est vrai, avait été manipulé par les Suisses, le pape et l'empereur, et l'autorisa même à vivre en France avec une pension de trente-six mille écus par an et le titre de comte de Guichardin. Milan, en revanche, fut condamné à payer une amende de trois cent mille ducats pour avoir préféré se donner à un usurpateur qu'à un souverain légitime, mais nulle sentence de mort ne frappa quiconque. François Ier n'aimait pas faire inutilement couler le sang, en véritable prince chrétien, charitable et mesuré.

Ce n'était pas parce qu'il avait gagné la bataille qu'il fallait se montrer agressif. Bien au contraire ! C'était en séduisant les Milanais qu'il escomptait gagner leur faveur, au moment où, *de facto*, ils devenaient ses sujets, puisque le duché faisait désormais partie d'un royaume de France redevenu transalpin. Puisque la salamandre avait vaincu le *biscione*, ce serpent des Visconti devenu l'emblème de la cité, elle ne devait pas faire comme lui et dévorer cruellement un enfant.

Au palais, qu'ils atteignent bientôt, un grand banquet est alors offert au roi de France et à sa suite, qui font à présent honneur au talent des cuisiniers milanais, banquet ponctué par les interventions des musiciens, des jongleurs et des acrobates.

Pendant les huit jours qui suivent, ce ne sont que festins, bals et tournois, où François Ier lui-même entre en lice, provoquant à nouveau l'admiration de ses nouveaux sujets.

Pendant ce séjour, chacun remarque que le roi s'entretient longuement avec un homme à longue barbe blanche, dont la conversation semble le captiver. Les Milanais le connaissent bien, puisque, pendant de longues années, il a travaillé pour les Sforza. Il a en particulier sculpté, sans jamais l'achever, un immense cheval destiné à recevoir l'effigie de Ludovic et peint une mémorable Cène pour le réfectoire de Santa Maria Della Grazie. Il s'appelle Léonard de Vinci ; il est né soixante-trois ans plus tôt près de Florence ; il est tout à la fois peintre, sculpteur, inventeur, urbaniste, ingénieur et philosophe.

Comment et où se sont-ils rencontrés ? À Bologne, une toute première fois, où Léonard était auprès du pape. Puis à Pavie, où le roi, après Marignan, attendit la reddition de Milan. Auréolé de son triomphe, il y avait reçu d'innombrables délégations lombardes. Et à cette occasion, lui avait été présenté un lion automate qui avança jusqu'à lui, et là s'ouvrit pour répandre à ses pieds un flot de fleurs de lys. Il avait souri et s'était fait présenter l'inventeur d'un objet si extraordinaire. Aussitôt ils se captivèrent l'un l'autre, comme si le génial vieillard lisait dans les pensées du jeune souverain, comme si François avait soudain rencontré ce père qu'il n'a pas connu, auquel il pouvait confier ses rêves et ses espoirs.

Certes, Louis XII, déjà, avait en son temps invité à s'établir en France cet esprit universel dont la réputation était au pinacle, mais Léonard n'avait pas donné suite à cette proposition, car il espérait alors que le pape lui ferait un pont d'or. Aujourd'hui, déçu par ses compatriotes et flatté d'avoir un roi pour confident, Vinci accepte de quitter sa terre natale pour entrer dans le cercle intime de François Ier.

Profitant de tous les plaisirs que lui offre la ville, le roi demeure un mois à Milan, dont il a nommé Duprat chancelier et de Selve vice-chancelier. Il y restaure le sénat qu'avait jadis institué Louis XII, le composant d'Italiens et de Français en nombre égal, et surtout se plonge avec fougue dans ce qui, à ses yeux, est aussi important que les terres et le pouvoir : l'art. Il estime que l'Italie en est le dépositaire absolu. Ne commence-t-il pas, ici, à constituer sa collection de tableaux et de sculptures et ne demande-t-il pas s'il est possible d'emporter en France la Cène de Vinci, en... démontant le mur du réfectoire ? Ouvrant aussi les vannes d'un inépuisable réservoir de créativité, il prend date avec quantité d'artistes, les exhorte à venir travailler sur les chantiers des châteaux qu'il entend édifier sur la Loire et ses affluents. Il fait de même avec ce que l'on n'appelle pas encore les « écrivains », mais les lettrés, qu'il encourage à venir en France.

C'est qu'il ne reçoit pas seulement Léonard de Vinci, mais encore nombre d'auteurs, lui qui, selon Baldassare Castiglione, « aime et estime grandement les lettres, et a en grande recommandation tous les lettrés et blâme les Français d'être si éloignés de cette possession, vu qu'ils ont en leur pays tant noble université comme celle de Paris où l'on vient de toutes parts ».

Mais, à Milan, le roi attend aussi les propositions de paix des anciens alliés de Sforza, désappointés par la défaite, dont les plus importants sont les Médicis, à Florence, et le pape, à Rome, ce qui est un peu la même chose, puisque Léon X est lui-même un Médicis.

Terrassé par la défaite des Suisses à laquelle il ne s'attendait pas et persuadé que le nouvel Hannibal allait marcher sur Rome, ce gros homme bouffi, si myope qu'il ne se déplace qu'avec une loupe à la main, s'empresse de

lui envoyer un émissaire. Par un extraordinaire hasard, ce
dernier se nomme… Canossa[1] ! Canossa négocie avec
Duprat le traité de Viterne, par lequel le pape reconnaît le
roi de France comme duc de Milan. En échange de Parme
et de Plaisance qui lui reviennent de droit, celui-ci cède
au frère du pape le duché de Nemours.

D'autres questions restent en suspens, une rencontre
est prévue à Bologne où les deux chefs d'État se
retrouvent, le 11 décembre, dans le palais Pubblico. Ils
y sont tous logés après avoir effectué, chacun séparé-
ment, une entrée triomphale au son des trompettes
d'argent, accueillis en grande pompe par le grand
écuyer Galeas de San Severino. La population de la cité
a acclamé follement le jeune roi à cheval, vêtu d'une
robe de drap d'or fourrée de zibeline, criant : « *Francia !
Francia !* » Un chroniqueur l'apercevant note dans son
journal : « Le visage est très beau, les mains sont fines,
la taille au-dessus de la moyenne, le tout enflammé de
vigueur. »

Le pape arrive le premier à Bologne, François le
second. Selon l'usage, après avoir effectué les trois
génuflexions protocolaires, le roi se penche pour baiser
le pied du pontife, qui le relève pour l'embrasser sur la
bouche. Le chancelier Duprat prononce un long discours en latin. Il y fait l'éloge de son maître qui, « après
sa victoire sur les Suisses, n'a point prêté l'oreille à de
pervers conseils qui voulaient le détourner de vous, a
franchi tous les obstacles, les montagnes, les préci-
pices, les fleuves, a vaincu et dispersé les phalanges
ennemies pour vous apporter l'expression de sa filiale

1. L'expression « aller à Canossa », qui signifie s'humilier
devant quelqu'un, fait référence à la « querelle des investitures »
qui se déroula entre l'empereur d'Allemagne et le pape au XIe siècle,
le premier ayant dû mettre genou à terre devant le second.

obéissance. Il vous reconnaît, vous respecte, et vous
révère comme le vicaire très véritable du Christ, le chef
invaincu du peuple chrétien, le pilote intrépide de la
barque de Pierre, le Père très indulgent de tout le genre
humain... ».

Pendant plusieurs jours, le vieux et égrotant pape
– que son prédécesseur, Jules II, avait baptisé « Sa
Circonspection » – et le jeune et fringant souverain, le
premier assisté du cardinal d'Ancône, le second du
chancelier Duprat, tiennent nombre d'entretiens privés.
Chacun tente de jouer au plus fin, mais n'en conserve
pas moins sa méfiance instinctive. Ils y évoquent la
géopolitique de la péninsule, les espoirs de François Ier
de ceindre un jour la couronne de Naples, comme jadis
son prédécesseur Charles VIII, l'organisation d'une
croisade contre les Turcs installés en Méditerranée et,
naturellement, le remplacement de la Pragmatique
Sanction de Bourges par ce qui allait devenir le Concordat, signé l'année suivante.

Cette conférence achevée, le roi s'en retourne à
Milan, où il fête Noël et s'attarde encore, début janvier
1516, pour présider le sénat et prendre plusieurs
mesures, parmi lesquelles la relaxe des otages et la dimi-
nution de l'amende infligée aux Milanais. Après quoi il
rentre en France.

Ayant à nouveau franchi les Alpes, il fait étape à
Sisteron. Sa mère et sa sœur se portent à sa rencontre et
le reçoivent avec joie, comme Louise de Savoie l'écrit
elle-même dans son journal : « Dieu sçait si moi, pauvre
mère, feus bien aise de voir mon fils sain et entier après
tant de violences qu'il avoit souffertes et soutenues
pour la chose publique. » Selon une singulière tradition
orale, qui est probablement une légende, à Sisteron, le
roi aurait été troublé par la beauté de la fille du premier

consul de la cité, Antoine de Voland. Craignant pour sa vertu, la jeune fille aurait préféré se brûler le visage au-dessus d'un réchaud enflammé que céder au désir du roi !

François Ier se rend à Manosque, puis à Saint-Maximin, à la forêt de Sainte-Baume, où il visite la grotte que Marie Madeleine aurait habitée, et enfin à Marseille. Il y fait une entrée solennelle : deux mille enfants vêtus de blanc l'y attendent en effet, pour le conduire dans la ville au son des fifres et des tambou-rins, au son aussi des salves de canon, tirées depuis les remparts et les galères amarrées au port, pour un défilé ponctué de scènes de théâtre, de mimes, de chants, de danses et d'une mémorable bataille d'oranges, à laquelle le roi en personne prend part.

À Notre-Dame-de-la-Garde, les habitants prient pour que le Ciel lui donne un fils. Ces prières ne sont d'au-cun effet, puisque, à peu près au même moment, la reine Claude met au monde son premier enfant, une fille prénommée Louise en hommage à sa grand-mère.

Après Marseille, le roi fait étape à Aix où, assis sous un chêne comme Louis IX, il rend la justice et reprend sa route qui le conduit à Salon, à Tarascon, en Arles, en Avignon et enfin à Orange. Là, l'infatigable souve-rain laisse enfin la Provence pour se rendre à Lyon, où, après avoir traversé Montélimar, Valence, Tournon, Saint-Vallier et Vienne, il entre le 24 février.

Nouvelle étape de plus de quatre mois, puisqu'il ne quitte la ville que le 10 juillet, sacrifiant au passage au rite du pèlerinage au saint suaire de Chambéry, dans le costume de rigueur – que lui et ses gentilshommes revêtent –, habit blanc et noir et chapeau à plumes.

De Lyon, où la reine Claude est venue le retrouver, il part pour la vallée de la Loire, recevant à Tours la gloire d'une entrée officielle, que l'époque aime tant. Un peu calmé par un si long périple, il passe l'été à Amboise, avant de prendre le chemin de Blois où il passe Noël, puis de Paris où il s'installe au mois de janvier. Il s'empresse d'aller remercier saint Denis de lui avoir donné la victoire et, dans la même nef, le 10 janvier, assiste au sacre de la reine. La timide Claude, vêtue d'une robe de satin cramoisi et assise sur un trône d'or, est impressionnée par la splendeur d'une cérémonie dont, pour sa plus grande confusion, elle est l'héroïne, le centre de tous les regards, célébrée par l'Église, l'armée et la cour. Le surlendemain de la cérémonie, la fille de Louis XII, dont le long manteau fleurdelisé, doublé d'hermine, est soutenu par le connétable de Bourbon et le duc de Vendôme, effectue cette fois son entrée officielle dans Paris, portée en litière et escortée par seize princesses à cheval. Elles font étape aux Halles devant la fontaine des Innocents, pour entendre les harangues de trois jeunes filles jaillissant d'un chœur, qui symbolisent les trois types d'amour, divin, terrestre et conjugal. Tournois, joutes, combats, banquets et bals ponctuent ce que notre époque appellerait en politique « l'état de grâce », durant lequel les déclamateurs et les poètes de cour rivalisent d'imagination pour célébrer tout à la fois la paix retrouvée et la solidité du couple royal.

Considérant que son séjour parisien s'éternise, le roi, qui vient à nouveau d'engrosser la reine d'une future Charlotte qui naîtra à Amboise, reprend la route pour s'en aller d'abord en Picardie. Il séjourne successivement à Amiens, à Abbeville, à Boulogne-sur-Mer et à Saint-Quentin, puis en Normandie, visitant Dieppe puis Rouen. À chacune de ses étapes, ce sont de nouveaux tableaux allégoriques qui lui sont offerts, Rouen s'étant particulièrement mise en frais, qui fait alterner une salamandre triomphant d'un ours, Jupiter foudroyant les Titans, des jeunes filles vêtues à l'allemande, à l'italienne ou à l'espagnole jaillissant d'un lys épanoui, avant d'inaugurer sa propre statue équestre ! Durant ce séjour, il visite, à Mauny, le grand sénéchal de Normandie, Louis de Brézé, un vieux barbon qui lui présente sa très jeune épouse dont la beauté ne manque pas de frapper le souverain. Elle s'appelle Diane de Maulévrier, et ce sera sous son nom de Diane de Poitiers qu'elle entrera, beaucoup plus tard, dans l'histoire, en devenant la favorite du fils de François Ier, Henri II, et son seul amour. Louviers, Évreux, Lisieux, Argentan constituent autant d'étapes riantes et largement fêtées d'un périple qui, d'une part, permet au roi de découvrir son royaume et à ses sujets de le connaître. Tous sont immédiatement séduits par sa haute taille, sa beauté rayonnante, sa mâle assurance et sa désarmante gentillesse à l'égard de tous.

De Normandie, il se rend en Auvergne, où le connétable de Bourbon lui fait les honneurs de Moulins et où – la prière de Marseille étant enfin exaucée – le roi apprend que la reine, au terme de sa troisième grossesse, vient de mettre au monde, le 28 février 1517, un fils, le dauphin. Elle a prononcé la même prière que sa belle-mère, Louise de Savoie, dans la même situation, un quart de siècle plus tôt. C'est pourquoi on le prénomme François. Éblouie, la jeune mère s'empresse d'en avertir son mari par un joli mot : « Dites au roi que son fils est encore plus beau que lui » ! Et tandis que le bébé repose dans un berceau d'apparat décoré d'un dauphin entouré de courtines en toile d'or et d'argent, un *Te Deum* est chanté par le chœur de Notre-Dame de Paris.

Quelque temps plus tard est célébré, à Amboise, le mariage du neveu du pape avec Marie-Madeleine de La Tour d'Auvergne, couple dont naîtra plus tard une future reine de France, Catherine de Médicis. Cette union de prestige donne l'occasion d'offrir à la cour de nouvelles et somptueuses fêtes, dans lesquelles les hommes rivalisent de galanterie avec les dames, mais aussi de courage puisque, entre deux festins, on exprime sa force à la lutte ou au tournoi, courant de ce fait de grands dangers, l'exercice étant parfois mortel. À l'occasion de ce mariage, on joue même à la guerre, en disposant de deux armées qui doivent s'emparer d'un petit château que le roi a fait édifier, avec ses tours, ses bastions. Celui-ci, défendu par le duc d'Alençon et cent cavaliers, est attaqué par le duc de Bourbon et le duc de Vendôme, qui commandent respectivement cent autres cavaliers et cent hommes de pied. « Et fut le plus beau combat pour passe temps qui fut oncques veu et le plus approchant du naturel de la guerre », rapporte l'indispensable Fleuranges, qui n'omet pas de préciser que ce divertissement fut quand même assez meurtrier.

La fête achevée, la tournée triomphale se poursuit par Tours, Ussé et Chinon. Après un séjour dans le cadre enchanteur du château d'Ussé, le couple royal effectue son entrée dans Angers, où la ville offre en leur honneur un somptueux banquet. Y sont engloutis « six pièces et demie de bœuf, un veau, une longe, une poitrine, six moutons, quatre chevreaux, vingt chapons, trente poulets, trente et une livres de lard, deux bouillons, un levrault, des brochets, loches, carpes, harengs, seiches, aloses, fruits ordinaires, vins de pays, vin blanc de Genetain et vin de Saint-Dié » !

De là François Ier rejoint la Bretagne dont il vient prendre possession au nom de la reine sa femme. Cette fois, elle l'accompagne dans ce périple, puisque, héri-

tière de sa mère, elle est la nouvelle duchesse régnante
de ce que le poète Jean Meschinot décrit ainsi :

« Riche pays, contrée très heureuse
Aimée de Dieu, ce voit-on clairement
Duché sans pair, Bretagne plantureuse
De noblesse trésor et paiement. »

À Nantes, capitale du duché, où ils pénètrent le
8 août, chacun sur un cheval houssé d'argent, le roi et la
reine de France reçoivent un accueil triomphal assorti
de deux magnifiques présents. Pour lui, un vaisseau
d'argent doré pesant plus de trente-deux marcs, pour
elle, un cœur accolé de deux hermines, qu'elle a la
bonne inspiration de refuser, demandant qu'on le fonde
et que l'argent recueilli serve à payer les impôts de la
cité. Par la suite, Vannes, Auray, Brest, Morlaix, Saint-
Brieuc, Saint-Malo manifestent à leur tour la joie de
voir le couple royal et donnent à François Ier autant
d'occasions de jouir de ce royaume qu'aucun de ses
prédécesseurs n'a visité plus à fond, avec ses paysages,
ses langues et ses coutumes si différents. Il rêve au
Mont-Saint-Michel, devant la grise Manche, comme il
s'est émerveillé, l'an passé, à Marseille, de la beauté
turquoise de la Méditerranée !

Mais le grand rendez-vous pour François Ier sera en
1532, quand il réunira à Vannes les états de Bretagne
pour négocier le rattachement du duché à la France,
l'édit d'union étant signé le 13 août de la même année
à Nantes.

Infatigable, François Ier est à Chartres à l'automne, à
Vendôme à la Toussaint, à Paris l'hiver venu où, si l'on
en croit les chroniques du Bourgeois, il sort toutes
les nuits, avec ses compagnons, « en habits dissimulés
et inconnus », en quête de bonne fortune. Sa suite

commence à avoir le tournis, ne sachant où il se séden-
tarisera enfin, sans oser se plaindre, car il accueille toujours éloges et doléances d'une humeur égale. Certes,
la tradition de circuler est ancienne, dictée par la néces-
sité, à l'origine, de trouver de quoi subsister en chas-
sant, d'honorer les saints du royaume et de se montrer
au bon peuple qui, une fois au moins dans sa vie, peut
ainsi apercevoir le roi. Le proverbe populaire n'a-t-il
pas toujours raison, qui affirme : « Qui m'aime me
suive » ?

Mais François Ier va plus loin, multipliant à plaisir
les déplacements, plus même en faisant de son retour
d'Italie une sorte de marche triomphale destinée à
entraîner, non pas l'adhésion de ses sujets qui lui est
acquise, mais leur amour engendré par une opération de
séduction systématique. Une prise de possession physique et mentale de son royaume, par la terre et par le
cœur.

Nul n'a encore compris que là où il se trouve est
l'État et que la France est contenue dans sa personne.
Même si cette procession de chariots transportant les
meubles, les tapisseries, la vaisselle et les provisions du
roi, et de chevaux sur lesquels sont juchés les serviteurs, les secrétaires, les clercs, les ambassadeurs et les
gens d'armes peut paraître insolite à qui regarde passer
ces quelques milliers de personnes peinant sur les chemins, brûlées par le soleil ou détrempées par la pluie.
Et toujours des étapes improvisées, dans tel château ou
tel monastère lorsqu'on en rencontre un, dans les bois,
au bord d'une rivière, souvent, lorsqu'il n'y a pas de
toit pour s'abriter. Cette nouveauté, qui va bientôt donner naissance à la monarchie absolue, seul ce jeune roi
qu'on croit léger et prompt aux amusements, en a déjà
pris la mesure. Sous couvert de sa bonne humeur continuelle, il médite une spectaculaire métamorphose de

l'art de régner. Avec lui, ce petit peuple comprend qu'ils tissent ensemble un lien, qui pour être invisible n'en est pas moins réel. Aucun Capétien n'avait, jusqu'ici, établi un contact aussi direct avec ses sujets. Et ce n'est pas qu'une passade de début de règne ! Jusqu'à la fin de sa vie, François Ier continuera d'aller, à cheval, à la rencontre de ses sujets, malgré les outrages de l'âge, la fatigue et la maladie.

Une telle maîtrise du pouvoir n'exclut ni la compassion, ni la pratique de la tolérance. Ayant appris que trois étudiants parisiens avaient monté une mauvaise pièce dans laquelle ils s'étaient permis de railler Louise de Savoie présentée comme « une mère sotte gouvernant la cour où elle taillait, pillait et dérobait tout », le roi les fit arrêter et enfermer au château d'Amboise, dans l'attente d'un procès qui devait statuer sur leur sort. Mais, au bout de quelques mois, il les fit libérer et leur pardonna. Cela finit par se savoir et, loin de donner espoir à ceux qui font métier de critiquer, incita au contraire à éveiller l'estime et l'amour de ses sujets : un roi juste étant naturellement plus obéi qu'un roi cruel. Plus proche de Louis IX – certes la vertu en moins ! – que de Louis XI, il est, par nature comme par conviction, le prince du compromis, celui qui préfère convaincre que vaincre, être aimé que redouté, compris que craint ! Ceci apparaît du reste parfaitement sur les premiers portraits officiels de cette époque, dans lesquels il est manifeste que les peintres, à la demande du roi, ont privilégié la séduction plutôt que l'autorité, en particulier Jean Clouet.

Il est vrai que le sujet s'y prête, lui en qui tous les chroniqueurs voient le plus beau prince d'Europe, malgré son nez un peu trop long, ses jambes cagneuses et ce tic, parfois agaçant, de lever les yeux au ciel quand il parle. Mais, dans l'ensemble, on a plaisir à le voir et, chose plus rare encore, il a plaisir à voir les autres. Tout au moins sait-il le montrer, par la séduction qui fait partie de sa politique, mais aussi parce que sa nature intime le pousse à aimer les autres, à parler avec eux et même à controverser.

Si, plus tard, Louis XVI avait possédé un dixième du charme de François Ier, nul doute qu'il eût conservé sa tête sur les épaules ! Cultivé, lettré même, il sait encore écrire des lettres agréables, trousser des poèmes, citer des devises latines ou pincer les cordes d'un luth et chanter telle mélodie mise en musique par l'un des compositeurs de sa cour, Janequin, Sandrin ou Sermisy. Parallèlement, il est aussi un véritable athlète, excellent cavalier, guerrier accompli et chasseur redoutable, qui brille dans toutes les formes de vénerie, qu'il s'agisse de gibier à poil ou à plume, de chasse à courre ou au faucon, du maniement de la lance, du filet ou du poignard, ce qui lui attire bientôt le titre de « père des veneurs ».

Tout ceci, aux yeux de ses contemporains, fait de lui un homme accompli, capable de passer des exercices intellectuels aux exercices physiques, parangon du *mens sana in corpore sano*, que l'esprit de la Renaissance a mis en valeur. Il est aux antipodes donc de ces rois gringalets que furent naguère Philippe Auguste ou Louis X le Hutin. Les témoignages sur sa force sont, en effet, innombrables, tel ce jour où, faisant visiter le château de Blois à Frédéric de Gonzague, duc de Mantoue, il tomba sur une porte fermée à clef qu'il voulait franchir pour avoir accès aux jardins. Aussitôt il l'enfonça d'un coup d'épaule ! Ce genre d'aventures n'alla pas toujours sans mal, comme le révèle le nombre d'accidents qu'il connut pendant son enfance, son adolescence et même sa maturité, en tombant de cheval, prenant des branches en plein visage alors qu'il est au grand galop, voire en essuyant quelques blessures lors-

qu'il se bat. Un incident survenu à Romorantin en 1521
manquera lui être fatal : s'amusant une fois de plus à
jouer à la guerre avec ses gentilshommes, il tente de
prendre d'assaut une maison occupée par le comte de
Saint-Paul. Divers projectiles fusent de toutes parts,
lorsque soudain une bûche enflammée tombe sur la tête
du roi qui perd connaissance et demeure pendant
quelques jours entre la vie et la mort. Une fois rétabli,
ce sera justement pour cacher les cicatrices des brûlures
occasionnées par cet accident qu'il portera la barbe ; ce
qui, finalement, lui enlèvera un peu de sa jeunesse mais
apportera une touche plus solennelle à son visage, tout
en inspirant une mode que chacun allait suivre. D'où
cette chanson, plutôt leste, comparant celle-ci à une
autre, déjà en vigueur chez les dames, dans leur plus
totale intimité :

> « Gardez ciseaux et rasoirs émoulus,
> Car désormais vous faut vivre autrement,
> Pauvres barbiers.
> J'en ai pitié car plus comtes ne ducs
> Ne peignerez, mais comme gens perdus,
> Vous en irez besogner chaudement
> En quelque étuve, et là gaillardement,
> Tondre maujoint et raser Priapus,
> Pauvres barbiers. »

Le roi des forêts est aussi
l'empereur vert de la vénerie

Toute la vie de François Ier, grand veneur devant l'Éternel, qui rendra son dernier soupir à cinquante-deux ans comme son prédécesseur Louis XII, est placée sous le signe de la passion de la chasse. C'est un chasseur sans pareil qui, dans son goût cynégétique, a été gâté dès l'âge tendre. Il a eu beaucoup de chance. Son cousin Louis XII lui a donné ses premières leçons de vénerie. Fleuranges, le compagnon de jeunesse du futur roi chevalier, évoque la délicatesse de Louis XII, qui pour complaire à son cousin va jusqu'à faire transporter les animaux de forêt en forêt. Il raconte : « Il faisait prendre des bêtes dans les forêts voisines de Chinon et les faisait apporter dans le parc pour son jeune neveu, qui tant y prenait plaisir. » Comme François, Louis XII adore la chasse quoiqu'il préfère, lui, la fauconnerie à la vénerie. Il entretient quatre douzaines d'oiseaux de proie qu'il se procure parmi les nichées d'éperviers qui peuplent ses forêts.

À la fin du Moyen Âge parut un livre qui allait devenir la bible des veneurs et l'ouvrage de chevet du jeune François d'Angoulême : *Le Livre de chasse* de Gaston Phébus. L'ouvrage que l'auteur composa avec beaucoup de soin à l'âge de cinquante-sept ans fut, jusqu'à la fin du XVIe siècle, le bréviaire de tous les adeptes de l'art de la chasse ou art cynégétique. Le texte est écrit dans un excellent français ponctué de quelques caractères normands picards, alors que la langue maternelle du comte de Foix était la langue d'oc, parlée à la fin du XIVe siècle dans le comté de

Foix. Il avait été publié pour la première fois en 1389, et on ne peut comprendre François Ier sans avoir lu ces pages que le roi chevalier connaissait par cœur. Ce livre lui était si cher que, plus tard, lorsqu'il devint roi, il emporta son exemplaire durant les campagnes d'Italie. Le soir de la bataille de Pavie, en 1525, le livre fut subtilisé, et on ne sait comment se retrouva entre les mains de l'évêque de Trende qui l'offrit à son tour au frère de Charles Quint. *Le Livre de chasse* de Gaston Phébus chante les vertus de la vénerie non seulement comme sport favorable à la santé, mais aussi comme divertissement utile à l'équilibre de l'homme et comme détente après les fatigues du pouvoir. À l'orée de la Renaissance, François Ier reçoit le titre de « père des veneurs ». Adepte de Phébus, il pense que le veneur se doit de chasser de préférence les cerfs aux biches et les dix cors plutôt que les daguets. Dès qu'il fut sacré à Reims, le 25 janvier 1515, le jeune roi ne pensa qu'à la chasse. Et par une longue ordonnance de l'hiver 1515, il alla jusqu'à instituer la peine de mort pour braconnage de « grosses bestes ». L'infatigable chasseur devint aussi le protecteur des bois, des chênes sacrés, des châtaigniers aux fruits généreux, des noyers au bois précieux.

Dès que François trouve un endroit giboyeux, il décide d'y bâtir un château de chasse, et c'est ainsi qu'il imagina Chambord tel un palais au fond des bois. Au début de son règne, un jour qu'il participait à une chasse au faucon chez son cousin le comte de Blois, le jeune roi fut tellement ensorcelé par la forêt qu'il s'exclama : « Cher cousin, cette forêt est la plus belle de tout le royaume ; je veux que s'élève ici le plus beau de tous les châteaux et qu'il devienne ma maison. » À l'aurore de son règne, il prend une série de mesures pour défendre le capital forestier français. Il est l'auteur de l'ordonnance royale de 1518 qui montre l'importance extrême accordée par la plus haute autorité du royaume aux forêts de la Couronne. Devenu le roi chevalier, il bâtit avec autant d'ambition que de panache ces châteaux dédiés à la chasse, qui ornent en Europe l'aurore de la Renaissance.

En 1521, François Ier interdit tout défrichement dans ses domaines et exige qu'un quart de la forêt royale soit préservé pour constituer une futaie. En 1537, il intervient dans l'administration des forêts particulières et, pour la première fois, il oblige les ecclésiastiques et les communautés rurales à demander l'autorisation des parlements pour la vente des bois de haute futaie. Ainsi deviendra-t-il « l'empereur vert » et, cent ans après sa mort, le domaine royal comptera-t-il un million d'hectares. Il sait d'instinct ce principe qui nous vient des rois saxons : dans les forêts royales, il ne doit rester désormais qu'une seule bête féroce, le souverain lui-même.

Au cours de l'hiver 1545, à cinquante ans, François Ier, qui a l'instinct du chasseur, est venu faire ses adieux à Chambord. Il souffre depuis des années dans son corps, son fils aîné le bien-aimé vient de mourir et il sait désormais que la réconciliation avec Charles Quint est un gibier perdu. Il suit désormais ses chasses à dos de mule. Ainsi l'écorce verte du veneur, l'âme du roi des forêts, le geste arrêté du chasseur se trouvent enchâssés dans l'armure du temps par ses propres mots alignés dans la dignité d'un testament : « Vieux et malade, je me ferai porter à la chasse et mort je voudrais y aller dans mon cercueil. »

À la fin de son règne, il fut pris d'une fièvre lente qu'il espéra encore « surmonter par l'exercice de la chasse ». Alors que son état ne cessait d'empirer, le roi, niant sa maladie, se lança dans un ballet cynégétique et macabre de forêt en forêt. À bout de force, il exigeait encore d'aller remplir son rôle d'empereur vert de la vénerie, transporté en litière. Jusqu'à son dernier souffle, il chassa éperdument de Saint-Germain à Rochefort-en-Yvelines, son ultime chasse. Le périple s'acheva à Rambouillet, le 1er mars, dans le château de Jacques d'Argennes où le roi s'installa dans la grosse tour crénelée qui existe toujours. Rambouillet fut le lieu où allait cesser son galop éternel.

9

Léonard au Clos-Lucé : le bonheur, enfin !

C'est en 1516, invité par François Ier, que Léonard de Vinci s'installe au château du Cloux. Dans ce manoir, le maître toscan a apporté de Rome, lors de sa traversée des Alpes à dos de mulet, dans des sacoches en cuir, trois de ses toiles favorites : *La Joconde*, *Sainte Anne* et *Saint Jean Baptiste.*

Étonnante, cette traversée des monts ! Comment, en contemplant le fond à la fois vaporeux et escarpé de certains des tableaux de Vinci, ne pas penser à la masse des montagnes estompées par les brumes, illustration de la théorie du bleuissement des lointains ? Ces fonds mystérieux qui pourront évoquer pour certains le principe du *sfumato* ne sont pas sans rappeler, d'une façon frappante, les dessins de la chaîne des Alpes exécutés après son ascension du mont Rose. Passé Saint-Gervais, subissant la morsure du froid sous le pâle soleil qui traverse timidement les nuages, le voyage se poursuit. Les Alpes s'estompent, et Léonard, une fois Grenoble traversée, s'achemine vers Lyon, découvrant tout au long de son voyage la beauté du royaume de France.

D'abord, il contemple les trois vallées, celles du Rhône, du Cher et de la Loire. Léonard de Vinci est fasciné par ce fleuve de sable parfois mouillé où l'eau joue de ses pièges. À l'écoute, avec un long cornet plongé sous la surface du fleuve et porté à son oreille, il capte du bord de l'eau le mouvement des tourbillons : ce sont ceux du plus long fleuve de France, qui va s'étirant sur mille kilomètres et qui peu à peu lui livrera la plupart de ses secrets.

Après ces trois mois de voyage, il aperçoit dans le lointain, sur ces rives enchanteresses, les premiers signes de sa nouvelle vie, ces fringants cavaliers du roi dans leurs habits chamarrés, venus au grand galop à sa rencontre. Ils l'escortent jusqu'au château d'Amboise où l'attend le roi chevalier. Avant les retrouvailles avec son nouveau maître, Léonard, gravissant sur sa monture la pente douce de la tour Heurtaut et accédant à la terrasse depuis laquelle la vue est somptueuse, perçoit déjà le parfum d'un nouveau printemps. Il s'est assis sur une pierre, dans les jardins du palais ornés d'orangers odorants installés par Pacello, le fameux paysagiste venu d'Italie à la demande de Charles VIII. Alors qu'il prend agréablement le soleil sous la clémence du ciel pur de la Touraine qu'il comparera à celui de la Toscane, il entend les accents de sa langue natale. Déjà, orfèvres, menuisiers, architectes, jardiniers, ses compatriotes invités, certains par Charles VIII, d'autres par Louis XII, ont fait la conquête du cœur de la France.

Léonard est donc en pays de connaissance. À Amboise sont venus de la péninsule, avant-garde au service de la beauté, Andrea Solario qui peindra pour Louis XII la *Vierge au coussin vert* et décorera plus tard pour le compte du cardinal d'Amboise la chapelle du château de Gaillon, et Fra Giocondo, moine franciscain de Vérone, très instruit en sciences agricoles, horticoles et botaniques. C'est à lui que le roi confiera l'ordonnance des parterres et des jardins du val de Loire.

François Ier accueille Léonard de Vinci, avec autant d'amitié que d'admiration, au Clos-Lucé où lui-même a séjourné enfant et adolescent. Il a une brève pensée pour ce passé enchanteur. Ici, il a connu la volupté des jeux : la pêche dans l'étang, les baignades dans l'Amasse, l'assaut du pigeonnier ou de la vieille tour de la Guette. Déjà, il n'avait peur ni des plaies ni des bosses et rentrait au château fier de son habit en lambeaux.

Le roi offre à Léonard ce manoir, lui assure un traitement de sept cents écus d'or par an et s'engage à lui payer ses œuvres. Puis le jeune homme redevient souverain et ordonne à l'artiste de mettre en scène pour lui la plus belle des fêtes et de concevoir le plus beau des châteaux.

À soixante-quatre ans, Léonard est toujours jeune d'esprit, le cœur ardent, la tête pleine de projets. « Nul labeur ne parvient à me fatiguer », écrit-il, lui qui, par ailleurs, fait cette profession de foi : « Je ne me lasse pas d'être utile. » Il est perpétuellement penché sur ses tableaux à parfaire, et sur ses manuscrits à réviser et à ordonner. Parfois, on remarque le pli amer de sa bouche. Il soupire et, un jour, ose se plaindre à son maître d'avoir « consacré aux sciences et aux recherches expérimentales tant d'heures perdues pour la peinture ».

Ces réflexions d'un seigneur de la vie ne l'empêchent pas d'être un metteur en scène de la joie. Il préside aux fêtes organisées pour les naissances des enfants royaux, puis pour le mariage de Laurent II de Médicis avec Madeleine de La Tour d'Auvergne célébré à Amboise. Le Clos-Lucé conserve dans ses archives le récit d'une féerie offerte par Léonard en sa demeure pour le roi et sa cour, le 17 juin 1518. Grâce aux descriptions de Galeazzo Visconti, venu de Milan, mais aussi de l'envoyé de Venise, Mario Sanudo, nous

savons que ce fut une fête incroyable dont Léonard fut
le metteur en scène inspiré. Cette fête *del paradisio*,
avec ses effets spéciaux, était une fantastique réalisa-
tion de Vinci pour remercier le roi de ses bienfaits.
« Avant-hier, le Roi Très-Chrétien fit banquet dans une
fête admirable, comme vous verrez par ce qui suit. Le
lieu en était le Cloux, très beau et grand palais. La cour
dallée était recouverte de drap bleu de ciel. Puis, il y
avait les principales planètes, le soleil d'un côté et la
lune du côté opposé, ce qui était merveilleux à voir.
Mars, Jupiter et Saturne étaient placés dans leur ordre
et juste placés avec les douze signes célestiaux [du
zodiaque]... Autour de la cour, en haut et en bas, il y
avait une colonnade circulaire, laquelle était ornée de
même avec drap bleu et étoiles. [...] Contre les archi-
traves, couraient des couronnes de lierre avec des
festons... Le seuil pavé était couvert de planches tendues de drap à la devise du Roi Très-Chrétien, et d'un
côté, mais en dehors du carré de la cour qui avait environ longueur de soixante bras et largeur de trente bras,
était la tribune des dames, ornée de drap et d'étoiles...
Il y avait quatre cents candélabres à deux branches et
tellement illuminés qu'il semblait que la nuit fût
chassée... »

Léonard de Vinci aime l'élégance, légère et voluptueuse, de la cour de François Iᵉʳ, de mœurs faciles
certes mais moins brutalement sensuelles que celles des
cours italiennes. Tout y est plus joyeux, plus naturel. Il
est si heureux de se sentir châtelain au Clos-Lucé,
vivant sur ses terres, ne prenant que ce qu'il veut de la
vie de la cour. Il se montre très reconnaissant d'être
traité en artiste et en seigneur.

Le manoir du Cloux a conservé quelque chose de sa
physionomie du xvᵉ siècle. Son élégante allure Renais-

sance, ses délicieuses façades roses et son environnement verdoyant évoquent pour son hôte venu d'Italie
les paysages de Sienne ou de Bologne, de même que
son voisin Château-Gaillard lui rappelle ces blanches
villas qui, dans la sombre verdure des chênes, font la
riante ceinture de Florence. Au début du XVIᵉ siècle, la
demeure est un peu plus petite que de nos jours, tandis
que la propriété qui l'entoure est plus vaste, comme en
témoignent l'importance de son pigeonnier. Il pouvait
abriter cinq cents volatiles, ses vignes, ses jardins, ses
viviers et sa saulaie. Léonard l'arpente, plante des
arbres. La vue sur Amboise est superbe avec, au premier plan, la chapelle Saint-Hubert et, au second, la
splendeur de la Loire. Jean de La Fontaine y sera plus
tard tout aussi sensible ; dominant le fleuve du château
royal, il parlera de « cette étendue immense, la plus
agréable du monde ».

La petite cour s'organise : Mathurine est engagée
pour faire la cuisine et le ménage, et de nombreux chats,
que Léonard aime observer et dessiner, mettent une
grande animation : « Le moindre des petits félins est
déjà en lui-même un vrai chef-d'œuvre. » Sans doute
Léonard de Vinci trouve-t-il, pour la première fois de
sa vie, son équilibre, souhaitant peut-être comme
Montaigne « aucune fin que domestique et privée ».

Dans le poudroiement de l'été au Clos-Lucé, on
pourrait superposer l'image du maître à celle de sa
dernière demeure. La nappe verte de la prairie, le
silence encadré d'oiseaux, l'herbe tendre composent la
haute figure rose du Clos-Lucé avec sa barbe de lierre
au fond du parc, les eaux de ses yeux, les pierres
blanches de son menton, les briques de sa bouche et,
dans le bleu du ciel, son beau front d'ardoises.

On peut imaginer, dans ces murs, la vie quotidienne du maître réchauffant ses mains géniales auprès de la monumentale cheminée frappée des armes de France. Pinacles, arcs en accolade, niches sculptées, galerie qui ouvre sur un paysage délicat, tout l'art gothique flamboyant se joue sous ces pièces patinées par les siècles.

Voilà la chambre où Léonard rendra l'âme et voici la fenêtre d'où il observe, accoudé, la vue qui s'ouvre à lui, réalisant le croquis du château d'Amboise, ce dessin aujourd'hui exposé dans les collections royales de Windsor. Le jardin des roses offre le repos aux visiteurs, tandis que le parc romantique propose une promenade sous l'émeraude des verdures dans la fraîcheur de la vallée de l'Amasse. Cette rivière ravissante, qui prend sa source dans l'étang de Sudais, regorge de salamandres et de tritons, et traverse le parc du Clos-Lucé. Elle se tortille sous l'éperon rocheux dominé par le château d'Amboise avant de se jeter dans la Loire. Sur ses rives, on s'émerveille tant la palette de ses plantes est variée : symphorine, belle d'onze heures, houblon, hellébore, mais aussi merisiers et noisetiers, sans oublier les aunes glutineux qui se portent comme des charmes.

Quand reviennent les beaux jours, c'est avec une volupté particulière que Léonard, depuis la croisée de sa fenêtre à meneaux, contemple la beauté des matins du monde. « À la première heure du jour, l'atmosphère au midi, vers l'horizon s'embue d'une brume confuse de nuages de couleur rose, vers l'occident elle vire au foncé et vers l'orient les vapeurs humides de l'horizon semblent le dépasser en éclat. La blancheur des maisons y est à peine perceptible tandis qu'au sud plus elles sont lointaines, plus elles prennent une coloration rose foncé et davantage encore à l'occident et c'est le contraire pour les ombres que la blancheur efface. »

Léonard sent-il que le temps lui est désormais compté et ressasse-t-il les échecs de sa vie ? C'est probable. « Je continuerai, écrit-il, jusqu'à mon dernier souffle. » Au Clos-Lucé, il reçoit de nombreux visiteurs. L'une de ces visites a été plus particulièrement relatée : celle du cardinal d'Aragon, le 10 octobre 1517, venu bavarder avec lui et surtout admirer ses dessins et manuscrits. « Messire Léonard, écrit le secrétaire du prélat, dom Antonio de Beatis, a composé un traité d'anatomie où, d'une façon absolument nouvelle, il a étudié sur le corps, nerfs, veines, jointures, intestins, et le reste. Il nous a montré ce traité et nous a dit qu'il avait disséqué plus de trente corps d'hommes et de femmes de tout âge. Il a également écrit une quantité de volumes sur la nature des eaux, sur diverses machines et sur d'autres sujets qu'il nous a indiqués. Tous ces livres seront une source d'agrément et de profit lorsqu'ils viendront au jour. » Dans l'atelier du maître, le cardinal contemple également avec émotion le tableau d'« une certaine dame florentine... ».

De toutes les visites qu'il reçoit, celles du roi lui plaisent particulièrement. François Ier vient à plusieurs reprises s'entretenir avec « son premier peintre, ingénieur et architecte », ainsi que le raconte Cellini, car « il prend grand plaisir à entendre converser » ce génie mystérieux qui lui explique qu'un jour les hommes voleront dans les cieux ou voyageront sous les eaux. Quand il ne l'exhorte pas à méditer sur certaines sentences de son invention : « Celui qui a l'œil fixé sur une étoile ne se retourne pas » ; ou encore : « Une journée bien dépensée donne une joie au sommeil, ainsi une vie bien remplie donne joie à la mort. »

D'une certaine manière, c'est bien une relation de maître à élève qui s'instaure entre eux, avec toute l'affection paternelle dont a besoin ce souverain qui n'a jamais connu son père, mort alors qu'il n'avait que dix-huit mois. C'est avec cette apostrophe aussi tendre que respectueuse, « Padre », que le roi s'adresse maintenant à Léonard. « Alexandre et Aristote, dit un jour Léonard à François, furent les professeurs l'un de l'autre. Alexandre possédait la puissance qui lui permit de conquérir le monde, Aristote possédait une grande science qui lui permit d'embrasser toute la science acquise par les autres philosophes. »

Auprès de François Ier, Léonard passe au Clos-Lucé trois années sereines, dont sont issues ses études et ses réflexions qui font aujourd'hui figure de testament prodigieux. Car « nul être ne va au néant », écrit-il, appliquant à lui-même cette recommandation dont il est l'auteur : « Meurs et deviens dans ce qui survit de ton œuvre. » Ici, à Amboise, dans ce manoir, commence l'aventure du futur, de la résurrection du passé. Car, comme l'a confié lors de sa dernière visite au Clos-Lucé, dans la chambre même du maître, Carlo Pedretti, la plus haute autorité de l'univers vincien et le grand spécialiste mondial de Léonard, qui enseigne à Los Angeles et réside en Toscane : « On n'a pas encore mesuré l'immense étendue des travaux que le maître toscan a réalisés en France dans ses dernières années. »

À Amboise, Vinci a le bonheur de converser souvent avec les femmes d'esprit qui entourent le roi : Louise de Savoie et Marguerite de Navarre. Cette « Marguerite des Marguerites », dont l'humanisme fait une interlocutrice particulièrement brillante, a choisi pour devise « *non inferiora secutus* » (« je ne suivrai rien d'inférieur ») et se fait à présent expliquer par le maître les mystères de l'univers.

Alors que François est fou des femmes et court d'aventure en aventure, c'est avec une autorité et une énergie souveraines que le grand artiste a dominé les conflits de la chair et de l'esprit. Car le maître toscan le confie dans l'un de ses manuscrits, « la passion intellectuelle met en fuite la sensualité ».

À Amboise, Léonard est l'ingénieur dont tout roi a rêvé. Il se livre à de nombreuses études sur l'hydrographie de la région, imagine une liaison de toutes les maisons royales par voie d'eau, l'aménagement du cours de la Loire et l'assèchement progressif des marais de Sologne avec creusement de canaux et construction de moulins. Il conçoit également l'idée de réunir par un canal la Touraine et le Lyonnais, et permet la mise au point des premières écluses à sas installées en France. Il imagine aussi un château pour le roi, le château fou de Romorantin, plus beau que tout ce qu'on a vu jusqu'alors, avec des allées d'eau comme à Venise, la téléphonie entre les appartements, des portes qui s'ouvrent devant vous sans qu'aucun mouvement humain les y aide. On le voit encore en compagnie des architectes Boccador et De Cortone, à Romorantin, dont François Ier songe à faire sa capitale, la petite cité étant au centre du royaume. Pour cette « Nouvelle Rome », Léonard développe son idée de la cité idéale, projet véritablement révolutionnaire consistant en un château scintillant qui émerge de l'eau – sans cesse renouvelée par un astucieux système de moulins – dans laquelle se reflète un palais avec sa salle de bal au rez-de-chaussée et ses gradins permettant aux invités de descendre jusqu'à l'eau.

Souvent, en Sologne, il est donné aux maraîchins une noble vision. Deux hommes à cheval qui cavalcadent de concert, tous deux ayant grand air et de haute

taille. L'un est le roi bâtisseur, l'autre est l'architecte des
songes.

Attentif à tout, maniaque de la propreté et toujours
précis dans ses calculs, Vinci est passionné par les
questions relatives à l'hygiène, à l'écoulement des eaux
et à la lutte contre les incendies, fréquents à l'époque.
On retrouve dans ses plans les obsessions qui ont présidé à ses travaux au service de Ludovic le More, à
Milan, ville touchée par la peste. En 1485, Léonard
avait déjà dessiné un projet de cité fonctionnelle où la
ville et ses édifices sont assimilés à un organisme
vivant. Déjà, le jeune architecte avait mis l'accent sur la
circulation des hommes, des marchandises et des
déchets, il avait imaginé son œuvre tout en arcades sur
deux niveaux. En bas, canalisations, routes et égouts
accompagnent les activités industrielles et commerciales. En haut, les palais et les jardins sont réservés
aux plus riches des citadins. Ses notes et ses plans
s'emplissent donc de dessins représentant des fontaines, des écluses et toujours des instruments nouveaux, des concepts techniques révolutionnaires, des
inventions prospectives.

Oui, l'activité de Léonard est inlassable malgré le
rhumatisme dont il souffre, ce qui ne l'empêche pas de
s'accuser devant Dieu de ne pas faire assez pour la
connaissance ! Il imagine des écuries aux proportions
parfaites ou encore le principe de maisons préfabriquées
reliées par des voies piétonnières. Malgré l'ouverture
d'un chantier où les ouvriers sont décimés par la mala-
ria, ce fléau issu des marais malsains de la Sologne,
le château de Romorantin, jamais construit, restera la
plus belle utopie du vieux maître dont l'insondable
charme réside dans l'inexplicable rêve évanoui. Par certains aspects, ce projet qui anticipe les merveilles de

Chambord annonce, avec plus d'un siècle d'avance, le Versailles de Louis XIV, lui aussi bâti sur un marécage mais beaucoup plus sain.

Léonard de Vinci, producteur de magies, enchante l'imagination des enfants. À l'occasion de la naissance de Charlotte, l'une des filles de François Ier et de son épouse Claude de France, Léonard offre aux autres enfants royaux un lion mécanique « que des ressorts mystérieux faisaient s'agenouiller tandis que sa gueule crachait des lys d'or ». Charlotte succombera huit ans plus tard, le 8 septembre 1524. Sa tante Marguerite d'Angoulême cacha longtemps la mort à son frère le roi jusqu'au jour où celui-ci revint en hâte à Blois, pris d'une terrible prémonition. Trouvant Marguerite qui lui apprit la fatale nouvelle, il répondit : « Je le savais, j'ai rêvé que Charlotte m'appelait pour me dire trois fois : "Adieu, mon roi, je vais en paradis." »

Ainsi François Ier avait des visions tandis que Léonard était le prince des prémonitions. Nous ne pouvons oublier l'image essentielle du roi de France après une journée de chasse, venant par le souterrain secret qui existe encore aujourd'hui et qui reliait le château royal d'Amboise au Clos-Lucé s'asseoir auprès du maître toscan pour recueillir comme un disciple respectueux les messages de sa sagesse. La Renaissance, c'est cela : cette égalité acquise par les grands artistes avec les maîtres du monde : François Ier écoutant, penché, les maximes murmurées de Vinci, et Charles Quint plié en deux pour ramasser le pinceau échappé des mains de Titien.

Au-delà de ses projets fous, de ses créations et de ses récréations, Léonard ne se résigne pas au repos et continue de « modeler en cire des animaux très minces,

emplis de vent; il souffle dedans et les fait voler dans
l'air », raconte Vasari, et s'adonne à ce qu'il appelle
« les jeux géométriques ». Toujours persuadé qu'une
machine volante est techniquement réalisable, il étudie
encore le vol des oiseaux, échafaude des constructions
de plus en plus abstraites, met au point sa théorie de la
chute des corps (un siècle avant Galilée) et, surtout,
continue de noircir des pages et des pages de manuscrits, avec une boulimie confinant au vertige.

À cette même époque, à Amboise, Léonard de
Vinci écrit, dans le codex qui s'achève par la mention
de sa présence au Clos-Lucé, cette phrase énigmatique : « Parler des choses de la mer avec le Génois. »
Qui est ce Génois ? Est-ce l'amiral Andrea Doria,
l'autre grand Génois, qui servit d'abord François Ier
avant d'épouser la cause de Charles Quint ? Celui dont
le nom légendaire évoque des images de galères aux
rames innombrables, de frégates à trois ponts contras-
tant avec les minces et légères felouques arabes ? Ou
est-ce Christophe Colomb ? D'aucuns prétendent que
c'est Colomb, car il aurait conçu la cité d'Isabella,
qu'il voulait bâtir au-delà de l'océan, d'après un plan
de Vinci. Ce dernier jette d'ailleurs à foison des points
d'interrogation. Il évoque dans ses notes aussi bien la
mer Rouge et le Nil, l'Etna et la Grèce, Gibraltar ou
l'Inde. Mais y est-il allé ? On peut penser qu'il a fait
quelques voyages puisqu'il écrit : « Quand j'étais en
mer, à égale distance d'une rive plane et d'une montagne, le côté du rivage semblait beaucoup plus lointain que celui de la montagne. »

Une autre énigme demeure : où sont passés tous les
écrits de Léonard de Vinci ? Si l'on sait que le plus
complet des codex, le plus construit, le plus harmo-

nieux et le plus fini a été écrit « au *palazzo del Cloux* », que reste-t-il des huit volumes de recueils qui offraient, en dix à douze mille pages, un inextricable enchevêtrement de notes et de dessins consignés sans ordre, au hasard des observations et des inventions du savant et du peintre, traitant de la fécondation des fleurs et de la raison de la couleur du lait, en passant par des croquis de scaphandriers et des dessins sur l'imbrication des plumes dans les ailes des oiseaux ? Bien sûr, on sait où se trouvent un certain nombre de codex et de dessins : à l'Institut de France, dans la collection royale de Windsor, au British Museum, à South Kensington, à la Laurentienne de Florence et à l'Ambrosienne de Milan. Mais sur la carte de la connaissance, ces îlots exhumés des archives laissent en marge, telle une Atlantide mystérieuse, un immense continent perdu du savoir.

Que sont devenues ces milliers de pages géniales dont on a la certitude qu'elles ont existé ? Ces codex perdus méritent la plus belle des chasses au trésor. Chacun des manuscrits était de volume variable, les papiers employés, de couleurs et de formats différents. Ils se présentaient comme un brouillon : un journal quotidien, dont Vinci comptait supprimer certaines redites et où il voulait préciser des expériences vérifiées. Cela signifie qu'on pourrait retrouver des pages non destinées à la publication, dans leur gangue brute. Ces pages où, pris sur le vif, le texte traduit le cheminement de la pensée, ponctué généralement d'une relation toute personnelle et non définitive, dans le secret de l'univers intérieur de la chambre de l'intelligence du génie. Le temps a passé sur ces chefs-d'œuvre égarés. Maintenant, il nous reste à tenter de lever le voile sur ce grand mystère, dont il nous reste une trace irrévocable.

Le 23 avril 1519, veille de Pâques, Léonard, « considérant la certitude de la mort et l'incertitude de son heure », selon la belle expression qu'il utilise lui-même, dicte son testament au notaire Guillaume Boreau, en insistant particulièrement sur le détail de ses obsèques : son corps sera porté par les chapelains de l'église Saint-Florentin accompagnés de soixante pauvres portant soixante torches allumées en plein jour. Il précise le nombre de messes et le prix des aumônes pour ne rien laisser au hasard, lui qui se désespère non pas de mourir bientôt mais de cesser de chercher à percer le mystère du monde. Pour le reste, il lègue à son disciple Francesco Melzi ses meubles, ses vêtements, ses livres, ses dessins, ses machines ; à Battista de Villanis, son valet, son droit sur l'eau du canal San Cristoforo, offert par Louis XII, et la moitié de sa vigne, don de Ludovic le More ; à Salaï, son protégé, sa maison de Florence ; à sa servante Mathurine, son manteau de drap doublé de fourrure et deux ducats ; au roi, enfin, ses trois tableaux parmi lesquels *La Joconde*.

Dans les derniers jours du mois d'avril, François Ier, se rendant au chevet de Léonard, déclare aux seigneurs qui l'accompagnent : « Je puis faire des nobles quand je veux, et même de très grands seigneurs ; Dieu seul peut faire un homme comme celui que nous allons perdre. » Le 2 mai 1519, Léonard rejoint, à l'âge de soixante-sept ans, celui qu'il appelle « l'Opérateur de tánt de choses merveilleuses ». Le 1er juin 1519, dans une lettre adressée aux frères de Vinci, Melzi écrit : « Il sortit de la vie présente, bien préparé, avec tous les sacrements de l'Église. »

Expire-t-il dans les bras de François Ier, comme le montrent les tableaux peints par Gigoux, Ingres, Menageot et Mussini ? Non, mais entouré de ses serviteurs. La douleur du jeune roi est cependant réelle puisque, apprenant la nouvelle quelques jours plus tard, à Saint-Germain-en-Laye où il célébrait la naissance de son second fils, Henri – le futur Henri II –, il éclata en sanglots et prononça la plus belle des oraisons funèbres : « Pour chacun de nous, la mort de cet homme est un deuil car il est impossible que la vie en produise un semblable. »

À Lisbonne, l'incroyable rencontre secrète entre Magellan et Verrazane

En cet automne doré de 1517, à l'embouchure du Tage, d'où les caravelles partaient pour les découvertes, dans un austère monastère donnant sur la « mer de paille » – ainsi nommée parce qu'au coucher du soleil elle est couleur d'or –, deux hommes ont rendez-vous dans le plus grand secret. Le premier se prénomme Fernando, sourcils froncés, traits aiguisés, regard inquisiteur, barbe sombre et abondante. On peut dire de lui que jamais le monde n'a été aussi grand qu'au lendemain de son périple. Il est issu d'une famille noble du nord du Portugal dont l'origine remonte à la fin du XIIIᵉ siècle. Après une jeunesse obscure, on le sait pensionné par la Maison du roi sur la flotte de Francisco de Almeida, nommé vice-roi des Indes orientales portugaises. Quand son regard se porte sur la fenêtre ouvragée, aussitôt à la vue des flots lui revient la pensée de ce premier départ à bord de cette armada de vingt navires qui quitte Lisbonne le 25 mars 1505. Magellan, car c'est lui, s'est livré au commerce du poivre aux Indes, a combattu au Maroc et, mécontent de ne pas voir ses mérites reconnus dans son pays, a décidé d'aller offrir ses services au roi d'Espagne, le futur Charles Quint, qui n'a alors que dix-huit ans.

Face à lui, Giovanni de Verrazano, front altier, cheveux rejetés en arrière, nez droit, a l'air plus bienveillant que Magellan. Issu d'une riche famille de Florence, il connaît Léonard de Vinci dont le père a

une maison voisine de la sienne, et les deux hommes
échangent longuement de lourds secrets. Il a francisé
son nom, la mer l'a dévoré et il a conquis l'océan.
Toute sa carrière maritime est dissimulée dans la violence des vents et la colère des tempêtes. De ces
épreuves salées il sort toujours en homme civilisé,
avec ses belles manières de Florentin devenu français. On dit qu'il aurait participé à l'expédition aux
Terres Neuves du Dieppois Thomas Aubert en 1508
comme capitaine d'un second vaisseau. On le voit
souvent au Portugal et en Castille, et d'aucuns prétendent qu'il est l'associé de Magellan.

De quoi parlent ces deux hommes qui, au bout de
leurs bras, ont tenu les quatre coins du monde et
qui, dans l'eau de leurs yeux, ont vu défiler les
océans ? Peut-être d'un vieux souvenir, le traité de
Tordesillas qui établissait, deux décennies plus tôt,
dans la province de Valladolid, le partage du Nouveau Monde entre les deux grandes puissances
maritimes, l'Espagne et le Portugal, avec pour ligne
de démarcation un méridien nord-sud localisé à
trois cent soixante-dix lieues des îles du Cap-Vert.
Peut-être du projet secret que caresse Magellan de
passer au service de Charles Quint, au palais royal
de Valladolid.

Fernando de Magellan et Jehan de Verrazane ont,
entre eux, un code qui est le sceau de leur si
ancienne complicité. Ce code, c'est le « Cap Non »
situé au nord du Sénégal et au large de la Mauri-
tanie. Face à face, ils sont penchés sur une carte, et
Verrazane pointe de son ongle d'ivoire le « Cap
Non », un lieu mythique pour eux. Celui où les
hommes prennent peur et où les chefs gardent leur

sang-froid, celui où les amiraux savent et où les pilotes sont dans l'angoisse. Celui où l'on se croit au bout du monde et où l'on se dit que ce serait folie d'aller plus loin. « Cap Non », l'endroit, enfin, où il fait bon s'arrêter, « Cap Non » qui indique la limite à l'ambition humaine. Magellan et Verrazane n'éprouvent même pas le besoin d'en parler, ils se regardent en plissant les yeux ; amitié désintéressée, souvenirs partagés, affinités électives, complicité céleste.

« Cap Non », c'est le site de tous les dangers, le rendez-vous de tous les effrois, où les marins tombent à genoux en prières, s'en remettent au Ciel et refusent d'obéir aux officiers. Au-delà de ce « Cap Non », ils ne veulent pas poursuivre, leur religion leur ayant affirmé que la terre était plate. Au-delà est la grande crainte de chuter dans le vide. Magellan et Verrazane savent que par-delà le « Cap Non » la terre est ronde. Mais en tant que chefs chrétiens, il leur est interdit de l'admettre, interdit de le dire. Sans doute, ils ne sont pas les seuls à le savoir. Au sommet du royaume, dans les palais exubérants des princes chétifs, au nom du salut des âmes on cachait la vérité. Même le quatrième fils du roi Manuel, le fameux Henri le Navigateur, était sans doute dans le secret. Mais la majesté s'exprime par le silence.

10

Le Concordat et les finances publiques :
premiers pas vers l'absolutisme

Peu avant de quitter l'Italie, au mois de janvier 1516, François Ier clôt ses entretiens avec le souverain pontife par l'un de ces défilés dont l'époque raffole, comme le raconte un chroniqueur avec une sensibilité très caractéristique : «En une procession générale, on a vu près de ce grand roi vingt ou vingt-deux cardinaux marcher en leur grand pontificat et leurs grandes robes rouges, les uns français, les autres italiens, écossais ou portugais. Le pape souvent ne s'en est pas tant vu. De plus ces cardinaux étaient suivis de force évêques, abbés et protonotaires et force gentilshommes qui paraient grandement une cour royale et tenaient grande maison, table et ordinaire et entretenaient grand nombre de pages. Enfin, tels prélats accommodaient une cour et y portaient grand argent et profit. »

Le faste des vêtements, l'ordonnancement de la procession, le luxe de la table, l'impressionnante garde des gens d'armes rehaussent le prestige du vieux pape et du jeune roi traitant ensemble en souverains égaux, mais aussi celui de l'étroite accointance entre le pouvoir spirituel et le pouvoir régalien, entre l'Église et l'État.

Comme deux comédiens chevronnés, Léon X et François Ier ont parfaitement compris que, pour que les affaires avancent, il ne faut pas seulement s'entourer des meilleurs conseillers. Ils doivent aussi donner de leur personne, en se montrant aux populations et en les séduisant par tout ce que les ressources du spectacle peuvent apporter. C'est l'héritage italien que François Ier revendique et qu'il va importer en France. Jusqu'à la fin, et malgré les épreuves, cela lui permettra de tenir son peuple sous le charme.

Sa haute taille, sa séduction naturelle, son intelligence, son goût vont composer un condensé de qualités extérieures et intérieures qui, en plus du roi qu'il est par essence, vont faire aussi de lui un roi par existence. C'est tout cela que le pape vient publiquement de reconnaître.

Le maître de la France et le successeur de saint Pierre se sont croisés à trois reprises. La première au sacre de Charlemagne à Paris, en l'an 800 ; la seconde lors de la négociation du Concordat à Bologne ; la troisième lorsque Napoléon sera sacré empereur. Trois papes, trois souverains, trois grandes histoires, dont la mémoire populaire devait garder le souvenir.

Le spectacle prend fin avec l'échange des cadeaux. Le pontife offre au roi de France un somptueux crucifix en or et une copie du *Laocoon* du Vatican que le sculpteur Jacopo Sansovino vient de réaliser. Ce groupe antique majeur, sculpté au Ier siècle avant Jésus-Christ mais découvert seulement en 1506, va révolutionner l'esthétique du temps et importer directement en France l'art de la Renaissance.

Avant son départ, François confie à Boissy la mission de négocier la suite : « Vous êtes maintenant avec les loups ! » Pour lui, au terme de ce périple, il se considère comme deux fois adoubé par Dieu. Ceci explique peut-être que, sur une clé de voûte du château de Chambord, est sculptée à l'envers une fleur de lys, dont la présence a longtemps intrigué les historiens d'art. Si celle-ci est ainsi présentée, c'est parce qu'elle ne peut être vue que du ciel, c'est-à-dire par Dieu, symbole d'un échange direct entre lui et le premier roi de la Chrétienté.

Une grande partie des entretiens que François Ier a tenus, à Bologne, avec le pape Léon X avait pour but « d'arracher cette épine enfoncée dans l'œil de l'Église » : la Pragmatique Sanction de Bourges, signée par Charles VII en 1438. De quoi s'agissait-il ? D'un texte, inspiré au roi par un clergé gallican, qui, entre autres, avait réduit considérablement les pouvoirs du pape sur l'Église de France, en particulier celui de nommer aux principaux bénéfices ecclésiastiques les évêques et les abbés. Pour cette raison, cette ordonnance était considérée par Rome comme une « exécrable hérésie » ou une « pestilence diabolique ». Conséquence, aussi, du concile de Bâle, qui affirmait la supériorité des conciles sur le pape, elle institua non seulement l'élection des évêques et des abbés, mais encore le priva des « annates », le revenu d'un an que devait au pontife tout nouvel évêque et tout nouvel abbé. Cet épisode, en fait, n'avait été qu'un des multiples conflits entre la papauté et le royaume de France qui, depuis Philippe le Bel, viraient souvent à l'orage.

Après être convenus tous deux « qu'au lieu d'icelle, on fît un concordat qui serait semblable », le roi et le pape s'en étaient retournés, le premier en France, le second à Rome, laissant leurs conseillers continuer la négociation, bien que l'un comme l'autre eussent des intérêts différents au règlement de cette question. Un accord fut trouvé au bout d'une année de finasseries théologiques, politiques et diplomatiques : la Pragmatique Sanction était abolie et un nouveau système, le Concordat, était mis en place, plus favorable à la souveraineté royale. Celui-ci édictait que les élections dans le clergé étaient désormais interdites et que, si le pape conservait, pour la forme, le droit d'intronisation, le roi de France gagnait celui de nomination. Personne ne perdait donc la face, l'un et l'autre conservant l'autorité sur le clergé. Par un système qui allait durer jusqu'à son abolition, sous la Révolution, puis renaître ensuite sous Bonaparte et définitivement disparaître avec les lois de séparation de l'Église et de l'État, au début du XXe siècle, le roi de France détenait désormais une autorité absolue sur dix archevêchés, quatre-vingts évêchés, cinq cent vingt-sept abbayes et un millier de prieurés, constituant les deux cinquièmes de la richesse foncière de la France.

De facto, le Concordat instaure la totale soumission du clergé de France au roi, ou mieux, sa « fonctionnarisation ». Comme l'armée, l'Église de France est en effet totalement soumise à l'autorité d'un roi qui, par le sacre, porte le titre de « Très-Chrétien » et de « représentant de Jésus-Christ sur la Terre », et qui, désormais, nomme ou révoque, en un mot dispose de ses membres, tout en obtenant d'eux les emprunts dont il aura besoin et qui lui sont acquis d'avance ! De surcroît, ladite Église tenant à peu près tout dans le royaume, celui qui la contrôle contrôle tout. François Ier l'a compris avant tout le monde, à moins que son chancelier, Duprat, ne le lui ait expliqué.

Ce dernier, au passage, glane sa récompense en se

faisant attribuer l'archevêché de Sens et la riche abbaye de Saint-Benoît-sur-Loire, prouvant que seule compte à présent la faveur royale. Enfin, en écartant le gallicanisme, le roi plaît à un pape dont il a besoin pour accroître son influence en Italie où, ayant « digéré » le duché de Milan, il convoite à présent le royaume de Naples, qu'il ne peut avaler qu'avec son aide.

Mais cette mise au point ne suffit pas. Il faut dès lors enregistrer ce Concordat axé autour de trois bulles, *Pastor Aeternum*, *Divina orividente gratia* et *Primitiva Illa Ecclesia*, fulminées le 6 août 1516 et ratifiées par le concile du Latran le 19 décembre suivant. Cette tâche revient au Parlement de Paris, sans l'aval duquel le Concordat ne pourra s'appliquer en France. À cet effet, le 2 février 1517, le roi, fort désireux que « ce qui a été fait en Italie ne sera pas défait en France », se rend devant les conseillers du Parlement de Paris, auxquels le chancelier Duprat débite la harangue d'usage.

Mais, au nom des vieilles traditions gallicanes dont ils se sont faits les protecteurs, les conseillers laissent traîner les choses. Une longue négociation commence alors entre le souverain et les parlementaires, controverse à laquelle l'Université prend part, puisque c'est elle qui forme les clercs. Cela suscite le mécontentement des étudiants contre le pouvoir en place, mais François Ier affirmera davantage son pouvoir et cassera les résistances.

Les parlementaires, en effet, comprennent parfaitement qu'après la vassalisation de l'Église de France, c'est la leur qui est à présent en jeu. S'ils autorisent le roi à devenir le chef virtuel de l'Église et à retirer à celle-ci son autonomie face au pape, qu'en sera-t-il de la leur propre ? Et comment seront traités les nombreux conflits entre l'Église de France et la Curie romaine ? Comme ils ne peuvent exister qu'en s'opposant mais ne

peuvent attaquer frontalement le roi, ils choisissent de
laisser pourrir la situation et mettent dix fois plus de
temps à étudier les textes apportés de Rome qu'il ne
leur en faut véritablement. À plusieurs reprises,
François Ier leur envoie des émissaires, d'abord le chancelier Duprat, puis l'oncle du roi, le bâtard de Savoie, ce
qui a le don de les indisposer, puisque celui-ci est un
étranger. « Quelques-uns parmi vous, sont gens de bien,
mais les autres une bande de fous », rétorque le roi,
admettant difficilement qu'on conteste son autorité, au
nom de l'adage bien connu : « Si veut le roi, si veut la
loi. »

François Ier sait parfaitement que ce n'est pas au nom
de la liberté religieuse – et encore moins de la liberté
démocratique ! – que son Parlement rechigne, mais
pour tenter d'affaiblir la monarchie, ou du moins de la
déstabiliser, comme en 1516 en se permettant des cri-
tiques sur la nouvelle ordonnance des chasses royales.
Ceci en dépit des menaces de Duprat qui avait lancé :
« Obéissez ou le roi ne verra en vous que des rebelles
qu'il châtiera comme les derniers de ses sujets. » Le
Parlement avait obtempéré. En ira-t-il de même avec ce
Concordat qui donne aux parlementaires une occasion
de se gonfler de leur importance ?

Le 24 juillet 1517, le Parlement de Paris, réuni en
séance extraordinaire, décide que l'enregistrement de
la bulle est impossible tant que l'Église de France n'a
pas été consultée. On reporte donc *sine die* le règlement de la question, sans se compromettre sur le fond,
puisque seul un concile peut trancher. Fureur du roi
qui apprend la nouvelle en Normandie et retourne aussitôt à Amboise pour consulter Duprat. Le chancelier
somme le Parlement de donner ses raisons. Celui-ci

s'exécute en adressant un indigeste mémorandum de cent seize articles.

Duprat récuse un par un lesdits articles, espérant retourner la situation au profit de son maître. Mais ce dernier décide d'user de la manière forte en convoquant à Amboise les auteurs du texte, Verjus et Loynes. Le 28 février 1518, ils essuient une véhémente diatribe, dans laquelle le vainqueur de Marignan rappelle hautement qui est le maître et qui sont les sujets. Comme le rapporte un chroniqueur : « Il coléra aigrement, qu'il n'y auroit qu'ung roi en France. » Il les congédie ensuite d'un mot qui fera date : « Allez, partez demain et qu'il n'y ait faute ! Allez, partez de grand matin ! », tout en les menaçant de les faire pendre s'il les revoyait le lendemain. Il laisse entendre aux autres qu'il est facile de supprimer le Parlement de Paris et de le remplacer par une cour dont seul le roi nommerait les membres. La question donne à réfléchir, et la résistance finit par mollir.

Moins d'un mois plus tard, le 22 mars, le Parlement capitule en enregistrant la bulle, certes à son corps défendant – « *de expresso mandato regis, iteratis vicibus facto* » – mais de la façon la plus légale, tandis que les étudiants parisiens continuent de manifester, avant, eux aussi, de cesser le combat sous la menace des arrestations. Ordre est ensuite donné de « porter défense aux recteurs, membres et suppôts de l'université de Paris, de tenir des assemblées et de s'intégrer dans les affaires de l'État, sous peine de bannissement et de confiscation des biens ».

« À bon entendeur salut ! » ; nul ne bouge et ne bougera de longtemps sur la montagne Sainte-Geneviève, dans ce Quartier latin de Paris déjà si bouillonnant. Le nouvel Hannibal devient le nouveau Constantin, celui qui connaît le succès sur tous les fronts : militaire, religieux et politique. Va-t-il conduire en personne la croisade contre les Turcs, que le pape fait prêcher à Rome cette même année ?

François Iᵉʳ semble plus réticent : à l'heure où son pouvoir se trouve nettement plus affermi, il lui semble risqué d'aller courir vers des aventures qui ont été fatales à d'autres. Un premier pas vers l'absolutisme vient d'être franchi ; ce ne sera pas le dernier. Un second occupe à présent l'esprit du souverain : trouver des subsides pour continuer à financer non seulement ses guerres et son État, mais encore son luxe et ses plaisirs.

Si le vainqueur peut désormais compter sur les revenus considérables du duché de Milan – à condition qu'aucun autre prédateur ne le lui vole entre-temps –, il lui faut de plus en plus de ressources, ne serait-ce que pour rembourser les emprunts considérables auxquels il a eu recours auprès des banquiers, ce qui le conduit à réorganiser progressivement les finances du royaume de France. On le voit ainsi étendre à la Bretagne l'impôt sur le sel, augmenter la taille, prélever le décime sur les revenus du clergé, se saisir des biens de ses sujets morts sans héritier, imposer aux villes des emprunts forcés que la Couronne ne se croit pas toujours contrainte de rembourser, aliéner des pans du patrimoine royal, voire enfin vendre des offices royaux et des titres de noblesse, expédients encore nouveaux mais que ses successeurs allaient développer à l'infini, selon l'adage fameux : « Chaque fois que le roi crée un office, Dieu crée un sot pour l'acheter. »

François Iᵉʳ n'est ni ladre ni intéressé, puisque, probablement, aucun de nos rois ne sera aussi prodigue et généreux. Mais c'est justement pour satisfaire sa prodigalité qu'il a besoin de plus en plus d'argent. Si, en contrôlant toujours davantage l'argent de ses sujets, le roi de France, par ailleurs le premier propriétaire de la nation, accroît *de facto* l'absolutisme de la monarchie, une fonction témoigne de ce nouveau pouvoir, celle de trésorier de l'épargne. Fondée au printemps de l'année 1523, elle relève du roi seul. C'est désormais son titulaire qui, à la tête d'une importante administration, perçoit la totalité des revenus de la Couronne et en effectue les dépenses. Comme pour le Concordat, il y a bien là une reprise en main de l'initiative royale et, par là même, une nouvelle marche franchie dans la montée en puissance de l'absolutisme. Au même moment, cependant, le roi institue les premières rentes sur l'Hôtel de Ville garanties par la Couronne, qui vont puissamment contribuer à accroître la fortune de la bourgeoisie parisienne.

Le moine napolitain Pacello
anticipe le jardin à la française

L'invasion de l'Italie par Charles VIII en 1494 va
être le prélude à soixante années de présence française au-delà des Alpes. Louis XII et François Ier en
tireront tous les fruits. L'Italie, avec ses familles
fortunées et ses élégantes villas près de Florence, de
Rome ou de Venise, a tant frappé l'imagination des
conquérants qu'ils reviennent vers leur val de Loire
avec des rêves de magnifiques jardins, plantés
d'essences exotiques et ornés de milliers de fleurs.
S'intéresser à la campagne n'est pas encore une
noble préoccupation. Pourtant, les premiers dessins
de Léonard datés de 1473, qui reproduisent le paysage toscan de son enfance, vont renverser la mode.
À partir de ce «premier dessin de paysage de l'art
occidental», la nature et les scènes de la vie rurale
envahissent la peinture. Maîtriser l'art des jardins a
toujours été l'obsession des princes, puisque leur
esprit est exercé à un perpétuel réaménagement du
monde selon leur goût et à une gestion du territoire
selon leurs intérêts. C'est grâce au cardinal Georges
d'Amboise que la France connut cet homme extraordinaire qui, en plus d'être un immense jardinier,
était un formidable ingénieur hydraulique. Il s'appelait Pacello da Mercogliano, et Charles VIII, tout
d'abord, lui demanda de réaliser un exploit : élever
l'eau de la Loire jusqu'aux jardins suspendus et aux
parterres de la terrasse du château royal d'Amboise.
Antonio de Beatis, secrétaire du cardinal d'Aragon,
a visité le «jardin haut» et le «jardin bas», dit
aussi «jardin de la reine». Voici son témoignage :
« J'ai vu beaucoup de citronniers et de grands oran-

gers qui donnaient d'assez bons fruits, mais dans des caisses de bois pleines de terre ; l'hiver on les abrite sous une grande loge couverte qui les préserve de la neige et des vents pernicieux. Cette loge est dans les jardins : au-dessus sont les appartements du prêtre jardinier à qui cette fonction a rapporté de bons bénéfices et qui est devenu riche, comparativement à ce qu'il était. On voit encore beaucoup de plantes et d'herbes à mettre en salade, des endives et des choux aussi beaux que ceux de Rome. » Après la mort de Charles VIII, Pacello continue d'être employé par Louis XII à Blois. À l'orée du règne de François Iᵉʳ, il a déjà signé l'environnement vert qui plaît tant au roi chevalier. À son actif, les magnifiques jardins du château de Gaillon pour Georges d'Amboise et un nouvel agencement des parterres dans une symétrie harmonieuse avec la façade du château. Ces plans dessinés, dont la rigueur, la grandeur et la douceur sont remarquables, se retrouvent dans l'ouvrage de Jacques Androuet du Cerceau, *Les Plus Excellents Bastimens de France.* Pacello, quoique venu de Naples, est l'esprit fondateur du jardin à la française. Il joue sur le végétal et sur l'eau, présente les plantes en fonction de leur sens symbolique et de leurs vertus médicinales. Le jardin d'agrément s'orne de nouvelles variétés et devient un jardin de la découverte. On doit ces nouveautés au retour des grands navigateurs qui rapportent arbres inconnus, essences ignorées ou fruits exotiques.

François Iᵉʳ est intrigué lorsqu'on lui raconte que les marins, durant les grandes traversées, mâchent les feuilles du thuya parce qu'ils sont persuadés de leur efficacité contre le scorbut. Comme cet arbuste reste vert toute l'année, les Indiens le surnomment

« l'arbre de vie ». Il arrive intact en France et est offert au roi à Fontainebleau. François Ier, plein d'admiration devant cet arbre resté en mer de longues semaines, le baptise lui aussi l'arbre de vie. C'est la première essence importée d'Amérique.

François Ier ayant encouragé la culture des pruniers d'Asie Mineure que Soliman lui a offerts, une culture des mots et des expressions familières se développe autour de la reine-claude, comme nous le rappelle Alain Baraton, le roi des jardiniers. Ainsi est née l'expression « donner à manger des prunes aux pourceaux », pour dire qu'on en fait trop, ou encore celle bien connue : « compter pour des prunes ». Quand on découvre les vertus aphrodisiaques de l'artichaut, apparaît l'expression « un cœur d'artichaut ». Une complainte est même composée à ce propos : « Artichaut, artichaut, pour avoir le cœur et le cul au chaud. » Ainsi s'explique la composition des tableaux d'Arcimboldo où les éléments du visage sont constitués de fruits et de légumes si divers. Au XVIe siècle, la tomate, originaire des Andes, arrive en France et porte plusieurs noms : pomme d'or, pomme d'amour, pêche de loup, pomme du Pérou ou même pomme du diable. Mais on ne la consomme pas encore car on la croit toxique. Elle est utilisée comme plante décorative. Ainsi la Touraine recevant les présents des voyageurs devient le jardin de la France : un éden de l'art de vivre où l'on parle le plus beau « françois » tout en y goûtant les saveurs venues d'ailleurs.

11

François et Françoise

Au lendemain du succès du Concordat, le 25 avril 1518, la fête bat une nouvelle fois son plein au château d'Amboise où l'on célèbre, avec un faste exceptionnel, le baptême du dauphin de France, prénommé François comme son illustre père qui baigne depuis trois ans dans un véritable « état de grâce ». Aux victoires militaires il a ajouté les victoires politiques de la conclusion des traités de paix et du Concordat. C'est pourquoi le roi a voulu que cette fête soit la plus belle possible : toute la cour du château est tendue de tapisseries illustrant la destruction de Troie et la prise de Jérusalem, tandis qu'un pont, conçu par Léonard de Vinci, a été construit pour relier la chapelle du château à la salle des banquets. De nombreux princes ont répondu à l'invitation du roi de France pour assister à la cérémonie. Le duc de Guise, le duc d'Albany, le prince d'Orange et le marquis de Mantoue, somptueusement vêtus, tiennent chacun un coin du drap d'or qui supporte le royal nourrisson, comme une image de l'Europe réunie, puisque le premier est un Lorrain, le second un Écossais, le troisième un Flamand et le quatrième un Italien. Et que dire du parrain, représenté par son neveu Laurent II de Médicis, qui n'est autre que le pape Léon X lui-même !

Magnifique journée de printemps, pendant laquelle, après la cérémonie célébrée par le cardinal de Boisy assisté d'une nuée d'archevêques et d'évêques, les dames de la cour, surchargées de joyaux et vêtues de leurs plus beaux brocards, font grande figure, en particulier les trois premières, Louise de Savoie, Marguerite d'Angoulême et Claude de France, respectivement la mère, la sœur et l'épouse du roi, marchant en tête du plus somptueux des cortèges, quittant la chapelle palatine pour rejoindre l'immense salle des banquets où cuisiniers et serviteurs s'affairent pour créer une ambiance de plaisir et de rêve. Pendant plusieurs heures, les convives festoient, à commencer par le roi qui ne cache pas sa joie d'être père d'un vigoureux fils et successeur, dont il ne doute pas une seconde qu'il pérennisera la gloire de la Maison d'Angoulême, montée avec lui sur le trône, pour, il n'en doute pas, des siècles et des siècles. Le banquet achevé, le bal peut commencer, et les musiciens entrent en lice, tandis que branles et gavottes font sauter et tournoyer les courtisans. Assis sur son trône à côté de la reine, François Ier observe l'assistance, lorsqu'une apparition céleste paraît dans son champ de vision.

Une jeune femme d'une merveilleuse beauté évolue parmi les danseurs et, très vite, tous les hommes présents n'ont d'yeux que pour elle. Sa robe laisse voir une taille admirable et un décolleté profond ; ses longs cheveux noirs enserrés dans une résille d'or encadrent un visage à l'ovale parfait, où brillent de splendides yeux bleus en amande aux nuances violettes. Subjugué, le roi la suit du regard sans pouvoir comprimer les battements de son cœur qui accélèrent au passage de cette déesse inconnue à la peau ambrée, à la bouche mutine et au sourire ensorceleur, comme tout droit sortie d'un tableau de Botticelli.

« Qui est-ce ? demande-t-il, stupéfait, à l'un de ses chambellans debout auprès de lui.
– La comtesse de Châteaubriant, Sire. »

Née Françoise de Foix en 1494, la comtesse partage avec le roi le privilège d'avoir le même âge. Elle a été élevée à la cour d'Anne de Bretagne, dont elle est la proche parente, la mère de la future épouse de Charles VIII et de Louis XII étant issue de la même maison. Elle y a reçu une excellente éducation, certes un peu rigide, mais qui a fait d'elle une femme accomplie et lettrée, capable d'occuper la première place. Elle n'avait pas douze ans que Jean de Laval, comte de Châteaubriant, qui en avait vingt, s'en éprit furieusement et l'enleva un beau jour, pour l'épouser, sans l'autorisation de sa famille qui dut s'incliner, une fois qu'il lui eut ravi sa virginité. « Quoi qu'elle sortît à peine de l'enfance, écrivit alors un chroniqueur, et qu'elle ne fust que sur sa douzième année, sa beauté estoit si avantageuse et qui se perfectionna de jour en jour ; un air engageant mêlé de fierté et de douceur ; des cheveux noirs et en grande quantité qui relevaient la blancheur et l'éclat de son teint ; tout cela joint à un esprit aysé, juste, fin, de bon sens, qui commençoit à briller, la rendoit la plus rare et la plus belle personne de son siècle. »

Aux yeux de leurs contemporains, ils vivaient, depuis, en bon ménage, comme le dit encore Brantôme à leur sujet : « On tenait grande cour d'amour et grand harroy de bouche en les lyeux les plus retirés des forêts. » Comment, aujourd'hui, n'eût-elle pas retenu l'attention du jeune souverain qui, à sa vue, fut si frappé qu'il composa aussitôt ces vers :

« Car quand je pense au jour où je te vis,
Tous mes pensers jusqu'au plus haut volèrent
Te contemplant, et là ils demeurèrent... »

qu'il signe d'une jolie formule appelée à rythmer leur histoire : « Votre tant vôtre qu'il n'est plus sien ami. »

C'est que, depuis son mariage, la fidélité n'a jamais été son point fort. Certes, il ne se départ jamais de son habituelle courtoisie envers la reine, à qui du reste il continue de faire des enfants d'une façon métronomique. Mais, parallèlement, il trousse allégrement toutes celles qui s'offrent lui, à la condition qu'elles soient jolies et consentantes. Après ses exploits sans nombre à Paris et à Milan, il a été, à Amboise, l'amant de la jeune Marie Babou de La Bourdaisière. Celle-ci aura su le faire patienter trois années, et l'on comprend que c'est pour elle qu'il composa ce poème :

« Où êtes-vous allées, mes belles amourettes ?
Changerez-vous de lieu tous les jours ?
À qui dirais-je mon tourment et ma peine ?
Rien ne répond à ma voix,
Les arbres sont secrets, muets et sourds.

Où êtes-vous allées, mes belles amourettes ?
Changerez-vous de lieu tous les jours ?
Ah ! Puisque le ciel veut ainsi
Que mon mal je regrette,
Je m'en irai dedans le bois

Conter mes amoureux discours
Où êtes-vous allées, mes belles amourettes
Changerez-vous de lieu tous les jours ? »

La rumeur publique n'attribue-t-elle pas au jeune roi… vingt-sept maîtresses en même temps, dont s'occupe pour lui la dame Cécile Ciefville, qui, à la cour, joue le rôle de mère maquerelle ? Le chiffre est probablement exagéré, puisque l'intéressé lui-même n'en avoue que trois dans ce poème dont il est l'auteur :

« D'en aimer trois, ce m'est force et contrainte.
L'une est à moi trop pour ne l'aimer point,
Et l'autre m'a donné si vive atteinte,
Que la plus fuis, plus sa grâce me point.
La tierce tient mon cœur uni et joint,
Voire attaché de si près au mien,
Que je ne puis et ne veux n'estre point sien.
Ainsi Amour me tient en ses détroits
Et me soumet à toutes vouloir bien.
Mais je sais bien à qui le plus des trois. »

Tout cela n'en demeure pas moins révélateur de la personnalité d'un homme considéré comme insatiable par ses contemporains. L'un dit un jour joliment qu'en lieu et place de la salamandre, il eût mieux fait de choisir le phénix pour emblème, puisque celui-ci renaît toujours de ses cendres, comme l'inextinguible désir d'amour du roi dans une même nuit. Brantôme est intarissable lorsqu'il évoque ses amours : « J'ai ouy parler que le roy François une fois voulut aller coucher avec une dame de sa cour qu'il aimoit. Il trouva son mary, l'espée au poing pour l'aller tuer ; mais le roi luy porta la sienne à la gorge et luy commanda sur sa vie de ne luy faire aucun mal, qu'il le tueroit ou qu'il luy feroit trancher la teste ; et pour cette nuict, l'envoya dehors et prit sa place. J'ai ouy dire que non seulement cette dame, mais plusieurs autres obtinrent pareille sauvegarde du roy. »

Mais, aujourd'hui, celle qu'il désire est Françoise de Châteaubriant. Son impatience est telle qu'il hâte son mari de la conduire à sa cour, puisque, après les fêtes où le roi l'a vue, Jean de Laval s'est empressé de la ramener dans leur château. Selon son biographe, Varillas, qui rapporte l'anecdote, le roi lui fait savoir à plusieurs reprises le plaisir qu'il aurait à voir son épouse. Mais Laval élude sans cesse, multipliant les prétextes pour la laisser où elle se trouve, tout en promettant à son maître de lui écrire. Ne voyant rien venir, François Ier achète un de ses domestiques qu'il charge de percer le secret du couple. L'homme apprend qu'avant de se séparer le comte de Châteaubriant a fait savoir à sa femme que, même s'il lui écrivait pour la prier de le rejoindre, elle devait se garder de le faire, sauf si la missive était accompagnée d'une certaine bague qu'il lui montra. Grâce à l'espion, la bague est subtilisée et copiée, tandis que François Ier réitère sa demande auprès de son féal qui, avec la même hypocrisie, écrit devant lui à sa femme.

Le roi lui demande ensuite qu'on lui confie cette missive afin qu'un de ses coursiers la porte. On devine la suite : à celle-ci est jointe la copie de la bague, ce qui explique pourquoi, quelques jours plus tard, la belle Françoise arrive à Amboise, sans doute ravie de quitter sa solitude, mais provoquant la perplexité de son mari devant le dédoublement de son sceau.

Aussitôt le roi entreprend de séduire celle qui devient l'une des dames d'honneur de la reine. Il lui offre maints cadeaux accompagnés de poèmes écrits de sa plume, tel celui-ci :

« Afin que tu saches ma douce ardeur contrainte,
La plume est prise en laissant toute crainte,
La main royale, en délaissant le sceptre,
Ne pensant point qu'offensée peut-être

En cet endroit la mienne autorité.
Car quand je pense au jour où je te vis,
Tout le premier qu'il me fut bien avis
Connaître en toi plus que ne peut nature.
Assez de gens prennent leur passe-temps
En divers cas et se tiennent comptant ;
Mais toi seule es en mon endroit élue,
Pour réconfort de cœur, corps et vue.
Dont pour la fin te supplie et exhorte
En mon endroit demeure ferme et forte.
En ce faisant ne fut dessous la lune
De deux amants plus heureuse fortune. »

À sa grande satisfaction, le siège n'est pas long, non parce que celle qui, comme pour effacer l'existence de son mari, signe désormais ses réponses au roi de son nom de jeune fille est ambitieuse, mais parce qu'elle tombe rapidement sous le charme du souverain.

Certains ont émis des doutes sur l'empressement de la comtesse. Mais n'occupe-t-elle pas déjà la place d'honneur, à côté du roi, pendant la fête qui suit le mariage de Laurent de Médicis et de Madeleine de La Tour d'Auvergne, le 2 mai 1518, à Amboise, soit trois jours à peine après le baptême du dauphin où il l'a rencontrée ? Et ne fait-elle pas partie de la suite de la reine dans le voyage en Bretagne qui suit ? Elle n'aura eu nullement à contraindre ses sentiments pour se donner à lui. Au reste, en prologue d'une liaison passionnée qui va durer dix années, elle lui confie en vers :

« Pour mourir ne voudrais dire
Ce que je veux maintenant révéler,
C'est qu'il te plaise de garder mon honneur,
Car je te donne mon amour et mon cœur. »

Il ne reste qu'à éloigner le mari qui, au début, accepte mal les cornes dont le roi le coiffe, avant de comprendre que son intérêt est d'accepter les faits. Les Bretons ne rechignent-ils pas à payer l'impôt ? On l'expédie à Nantes, avec mission de les convaincre, avant de lui confier le commandement d'une compagnie de quarante hommes d'armes et celui de la place de Dinan.

Il n'est pas le seul bénéficiaire des largesses du souverain. Les trois frères de Françoise, le vicomte de Lautrec, le comte de Lescun et le comte de Lespare, montent en grade dans l'armée, le premier surtout, promu maréchal de France.

Quant à Françoise elle-même, elle accède bientôt à la prestigieuse fonction de dame de compagnie de la reine, avec laquelle elle passe désormais beaucoup de temps.

En ne cachant pas sa liaison, mieux, en plaçant sa bien-aimée au premier rang, François Ier ravive une tradition qui n'est pas seulement galanterie, mais encore signe de haute civilisation, puisqu'elle consiste à porter la femme au pinacle en la mettant en évidence. N'a-t-il pas, un jour d'inspiration, rendu hommage à celle qui fut l'une des premières maîtresses royales de l'histoire de France, Agnès Sorel, preuve, si nécessaire, de sa volonté d'imiter Charles VII et de pérenniser la plus agréable des traditions ?

> « Gentille Agnès, plus d'honneurs tu mérites,
> La cause étant de France retrouver
> Que ce que peut dedans un cloître ouvert
> Close nonnain ou bien dévot ermite. »

N'a-t-il pas encore annoncé, après son couronnement, qu'il voulait une cour brillante et emplie de femmes, car, selon lui, « une cour sans femmes est une année sans printemps, un printemps sans roses » ? Et enfin n'a-t-il pas, si l'on en croit Brantôme, mis en garde ses courtisans en annonçant que « quiconque toucherait à l'honneur des dames serait pendu » ?

Ainsi la femme tire-t-elle l'homme par le haut. Et dans ce rôle, la comtesse de Châteaubriant excelle, elle « la mye du roy » qui, éclipsant la pâle reine Claude, ouvre le long cortège des favorites qui ne sera clos, deux siècles plus tard, qu'avec Mme de Pompadour. Ainsi elle fait sensation, le 11 juillet 1516, « vêtue d'une robe de velours moiré cramoisi, entièrement parée de chaînettes d'or entrelacées d'argent », comme le rapporta un ambassadeur.

À la cour, chacun s'empresse d'imiter le roi, comme nous le dit le chroniqueur Sauval remarquant qu'un homme sans maîtresse risque la défaveur royale, tout autant que celui qui, en présence du souverain, ne débiterait pas quelque galanterie.

Tout allant pour le mieux dans le meilleur des mondes, c'est en vers, le jour, que François et Françoise prolongent, l'un et l'autre, leurs ébats nocturnes, peut-être, comme certains l'ont suggéré, avec l'aide de quelque plumitif plus ou moins obscur ou célèbre. On cite notamment Clément Marot :

> « Assez de gens prennent leur passe temps
> En divers cas et se tiennent contents
> Mais toi seule es en mon endroit élue
> Pour réconfort de cœur, corps et vue. »

Elle répond :

> « Si à me voir bien souvent tu labeures,
> Crois pour certain qu'il n'est moment ni heures,
> Si j'osais partout t'aller chercher,
> Je le ferais, tant je t'aime et te tiens cher.
> Et je te parle privément, car je sens
> En ta personne tant d'honneur et de sens

Ou encore :

> « La grande douçeur qu'est de ta bouche issue,
> La belle main blanche qui a tissue
> Une épître qu'il t'a plu m'envoyer
> A fait mon cœur de joie larmoyer.
> Il était déjà de ton amour épris,
> Mais maintenant il est saisi et pris,
> Tant qu'il n'est plus possible qu'on efface
> Ta grande beauté – que veux-tu que je fasse ? »

Ou encore, lorsqu'au début de leur liaison ils voulurent que celle-ci restât secrète :

> « Que pour mourir ne voudrais déceler
> Ce que te veux maintenant révéler :
> C'est qu'il te plaise garder mon honneur,
> Car je te donne mon amour et mon cœur. »

La belle comtesse, toutefois, est-elle si persuadée qu'elle est maîtresse de la place ? Elle est certes vêtue de somptueuses robes de brocart d'Italie que le roi lui offre et la reine des fêtes de la cour. Mais elle n'ignore pas que de nombreuses rivales n'hésitent pas à s'offrir au vigoureux souverain, d'où ces inquiétudes :

> « Car j'ai grand'peur que tu commences
> À te servir des ailes d'inconstance… »

Auxquelles il répond :

> « Si mon regard s'adresse à autre dame,
> Souvent au lieu où vous êtes présente,
> Ce n'est pourtant que je sente autre flamme. »

François est-il sincère ou cherche-t-il à rassurer son amie ? Il est toujours très difficile de répondre à cette question, lorsqu'on connaît la propension du roi à jouir de toutes les femmes et les facilités de rencontre que suscitent ses voyages permanents. Elle, de son côté, lui est-elle fidèle ? Brantôme raconte que, pour se venger du roi, elle se serait, un jour, donnée à Bonnivet, le meilleur ami de son amant, mais que celui-ci étant entré dans sa chambre à l'improviste, elle poussa l'amiral dans la cheminée et le cacha derrière les branches d'arbres dont elle était décorée. Le roi ayant résolu de passer la nuit chez sa belle, le malheureux demeura donc plusieurs heures dans cet antre inconfortable et dut même subir, au petit matin, l'arrosage de son souverain, satisfaisant, dans la cheminée, un besoin naturel. Tout cela sent un peu trop son Boccace pour être crédible ! Quoi qu'il en soit, Françoise de Châteaubriant est autant un objet de plaisir qu'une confidente du souverain. Non qu'elle se mêle de politique – François Ier ne l'eût jamais toléré –, mais elle sait l'amuser par ses mots d'esprit, le délasser des soucis de l'État. Et c'est inlassablement qu'ils continuent à s'écrire ou à galoper de conserve, les jours de chasse, même si c'est alors habillée en petit page que Françoise l'accompagne !

Une seule ombre à cet amour pleinement vécu, l'hostilité que porte à la comtesse de Châteaubriant Louise de Savoie qui se comporte en mère abusive, comme jadis Blanche de Castille avec Louis IX. D'où ce dialogue fameux rapporté par Brantôme :

> « Mon fils qui estes promis au plus haut destin, comment pouvez-vous vous comporter comme un vilain n'oserait le faire ?
> – Ma mère, j'ai conviction que vos intentions sont les meilleures du monde quand vous portez de mauvais jugements sur certains de mes actes, mais je vous répondrai qu'un roi, fût-il, comme vous le

dites, promis à un destin supérieur, est aussi un homme. Comme tel, il lui appartient de se délasser des affaires de l'État en sacrifiant, quand il le peut, à son bon plaisir. Or donc, la comtesse de Château-briant est l'ornement de ce bon plaisir et je ne vois nulle raison de renoncer à en tirer quelque parti ! Et puis ne suis-je point votre fils ? Mes faiblesses ne sont-elles pas parmi les dons que vous m'avez octroyés à ma naissance ? »

Mais où est donc passée
***La Joconde nue*, chef-d'œuvre**
de la sensualité ?

On sait combien est ardent et sensuel l'amour de
François Ier pour les femmes. Mais il est aussi
d'ordre artistique. Toutes les femmes aimées du roi
chevalier étaient des peintures vivantes, et l'on
comprend son émoi lorsqu'il voit apparaître
Françoise de Foix, comtesse de Châteaubriant. Elle
est d'une beauté éclatante, grande, brune et altière.
Elle est sans conteste un chef-d'œuvre de la nature :
des cheveux de jais, des yeux en amande, une
bouche charnue, un corps de déesse. De ce roi aussi
séducteur que séduisant, elle sera le grand amour de
1518 à 1528, dix ans de passion, de poésie, de sensualité. Le roi aime tant les femmes qu'il peut aussi
tomber amoureux de la figure féminine d'un tableau.
Amant ardent dans la vie, il est aussi amoureux virtuel. Ainsi en sera-t-il pour lui dès qu'il aura posé les
yeux sur Mona Lisa. Il n'aura plus qu'une seule
idée : acquérir ce portrait auprès de son vieux maître.
Mais a-t-il vu vraiment la *Mona Vanna* et connu la
beauté de son buste dénudé ?

Où est-elle donc passée, cette seconde *Joconde*,
celle qu'on appelle la *Mona Vanna*, cette *Joconde
nue* aujourd'hui disparue, dont Carlo Pedretti, le
spécialiste mondial de Léonard de Vinci, certifie
l'existence ? Il semble qu'il s'agisse d'une maîtresse
de Julien de Médicis peinte par Léonard à Rome,
dans les deux années qui précèdent son voyage en
France. Laissé probablement inachevé et emporté en
France, le portrait est signalé à Cloux par Antonio de

Beatis en 1516. Après cette date, *La Joconde nue*
disparaît à jamais… On connaît cependant l'esquisse
de ses traits à travers un certain nombre de copies.
Elles montrent toutes l'audace nouvelle de Vinci : il
peint d'inattendus portraits de femmes entièrement
nues. Cette innovation va conquérir l'esprit de la
Renaissance, de *La Fornarina* de Raphaël jusqu'aux
portraits féminins nus en buste qui abondent dans le
nord de l'Europe au XVIe siècle. On la retrouve dans
les œuvres de l'école de Fontainebleau.

Cette *Joconde nue* exprime aussi le désir ardent
d'un homme puissant, Julien de Médicis. Il est le
prince de l'hédonisme, dominant la brûlante cour
de Rome et paraissant maîtriser ses tentations.
Cependant… un écrivain de qualité, Baldassare
Castiglione, en avait fait le défenseur opulent et le
héraut chanceux de l'amour sensuel, repoussant aux
lisières du désir, au pays des ombres froides, les
idées néoplatoniciennes sur l'amour. C'est peut-être
dans *Le Traité de la peinture* de Léonard de Vinci
qu'on approche au plus près le secret de *La Joconde
nue*. Léonard y livre de stupéfiants aveux : une fois
le tableau achevé, l'être réel qui inspire la toile reste
plus puissant que l'œuvre, comme s'il parvenait à
imposer, malgré la force de l'art, la primauté du
modèle. « Le peintre contraint les esprits des
hommes à tomber amoureux et à aimer une peinture
qui ne représente aucune femme vivante. Et il m'est
arrivé de faire une image à sujet religieux, achetée
par un amant qui voulait en faire ôter les attributs de
la divinité pour pouvoir l'embrasser sans reproche ;
mais à la fin le respect vainquit les soupirs et le désir,
et il dut ôter l'image de sa maison. »

12

La chimère impériale

Le 18 juin 1519, à Francfort, sur le Main, en Allemagne, la prospère bourgade marchande, proclamée ville libre depuis 1220, connaît à nouveau la fièvre des jours d'élection. Depuis 855, en effet, c'est en son sein que sont désignés les empereurs d'Allemagne, ce qui donne un prestige supplémentaire à ces bourgeois aisés, richement installés dans ces hautes maisons à pans de bois sculpté, qui s'octroient ainsi un petit air aristocratique qu'on ne trouve nulle part ailleurs. Fière d'abriter de surcroît la célèbre foire du livre – ne fut-ce pas en ses murs que Johannes Gutenberg a développé l'imprimerie, quelques années auparavant ? –, Francfort sait qu'elle va vivre un grand moment d'histoire. Comme à Rome devant le Vatican, à chaque élection pontificale, on attend de savoir quel nom sortira du chapeau et qui, du roi de France, François, ou du roi d'Espagne, Charles, va être élu. Tous deux aspirent en effet à la fonction prestigieuse d'empereur du Saint Empire romain germanique, qui fera du gagnant l'héritier des Césars et le maître d'une mosaïque d'États regroupant une grande partie de l'Europe centrale et de l'Est.

Une fois entendue la messe du Saint-Esprit dans la cathédrale, flanqué chacun de leur pompeux cortège de conseillers, de serviteurs et, pour les civils, de gens d'armes, les Grands Électeurs s'enferment pour un copieux déjeuner, suivi d'une longue, très longue réunion, dont il ne filtre rien, mais que les privilégiés devinent très animée et pleine de tensions.

Va-t-on connaître le résultat dans la soirée ? Non, et pas même le lendemain, puisqu'il va leur falloir dix jours pour se mettre d'accord, dix jours de discussions, d'éclats et parfois même de querelles. Le problème, en fait, est que les sept hommes à présent réunis ne cherchent pas tant à satisfaire l'intérêt général que leur sien propre. Quelle est leur préoccupation ? La géopolitique ? Chercher à distinguer les avantages de l'un ou l'autre des deux candidats ? Tenter de dissocier qui, du roi de France ou du roi d'Espagne, a les plus grandes qualités morales, intellectuelles et humaines pour ceindre la couronne impériale ? Non ! Ils sont en train de… compter l'argent que l'un et l'autre des candidats leur a adressé ! Jamais pareille assemblée ne fut aussi corrompue que celle-ci, qui, du reste ne cherche pas à le dissimuler.

Les motivations des candidats sont-elles plus honorables ? Voire ! Tous deux cherchent la gloire que procure ce titre, un moyen d'étendre leur influence en Europe et une extension de leur domaine territorial destiné à renforcer leur puissance. C'est de la politique ; rien d'autre. Pour Charles, qui tient déjà les Pays-Bas (c'est-à-dire la Belgique et la Hollande actuelles), la Franche-Comté, Naples, les Espagne et l'empire d'Amérique, c'est la conséquence logique de son positionnement stratégique. Pour François, c'est la même chose, mais à l'envers, puisqu'il en va de l'intérêt de la

France que son rival ne cumule pas cette dignité avec ses (trop) nombreuses possessions.

Tout a commencé quelques mois plus tôt, après le voyage en Bretagne. Laissant la reine se retirer à Saint-Germain-en-Laye pour achever en paix sa nouvelle grossesse à l'issue de laquelle naquit son second fils, Henri, le 31 mars, François Ier avait entraîné sa cour sur les chemins, dans l'un de ces incessants voyages qu'il affectionne, avec naturellement la belle Françoise de Châteaubriant. Cette fois, il avait pris le chemin d'Angers et s'y était établi dans l'ancien château du roi René. Ce fut là que lui parvint la nouvelle que l'empereur Maximilien, sentant la mort venir, venait de convoquer une diète à Augsbourg pour préparer sa succession, ou mieux, pour assurer l'élection de son petit-fils, Charles, au trône impérial.

La couronne d'Allemagne, en effet, contrairement à celle de France, n'était pas transmissible de père en fils, mais élective, autrement dit soumise au bon vouloir de sept Grands Électeurs qui, à la mort du titulaire, en disposaient librement, au terme d'une diète, c'est-à-dire, littéralement, une assemblée de chefs. Or ces sept hommes étaient les archevêques de Cologne, de Mayence et de Trêves, le roi de Bohême, le duc de Saxe, le comte palatin du Rhin et le margrave de Brandebourg qui, à l'instar de tous les détenteurs de clés, se voyaient, pendant quelques mois, particulièrement courtisés par les candidats.

Aussitôt, le roi de France, qui se considérait comme le successeur de Charlemagne, avait posé sa candidature et, à cet effet, leur avait dépêché ses émissaires, parmi lesquels le fidèle Bonnivet, sans compter d'autres, déguisés en pèlerins, envoyés en Pologne auprès du roi Sigismond, tuteur du roi de Bohême,

encore enfant. Les instructions étaient claires, promouvoir celui qui se définissait ainsi : « Content de ce qu'il
a plu à Dieu de lui donner, le roi des Chrétiens, qui n'est
mû par aucun motif d'intérêt ni d'ambition, n'auroit
point visé à l'empire qu'il sait lui devoir plus coûter et
peser que profiter, s'il n'y avoit pas été invité par ceux
qui demandent à être défendus, et si son grand désir
d'être utile à la chrétienté ne l'y avoit point décidé. Il est
jeune, à la fleur de son âge, libéral, magnanime, aimant
les armes, expérimenté et habile à la guerre, ayant de
bons capitaines, un gros royaume, plusieurs pays, terres
et seigneuries riches et puissantes où il est aimé et obéi
tellement qu'il en tire ce qu'il veut », ce qui, au fond,
n'était pas faux, lui qu'un chroniqueur décrit ainsi, lorsqu'il reçoit les diplomates étrangers : « Se connaissant
aux choses d'État, patient à entendre tout le monde, se
plaisant à répondre en personne et excellant au conseil.
À quelque ambassadeur qu'il vienne, jamais il n'entend
d'autres paroles que lui et le fait si bien que jamais ne se
repentit. »

Contrairement à ce que l'on pourrait croire, cette
démarche n'avait rien d'insensé. Par ses informateurs,
François Ier savait que Charles de Habsbourg ne faisait
pas l'unanimité, ce qui lui laissait quelque espoir,
d'autant que le pape s'était officiellement déclaré en sa
faveur. Effectivement, la diète d'Augsbourg échoua, et
Charles ne fut pas élu roi des Romains, qui était le titre
de « dauphin » de l'empereur. Cette insubordination
entraîna la mort de l'empereur Maximilien, le 12 janvier
1519, au terme de sa soixantième année. Il recommanda
à ses serviteurs, avant de le mettre en bière, de raser sa
chevelure et d'arracher ses dents.

Voilà la raison pour laquelle la diète, aujourd'hui,
est à nouveau réunie, à Francfort. Il ne s'agit pas,
cette fois, de nommer un héritier, mais bien un succes-

seur, d'où la présence de Bonnivet qui, chaque jour, expédie à François Ier de longs comptes rendus de son action diplomatique.

Chaque candidat fait tresser de nouvelles louanges par ses hommes de main, ne manquant pas de décrier l'adversaire : voter pour François Ier, c'est assurer la prospérité de l'Allemagne, puisque la France est déjà un État prospère, alors que voter pour Charles, c'est installer le désordre puisque ses possessions sont extrêmement distantes les unes des autres, expliquent les Français. Voter pour François, c'est promouvoir un *Welche* (un étranger) à la tête de l'Allemagne, qui multipliera les impôts, alors que lui s'engage à n'en lever aucun de plus, rétorquent les Espagnols !

Au début, tout semble aller pour le mieux. Au fil des jours, de banquet en réunion, le roi de France voit ses chances croître, puisque, après le margrave de Brandebourg, acquis à sa cause depuis le début, lui sont à présent favorables les trois évêques, impressionnés par l'engagement pontifical. D'autant que le pape a promis à l'un d'eux le poste de légat perpétuel pour l'Allemagne. Entre le Main et la Loire, on suppute les voix, et le rêve fou semble se dessiner en faveur du fils de Louise de Savoie, quatre voix sur sept, peut-être cinq, voire six ! La tante de Charles, Marguerite d'Autriche, ne lui suggère-t-elle pas, devant la menace d'un échec, de se retirer au profit de son frère Ferdinand ? Mais c'est mal connaître l'obstination de son neveu, qui ne renonce jamais, même – et surtout ! – lorsque l'enjeu semble compromis.

En attendant, les autres Grands Électeurs font monter les enchères, et l'affaire finit par coûter cher, très cher même, puisque François Ier en serait à... trois millions d'écus dépensés, ce qui le contraint à aliéner des pans entiers de son domaine et à vendre un grand nombre de charges !

Son concurrent n'a guère plus de moyens, mais déniche bientôt un banquier audacieux, Jacob Fugger, qui parvient à réunir davantage de fonds. Au même moment, les émissaires des deux souverains se livrent à une propagande tous azimuts dans laquelle les promesses alternent avec les tentatives de discréditer l'un ou l'autre. À ce jeu, il semble bien que, jour après jour, les hommes de Charles soient plus convaincants que ceux de François, dont on répète à satiété qu'il est plus autoritaire et moins respectueux des coutumes, ce qui n'est pas tout à fait faux. De surcroît, Charles joue aussi sur la corde patriotique, car si rien, dans la bulle d'or régissant les conditions de l'élection, ne stipule qu'il faut être allemand pour ceindre la couronne impériale, il ne manque pas de faire savoir que lui, quand même, est un Habsbourg, en quelque sorte un enfant du pays.

Enfin, il y a, comme toujours, les vindictes personnelles. Le roi de France a négligé l'influence de quelques feudataires plus ou moins indispensables dans le jeu, à commencer par les condottières Robert II de La Marck, pourtant père de son ami Fleuranges, et Franz de Sickingen, qu'il avait certes su acheter mais sans le convaincre tout à fait.

À cause de cela, ce qui était clair au début ne l'est plus guère aujourd'hui et, avec une patience retenue, Charles pousse ses pions sur l'échiquier de l'intrigue. Le voici même aujourd'hui qui contre-attaque en s'attachant La Marck et Sickingen, auxquels il promet son aide effective contre leur ennemi, le duc de Wurtemberg, par ailleurs ami de François Ier.

Appliquant sa logique habituelle, ne va-t-il pas jusqu'à laisser entendre qu'il serait préférable pour les Allemands d'avoir un maître faible, comme lui, qu'un maître fort, comme le roi de France ? Et peu à peu, le doute s'installe dans l'esprit des Grands Électeurs, devant un tel argumentaire écrit par le secrétaire de l'archevêque de Mayence : « Ce qui rend impossible l'élection du roi de France, c'est que le peuple voit toujours en lui un étranger. Outre cela, il gouverne rudement : son sceptre pèse lourdement sur ses sujets. Il est toujours en guerre avec ses voisins, il ne rêve que de batailles » !

Aussi, le 28 juin, dix jours exactement après leur première réunion, les sept Grands Électeurs se rassemblent une nouvelle fois autour de la table, alors bien décidés à trouver une solution, d'autant que Sickingen vient de s'installer aux environs de la ville, à la tête d'une armée de vingt mille mercenaires, dont on perçoit mal les intentions, si ce n'est celle d'intimider l'assemblée. Pour chercher une parade, on propose d'abord de pousser un troisième homme, le margrave de Brandebourg ou le duc de Saxe, mais ce n'est qu'une diversion dont le but est de départager l'archevêque de Trèves, partisan du roi de France, et l'archevêque de Mayence, partisan du roi d'Espagne.

Lassitude ? Pression ? Promesses mieux formulées ? Manœuvre d'intimidation de Sickingen ? Vers dix heures du soir, le vote se porte sur Charles de Habsbourg, roi des Espagne, comte de Flandre et de Hollande qui, de ce fait, devient Charles Quint, à la grande satisfaction, sinon de ses Électeurs, du moins du peuple de Francfort. Dans les grandes villes du Saint Empire, on ovationne aussitôt le nouvel empereur.

Quelques personnalités ne se satisfont cependant pas de cette élection. Martin Luther commente : « L'Allemagne est un bel étalon qui n'a pas de cavalier », tandis que Frédéric III, Électeur de Saxe, lui aussi malheureux prétendant au trône de l'Empire, s'écrie : « Aux

corbeaux, il faut un vautour. » François Ier aura bientôt
l'occasion de se frotter au nouvel élu. Pour l'heure, à
Poissy où il réside alors, il se montre beau joueur et
confie à son entourage qu'il se sent plutôt soulagé
d'avoir échoué, car cet empire qu'il n'a pas su conquérir lui paraît ingouvernable. Puis il part chasser à
Fontainebleau avant d'aller passer la seconde partie de
cette année 1519 et le début de l'année 1520 sur les
terres de son enfance, en Poitou, en Aunis et en Saintonge. Il effectue l'une de ces entrées solennelles
si nécessaires à son image de marque, à Poitiers,
Angoulême, La Rochelle et Cognac où sa mère et sa
sœur reçoivent avec tout le faste possible le « César »
dont elles sont si fières. Le Bourgeois de Paris, fin
observateur, note dans son journal qu'en fait « il fut très
mal content parce qu'il avait brigué pour l'être », tandis
que Louise de Savoie écrit de son côté : « Plût à Dieu
que l'Empire eût plus longtemps vaqué, ou bien que
pour jamais on l'eût laissé entre les mains de Jésus-
Christ, auquel il appartient et non à autre », ou cet autre
chroniqueur évoquant « moins la valeur de l'empire que
celle de la honte » !

Le 22 octobre 1520, dans la cathédrale d'Aix-la-
Chapelle, le nouvel empereur prête serment et, trois
jours plus tard, ceint la couronne du Saint Empire
romain germanique. Le même jour, le grand seigneur
Soliman Ier ceint le diadème d'un autre empire, celui de
Turquie. François Ier n'oubliera jamais cette extraordinaire coïncidence.

Hormis la déception, l'argent gaspillé et l'humiliation
subie, le plus grave reste cette haine farouche que le
nouvel empereur voue désormais à ce roi de France qui
a osé lui contester une couronne qu'il considère comme
appartenant à sa famille, depuis qu'en 1438 s'est éteinte

la dynastie de Luxembourg. Nul n'en doute alors, cette
rivalité, dans laquelle se mêlent ressentiments personnels et intérêts géostratégiques, sera source de guerre
entre les deux nations, car Charles Quint peut à présent
lever des troupes en Allemagne et surtout, en tant que
protecteur de la péninsule italienne, y intervenir quand
il le voudra. Que deviendra, dans ces conditions, le
Milanais ? La situation est, de ce jour, instable ; elle ne
manquera pas d'exploser bientôt, comme chacun s'y
attend désormais, en constatant le progressif encercle-
ment de la France par la puissance Habsbourg, au nord,
à l'est et au sud. La première conséquence de l'échec de
Francfort est donc de consolider les alliances du roi de
France. Déjà, celle du pape est acquise. Reste à s'assurer, c'est plus difficile, celle du roi d'Angleterre, « le
bon frère Henry », à qui François Ier dépêche à présent
son ami Bonnivet pour préparer un traité d'amitié entre
les deux États.

Michel-Ange à Venise a-t-il poussé la porte de l'atelier du Titien ?

1519, c'est l'année où se prépare le couronnement de Charles Quint. La ville de Bologne a été choisie pour être le théâtre de la grande cérémonie où l'héritier du Saint Empire recevra sa couronne de fer des mains de Clément VII. Cette mise en scène, qui doit marquer une des dates cruciales de l'histoire de l'Europe, mobilise les plus grands artistes de l'époque. Titien, qui vient de visiter les cours de Mantoue et de Ferrare, est évidemment invité à y participer. Tous les grands d'Italie se disputent les faveurs du peintre. Il séjourne d'abord à la cour d'Este, logé et nourri avec sa suite, puis il passe une quinzaine de jours à Mantoue, reçu somptueusement chez les Gonzague. Mais Venise le rappelle : son retable de San Zanipolo n'est toujours pas achevé. Parmi les plus dynamiques des artistes invités à contribuer à la mise en scène grandiose de Bologne, comment ne pas remarquer Michel-Ange ? Le grand sculpteur profite de cette occasion pour aller passer plus d'un mois à Venise. Il répond ainsi à l'invitation de Sebastiano Luciani qui, en vue du mariage de sa sœur Adriana, est retourné dans sa cité natale et le prie de l'y rejoindre. Ce séjour commence en septembre, Michel-Ange le consacre au plaisir du tourisme. Quelle émotion pour lui de retrouver les bords de la lagune trente-cinq ans après avoir découvert la Sérénissime, quand il était adolescent ! À Venise, Michel-Ange ne manque pas d'amis. Il peut aller se promener avec l'Arétin ou aller saluer Joseph Sansovino, le fameux architecte florentin qui vient d'être nommé premier maître de la république vénitienne. Ce dernier a engagé un travail de salubrité publique en débarrassant la place Saint-Marc des échoppes disgracieuses qui s'appuient au Campanile. Avec énergie, Sansovino a eu la bonne idée : il va transférer ces boutiques dans le nouveau bâtiment des Procuraties. Michel-Ange, dont la curiosité est sans fin, va-t-il profiter de son séjour à Venise pour aller jusqu'à San Samuele et pousser la porte de l'atelier du Titien, le peintre en train d'œuvrer au retable du martyre de saint Pierre ? On ne peut qu'imaginer la rencontre foudroyante, sous la dorure vénitienne d'un ciel d'automne attiédi, du sculpteur de marbre et du maître de la couleur… Mais si ce n'est pas à Venise que se situe cette rencontre, on est certain qu'elle a eu lieu beaucoup plus tard à Rome. Titien était en train de terminer sa *Danaé*, lorsqu'un jour on frappa à la porte de son atelier. C'était Vasari accompagné du vieux Michel-Ange. Alexandre Dumas ressuscite cette scène devant nos yeux dans son ouvrage *Titien* : « Michel-Ange s'arrêta longtemps devant le tableau de la Danaé. Ce fut un magnifique et imposant spectacle que ce peintre de soixante-sept ans, le premier de son école, le plus grand coloriste de son siècle, admiré par les peuples, servi par les rois, se tenant humble et silencieux comme un disciple en présence du grand Buonarotti, et épiant, avec la plus vive anxiété dans les yeux de son juge le moindre signe d'approbation ou de blâme. Après avoir longtemps observé l'œuvre de Titien avec ce coup d'œil d'aigle à qui rien n'échappe, Michel-Ange lui en fit les compliments et les éloges les plus magnifiques, comme on fait devant l'auteur, remarque malicieusement le biographe. Mais un imperceptible froncement de sourcil, dont Titien, tout entier à la joie de se voir

apprécié par un tel homme, ne s'était pas aperçu,
avait montré à Vasari que Michel-Ange, soit réserve,
soit courtoisie, n'exprimait pas sa pensée tout
entière.

« Aussi, dès qu'ils furent sortis, l'artiste écrivain
Vasari s'empressa-t-il de demander à son vénérable
compatriote et ami quel était son avis réel sur le
talent de Titien.

– Je vous l'ai dit, répondit brusquement l'inflexible vieillard, il n'y a pas assez d'éloges pour
le génie de cet homme ; je n'ai rien vu de plus
parfait que son coloris, de plus élevé que son style.
Mais c'est un grand dommage qu'à Venise on
n'apprenne pas à dessiner de bonne heure et que
l'école vénitienne ne soit pas plus sévère ; car, si
l'art et l'étude avaient fait pour cet homme ce que
Dieu et la nature ont fait pour lui, en vérité, je
vous le dis, on ne pourrait faire en ce monde ni
plus ni mieux !

Hélas ! ce jugement, quel que dur qu'il puisse
paraître aux compatriotes et aux admirateurs de
l'artiste vénitien, a été confirmé par la postérité. Il
est vrai que Michel-Ange le jugeait ainsi sur deux
tableaux de second ordre, et qu'en parlant tout haut
pour Titien, il rêvait tout bas à Raphaël. »

13

Une diplomatie de drap d'or

Dans le val doré, si bien nommé, près de Calais, à l'orée de l'été 1520, cinq mille ouvriers achèvent de dresser un village de l'éphémère. Les observateurs les plus avertis peuvent y déceler l'un des chefs-d'œuvre absolus de l'art de la Renaissance, malgré le vent du large qui, souvent, en bouscule la fragilité. Jamais, de mémoire d'homme, on n'avait vu cela : réparties en deux villages d'égale importance, quelque cinq cents tentes couvrent cette petite plaine, chacune recouverte de velours ou de drap d'or, chacune parée d'écussons aux armes de ses affectataires, chacune piquée en son sommet d'une pomme d'or. L'une d'elles, plus grande et plus imposante, est soutenue par deux grands mâts attachés. Elle comporte quatre vastes salles et est surmontée d'une statue de saint Michel terrassant le dragon. Elle est réservée au roi de France. Une autre – qui est en fait un château de bois, de toile et de verre, percé de fenêtres en trompe l'œil et d'un extraordinaire décor intérieur – doit recevoir le roi d'Angleterre.

Un tel déploiement de richesse n'est-il pas scandaleux à l'heure où la France sort à peine d'une année de famine ? Sans doute, mais rien n'est trop beau lorsqu'il

s'agit du prestige de la politique étrangère. Aussi,
d'autres tentes sortent-elles de terre, destinées aux
dignitaires de la Couronne et aux deux reines, Claude
de France et Catherine d'Aragon, épouse d'Henri VIII
et tante de l'empereur. On attend de grands personnages, comme le duc de Bourbon, le cardinal Thomas
Wolsey, le connétable de Bourbon et, naturellement, la
comtesse de Châteaubriant, conduite ici dans une
somptueuse litière, ce qui n'a pas l'heur de plaire à
Louise de Savoie, d'où ce nouveau dialogue aux relents
d'amertume :

> « Croyez-vous, Mon Fils, que la place de cette
> femme soit céans, alors que vous traitez des
> affaires de la France ?
> – Ma Mère, la comtesse, comme les autres dames
> qui nous accompagnent, est présente pour donner
> du plaisir à nos ébats, tels des bouquets de fleurs
> dont on garnit les tables. »

Nombre de seigneurs, anglais comme français, se
sont ruinés dans la création de ces petits bijoux d'architecture décorative et dans les somptueux vêtements
qu'ils arborent. Plusieurs ont dû vendre leurs biens, ce
qui fait dire à un témoin qu'ils portent « leurs moulins,
leurs forêts et leurs prés sur leurs épaules ». Mais
qu'importe ! Aujourd'hui, où flottent les oriflammes,
les étendards et les banderoles peintes ou brodées, où
hommes et chevaux occupent le terrain, où la foule des
serviteurs prend ses ordres, et celle des baladins, bate-
leurs, comédiens et musiciens ses marques, où les gens
d'armes, les dignitaires du royaume, les femmes en
grande toilette et les officiers du roi se croisent et
s'entrecroisent, au son des cors et des trompettes, l'effet
est véritablement magique dans ce bivouac de luxe.

D'autant que ce sont les fameuses soieries de Tours qui ont fourni le Camp du Drap d'or.

Devant un spectacle aussi inattendu, un chroniqueur médusé s'écrie : « C'est le camp du drap d'or ? » Le mot traversera les siècles et fait encore rêver, aujour-d'hui, comme en rêva l'Europe de l'époque, d'autant que cette rencontre était la première entre les souve-rains de ces deux nations si souvent rivales. D'où cette minutieuse préparation dans laquelle rien ne fut oublié, puisque les deux souverains avaient préalablement décidé non seulement de la qualité de leur suite, mais encore des musiciens qui devaient les accompagner : William Cornish pour Henri VIII, Claude Gervaise pour François Ier ! Cette singulière manifestation n'est pas le prétexte d'un nouveau divertissement, mais la conséquence directe de l'accession de Charles Quint à l'empire.

Jamais à cours d'une traîtrise, mais toujours prudent, le roi d'Angleterre, Henri VIII, en effet, a résolu, pour un temps du moins, de se rapprocher du roi de France. Il y a quelques mois déjà, on avait envisagé de marier le dauphin François, fils de François Ier et de Claude de France, à la princesse Mary, fille d'Henri VIII et de Catherine d'Aragon. À cet effet, plusieurs traités d'ami-tié avaient été signés du mois d'octobre au mois de décembre 1518, par lesquels l'Angleterre adoptait le principe d'une paix perpétuelle entre les deux États, acceptait de rétrocéder Tournai contre six cent mille écus d'or et interdisait toute forme de piraterie par les sujets des deux nations. Il ne restait plus aux deux sou-verains qu'à officialiser tout cela de vive voix et à satis-faire le grand désir que l'un et l'autre avaient de se rencontrer et de festoyer en rivalisant de luxe, de force et d'élégance. Ne s'étaient-ils pas mutuellement promis, *via* leurs ambassadeurs, de se laisser pousser la barbe tant qu'ils ne se seraient pas vus ? Encore que Thomas Boleyn, émissaire d'Henri VIII auprès de François, eût rassuré le roi de France en lui disant : « L'affection, Sire, n'est pas dans la barbe ; elle est dans le cœur » !

Comme on le conçoit, Charles Quint, qui à cette époque se préparait à quitter l'Espagne pour l'Allemagne, vit d'un très mauvais œil cette alliance franco-britannique. L'Europe ne comptant que trois puissances, il paraissait évident que si deux d'entre elles s'alliaient, ce ne pouvait être que sur le dos de la troisième. C'est dans cet esprit que, se préparant à appareiller à La Corogne, il effectua un détour par l'Angleterre.

Cette manœuvre, toutefois, n'empêche pas la rencontre entre François Ier et Henri VIII qui, comme prévu, se retrouvent au Camp du Drap d'or, monté entre Guînes, possession anglaise, et Ardres, possession française, après que l'un et l'autre souverain eurent effectué leur entrée solennelle.

Henri VIII, embarqué le 31 mai à bord du *Henry, grâce à Dieu*, traverse la Manche et débarque le 5 juin à Calais à la tête de quelque cinq mille personnes, ce qui correspond à peu près à la suite du roi de France. Ayant pris deux jours pour se reposer de son éprouvant voyage, il arrive enfin au camp, où son principal ministre, le cardinal Wolsey, s'est déjà entretenu avec François Ier arrivé quelques jours plus tôt.

Le samedi 7 juin 1520, jour de la Fête-Dieu, les deux rois partent à la rencontre l'un de l'autre sur fond de trompettes, de cors et de clairons, ainsi que l'a prévu ce qu'on n'appelle pas encore le protocole, mais dont la symbolique compte déjà énormément. Précédés chacun de leur connétable, portant l'épée nue devant eux, François Ier et Henri VIII, montés sur de grands coursiers somptueusement caparaçonnés d'argent, se mettent en chemin à la même seconde, ponctuée par un coup de canon ; François vêtu de blanc, ceinturé et chaussé d'or, coiffé d'une toque empanachée, Henri vêtu de drap d'argent, ses vêtements couverts de pierres précieuses, son chef également coiffé d'une toque en soie et en velours. Derrière eux marchent à pas lents leurs escortes respectives et leurs gardes personnelles, composées de quatre cents archers et de quatre cents hommes d'armes, comme le représente un tableau célèbre conservé à Hampton Court, que l'on a long-temps attribué à Holbein.

À un lieu donné, marqué d'une lance plantée dans le sol, comme convenu, celles-ci cessent leur progression. Les deux rois continuent alors seuls, puis, parvenus au point de rencontre, se saluent en touchant leur coiffure, avant de s'embrasser, puis de descendre de cheval pour s'accoler. S'étant remis en selle, les deux hommes s'en retournent jusqu'à la tente décorée de riches tapisseries, prévue pour leur première réunion, dans laquelle les attendent Wolsey et Bonnivet. Ils se font mille poli-tesses pour savoir qui entrera le premier, avant de déci-der *in fine* qu'ils franchiront la porte ensemble. Au bout d'une heure, les deux cours les voient ressortir, bras dessus bras dessous, se prodiguant moult accolades et poussant de grands éclats de rire, pour prendre un rafraî-chissement avant de regagner le logement qui leur est réservé. Tout s'est passé le mieux du monde et chacun a remarqué qu'Henri VIII avait renoncé à user de son titre de « roi de France » qui, traditionnellement, s'ajoute à la titulature des rois d'Angleterre depuis un siècle, d'un mot qui fait aussitôt le tour du camp : « Je ne le mettrai point, puisque vous êtes ici, car je mentirais. »

Un mois de fêtes, de négociations et de divertissements commence pour tous sauf pour la pauvre Claude de France qui, enceinte de sept mois, semble épuisée sous ses lourdes robes de brocart. Elle n'en joue pas moins son rôle, vêtue d'étoffe d'or, lorsqu'elle s'avance avec toutes ses dames d'honneur pour accueillir son invité royal. À sa vue, ce dernier met un genou à terre et l'embrasse.

Pendant deux jours, d'abord, alors que les barriques de vin de Malvoisie, de clairet, de Bourgogne et de Bordeaux sont mises en perce, ce ne sont que banquets, bals, pantomimes et réjouissances de tout ordre qui rassemblent les cours britanniques et françaises. On déguste deux mille quatorze moutons, sept cents congres, cinquante-deux hérons et quatre boisseaux de moutarde, apportés par les Anglais, ce qui permet aux Français de découvrir la cuisine de ces *beef-eaters*.

Le 9 juin, on entame les festivités par un tournoi sans joute dans lequel les deux rois entrent en lice, mais seulement pour montrer leurs talents de cavaliers émérites. Le lendemain, 10 juin, deux dîners séparés rassemblent, d'une part à Ardres, Henri VIII et la reine Claude, d'une autre à Guignes, François Ier et la reine Catherine. Au fil des jours, les deux souverains apprennent à mieux se connaître, s'apercevant qu'ils ont nombre de points communs, en particulier le sport, l'art et les femmes. Tous deux conversent du reste en français, que le roi d'Angleterre manie parfaitement, puisqu'il compose lui-même des poèmes dans cette langue, n'utilisant l'anglais, idiome populaire, que lorsqu'il s'adresse à ses serviteurs, ses ouvriers ou ses paysans. Mais tant d'organisation préalable finit par lasser le roi de France, qui n'aime rien tant que la spontanéité des relations humaines, surtout lorsqu'on songe que les deux souverains sont encore très jeunes, le roi d'Angleterre étant âgé de vingt-neuf ans, le roi de France de vingt-cinq !

Voilà pourquoi, un matin, se levant plus tôt que d'habitude, accompagné seulement de deux gentils-hommes de sa suite, François Ier se précipite à cheval dans le camp britannique, où il annonce à la garde qu'il la fait prisonnière et va lui-même réveiller le roi d'Angleterre, en lui disant : « Vous n'aurez point d'autre valet de chambre que moi, ce matin », en lui présentant sa chemise. Le premier moment de surprise passé, celui-ci lui dit : « Mon frère, vous me faites le plus agréable tour qu'on fît jamais. Vous m'apprenez comment il faut vivre avec vous. C'en est fait, je me rends votre prisonnier et vous donne ma foi ! » Au même moment, il détache de son cou son collier pour l'offrir à François Ier qui, ne voulant pas être en reste, lui offre son bracelet. Aussitôt, François aide Henri à s'habiller avant de prendre congé, accueilli par Fleuranges qui lui lance : « Mon maître, vous êtes un fol d'avoir fait ce que vous avez fait, et je donne au diable celui qui vous a conseillé. » « Personne, répond le roi, ne m'a conseillé et je sais bien qu'il n'y a homme en mon royaume qui eût voulu me donner un tel conseil. »

Le lendemain, usant du même stratagème, Henri VIII se présente au petit matin pour rendre une nouvelle visite de courtoisie. Le 11 juin, un grand combat est proposé aux deux cours, dans lequel trois concours sont prévus – joutes, tournois et combats à pied. Français et Anglais, à l'épée, à la lance ou à l'arc, à mains nues aussi, rivalisent de courage, y compris les deux rois. François dit à Henri : « Mon frère, je veux lutter avec vous » et, sans lui laisser le temps de répondre, il se jette sur lui, le renverse et le maîtrise, comme l'évoque un chroniqueur : « Et lui donna un merveilleux sault, et voulloit encore le roy d'Angleterre relutter, mais tout cela feut rompu, et fallut aller soupper. »

Il est douteux que le roi d'Angleterre ait apprécié ce bon tour, sur lequel les archives britanniques ne diront jamais rien, mais il parvient à faire bonne figure, même si, de ce moment, une animosité naît peut-être en lui, ce qui aura, dans l'avenir, les conséquences les plus fâcheuses.

On ponctue ces épreuves par des danses, des pantomimes et de pantagruéliques banquets. Les cuisiniers rivalisent d'audace, les seigneurs de galanterie et les soldats de « prouesses de tonneaux ». Si Henri VIII n'a pas manqué d'admirer en connaisseur les charmes de la comtesse de Châteaubriant, François Ier a su parfaitement jauger ceux de la fille de l'ambassadeur d'Angleterre à Paris, Thomas Boleyn, premier comte de Wiltshire et premier duc d'Osmonde. La superbe Marie deviendra bientôt la maîtresse d'Henri VIII. Dans quelques années, il tombera passionnément amoureux de sa sœur cadette, Anne, qui, pour l'heure, n'est qu'une enfant, et qu'il épousera avant de faire tomber sa jolie tête.

Le 17 juin, les deux couples royaux se retrouvent autour d'un grand banquet. Il a failli ne pas avoir lieu, en raison du vent qui s'est soudain mis à souffler si fort que la tente où les agapes étaient prévues a été jetée à terre, ainsi que la maison du roi d'Angleterre, ce qui, aux yeux de beaucoup, est un mauvais présage. Le festin est suivi de multiples « momeries ». Le 19 se tient un concours d'arc que, cette fois, gagne Henri VIII, plus fort dans ce sport que François Ier, comme le raconte à nouveau un chroniqueur : « Après les joutes, les lutteurs de France et d'Angleterre venoient avant et luttoient devant les dames, qui feut beau passetemps. Et il y avoit de puissants lutteurs, et parce que le roy de France n'avoit faict venir de lutteurs de Bretagne en gaignèrent les Anglois le prix. Après allèrent tirer à l'arc, et le roy d'Angleterre lui-même, qui est un merveilleux bon archer et fort, et le faisoit bon voir. »

Le 23, enfin, le cardinal Wolsey célèbre la messe devant les deux cours, assisté du légat du pape et d'une vingtaine d'évêques français et anglais, bénit les deux rois et accorde l'indulgence plénière à tous les assistants, sous les accords de l'orgue joué par Pierre Mouton. Un grand déjeuner sur l'herbe les rassemble ensuite, suivi de nouveaux tournois et combats en tous genres. Le 24 juin, chacune des reines offre une bague à l'époux de l'autre, tandis que Louise de Savoie, prenant congé des ambassadeurs, leur annonce qu'une chapelle sera construite à l'emplacement de ce camp, ainsi qu'un palais où, chaque année, les deux souverains pourront renouveler leurs serments d'amitié.

Le 25 juin, Anglais et Français quittent les lieux. François Ier pense-t-il avoir gagné la partie ? Que n'avait-il écouté la comtesse de Châteaubriant, fine psychologue, qui l'avait mis en garde contre son « frère » anglais au sujet duquel ils avaient eu cette conversation :

> « Croyez-vous, m'amye, que le roi Henri ne me fasse bonne mine qu'en apparence, alors qu'il se prépare à quelque traîtrise contre moi ?
> – Je pense, Mon Cher Sire, qu'il vous faut méfier de cet homme. Quand ses yeux vous contemplent, ils reflètent parfois quelque lueur de fausseté. »

La belle avait raison ! En fait d'alliance, le roi de France n'a reçu que de vagues promesses d'un allié présumé, qui semble n'avoir traversé la Manche que par simple curiosité et pour soutirer quelques écus à son puissant voisin, dont le charme, la puissance et les largesses, au fond, l'ont secrètement blessé. Car il vient de se rendre compte qu'il ne possède pas le tiers de ses qualités, ni de sa fortune, ni de son armée, puisque son royaume est infiniment plus réduit que la France.

À peine vient-il de quitter François Ier qu'Henri VIII se précipite à Gravelines pour rencontrer son neveu, c'est-à-dire Charles Quint, lequel, modestement vêtu, en petit équipage et plein d'attentions pour sa personne, lui fait la meilleure impression. Sans doute, à court terme, Charles Quint emporte-t-il une nette victoire en ralliant à sa cause un Tudor peu fiable.

À long terme, en revanche, le Camp du Drap d'or confirme la nette suprématie du roi de France, qui gagne la bataille de la communication en ayant fait sortir de terre un véritable mythe, comme un démiurge capable de mettre en œuvre toutes les audaces et d'enfanter toutes les merveilles, même si, *in fine*, il en a coûté à la caisse de l'État la somme de deux cent mille livres, colossale certes, mais moitié moindre que ce qu'avait coûté la campagne pour l'élection impériale.

Il en faudrait davantage pour saper le moral d'un souverain résolument optimiste qui, laissant la reine à Blois, s'en va achever l'année 1520 à Romorantin, chez sa mère. Puis il poursuit ses voyages, cette fois vers l'est. Il visite successivement la Champagne et la Bourgogne. Chaque grande ville lui organise une entrée officielle, lui remet les clés de la cité, présente des tableaux vivants, offre des présents d'orfèvrerie, fait célébrer des messes solennelles. Dans les banquets interminables et dans les bals, les dames de la noblesse et de la bourgeoisie se bousculent pour approcher un si beau roi que beaucoup désirent secrètement.

Mais il n'est pas question de s'éterniser dans le jardin d'Éden. La rude réalité de la politique européenne rappelle bientôt le roi de France à l'ordre, le contraignant, une fois de plus, à endosser l'armure pour défendre les intérêts de sa Couronne.

Jean Ango, l'armateur de Dieppe qui humilia le roi du Portugal

« François Ier, avec sa belle allure chevaleresque, sa bravoure un peu tapageuse, son goût du luxe et de l'apparat, exprime l'essence de la nation tout entière », remarque le duc de Lévis Mirepoix. Ce roi prompt à relever tous les défis est le vrai souverain de ces explorateurs hardis, marchands, marins et colons qui, avec une audace victorieuse, promènent sur toutes les mers le pavillon français : Jean Dony de Honfleur, Thomas Aubert de Dieppe, Jacques Cartier de Saint-Malo, et tant d'autres, Normands et Bretons qui, comme eux, courent les océans et font grandir le commerce de la France. Parmi eux, dans ce cortège de capitaines, le plus original peut-être de nos conquérants : Jean Ango qui, cinq ans après le Camp du Drap d'or, décide d'édifier son propre palais face à la mer.

C'était un marchand et armateur de Dieppe. Il était capable de tout, à la fois de courage et de faste, d'audace et de luxe, de générosité et de grandeur. Le panache était devenu sa profession. Au roi François, il offrit d'un coup le cadeau de dix nefs superbes tout équipées et armées, afin que le roi chevalier puisse débarquer en face sur les côtes anglaises, pour enfin damer le pion à Henri VIII. Les raisons de la politique ne sont pas toujours celles du cœur d'un serviteur. Jean Ango allait l'apprendre à ses dépens lorsque François Ier décida d'oublier son projet de débarquement contre « l'Anglais », privant ainsi le plus aventureux de ses fidèles de la conquête de sa vie.

Jean Ango n'en était pas à son premier défi lancé à une tête couronnée : un jour que Manuel le Grand, roi du Portugal, avait entravé son commerce aux Indes, Java et Ceylan, il lui déclara tout simplement la guerre. Il bloqua le Tage avec ses vaisseaux, menaça Lisbonne et contraignit le roi du Portugal à lui envoyer des excuses par ambassadeur en sa demeure de Dieppe. L'armateur Jean Ango vivait dans une maison de verre sur la mer, magnifique palais de la Renaissance aux murs ornés d'ivoire, plein de tissus, de tentures et de tapisseries. Roger Vercel, prix Goncourt, nous brosse son saisissant portrait dans un livre collectif intitulé *Soixante-quinze aventures de la terre, de la mer et du ciel* :

« C'était un fils d'armateur dieppois, un vrai Normand, descendant des Vikings, tête puissante au front haut, nez d'aigle, visage clair encadré d'une barbe blonde. Sa jeunesse se passa sur mer, officier puis capitaine des navires paternels. Il visita l'Afrique et les Grandes Indes après avoir suivi les leçons de Pierre Desselins, prêtre d'Arques qui lui apprit à tracer des cartes, à construire des sphères, à déterminer des latitudes. Revenu à Dieppe, il épousa une jeune fille noble qui "portait d'argent à trois molettes d'éperons de sable". Il en eut une fille, Marie, dont il remercia la providence en vers. Ainsi ce père est prêt à tout donner pour cette enfant, fortune et vie. Pour elle et sa mère il commence en 1525 l'un des plus beaux hôtels Renaissance qui se soient vus. La façade en était de chêne et les sculptures y déroulaient les fables d'Ésope et les combats des Anglais contre les Normands. Dans l'immense salon aux lambris dorés au-dessus des sièges brochés d'or entre les tapisseries des Indes s'alignaient les plus beaux tableaux des maîtres italiens et des terrasses peuplées de statues de marbre, les yeux embrassaient la rade et la vallée jusqu'au château d'Arques. Il l'avait appelé "La Pensée", à la fois pour rappeler le nom d'un navire de son père et par dévotion d'humaniste. "La Pensée" fut détruite par les Anglais lors du bombardement de 1694. En revanche, son manoir de Varengeville dresse encore aujourd'hui, au-dessus du fumier de ferme, les ruines de ses loggias, des fragments de ses frises et sa silhouette délabrée mais toujours altière, de palais florentin. »

14

Guerre et paix

Devant Tournai, en Hainaut, le 22 octobre 1521. Depuis une quinzaine de jours, ce ne sont qu'avancées d'hommes et de chevaux qui, à force d'aller et venir, ont broyé le sol de cette campagne florissante où l'été a laissé place à l'automne. Le sol est humide, avec ces brumes qui s'accrochent aux arbres et ont le plus grand mal à se dissoudre aux premières lueurs du jour.

Depuis la veille ce ne sont que cris et hennissements, les ordres succédant aux contre-ordres, les rires aux larmes, les espoirs aux déceptions. Il en va toujours ainsi lorsque les armées se déplacent pour la plus grande joie des hommes qui n'aiment rien tant qu'être ensemble, pour ce goût inné du combat leur donnant l'impression d'exister, d'être plus forts et plus malins que ceux d'en face, qui pourtant pensent exactement comme eux. Pour une fois cependant, ce ne sont pas les Français les plus cruels, mais bien les impériaux. N'ont-ils pas gratuitement mis à sac Aubenthon, ce qui horrifia du Bellay, qui vit dans ce geste le début « des grandes cruautez qui ont esté faictes aux guerres, trente ans après » ?

D'un côté, les Français, derrière leur roi, dont le camp, moins somptueux que celui du Drap d'or, abrite comme il se doit les grands seigneurs, les maréchaux, les conseillers et les serviteurs. De l'autre, les impériaux – Allemands, Italiens, Espagnols, Suisses – prêts à en découdre une bonne fois pour toutes, pour la gloire de leur empereur, Charles Quint, qui lui aussi a établi son camp, mais sur l'autre rive de l'Escaut.

À mesure que les heures passent, l'atmosphère devient de plus en plus oppressante et les hommes plus nerveux. Forçant sur le vin, ils trompent leur angoisse de la mort ou prient le Tout-Puissant de les épargner.

Avec plus de trente mille hommes et une artillerie en bon état de marche, François Ier sait qu'il a, en principe, l'avantage sur son adversaire, qui dispose de moins de troupes et de moins de canons, même si ces derniers sont encore imprécis. Au reste, le connétable de Bourbon, La Palice et La Trémoille sont tout à fait d'accord : la victoire est à la portée d'un galop et, ce soir, l'empereur Charles sera le prisonnier du roi de France. Comme à Marignan, au petit matin, on n'attend plus que l'ordre de François Ier, prêt, la pique à la main, à mettre en marche son armée.

Or l'ordre ne vient pas ! D'une part, ayant écouté les arguments du maréchal de Châtillon, le jeune roi n'est pas sûr de son fait et redoute quelque piège de son adversaire ; d'autre part, des trombes d'eau se déversent soudain sur ce qui eût dû être un champ de bataille, détrempant les villages, dévastant les chemins, effrayant et désespérant les hommes et les chevaux désormais immobilisés dans la boue. François Ier eût-il quand même dû forcer le destin ? Du Bellay le crut, qui écrivit encore, non sans une certaine lucidité : « Ce jour-là, Dieu nous avoit baillé nos ennemis entre les mains, que nous ne voulûmes accepter, chose qui, depuis, nous a coûté cher, car qui refuse ce que Dieu présente de bonne fortune, par après ne revient quand on le demande. »

Tout avait commencé quelques mois plus tôt par une série d'incidents prévisibles dans cette tension qui habitait l'Europe – une fois de plus ! – depuis l'élection du nouvel empereur. Comme le nota un contemporain : « Or, Messieurs, pour vous faire entendre la source et origine de la guerre d'entre deux si grands princes que l'Empereur et le Roi, par laquelle sont advenus tant d'éversions de villes, oppressions de peuples, ruines de provinces et la mort de tant de gens de bien et vertu, je vous le dirai sommairement, et jugerez, par aventure, que le commencement fut pour peu d'occasion ; mais Dieu qui est là-haut, l'avait (comme j'estime) ainsi délibéré, soit pour punir les péchés des sujets, et les attirer à le reconnaître, ou se venger des grands de la terre, qui peu souvent le reconnaissent comme ils doivent. Et l'on a maintes fois vu, tant de notre temps que du passé, d'une petite étincelle s'allumer un grand feu, d'autant qu'il n'est rien plus facile que de provoquer les princes les uns contre les autres ; puis quand ils sont une fois ébranlés, il est merveilleusement difficile de les arrêter. »

Ces lignes si remarquables nous font penser à ce que sera, un jour, Sarajevo et nous montrent qu'un certain nombre de paramètres, dans l'histoire, sont immuables, en particulier cette fameuse « étincelle » qui mit le feu aux poudres.

Quelle fut-elle, ici, ou mieux quelles furent-elles, puisqu'il y en eut deux ? La première fut la querelle opposant Robert de La Marck, duc de Bouillon, et le seigneur d'Aymeries, qui lui avait dérobé son château d'Hierges. Charles Quint avait refusé de trancher ce litige, mais François Ier, tout à la fois pour tenter de

récupérer La Marck et pour satisfaire son fils Fleuranges, s'y était investi, allant jusqu'à les laisser braver
l'empereur. La seconde fut la tentative de récupération
de la Navarre espagnole qu'avait confisquée Charles
Quint par son ancien roi, Henri d'Albret, à qui le roi de
France avait prêté un corps d'armée commandé par
Lesparre, frère de sa maîtresse, la comtesse de Châteaubriant. En apprenant ces deux nouvelles, Charles Quint
s'était aussitôt exclamé : « Vraiment, le roi de France
veut donc me faire plus grand que je ne suis ! Bientôt
il sera un pauvre roi, ou je serai un pauvre empereur ! »
Il fallait un prétexte ; on prit ces deux-là, tout en
n'oubliant pas que, dépité par son échec au trône impérial, François Ier avait tout intérêt, aussi, à empêcher son
rival de se rendre en Italie. Pour être empereur à part
entière, en effet, le roi d'Espagne devait être couronné
par le pape, à Rome, faute de quoi il ne demeurait qu'un
prétendant. Or le pape, qui n'avait rien retiré de positif
de son alliance avec la France, avait accepté non seulement de le couronner, mais encore de trahir le roi de
France.

François Ier, de son côté, surestimait-il sa force ?
Sans doute. D'abord parce que, alité pendant plusieurs
semaines à la suite d'une stupide bataille de boules de
neige dans laquelle il fut blessé par un objet contondant,
il ne put se rendre lui-même dans la Péninsule. Il délé-
gua ses pouvoirs à d'autres, en particulier le médiocre
Lautrec, l'autre frère de la comtesse de Châteaubriant.
Les premières opérations, de ce fait, d'abord fruc-
tueuses, se retournèrent rapidement contre les Français,
par la maladresse des généraux. Si la Navarre fut
reconquise en quinze jours et Pampelune rapidement
prise après un court siège (dans lequel un officier fut
sérieusement blessé pendant l'assaut, un certain Ignace

de Loyola qui, plus tard, fera parler de lui en entrant dans les ordres), cette conquête fut aussitôt perdue, dès lors que Lesparre, ayant commis l'erreur d'envahir l'Espagne, ameuta contre lui toute la noblesse ibérique. Au nord-est, ce ne fut pas mieux. Si La Marck envahit sans problème le Luxembourg, ce fut pour l'abandonner aussitôt grâce à une habile manœuvre diplomatique de Charles Quint.

Quant à la situation en Italie, elle devint rapidement catastrophique, puisque Lautrec s'étant rendu, par sa morgue, sa brutalité et sa cruauté, insupportable aux Milanais, ceux-ci se révoltèrent contre les Français !

Pendant trois mois, une conférence de paix se tint à Calais pour trouver une solution à cet embrasement de l'Europe, que plus personne ne contrôlait vraiment. Si François Ier – fort encore d'une puissante armée – n'avait pas formellement perdu, Charles Quint n'avait pas véritablement gagné !

La conférence rassembla les représentants des trois souverains, Wolsey pour Henri VIII, Duprat pour François Ier et Gattinara pour Charles Quint, mais sans que les Français comprissent qu'Henri VIII et le pape avaient déjà abandonné le roi de France pour se tourner du côté de l'empereur qui, depuis plusieurs mois, leur promettait à chacun une mirifique alliance.

D'évidence, Wolsey manœuvra pour rapprocher le roi d'Angleterre et l'empereur, ce que Duprat finit par comprendre. Pourtant, à l'automne, la situation sembla s'inverser en faveur de la France. Les renforts attendus parvinrent en Lombardie, où ils effectuèrent la jonction avec les troupes de Venise, ce qui permit à Lautrec de dégager Parme, tandis que, dans le sud-ouest, Bonnivet reprenait Fontarabie.

Mais tout cela ne servit à rien, puisque Lautrec,

accumulant les erreurs stratégiques, ne put empêcher ses adversaires d'opérer leur jonction et finit par s'enfermer dans Milan, où il continua de faire régner la terreur, allant jusqu'à faire décapiter le vieux Cristoforo Pallavicino, chef d'une des plus anciennes familles de la cité, dont il avait fait écarteler le neveu quelques mois plus tôt.

Cette erreur déclencha l'insurrection, l'obligeant à s'enfuir et à abandonner la ville et le duché. Quant à Bonnivet, en Navarre, il ne put aller plus loin que sa prise et, lui aussi, perdit un temps précieux à tergiverser. Ne restait plus que le front du nord, où François Ier, après avoir reconquis Mouzon, Bapaume et Landrecies, s'arrêta à son tour devant Tournai.

Surpris et ravis par l'attitude du roi de France, Charles Quint et son armée ne demandent pas leur reste et s'enfuient, laissant François Ier ravager le Hainaut avant de s'en retourner en France et de licencier son armée. Wolsey, de son côté, met un terme à la conférence de Calais devenue inutile. Une seule bonne nouvelle pour le roi de France : l'annonce de la mort du pape Léon X, le 1er décembre 1521. Un Flamand lui succède, Adrien d'Utrecht, sacré sous le nom d'Adrien VI, qui, lui, est un pacifiste convaincu, hostile à tout engagement militaire du Saint-Siège en faveur de tel ou tel monarque européen. Il sera le dernier pape à n'être pas italien, jusqu'à... Jean-Paul II, au XXe siècle, ce qui explique pourquoi les Romains surnomment leur nouveau souverain « le vertueux barbare » !

Afin de reprendre l'offensive et récupérer le Milanais qui vient de lui échapper, François Ier confie à Lautrec le commandement d'une importante armée composée de Français, de Suisses et d'Italiens – des mercenaires, pour l'essentiel – mais, une nouvelle fois, celui-ci fait

montre de son incapacité, ne sachant s'il lui faut attaquer Pavie ou Milan. Il perd du temps et se laisse distan-
cer par Sforza, avant de l'attaquer au mauvais moment
et dans le mauvais lieu : une vaste propriété nommée La
Bicoque, où le nouveau duc de Milan se perche et lui
inflige une cuisante défaite. Ses Suisses l'ayant lâché
parce qu'ils n'avaient pas été payés, l'affaire tourne au
désastre et Lautrec se retire en France, essuyant d'abord
à Lyon l'algarade de son maître, mais lui rétorquant que
c'est bien sa faute, puisqu'il ne lui a pas envoyé les
quarante mille livres promises pour la solde de son
armée.

Or François Ier avait demandé au chef de ses finances,
Semblançay, d'envoyer cet argent. Celui-ci est sommé
de s'expliquer : Louise de Savoie l'a interceptée, au
motif qu'il correspondait exactement aux dettes que le
roi avait contractées auprès d'elle.

Celui qui, jusque-là, avait été l'indispensable pour-
voyeur d'argent, Jacques de Beaune, baron de Semblançay, et qui, bien sûr, n'a rien à se reprocher
– sauf, comme Fouquet, plus tard, d'être trop riche et
trop puissant personnage – est rapidement jeté à la
Bastille, malgré ses éminents états de service. Ne fut-
ce pas lui, le « magicien », qui paya le Camp du Drap
d'or, que le jeune roi appelait « mon père », qui enga-
gea jusqu'au dernier de ses biens pour satisfaire les
moindres désirs de François Ier, de Louise de Savoie
ou de Marguerite d'Alençon ? Rien n'y fait ! Il est
rapidement jugé, condamné à mort et pendu au gibet
de Montfaucon, après avoir énoncé ce principe admirable : « Je reconnais trop tard qu'il vaut mieux servir
le maître des cieux que ceux de la terre. Si j'avais fait
pour Dieu ce que j'ai fait pour le roi, j'en recevrais
une autre récompense ! » On allait, en effet, savoir par
la suite que le roi était débiteur, envers Semblançay,

d'une somme d'un million de livres, ce qui explique que l'opinion ait fort mal considéré cette exécution, que Clément Marot résuma ainsi :

> « Lorsque Maillard, juge d'enfer, menoit
> À Montfaucon Semblançay l'âme à rendre,
> À votre asvis lequel des deux tenoit.
> Meilleur maintien ? Pour vous le faire entendre,
> Maillard sembloit homme que mort va prendre
> Et Semblançay fut si ferme vieillard
> Que l'on cuidoit pour vrai qu'il menât pendre
> À Monfaucon le lieutenant Maillard… »

Ce nouvel épisode entraîne la curée : l'alliance d'Henri VIII avec Charles Quint est à présent officielle, tous deux envisagent d'envahir la France de conserve, avec l'aide de nombreux charognards, parmi lesquels le duc de Milan et la république de Venise, pourtant alliée jusque-là des Français. À l'ambassadeur d'Espagne, François Ier répond : « Toute l'Europe se ligue contre moi ? Eh bien ! Je ferai face à toute l'Europe. »

Certes, il n'ignore pas, par ses informateurs, que ses adversaires auront le plus grand mal à réunir les fonds nécessaires à leurs ambitions, mais il est prêt, une fois de plus, à payer de sa personne en prenant la tête de son armée, ce que pratiquement aucun maître de la France n'allait faire par la suite, jusqu'à Napoléon ! Voilà pourquoi il prend un certain nombre de dispositions en matière militaire, y compris dans la marine, jusque-là négligée par ses prédécesseurs. Sous l'impulsion de son chef, le Génois Doria, elle prend une extension qu'elle n'avait jamais connue. Le roi, cependant, ne sait pas qu'une autre défection de taille va bientôt lui causer moult problèmes : la trahison du connétable de Bourbon lui fera mesurer que, lorsqu'on est roi, on est désespérément seul, et qu'on le demeure jusqu'à la fin !

**Quand Ronsard et du Bellay
déjeunent ensemble sur les bords
de la Loire**

Cette année-là, entre Anjou et Touraine, se rencontrent Joachim du Bellay et Pierre de Ronsard.
Jadis, au temps glorieux de 1515, le 2 février, un
gentilhomme de Touraine, Louis de Ronsard,
épouse Jeanne de Chaudrier dont la famille est
alliée aux La Trémoille. Ils vivront heureux et
auront beaucoup d'enfants. Pierre est le sixième
d'entre eux, le dernier de la fratrie. Il verra le jour
en 1524 au château de la Possonnière, dans ce
Vendômois qu'il aura joie à célébrer. C'est aussi en
1515 que ce château familial est reconstruit, pourvu
de tours rondes et entouré de douves. Louis de
Ronsard, qui a fait les guerres d'Italie comme
compagnon de Louis XII et de François Ier, a pris le
goût italien des belles choses, et l'une des trois
grandes cheminées de son château compte encore
aujourd'hui parmi les plus belles de la Renaissance
française. Un peu partout dans la demeure trônent
des devises en latin, profanes ou chrétiennes. Partout aussi des armoiries. Pierre de Ronsard n'a que
deux ans quand son père, devenu maître d'hôtel des
fils de François Ier, les accompagne dans leur captivité en Espagne : vaincu à Pavie, le roi a laissé ses
enfants en otage à Charles Quint qui les relègue au
fond de la Castille. À son retour, Louis donne à son
fils un précepteur et l'envoie à neuf ans au collège
de Navarre, à Paris. Pierre y reste fort peu de temps
et revient à la Possonnière où il continue son éducation dans la bibliothèque paternelle. Il jouit alors à
la fois de la beauté des belles-lettres en découvrant

le *Roman de la rose* et des voluptés de la campagne
en participant aux moissons, aux vendanges et aux
fêtes villageoises :

« Je n'avais pas douze ans au profond des vallées
Dans les hautes forêts des hommes reculées
Dans les antres secrets de frayeur tout couverts
Sans avoir soin de rien je composais des vers.
Je n'avais pas quinze ans que les monts et les
[bois
Et les eaux me plaisaient plus que la cour des
[rois. »

La cour des rois, justement, il en fait partie dès
l'âge de dix ans comme « enfant d'honneur » dans
la maison des trois fils de François Ier. Il va y faire
un séjour en 1536 comme page du dauphin
François. C'est là que se produit un événement des
plus frappants pour un enfant de son âge. Six jours
après son arrivée, le dauphin expire, et Pierre va
assister au spectacle éprouvant de son autopsie.

« Je vis son corps ouvrir, osant mes yeux repaître
Des poumons et du cœur et du sang de mon
[maître. »

Le prince est sans doute mort de tuberculose, mais
l'on accuse d'empoisonnement l'Italien Montecucculi qui est écartelé et dont le cadavre est dépecé.
Ainsi, dès douze ans, Ronsard découvre non seulement les horreurs de la vie mais aussi les épouvan-
tables subtilités de la torture. Après avoir côtoyé la
mort – le grand voyage –, Pierre, devenu l'année
suivante page de Charles d'Orléans, s'initie aux
petits voyages de la vie. Il accompagne en Écosse la
sœur de Charles d'Orléans, Madeleine, éphémère
reine de ce pays par son mariage avec Jacques V

d'Écosse. Il rentre en France par l'Angleterre et la
Flandre et devient page du nouveau dauphin qui lui
confie des missions diplomatiques en Allemagne et
en Piémont. À dix-sept ans, c'est un beau garçon de
haute stature, à la barbe blonde. Habile au jeu de
paume, à la chasse, à la lutte, à la course, sa conversation est éblouissante. Il plaît aux femmes, mais les
coups sourds du destin vont heurter son bonheur.
Trois coups qu'il n'entend pas. Pierre est bientôt
atteint de ce mal dû à une arthrose qui le fera cruellement souffrir, la surdité :

« Par ne sais quel destin me vint boucher l'ouïe
Et dure m'accabla d'assommement si lourd
Qu'encores aujourd'hui j'en reste à demi sourd. »

Cette infirmité le fera renoncer à la tradition familiale : devenir officier du roi. Il lui reste l'Église, et il
sera tonsuré en 1543. Sans être jamais prêtre, il se
verra doté de cures et de prébendes. À dix-huit ans,
sa vraie carrière va pouvoir commencer : la poésie
est entrée dans sa vie.

Deux ans avant Ronsard est né Joachim du Bellay
à la Turmelière, en Anjou. La seigneurie de Liré
appartient à ses parents. Leur nom est célèbre. Les
du Bellay ont donné au royaume aussi bien des
hommes d'Église – comme le cardinal Jean – que
des diplomates – tel Guillaume, gouverneur du Piémont – ou encore des hommes d'armes. Tous ces
seigneurs possédaient des terres en Anjou, dans le
Maine, en Touraine. Cadet et de nature chétive,
ayant tôt perdu ses parents, lui aussi victime d'un
début de surdité, Joachim n'a qu'une solution :
entrer dans les ordres. Il ne sera jamais ordonné
prêtre mais prend le petit collet qui lui permet

seulement d'obtenir un bénéfice. Alors, il lui faut un protecteur. La meilleure idée est de se tourner tout naturellement vers son puissant oncle, le cardinal Jean. Ce dernier accepte de le prendre auprès de lui en qualité de secrétaire.

C'est par hasard, un jour d'été 1542, dans une auberge des bords de la Loire, que Pierre de Ronsard et Joachim du Bellay, qui sont cousins éloignés mais ne se connaissent pas, vont se rencontrer autour d'un sandre au beurre blanc dans l'un des paysages les plus charmants du monde. Selon les saisons, le fleuve royal roule des flots tumultueux ou s'étend paresseusement entre des îles qui se dorent au soleil. Affinités électives, goût commun pour la lecture et passion partagée pour la poésie, c'est un coup de foudre amical. Pierre de Ronsard est fin, élégant et parle avec aisance ; Joachim du Bellay est tout aussi distingué mais plus mélancolique. Les deux jeunes hommes ont une vingtaine d'années, des parents et des amis communs. Après avoir rêvé l'un et l'autre d'une carrière militaire, ils ont dû y renoncer à cause de leur surdité précoce.

Ils vont, durant ce repas champêtre au bord de l'eau, se dessiner un futur dans la même direction : ce sera le collège parisien de Coqueret au sommet de la montagne Sainte-Geneviève, fondé plus de cent ans auparavant, où règne le débonnaire Jean Daurat, lui aussi poète, qui vient d'y être nommé principal. Pierre de Ronsard et Joachim du Bellay y retrouveront Jean-Antoine de Baïf, puis Pontus de Tyard, Rémi Belleau et Étienne Jodelle. Tout en étudiant la poésie latine, toujours à la mode et qu'admirent tous les versificateurs du temps, les jeunes gens esquissent un programme qui ne

manque pas d'ambition : réveiller, rénover, ressusciter la poésie française. C'est de la réunion de ces
jeunes talents que naîtra quelques années plus tard
la Pléiade. Mais d'abord Ronsard et ses amis
forment ce qu'on appelle « la Brigade ». Ensemble,
ils préparent un manifeste qui est écrit et publié en
1549 par Joachim du Bellay : le fameux *Défense et
illustration de la langue française*. Du Bellay y
accuse ses prédécesseurs d'avoir appauvri le français. Il propose d'enrichir la langue par des mots
nouveaux. C'est la révolution du Bellay : sa renaissance de la poésie passe par l'abandon de la ballade,
du rondeau et du virelai au profit du sonnet, de
l'ode et de la tragédie. C'est dans cette atmosphère
d'exaltante complicité que Ronsard emploie en
1556 pour la première fois le mot « Pléiade ».
Ronsard, du Bellay et leurs amis ne cessent de s'in-
terpeller, de s'apostropher. « Tu t'abuses, Belleau...
ne te fâche pas, Ronsard... », écrit du Bellay. Cette
confrérie d'hommes de lettres communie dans une
amitié merveilleuse et une création continue. Le
temps révèle les tempéraments : la gaieté de
Ronsard, la gravité de du Bellay, même si tous deux
composent avec art, en harmonie et à égalité la
musique de la mélancolie douce.

Poètes, qui revenez sur les pas de la Pléiade, sur
les bords de la Loire en Touraine et en Anjou,
n'oubliez jamais Joachim du Bellay, car de toute
cette académie savante, n'est-ce pas à lui que l'on
doit le dernier mot ou plutôt celui du vrai commencement : « Celui qui veut faire œuvre d'immortalité,
doit longtemps demeurer seul dans sa chambre. Les
vrais poètes doivent endurer faim, soif et longue
veille, alors que les autres mangent, boivent et

dorment à leur aise » ? Ils ne sont pas morts, les poètes.

Pierre de Ronsard, Joachim du Bellay et Rémi Belleau avaient en commun, outre la poésie, d'être devenus durs d'oreilles. Peut-être est-ce pourquoi ils s'entendaient si bien…

15

L'affaire du connétable de Bourbon

À Moulins, au printemps de l'année 1521, en cette belle et noble cité située presque au centre de la France, la cérémonie des funérailles de « haute et puissante dame Suzanne de Beaujeu, duchesse de Bourbon » a lieu sous les voûtes en gothique flamboyant de la cathédrale Notre-Dame et du Sacré-Cœur édifié en pierres blanches et noires. Le duc n'a pas lésiné, et la somptuosité de l'office fascine ses multiples vassaux, impressionnés par le nombre de cierges, la qualité de la maîtrise musicale, le nombre de prêtres requis et celui des pauvres engagés à cette occasion, qui manifestent non seulement sa richesse et sa puissance, mais encore la qualité de la défunte, petite-fille de roi.

L'absoute donnée, le lourd cercueil va rejoindre son ultime demeure, à quelques lieues de là, au prieuré de Souvigny. Depuis un siècle, il est la nécropole de la noble maison de Bourbon, descendante de Robert de Clermont, le dernier fils de Saint Louis. Et Bourbon, la duchesse l'était autant que son mari, puisque, cousins, ils appartenaient à la même maison.

Derrière la défunte, entourée de ses barons, chevauche son mari, la mine plus sombre qu'à l'ordinaire.

Grand, maigre, le visage osseux, cet homme de trente-
cinq ans porte dans son regard l'orgueil de sa maison,
qui compte parmi les premières du royaume, et de sa
propre valeur, qui a fait de lui l'un des meilleurs capitaines de France. En devenant roi, François Ier lui a
confié la plus haute fonction dans l'ordre militaire, celle
de connétable, qu'il a du reste magnifiquement assumée
à Gênes et à Agnadel, sous le règne de Louis XII, puis à
Marignan.

Orgueilleux et vindicatif, ne manquant pas d'intelligence mais souvent de résolution, capable du meilleur
comme du pire, Charles III de Bourbon, pair du
royaume, grand chambrier de la Couronne, gouverneur
du Languedoc et connétable de France, est incontestablement le dernier grand féodal de France. À cette
époque, les feudataires n'ont pas tous disparu et n'ont
pas encore courbé le dos devant le roi, comme ils le
feront, d'abord sous Louis XIII grâce à Richelieu,
ensuite sous Louis XIV grâce à Mazarin. Souvent pro-
priétaires d'immenses territoires sur lesquels ils
entendent exercer tous leurs droits, jaloux de leur indépendance, très sourcilleux sur le chapitre du respect qui
leur est dû, ils composent un pouvoir redoutable tant
aux yeux du peuple que de la Couronne qui, depuis des
siècles, tâche de le contenir, l'ayant toujours considéré
comme un danger pour sa propre existence.

Tel est le cas de Charles de Bourbon, fils de Gilbert
de Montpensier et de Claire de Gonzague, fille du duc
de Mantoue, d'abord comte de Montpensier et dauphin
d'Auvergne, puis duc de Bourbon. En se mariant avec
sa cousine Suzanne, fille unique de Pierre de Beaujeu et
d'Anne de France (fille de Louis XI), il accrut sa puissance domaniale d'autant de leurs territoires confondus :
duchés de Bourbonnais, de Châtellerault et d'Auvergne,
comtés de Montpensier, de Gien, de Clermont-Ferrand,

de La Marche, du Forez, de Beaujolais, vicomté de Carlat et de Murat, principauté des Dombes. Cette dernière, située, elle, en terre d'empire, faisait aussi du connétable un vassal de Charles Quint.

De Châtellerault, à l'ouest, à Lyon, à l'est, de Nevers, au nord, à Roanne, au sud, ce sont quelque vingt-six mille kilomètres carrés qui relèvent directement de son autorité ! Au Camp du Drap d'or, une telle puissance a inspiré à Henri VIII cette remarque qu'il glissa à François Ier : « Si j'avais chez moi un tel sujet, sa tête ne resterait pas très longtemps sur ses épaules. »

Depuis quelque temps déjà, le connétable de Bourbon insupporte le roi qui, sans rien dire, lui reproche ses possessions, le luxe de sa maison et la richesse de sa cour de Moulins, où fut construit pour sa belle-mère, Anne de Beaujeu, le premier bâtiment de la Renaissance en France.

Ce faste, le roi l'avait découvert en 1517, lorsqu'il y était venu et n'avait pu que constater que son « cousin », en tenant sa propre administration et sa haute cour de justice, en battant monnaie, levant ses impôts, entretenant une armée permanente, inspectant ses propres forteresses et pensionnant ses écrivains et ses artistes, lui faisait de l'ombre. N'avait-il pas été jusqu'à exhiber ce jour-là de grands et magnifiques oiseaux que l'on n'avait encore jamais vus en Occident, des flamants roses ? On reverra une semblable confrontation lorsque Louis XIV, un siècle plus tard, quittera la grande fête de Vaux-le-Vicomte dans laquelle, en voulant l'éblouir, Fouquet l'éclaboussera !

Quant à leurs caractères, ils sont à l'opposé. Le roi est gai, expansif, impulsif, Bourbon est triste, secret, calculateur. Cela n'arrange en rien leurs relations.

Le veuvage du connétable, outre la douleur d'être privé d'une épouse aimante et soumise, lui rappelle le seul grief qu'il ait pu lui faire : ne pas lui avoir donné les enfants qu'il était en droit d'espérer pour perpétuer son nom. Tous trois sont morts dans leur prime enfance. En fait, la disparition de la duchesse Suzanne ouvre l'appétit à sa plus proche parente, Louise de Savoie, qui réclame à présent son héritage. Quelles sont les motivations de la fille de Marguerite de Bourbon, la mère du roi ? L'argent ? Bien sûr, mais aussi la haine qu'elle porte au connétable depuis qu'il a refusé les faveurs qu'elle lui aurait proposées, voire, depuis son veuvage, le mariage qu'elle lui aurait suggéré, avec l'idée que, sans descendance, l'ensemble de leurs biens reviendrait fatalement un jour à la dynastie d'Angoulême. La mère du roi ne saurait cependant agir sans l'aval de celui-ci. Il est évident que François Ier veut régler la question Bourbon et, pour ce faire, a choisi ce moyen, même s'il veut encore endormir son adversaire, comme le montre ce dialogue resté fameux :

« Sire, j'ai des procès contre Madame votre mère. Je vous voudrais supplier que votre bon plaisir fût d'y mettre ordre que ce procès n'eût point lieu.
– Monsieur de Bourbon, Madame ma mère ne demande que justice. Vous savez que je ne la puis dénier au moindre homme de mon royaume. Mais laissez aller le procès et vous assure qu'elle vous sera gardée, car s'il y a homme en tout mon Parlement qui eût fait plus de faveurs à Madame ma mère qu'à vous, je le ferai pendre ou étrangler ou lui ferai couper la tête, car je veux garder votre droit autant que celui de Madame ma mère, ou de mes enfants ou le mien propre. Mais je vous ferai une chose que guère de gens font. Je vous promets,

foi de gentil compagnon, de vous faire le plus honnête tour que jamais prince fît à autre ; tellement
que vous vous louerez grandement de moi. »

Les choses ne se déroulent pas comme le dit le roi.
Certes, avec sa pugnacité habituelle, Louise de Savoie
entame les poursuites, mais le Parlement de Paris, après
une première séance le 12 août 1522, ajourne le débat,
compte tenu de la complexité de la question, et cherche
manifestement à gagner du temps. À peine nommée
régente du royaume, la mère du roi, à titre conservatoire, fait cependant mettre les biens du connétable sous
séquestre, à l'exception de Montpensier qui lui appartient en propre. C'est le début d'une curée que va bientôt présider le chancelier Duprat. Il doit tout à Madame
et a annoncé publiquement qu'il allait rétrograder le duc
Charles de Bourbon au simple rang de gentilhomme.

Conseillé par sa belle-mère, Anne de Beaujeu, ce
dernier prend alors contact avec Charles Quint, qui lui
fait miroiter l'idée d'un mariage avec une de ses
sœurs, Éléonore ou Catherine, avec cent mille écus de
dot. La méfiance de François Ier à son endroit est
décuplée et confirme le proverbe : « Vassal dépité
change de maître », ce qui, du reste, est conforme au
droit féodal.

Tout cela reste naturellement secret, et le connétable
décide de se faire oublier à Moulins, tandis que son roi
part guerroyer en Italie, pour ne consommer sa trahison
qu'au moment où la France sera sans défense.

Car François Ier reprend ses préparatifs de guerre, à
l'heure où Henri VIII et Charles Quint font feu contre
lui. Le 23 juillet 1523, ayant suivi la messe à Saint-
Denis et, le lendemain, quitté les Parisiens à l'Hôtel
de Ville, le roi part d'abord pour Gien où, pour la
seconde fois, il confie la régence à sa mère.

À Blois, il prend congé de son épouse et, de là, gagne Lyon, puis, à l'été 1523, l'Italie, où Bonnivet l'attend avec une armée de trente mille hommes dotée d'une importante artillerie.

À Saint-Pierre-le-Moûtier, un cavalier harassé apporte au roi un message de Louis de Brézé, grand sénéchal de Normandie. Le souverain décachette la lettre et la lit avec attention. Que dit-elle ? Que deux gentilshommes de la maison du connétable, Louis de Matignon et Robert d'Argouges, se sont confessés à l'évêque de Lisieux, confession dont ce dernier répète les termes à Brézé pour en informer le roi.

Ceux-ci rapportent qu'au mois de juillet précédent, le connétable de Bourbon s'est non seulement rapproché de Charles Quint, mais il a encore signé avec lui et le roi d'Angleterre un traité secret par lequel, en échange de la main de sa sœur et d'une extension de ses territoires, il s'est engagé à lever six mille lansquenets et trois cents cavaliers pour venir en aide au plan d'invasion de la France par quatre points différents, la Normandie, la Franche-Comté, la Picardie et le Roussillon. Le but de cette manœuvre ? Rendre à Charles Quint sa chère Bourgogne, à Henri VIII les provinces que détinrent jadis les Plantagenêts (Normandie, Maine, Anjou, Aquitaine, Limousin) et au duc de Bourbon, la Champagne et la Provence !

Cette fois, c'est de la haute trahison, et la haute trahison en temps de guerre est un crime passible du billot. Cette félonie est d'autant plus scandaleuse que la situation stratégique n'est guère bonne, que l'argent manque et que les ennemis du royaume de France sont particulièrement déterminés.

François Ier, d'abord sceptique, décide de faire un détour par le Bourbonnais. Par prudence, il y pénètre avec quelque cinquante mille soldats. À Moulins, où le connétable, prétextant une maladie, s'est retiré pour se soigner, il le surprend au lit. Il s'assoit à ses côtés et tente de le faire avouer, tout en lui promettant son pardon. Mais Bourbon nie tout en bloc et jure de son dévouement, sans toutefois accepter de suivre le roi en Italie, comme il le lui propose.

Laissant à ses côtés son espion, Pierre de La Bretonnière, le roi part pour Lyon. Le connétable l'y rejoint une fois guéri, après avoir passé sa convalescence au château de La Palice.

Est-il véritablement malade ? Joue-t-il la comédie ? Ou souffre-t-il d'une affection psychosomatique à une époque où il n'a peut-être pas encore définitivement choisi son parti ? Renouer avec le roi ou brûler ses vaisseaux en se mettant au service de l'empereur ? Un chroniqueur nous rapporte ses états d'âme : « Le connétable le lui confirma bientôt lui-même. L'ayant fait appeler auprès de son lit : "Je me sens, lui dit-il, la personne la plus malheureuse du monde de ne pas pouvoir servir le roi. Si je passais outre, les médecins qui sont là ne répondraient pas de ma vie, et je suis encore plus mal que ne le croient les médecins. Je ne serai jamais plus en état de faire service au roi. Je retourne vers mon air natal, et si je retrouve un jour de santé, j'irai vers le roi." Il se tourna ensuite comme accablé et se tut. »

Comprend-il enfin que son destin est scellé dès lors que le roi, en le poussant à la trahison, pourra plus facilement s'emparer de ses biens et combler le déficit de l'État ? Tout est possible ! Quoi qu'il en soit, le connétable adresse un dernier message à François Ier, que porte à Lyon La Bretonnière, manquant ainsi à sa mission puisque, de ce fait, celui qu'il était chargé de surveiller est à présent libre. Et que fait-il dès que La Bretonnière a tourné les talons ? Il saute à cheval et part s'enfermer dans sa forteresse de Chantelle, où il peut soutenir un siège. De là, il menace le roi de lui faire la guerre s'il ne lui restitue pas immédiatement tous ses biens.

François Iᵉʳ répond en faisant arrêter une trentaine de ses amis, parmi lesquels Jean de Poitiers, seigneur de Saint-Vallier, capitaine des cent gentilshommes de la garde du connétable, Aymard de Prie, Antoine de Chabannes, évêque du Puy, La Vauguyon et même le frère du maréchal de La Palice.

Comprenant que la résolution du roi est sans faille, le duc de Bourbon, menacé par ses armées, quitte Chantelle de nuit – cette fois déguisé en valet – avec son ami Pompéran et son médecin Jean de L'Hospital. Il gagne Chambéry et, après mille aventures tumultueuses, passe en Franche-Comté, dans les États de l'empereur, allant jusqu'à changer sa devise, « Espérance », en « Tout mon espoir est dans le feu ».

Cette fois, la rupture est consommée, et il n'y a plus moyen de revenir en arrière. Sa tête est mise à prix – dix mille écus d'or –, ses biens sont confisqués et son titre de connétable retiré, tandis qu'il est mis au ban du royaume. Pour valider cette décision, mais aussi pour forcer le Parlement à être plus rude avec les conjurés, le roi écrit à Bonnivet qu'il repousse son arrivée en Italie. Il rebrousse chemin et revient à Paris où il annonce son intention de triompher des conspirations contre lui et la France.

Au terme d'une instruction rondement menée, les prévenus sont jugés, mais seul le seigneur de Saint-Vallier est condamné à mort.

Le 17 février 1524, en place de Grève à Paris, Saint-Vallier vient de poser la tête sur le billot lorsqu'un courrier royal fait irruption, annonçant que la peine est commuée en détention perpétuelle. Diane, la fille de Saint-Vallier, épouse du grand sénéchal de Normandie, a-t-elle entre-temps plaidé la cause de son père auprès du roi, qui n'a pu manquer d'être sensible à sa grande beauté ? Et lui a-t-elle prodigué un peu plus que ses larmes ? On dit que Saint-Vallier, en descendant de la tribune où sa tête devait rouler, embrassa tout le monde, y compris le bourreau, avant de s'écrier : « Que Dieu protège le cul de ma fille, qui m'a si bien sauvé ! »

Pour l'heure, Saint-Vallier est conduit à Loches, où il attendra sa libération, en 1526.

Le souverain n'a pas eu tort de se montrer clément, car l'opinion publique penche nettement du côté du duc de Bourbon, dans lequel elle ne voit pas un traître mais une victime, ce qui contraindra la propagande gouvernementale à multiplier les écrits contre celui en qui beaucoup voient « sagesse, prouesse et vertu ».

Justice ayant été rendue, le roi attend l'été suivant pour reprendre le chemin de l'Italie et, à Bourges, apprend la mort de la reine Claude. Le pays, qui aimait la fille de Louis XII, prend le deuil. Certains parlent de vengeance divine à l'endroit de celui qui s'était injustement saisi du bien d'autrui.

François Ier et le connétable de Bourbon vont bientôt se retrouver face à face. Charles Quint, offrant à Bourbon le commandement de ses troupes en Italie, lui a conféré le titre de lieutenant général des armées impériales. Choix judicieux, que confirme, le 30 avril 1524, sa victoire sur les Français à Romagnano. C'est lors de cette bataille que meurt Bayard, frappé dans le dos par une arquebusade. Avant de s'éteindre, il rencontre l'ennemi de son maître, qui lui dit : « J'ai grande pitié de vous, en vous voyant en cet état, après avoir été si vertueux chevalier. » Bayard lui répond : « Monsieur, il n'y a point de pitié pour moi, car je meurs en homme de bien, mais j'ai pitié de vous, de vous voir servir contre votre prince, votre patrie et votre serment. »

Cette défaite est-elle due aux talents de stratège du duc de Bourbon, à l'incompétence de Bonnivet ou à la peste qui ravagea les troupes françaises ? Les contemporains ne s'accordèrent pas pour expliquer cette suite de revers. Revers que songea alors à réparer François Ier s'apercevant que, s'il ne prenait pas lui-même la tête de l'armée, rien n'irait en s'améliorant.

Pour conjurer le sort, les Français sortent alors les reliques, tandis que Nicolas Versiris décrit l'état du royaume d'une façon tout apocalyptique : « En ce temps était tenu le royaume de France avoir été persécuté de toutes les plaies et persécutions que Dieu a accoutumé d'envoyer au peuple sur lequel il y a indignation. Premièrement furent envoyées les guerres. Puis famine, pestilence, puis grandes eaux, vents et tremblements de terre en plusieurs pays, puis séditions intestines, c'est à savoir prince contre prince, comme le roi de France contre monsieur de Bourbon et autres grands personnages. »

Il est vrai que jamais la situation n'a été aussi grave : à la crise économique s'ajoute la menace d'invasion par les puissances étrangères, marquée, dans le nord, par un certain nombre de raids britanniques que les hommes de La Trémoille ont du mal à contenir. Cependant, à Paris, craignant un retour aux horreurs de la guerre de Cent Ans, on se prépare à la résistance. L'ancien connétable de Bourbon ne vient-il pas d'annoncer publiquement qu'il occupera la ville avant la Toussaint ? Ceci donne toutes les audaces aux « godoms » qui, en Picardie, brûlent les villages les plus isolés.

Dans le sud, Bourbon ne reste pas inactif. À peine

a-t-il chassé les Français d'Italie qu'il reprend la tête de ses lansquenets pour appliquer le plan d'invasion de la France prévu, à savoir le Roussillon par Charles Quint, la Picardie par Henri VIII et la Provence par lui-même. Franchissant la frontière, il s'empare successivement d'Antibes, Cannes, Fréjus, Draguignan, Hyères et Brignoles. Il prend le titre de comte de Provence et, le 19 août, met le siège devant Marseille. Cependant, la cité, fidèle au roi de France, résiste vaillamment à ses assauts répétés, alors qu'il avait imprudemment annoncé à ses capitaines que «trois coups de canon amèneront ces bourgeois à nos pieds, les clés à la main et la corde au cou». Toute la population, femmes comprises, s'étant mise de la partie pour fortifier et défendre la cité, le connétable lève le siège le 29 septembre et se réfugie dans le Piémont italien où il tente de faire jonction avec l'armée annoncée par Charles Quint.

Ce contretemps inespéré permet à François Ier de reconstituer ses forces et, à Lyon, de les unir à celles de Bonnivet rentré d'Italie. De là, il descend en Avignon et passe à Aix où, malgré son absence de cruauté, il fait décapiter un des consuls de la ville qui en avait ouvert les portes au connétable de Bourbon.

Ayant libéré la Provence, il rassemble ses quatorze mille Suisses, ses dix mille hommes de pied, ses six mille lansquenets et ses mille cinq cents hommes d'armes, et les harangue, face aux Alpes, comme au beau temps de Marignan, et comme le fera après lui un autre jeune chef de guerre, Bonaparte, à la veille d'une autre guerre : «Soldats et amis, puisque la fortune nous a conduits en ce lieu, secondons ses volontés par une honnête résolution. Que la hauteur de ces grandes montagnes ne vous effraie ni ne vous rebute. Je vous assure, sur ma foi, que si nous sommes les premiers en Italie, la guerre est terminée sans combat. Courage donc.

Sachons nous commander par vertu, oublions plaisirs
et maisons, et au prix d'un peu de fatigue, affermissons
à jamais le repos de la France. »

Une nouvelle fois, le roi de France franchit les Alpes
sans encombre et gagne les riches plaines d'Italie. Les
narines frémissantes, il veut encore y humer le parfum
de la gloire. Il est vrai que, contre toute attente, il est à
présent en situation de force. Ainsi, à l'automne de cette
année 1525 – dix ans après Marignan –, après avoir
passé Turin, est-il à nouveau sur les lieux de ses
exploits. Il constate avec plaisir que la progression de
son armée fait fuir ses ennemis, qui se replient sur les
places fortes de Lodi et de Pavie, laissant Milan presque
totalement sans protection. Cède-t-il encore aux chimères, comme à chaque fois qu'il pose les pieds sur
cette Italie dont le tropisme fausse son jugement ? Il se
laisse en tout cas facilement abuser par les mirages, malgré les avertissements répétés de sa mère qui, avant de
partir, l'a mis en garde et continue, dans ses lettres, à
l'inciter à la prudence. N'a-t-elle pas su contenir les
Anglais en obtenant d'eux une pause dans le conflit ? Il
est des moments, lui explique-t-elle, où il faut laisser de
côté sa fougue combative pour panser les plaies et se
refaire une santé. Il ne l'écoute pas et, obstiné, poursuit
sa route, ne songeant qu'à l'objet de sa convoitise.
Comme toujours avec sa mère, il préfère se dérober que
se quereller. C'est pourquoi il est parti sans lui dire
adieu.

Il informe la France qu'il vient de reconquérir le
Milanais, et Paris fait célébrer un *Te Deum*. Il ne lui
reste qu'à concentrer son action soit sur Lodi, soit sur
Pavie, pour contrôler définitivement ce duché si
convoité, source pourtant de tant de déboires. Si la pre-

mière de ces places fortes est en mauvais état, qui plus est dépourvue de vivres et de munitions, la seconde, elle, passe pour être plus solide, mieux fortifiée et garnie de nombreuses réserves alimentaires. Laquelle attaquer en premier lieu, se demande le roi ? Lodi, lui suggère son état-major. Seul Bonnivet flaire le piège et supplie le roi d'assiéger Pavie, sur la rive du Tessin. François Ier, qui semble davantage croire à l'amitié qu'à la stratégie, l'écoute et lui fait confiance. « *Alea jacta est* », lui répond-il en pastichant César, tandis que, prophétique, ou tout au moins plus lucide, Pescara, le commandant de Pavie, s'écrie : « Nous étions vaincus ; sous peu, nous serons vainqueurs. »

Verrazane baptise
« Nouvelle-Angoulême »
le site de la future New York

En ce printemps de l'année 1524, une caravelle sillonne interminablement la côte Est de ce continent américain qu'on connaît encore si mal, puisque, au fond, il y a moins de trois décennies que Christophe Colomb l'a découvert. À son bord, Verrazane (Giovanni da Verrazane), navigateur florentin au service de François Ier, ne cesse de scruter l'horizon dans l'espoir d'apercevoir cette mer ou ce bras de mer qui, *via* l'ouest, ouvrirait la route du Pacifique, donc de la Chine. Celle-ci doit bien exister : cette opinion est encore largement répandue dans les milieux cartographiques, ignorant que le nouveau continent se prolonge jusqu'à un pôle Nord dont on ne soupçonne pas encore l'existence.

Depuis les années 1520, François Ier patronne des voyages d'exploration dont le but est essentiel : trouver la route des Indes et découvrir le passage vers le Cathay et la Chine. Amboise, cette belle cité royale baignée par la Loire, devient le lieu de pèlerinage des explorateurs en mal de mécène. François Ier a passé sa jeunesse sur ce grand chantier inachevé où Charles VIII a installé les ouvriers et artisans venus « pour ouvrer à la mode d'Italie ». Là, au pied des tours rondes de la douce Touraine, les découvreurs débarquent avec des rêves plein la tête pour séduire le roi de France. C'est au début de 1489 que Colomb envoya son frère Bartolomeo à la cour de Charles VIII – ici même, à Amboise – afin de quérir des subsides pour financer son grand projet : relier le continent aux Indes. Le roi de France ne daigna même pas le recevoir ! Tel ne fut pas le cas de François Iᵉʳ, pour Verrazane : dès 1523, il fut missionné par le roi pour explorer la zone comprise entre la Floride et Terre-Neuve, afin d'y découvrir un accès donnant sur l'océan Pacifique. Et ce, conformément à l'accord passé à Lyon l'année précédente entre le roi et les banquiers florentins qui lui avaient offert de financer en partie cette expédition.

Verrazane quitta la Normandie, longea la côte aquitaine puis espagnole et là prit la route des alizés, pour se rendre au Nouveau Monde. Après deux départs manqués de Madère, il appareilla, le 17 janvier 1524, à bord de la caravelle le *Dauphiné*, pour traverser l'Atlantique en compagnie d'une cinquantaine d'hommes. Il accosta près de Cape Fear le 1ᵉʳ mars 1524 et, après une brève escale, longea la côte en direction du nord. Un peu plus tard, dans ce qui est maintenant la Caroline du Nord, il crut apercevoir l'océan Pacifique derrière une étroite bande de terre. Il ne s'agissait en réalité que du lagon de la baie de Pamlico, long de cent trente kilomètres et dont la largeur atteint par endroits quarante-huit kilomètres, séparé de l'Atlantique par les Outer Banks, une barrière d'îles sablonneuses. Cette erreur conduisit les dessinateurs de cartes, à commencer par le vicomte de Maggiolo, en 1527, et le frère de Jehan de Verrazane, Girolamo, en 1529, à représenter l'Amérique du Nord quasiment coupée en deux parties reliées par un isthme. Cette interprétation erronée ne fut corrigée qu'un siècle plus tard. Plus loin, il reconnut ce qui est, aujourd'hui, le Maryland, et il enleva un jeune Indien destiné à revenir en France avec l'expédition. Il baptisa « Francesca » ce nouveau territoire, dont on fera « la Francescane ». Là, on trouva un grand fleuve qu'il appela Vendôme (l'actuel Delaware) et deux caps, l'un baptisé Alençon (l'actuel cap Henlopen), l'autre Bonnivet (Cape May). Les noms ne resteront pas, mais la vision de Verrazane demeure, qui dit de ce nouveau continent : « C'est une terre, inconnue des Anciens, plus grande que l'Europe, l'Afrique et presque l'Asie... »

Le 17 avril 1524, une anse se profile. Mais l'espoir est vain, il ne faut que quelques heures pour s'apercevoir que ce n'est que l'estuaire d'un fleuve. Ce n'est donc pas par là qu'on trouvera la route que François Ier attend. Néanmoins, le navigateur, séduit par l'accueil chaleureux des Indiens, décide de prendre possession du lieu : « Nous appelâmes, Sire, cette terre Angoulême, du nom que vous portâtes jadis, dans une fortune moindre. » Et d'ajouter : « Quant à la belle baie, que le grand fleuve forme, nous lui donnâmes le nom de Marguerite, votre sœur, qui l'emporte sur toutes les dames, par les vertus et les talents. » Quelle fierté pour les Français de savoir que ce lieu, unique, que Verrazane vient de découvrir n'est autre que l'actuel New York dont le premier nom fut celui de la maison de François Ier, la Nouvelle-Angoulême. Afin que ce souvenir ne tombe pas dans l'oubli, beaucoup plus tard, un des plus fameux gouverneurs de New York, Nelson Rockefeller, descendant d'un Français nommé Roquefeuille, décidera de baptiser pont Verrazane l'ouvrage immense qui enjambe les Narrows, de Brooklyn à Staten Island, à l'entrée du port de New York, à l'endroit même où le *Dauphiné* jeta l'ancre.

L'expédition se poursuit avec la découverte d'une île, qu'on nomme, cette fois, d'après le nom de la mère du roi, Louise (Block Island), d'une baie, nommée le Refuge (Narragansett Bay), et d'une autre île, « grande comme celle de Rhodes », la seule de cette expédition qui ait gardé son nom : Rhode Island ! Verrazane mènera deux autres expéditions : en 1526-1527 et en 1528, avant de finir, cette année-là, dépecé et mangé en Guadeloupe par une tribu cannibale, sous les yeux de son frère resté à bord de son vaisseau avec une partie de son équipage.

16

Le désastre de Pavie

Ce 24 février 1525, vers neuf heures du matin, jour de la Saint-Mathias, la bataille fait rage une nouvelle fois, avec l'inévitable fracas des canons, le choc des lances, le hennissement des chevaux lancés les uns contre les autres, les flancs labourés par les éperons de leurs cavaliers, les hurlements des blessés. Témoin de cette scène, Martin du Bellay écrit cette singulière remarque : « Vous n'eussiez veu que bras et testes voler ! » Déjà, nombre de cadavres gisent au sol, dégageant une pestilentielle odeur de sang et de charogne, tandis que des nuages de poussière aveuglent les combattants et que la poudre les fait suffoquer. Dans le feu de l'action, chacun songe que ce n'était sans doute pas la peine d'avoir tant attendu pour se trouver dans une situation aussi critique et désorganisée ! À force d'inertie, n'avait-on pas fini par se démobiliser, voire s'endormir ? À combien se monta le nombre de déserteurs partis chercher fortune ailleurs ? Nul ne le saurait dire ! Et que se passe-t-il exactement à cette heure précise ? Peu le comprennent.

Depuis quatre mois, en effet – le siège fut mis le 26 octobre précédent –, chacun était resté sur ses positions. Les Français, à l'est du château de Pavie, à l'abri

d'importants remblais, et les impériaux à l'intérieur
de cette impressionnante forteresse hérissée de tours.
Plusieurs assauts avaient été tentés, mais ils s'étaient
rapidement révélés infructueux. Pour contourner la difficulté, les Français avaient alors songé à détourner le
cours du fleuve et construit un barrage, qui céda sous la
pression d'un orage. Alors, on s'était résolu à attendre,
le temps qu'il fallait, que la faim eût raison de la garnison.

Les uns et les autres s'observaient, se jaugeaient,
s'espionnaient, tout en pratiquant cette vieille guerre
des nerfs, faite d'insultes, d'avanies, de fausses attaques
plus déconcertantes les unes que les autres.

François Ier et ses maréchaux tinrent conseil à plusieurs reprises, se demandant s'il fallait attaquer ou se
retirer, attendre encore ou précipiter les événements.
Seul, le maréchal de La Palice exhorta au combat, avec
une impatience que nul ne put refréner. Et ce fut pourquoi on ne décida rien, hormis accepter la bataille
lorsque l'ennemi daignerait la livrer, ce qui ne saurait
tarder, puisque Pavie allait bientôt être à court de ravi-
taillement. Trop sûr de sa force – mais l'empereur, il est
vrai, semblait ne rien tenter pour sauver Pavie –, le roi
se sépara de dix mille soldats pour les envoyer combattre à Naples. Grave erreur qu'il allait payer cher, car
cela revenait à se désarmer dangereusement. D'autant
que cinq mille piétons du Grison obtinrent l'autorisation de rentrer chez eux pour défendre leurs terres aux
mains des impériaux. Le roi songea même à rentrer en
France, pour laisser ses généraux terminer une action
dont l'issue paraissait acquise, comme il l'écrivit à sa
mère : « Nos ennemis sont allés baiser Milan, puis ils
ont paru devant Belgiojoso, mais l'amiral et quatre
cents hommes leur ont fait tourner le nez. Ils sont logés

entre deux canaux, et à cela avons bien pu voir qu'ils ne veulent pas manger de la bataille. Suivant l'opinion que j'en ai toujours eue, je crois que la dernière chose que feront nos ennemys sera de nous combattre, car, à dire la vérité, nostre force est trop grosse pour la leur. »

Mais Bonnivet l'exhorte à rester, sans pourtant savoir que les impériaux sont en train de reconstituer leurs forces à Lodi, prêts à fondre sur les Français au premier moment de faiblesse.

Au terme de plusieurs escarmouches, peu avant l'aube du 24 février, le marquis del Vastro tente de quitter la forteresse avec ses troupes, pour faire diversion, pour surprendre les Français ou pour aller chercher des vivres. L'alarme est aussitôt donnée, ce qui déclenche un combat que les impériaux ne pouvaient éviter.

La situation des Français n'était pas critique, à condition pour eux de se montrer prudents, de ne céder à aucune impulsion et d'attendre que toutes les troupes soient disposées en bon ordre de bataille. Mais, dans la mêlée, les Français s'engouffrèrent sans trop réfléchir, malgré la furia des impériaux qui, avec l'énergie du désespoir, semblèrent prendre l'avantage, jusqu'au moment où l'artillerie française se déchaîna en une riposte meurtrière.

Que ne lui laisse-t-on achever la besogne, comme à Marignan où elle avait fait merveille ! Que se passe-t-il, à ce moment, dans la tête de François Ier qui, en armure, sur son cheval, entouré de ses grands officiers, piaffe d'impatience à l'idée d'écraser lui-même l'adversaire à grands coups d'épée ? Croit-il déjà les lignes impériales disloquées par son artillerie ? S'imagine-t-il au tournoi avec ses compagnons ? Revit-il Marignan ? N'écoutant que sa fougue et, manifestement, appréciant assez mal la situation, il croit déceler un flottement chez l'ennemi.

Convaincu de tenir la victoire, il se lance soudain, entraînant ses chevaliers, à l'assaut de la cavalerie ennemie. Il emporte aisément la première ligne après avoir tout bousculé et même tué de sa propre lance le marquis de San Angelo, chef des chevau-légers espagnols.

Il est huit heures du matin lorsque commence cette folie, car c'en est bien une. Le roi et son état-major s'exposent d'autant plus dangereusement que non seulement ils se trouvent alors loin des lignes, mais encore dans la mire de leurs propres canons, qui, pour les protéger, doivent cesser de faire feu.

Profitant de cette opportunité, les arquebusiers espagnols, jusqu'alors dissimulés dans les taillis, émergent soudain, comme les démons de l'enfer, et abattent, l'un après l'autre, les chevaux français, entraînant dans leur chute leurs cavaliers, paralysés au sol par le poids de leurs armures, et que les hommes de pied n'ont plus qu'à égorger. Le maréchal de La Palice a beau enfoncer deux fois les lignes ennemies, cela ne sert désormais à rien car celles-ci se reconstituent aussitôt grâce à l'action énergique du duc de Bourbon, arrivé à temps avec les renforts de Lodi pour consommer l'échec des Français. La Palice est mortellement atteint dans le dos par une arquebusade. L'annonce de son trépas inspire le fameux quatrain :

> « Hélas, La Palice est mort ;
> Il est mort devant Pavie.
> Hélas, s'il n'était pas mort,
> Il serait encore en vie… »

Parvenu aux abords de la Vernavola, le roi et ce qui reste de la cavalerie se trouvent cependant empêtrés dans la boue. Ils comprennent qu'ils sont totalement coupés de leur infanterie, que l'ennemi les cerne et que, trop avancés, ils ne peuvent plus faire retraite. C'est l'enlisement et le combat du désespoir. Le cheval de François Ier est abattu sous lui. Debout, bien que blessé deux fois, le roi n'en continue pas moins de se défendre, l'épée à la main, avec quelques compagnons dont François de Lorraine et Richard de La Pole. Le corps à corps se précise dangereusement dès lors qu'autour de lui les combattants tombent, toujours plus nombreux. Bonnivet, conscient de cette catastrophe dont il est en grande partie responsable, décide d'affronter la mort et s'offre en holocauste, après, selon un témoin, avoir prononcé ces mots : « Je ne saurais survivre à cette grande désaventure, pour tout le bien du monde. Il me faut aller mourir dans la mêlée. »

Au même instant, après que nombre de ses compagnons se sont sacrifiés pour tenter de le dégager, le cercle ennemi se referme progressivement autour du roi. Vers neuf heures du matin, François Ier comprend que résister est devenu inutile et qu'il n'a pas d'autre choix que celui de se rendre. Tendant son gantelet au vice-roi de Naples, Lannoy, il lui confie : « Je m'étais résolu et déterminé que, mourant honorablement parmy les armes, je me pusse délivrer et mon esprit d'une si grande apprezze et surcharge de mes affaires, pour demeurer en vie après avoir vu devant mes yeux tant de braves et vaillants des miens étendus morts autour de moi. »

Dépouillé de son armure et jugé, les mains liées, assis sur un mauvais cheval, il est aussitôt conduit sous bonne garde à la chartreuse de Pavie, où ses blessures sont soignées, puis au proche château de Pizzighettone, situé sur les bords de l'Adda. Une douzaine de gentilshommes français à peine sont admis à le servir. Il est confié à la garde, au demeurant très respectueuse, du capitaine espagnol d'Alarçon. Le soir même de sa

défaite, il écrit à sa mère la fameuse missive qu'elle
recevra le 1er mars à Lyon :

> « Madame, pour vous faire savoir comment se
> porte le reste de mon infortune : De toute chose ne
> m'est demeuré que l'honneur et la vie qui est
> sauve. Et pour ce que, en votre adversité, cette nou-
> velle vous fera un peu de réconfort, j'ay prié qu'on
> me laissât vous escrire cette lettre, ce qu'on m'a
> aisément accordé, vous suppliant de prendre
> l'extrémité vous-mesme, en usant de votre accou-
> tumée prudence, car j'ay espérance à la fin que
> Dieu ne m'abandonnera point, vous recommandant
> vos petits enfants et les miens, et vous suppliant
> faire donner le passage à ce porteur pour aller et
> retourner en Espagne, car il va devant l'empereur,
> pour sçavoir comme il voudra que je sois traicté. »

On connaît le mot que prononce Louise de Savoie
après la lecture du message : « Le roi est prisonnier,
mais la France est libre ! »

L'après-midi à peine commencé, les Français
constatent l'étendue des dégâts. La bataille est irrémé-
diablement perdue et quelque dix mille Français y ont
laissé la vie, soldats de basse classe ou chevaliers, parmi lesquels Bonnivet, Foix, Lévis, La Trémoille, le
bâtard de Savoie, Galéas de San Séverin, Jussac, Stuart
d'Aubiny et, on l'a dit, La Palice. Le roi est prisonnier
et, avec lui, d'autres capitaines, parmi lesquels Fleuranges, Chabot-Brion, Lorges, La Rochepot, Montmorency, Nevers et Henri d'Albret, roi de Navarre.
Depuis Azincourt, on n'avait pas connu un tel désastre
et on commence à croire que Pavie est le nouveau tombeau de la noblesse de France. C'est d'autant plus
inexplicable que cette bataille à peine esquissée n'a pas
duré trois heures et que les forces en présence étaient

sensiblement équivalentes. Les impériaux, eux, ne dénombrent que cinq cents morts !

Un seul grand seigneur a pu s'échapper, le duc d'Alençon, beau-frère du roi, qui, revenu en France, s'éteindra le 15 avril suivant, de honte ou de désespoir, croiront ses contemporains, pour avoir quitté trop tôt le champ de bataille, persuadé que tout était perdu. Clément Marot fut également blessé dans cette mêlée sauvage, et avec lui Blaise de Montluc, appelé à entrer un jour dans l'histoire militaire par ses fameux *Commentaires*, dont Napoléon dira qu'ils sont « la bible du soldat ».

Pourquoi un tel désastre ? Il semble que les Français, en tentant d'encercler Pavie, se soient trop dispersés, tandis que les impériaux disposaient d'une plus grande liberté de mouvement ; que les désertions furent plus nombreuses que prévu dans le camp français et que, s'apercevant que le combat tournait mal, les Suisses se retirèrent pour rentrer chez eux.

François Ier est-il, de ce fait, responsable de la défaite, ou sont-ce ses capitaines ? Il paraît inutile et oiseux d'ergoter sur ces questions qui ne trouveront jamais de réponse. L'histoire ne saurait être une fiction. Le facteur chance est à prendre en compte dans la stratégie militaire. Force est de constater qu'elle a singulièrement manqué aux Français dans cet épisode que Jean Giono évoquera dans son livre *Le Désastre de Pavie*, depuis son lieu même, pour tenter de comprendre ce qui, avec Azincourt et Waterloo, fut en effet l'un des plus terribles désastres de l'histoire de France !

Depuis Jean II le Bon en 1356, jamais un roi de France n'était tombé aux mains de l'ennemi, ce que François Ier n'ignore pas. Plus tard, il le confessera du reste dans ces vers :

« Autour de moi, en regardant, ne vis
Que peu de plus des miens,
Out d'un coup je perdis l'espérance
De mère, sœur, enfants, amis de France. »

Le jour suivant, un courrier galope vers Tolède porter l'extraordinaire nouvelle à Charles Quint qui, le même jour, fête sa vingt-cinquième année. En recevant et le message et la somptueuse armure de son pire ennemi, il sait aussitôt que le roi est aujourd'hui son prisonnier ! Comment l'austère et dévot empereur ne verrait-il pas un signe du Ciel dans l'annonce, miraculeuse, de cette victoire inespérée, qui fait de lui le maître absolu de l'Europe ? S'écrie-t-il : « Le roi de France est en mon pouvoir, la bataille est gagnée », comme l'affirment certains ? Ou : « Un monarque chrétien ne doit se réjouir que des victoires remportées sur les infidèles », comme l'affirment d'autres ? Chacun choisira ce qu'il croit correspondre le mieux à la psychologie du César hispano-germanique.

Quant aux Français, ils sont atterrés, comme le Bourgeois de Paris : « Dieu était courroucé contre nous tous à cause des gros états et maux qui se faisaient en France. » Partout sont organisées des processions, neuvaines, prières et pénitences publiques, destinées à apaiser le Tout-Puissant qui laisse son royaume sans roi, c'est-à-dire sans protecteur et sans père, livré à la seule autorité d'une régente peu aimée, Louise de Savoie – qu'une enluminure du temps représente tenant fermement le gouvernail de la France –, et d'un chancelier franchement détesté, Duprat.

Le roi d'Angleterre et l'empereur ne vont-ils pas profiter de la situation pour envahir le pays et le démembrer ? Les grands ne vont-ils pas se révolter contre la Couronne ? Et les grandes compagnies de soudards ressusciter pour affamer le peuple et mettre les campagnes à feu et à sang ?

Par un singulier effet de compassion, Paris, qui jusque-là reprochait au roi son goût pour l'autorité absolue, ses besoins d'argent répétés et son acharnement à perdre le connétable de Bourbon, prend soudainement pitié de lui. Paradoxalement, sa captivité renforce sa popularité, comme une lourde épreuve ressoude une famille. En cela réside la complexe alchimie qui, par le miracle de l'image, fait de François Ier le plus populaire des souverains, comme s'il était le baromètre d'une nation qui s'identifie totalement à lui.

Le roi captif songe-t-il qu'il a eu tort de ne pas tenir compte des mises en garde de son entourage concernant les dangers de cette expédition ? À commencer par sa mère qui, aujourd'hui, assume la lourde responsabilité du pouvoir ? Elle ne fut pas la seule à voir si clair. Triboulet, le bouffon de François, s'était permis un jour de lui lancer, avec la familiarité dont il était coutumier :

« Cousin, vous voulez donc rester en Italie ?
– Non, répondit le roi.
– Eh bien, vos avis me déplaisent.
– Et pourquoi, s'il vous plaît, beau sire Triboulet ?
– Vous parlez beaucoup d'entrer en Italie, mais ce n'est point là l'essentiel.
– Et qu'est-ce donc ?
– C'est le moyen d'en sortir, dont personne ne parle. »

Une fois de plus, son fou avait raison. Le voici prisonnier, dans une chambre à barreaux, tout en haut d'une tour, où il n'a pour seule compagnie que quelques livres, une pie apprivoisée et deux chardonnerets en cage, une plume et quelques feuilles de papier. Que faire pour tromper sa solitude et sa détresse, sinon écrire ? La poésie reste pour lui le meilleur baume sur ses plaies. Il compose ces vers :

« Triste penser ! En quel lieu je t'adresse,
Prompt souvenir, ennemy de paresse,
Cause cest œuvre, en te faisant sçavoir
Que longue absence en rien n'a le pouvoir
Sur mon esprit, de qui tu es maîtresse.

Si faute y a, pardonne la simplesse
Que longuement conduictz, par telle oppresse
Qu'est ma vie long ennemy me faisct veoir :
Triste penser !

Si demandez, amy, et pourquoi est-ce ?
As-tu doubte qu'en toy mon amour cesse ?
Je te responz qu'ayme mieulx recevoir
Mort, que doubter de toy pour mon devoir ;
Mais c'est amour qui renforce sans cesse
Triste penser ! »

Beaucoup plus tard, ce n'est pas un fou comme Triboulet, mais un empereur qui, s'adressant à un maréchal de France et roi d'Italie, donna son avis sur la question. En 1808, Napoléon confia à Joachim Murat le commandement de l'armée chargée d'aller occuper l'Espagne. Le maréchal s'installa à Madrid, où il attendit les ordres de l'empereur. C'est pendant son séjour qu'il enleva l'épée de François Ier autrefois confisquée au roi de France pendant son emprisonnement. Il prit soin de la faire parvenir au général Monthion, qui lui-même la remit à Napoléon. Ce dernier, la considérant longuement, fit ce commentaire : « François Ier était un grand roi et un brave soldat, mais quel mauvais général ! »

L'épouse du vainqueur de Pavie, seule femme aimée de Michel-Ange

Le marquis de Pescara laissera deux empreintes. Il est le vainqueur oublié de Pavie et l'homme qui rendit inconsolable la poétesse Vittoria Colonna, marquise de Pescara, sa femme. Après sa mort, elle s'est réfugiée dans la religion et l'écriture, et toute l'Italie l'a chantée, notamment l'Arioste dans son *Roland furieux*. À Michel-Ange, qui ne jurait que par Dante et par Boccace, elle fait lire saint Paul et sans doute quelques traités courtois : le ton des lettres et des poèmes que le peintre lui envoie… est plutôt étonnant chez lui.

La beauté de la marquise, malgré ce qu'en dira Michel-Ange, n'est pas en cause : elle était laide, d'une laideur virile et volontaire. « Jamais, écrit-elle dans un de ses sonnets, les sens grossiers n'éveillèrent en moi plaisir ni souffrance. » Après sa disparition, il reste longtemps hébété, et on prétend qu'il regretta toute sa vie de n'avoir pas baisé le front et le visage de la morte, comme il avait baisé sa main. Ainsi fut pour Michel-Ange la femme de sa vie : un amour platonique.

Trois siècles plus tard, Antonio Canova, un autre grand sculpteur italien, belle figure de ce qu'on appellera, à l'époque romantique, le néo-classicisme – qui lui aussi aime les garçons –, immortalisera la beauté parfaite d'une autre femme, Pauline Borghèse, sœur de Napoléon, qu'il représentera couchée à demi nue. Et c'est un chef-d'œuvre. Qu'importent les choix de la sexualité, ce qui fait l'artiste est la qualité de son regard et son génie créateur, plutôt que l'intensité de son désir.

17

L'épreuve espagnole

À l'Alcazar de Madrid, en ce début de l'automne 1525, les grandes chaleurs de l'été ne se sont pas encore dissipées, mais l'air devient plus respirable. Au sommet du donjon, à cent pieds de hauteur, le séjour n'est guère agréable malgré l'admirable vue sur le Manzanares et la campagne environnante, giboyeuse à souhait. Le roi de France rêve sans doute à ces chasses qu'il affectionnait tant, jusqu'à ce que le destin le conduise dans cette chambre où seule une fenêtre à barreaux apporte la lumière et où ses seuls compagnons sont un lit, une table et quelques coffres. N'a-t-il pas l'impression d'être éloigné de tout, dans cette vulgaire bourgade qu'est le Madrid au début du XVIᵉ siècle ? C'est une petite ville, certes en expansion, mais qui n'est pas encore la flamboyante capitale de l'Espagne que voudra Philippe II. À cette époque, elle est surtout une place forte contrôlant la sierra de Guadarrama, dans laquelle on suffoque l'été et on gèle l'hiver, selon l'adage bien connu, « trois mois d'enfer, neuf mois d'hiver ». Si, au moins, le roi disposait d'une terrasse pour jouir du soleil, il pourrait « solacier » – qui signifie bronzer, un mot moderne de la Renaissance.

Quelle idée de venir s'établir ici, quand tant d'autres

villes de Catalogne, d'Andalousie ou de Castille
offrent un visage plus avenant, telles Grenade, Séville,
Tolède, Valence ou Burgos ! Une idée de moine, en
vérité, ce qu'est probablement, au plus profond de lui-
même, le jeune homme qui règne sur cette terre aride
de « Magerit ». Les chrétiens l'ont jadis arrachée aux
musulmans et construisirent un alcazar à l'emplacement exact où, beaucoup plus tard, les Bourbons de
France construiront leur palais royal, toujours existant,
à deux pas de la vieille ville.

Pendant que l'illustre prisonnier se morfond sur son
lit ou se plonge dans la lecture du roman de Montalvo,
Amadis de Gaule, une jeune femme de vingt-six ans, à
travers le judas, le contemple secrètement. Elle admire
ses larges épaules, la douceur de ses paupières abais-
sées et même la longueur de son nez, signe, à l'époque,
de beauté chez un homme et surtout de prétendue virilité. Plutôt petite, pas très bien faite, vêtue de noir, un
voile dissimulant un visage trop large aux traits épais et
ponctué d'un menton proéminent, elle n'inspire guère
l'amour, à première vue, si l'on en croit ses portraitistes
ou cette mauvaise langue de Brantôme : « Lorsqu'elle
était habillée et vêtue, elle semblait une très belle princesse, de belle et riche taille, mais qu'étant déshabillée,
le haut de son corps paraissait si long et grand qu'on
aurait cru une géante, mais tirant en bas, elle faisait
penser à une naine, tant elle avait les cuisses et les
jambes courtes. »

Et pourtant, elle est follement amoureuse de cet
homme qu'elle ne connaît qu'à travers le prisme de
son imagination de lectrice de romans de chevalerie. Il
lui fait croire qu'elle est la bonne fée qui va délivrer le
preux chevalier des griffes du méchant enchanteur.

Combien de temps reste-t-elle ? Une heure, deux, volées à ses duègnes à qui elle ne peut fausser compagnie que grâce à d'invraisemblables mensonges ? Et comment taire cette passion coupable à son confesseur, dans ce pays si austère où une femme du grand monde ne peut montrer ses pieds en public et encore moins la courbe de sa gorge ? Aimer est-il un si grand péché, se dit-elle, lorsque, de retour à sa résidence d'Illescas, elle se couche dans son appartement, folle de désirs de caresses et de baisers ? Heureusement qu'elle ignore que l'homme pour lequel elle soupire prend parfois la plume pour tromper sa solitude en écrivant à sa maîtresse, la comtesse de Châteaubriant, des vers enflammés :

> « Quoi qu'il en soit, amie, je mourrai
> En votre loi, et là demeurerai. »

Vers auxquels Françoise répond, à sa façon :

> « Las, si le cœur de ceux qui ont puissance
> De vous donner très brève délivrance,
> Pouvait savoir quelle est votre amitié,
> Je crois, pour vrai, qu'ils en auraient pitié… »

Ainsi, chaque jour, à la même heure, Éléonore de Habsbourg – de fait, Éléonore d'Autriche, car tel est son titre officiel, même si elle n'a jamais mis les pieds dans ce pays – gravit-elle rituellement les centaines de marches de l'Alcazar pour entretenir son rêve, après avoir graissé la patte des geôliers. Chaque jour, la sœur de l'empereur Charles Quint se contente de regarder François Ier, mâle fascinant entre tous, dont elle a entendu vanter les exploits amoureux, et dont elle tente, pathétiquement, d'entendre la voix et de respirer l'odeur. Elle va même de la sorte jusqu'à oublier la prudence la plus élémentaire qu'une princesse de son rang doit toujours manifester, elle en particulier, déjà veuve du roi Manuel Ier de Portugal. Elle ne craint pas en effet d'écrire à Louise de Savoie cette lettre en forme d'aveu : « Ah ! Madame, s'il estoit en mon pouvoir de délivrer votre fils… »

Puis une idée lui traverse l'esprit : ne pourrait-elle s'immiscer dans le conflit l'opposant à son frère et se proposer, « en sacrifice », comme gage d'un éventuel accord diplomatique ? Elle qui naguère avait épousé ce roi qu'on disait le plus laid d'Europe, ne pourrait-elle aujourd'hui épouser le plus beau ? C'est, en tout cas, un désir absolu qui l'envahit. Elle est prête à mourir si elle ne l'assouvit pas, comme elle tente de l'expliquer à son frère cadet, Charles Quint. L'empereur se convainc peu à peu que sa sœur aînée pourrait être après tout le joker manquant à son jeu.

Quelques mois plus tôt, au lendemain de la bataille de Pavie, François Ier et ses compagnons d'infortune – Montmorency, Chabot, de La Barre, Babou de La Bourdaisière – devaient être transférés du château de Pizzighettone au Castel Nuovo de Naples et, à cet effet, furent dirigés sur Gênes. Partout où il passe, François provoque la sympathie. Ceux qui l'approchent sont comblés, ceux qui le voient de loin distinguent les signes de sa profonde humanité. Nous possédons le témoignage d'un humble fonctionnaire de Brescia qui a assisté au repas du prisonnier : « Le roi parle toujours et quand je l'ai vu, il m'a parlé continuellement de Martin Luther. Sa parole est si douce, gracieuse et allègre que c'est une chose à désespérer que de voir un tel roi prisonnier, et entre les mains de qui ? » Mais l'homme séduit ne se contente pas de s'interroger sur la doulou- reuse destinée du roi détenu, il souligne combien ce dernier est majestueux dans le malheur, beau dans la

détresse, digne dans la captivité. Il se veut le peintre
d'un grand homme blessé dont toute l'attitude exprime
cependant la noblesse. Il fixe son regard sur les mains
du prince prisonnier et clame son admiration : « Quant à
sa main, elle est unique au monde ! »

L'idée de Charles Quint était de faire moisir le royal
captif, tandis que celle de ce dernier était à la fois d'éviter Naples, dont le climat était alors considéré comme
malsain, et de le rencontrer pour l'amadouer, certain de
son charme et de ses capacités de négociateur qui
étaient réelles. Lannoy prit donc sur lui de le conduire
en Espagne, en l'embarquant pour Barcelone où ils arri-
vèrent le 19 juin. Aurait-il pu être, à ce moment, délivré
par la flotte française, toujours commandée par Doria,
qui croisait alors dans les parages, comme certains le
souhaitèrent ? Peut-être, mais l'opération n'était pas
sans risque, personne ne pouvant à l'avance connaître
l'issue d'une bataille navale. François Ier, en revanche,
se persuada-t-il que les discussions avec l'empereur
seraient faciles, car tous deux, imaginait-il, se compor-
teraient en nobles, francs et vaillants chevaliers ? C'est
une évidence, mais il s'illusionnait.

Quoi qu'il en soit, si l'empereur ne pouvait cacher
l'aversion que son prisonnier lui inspirait, ce n'était pas
le cas de ses sujets qui semblèrent totalement fascinés
par le roi de France et l'acclamèrent lorsqu'il traversa la
ville pour se rendre au palais de l'Archevêché et recevoir les salutations des conseillers de la Catalogne.
Certains allaient jusqu'à lui présenter leurs enfants
malades pour qu'il les guérisse de son seul toucher.
Quant aux Espagnoles, une sorte de folie s'empara
d'elles lorsqu'elles l'aperçurent. Toutes voulurent lui
être présentées, en particulier cette très jolie épouse
d'un seigneur de Valence, avec laquelle il dansa lors
d'une fête. Il lui glissa à la fin ces mots : « Madame,

vous m'avez fait tant d'honneur gracieux que je ne sais comment le récompenser, mais soyez assurée que vous me trouverez à votre commandement. »

Elle ne fut pas la seule à être remarquée par le roi, si l'on en croit un chroniqueur qui note que « les dames qui voyaient si beau prince, d'une si belle stature et faconde royale, tenaient propos de l'une à l'autre que en toutes les Espagnes, il n'y avait point de si bel gentilhomme, si bien troussé, et de visage si humain et bégnin ».

À Tarragone, puis à Valence où il se rendit ensuite, François Ier fut accueilli par Jéroni Caabilles, qui le reçut en roi qu'il était, allant jusqu'à lui organiser des parties de chasse dans la campagne environnante. Pour rivaliser, à Guadalajara, le duc de l'Infantado lui offrit des courses de taureaux, des joutes et des tournois, des bals et des banquets, et un magnifique cheval d'une valeur de cinq mille ducats. Une tradition rapporte que la fille du duc, Brillante de l'Infantado, la bien nommée, profondément éprise du roi, mais sachant son amour sans espoir, décida de prendre le voile et de s'enfermer dans un couvent ! Comme une épidémie, la popularité du captif se répandit. À Alcara de Henares, près de Madrid, siège d'une académie célèbre, les étudiants vinrent spontanément à la rencontre du roi de France, avec leurs professeurs.

Cette popularité finit par porter ombrage à Charles Quint. Dès que l'illustre captif arriva à Madrid, le 17 août, il le fit enfermer dans l'austère tour de Los Lujanes, dressée dans l'enceinte de la ville, et refusa de le rencontrer, prétextant qu'il n'avait rien à lui dire.

Mais jusqu'à quand pouvait-il demeurer insensible à l'infortune d'un roi qui lui avait écrit, à l'issue de la défaite, ce courrier ainsi achevé : « Je vous supplie de juger en votre propre cœur ce qu'il vous plaira de faire de moi, étant sûr que la volonté d'un prince, tel que vous êtes, ne peut être accompagnée que d'honneur et de magnanimité » ? Fallait-il qu'aujourd'hui sa propre sœur lui rappelât ses devoirs les plus élémentaires ?

En fait, l'empereur est moins libre de négocier qu'il ne veut le croire, car non seulement il est à court d'argent, mais encore son principal allié, Henri VIII, lui fait faux bond. Ce dernier vient de se laisser acheter par Louise de Savoie, qui lui a fait compter deux cent cinquante mille couronnes pour que ses troupes restent chez lui. Certes, le souverain anglais agit par intérêt, mais aussi par dépit, car l'empereur vient de rompre ses fiançailles avec sa fille, Marie Tudor. En effet, âgée seulement de neuf ans, elle ne peut lui donner le prince héritier que les Cortès exigent à présent de leur roi. Le prisonnier, de ce fait, paraît bien encombrant, d'une part parce qu'il lui donne le mauvais rôle aux yeux du monde – y compris parmi ses sujets –, d'autre part parce que François Ier est tombé gravement malade. Charles Quint ne peut faire autrement qu'aller le voir pour constater que les conditions de détention ne sont pas dignes de celui qui reste un souverain. Il est mal nourri et sans protection contre la terrible chaleur de l'été madrilène qui transforme la cellule de cet amateur de grand air qu'est François Ier en véritable étouffoir.

Que penserait l'Europe de l'empereur si son prisonnier mourait dans de telles conditions ? Alors qu'il chasse dans les environs, on vient le prévenir que François Ier est au plus mal. Il se précipite à son chevet, d'où ce singulier dialogue entre les deux plus grands souverains d'Europe, embarrassés, l'un par son état de santé, l'autre par l'étendue de sa culpabilité :

« Seigneur, vous voyez devant vous votre prisonnier et votre esclave.

– Non, mais mon bon frère et ami, que je tiens
pour libre.

– Votre esclave, vous dis-je.

– Mon bon frère et ami, bientôt libre. Je ne désire
rien plus que votre santé. Ne pensez qu'à elle,
tout le reste se fera, seigneur, comme vous le pou-
vez souhaiter. »

L'inquiétude de l'empereur est d'autant plus vive
qu'elle est celle d'un catholique de stricte observance
manquant ici de charité chrétienne, mais aussi de psychologie élémentaire et même de sens politique. Car,
contre toute attente, la capture du roi de France n'a pas
eu les effets escomptés sur le devenir de son pays. La
France, unanime – noblesse, clergé, tiers état –, a fait
bloc derrière son roi, et personne, ni les grands, ni les
parlements, traditionnellement les plus agités, n'a
cherché à tirer profit de la situation pour fomenter des
troubles ou asseoir son influence. Certes, la régente
Louise – ou mieux, la « reine mère », puisque c'est à ce
moment que le terme apparaît dans la titulature officielle
– a pris les choses en main, avec le chancelier Duprat et
une équipe solidement charpentée de ministres et de
grands commis.

Avec tact, mesure, habileté et modestie, elle a su
faire face à l'adversité en cajolant les uns et en flattant
les autres, en appelant à l'unité de la nation, à la
concorde et la fraternité. Son message a été pleinement
reçu, ce qui démontre que Charles Quint s'est trompé.
Jusque-là, il voyait la France comme un conglomérat
artificiel de territoires et non une nation cohérente,
ordonnée et même fort bien gouvernée, non pas de
Paris mais de Lyon, par une femme sage qui, contente

L'épreuve espagnole 301

d'avoir détaché Henri VIII de la coalition, vient de se concilier le nouveau pape et même la république de Venise. Louise laisse ainsi l'empereur désormais bien seul, face à une Europe qui, bientôt, par un extraordinaire retournement de situation, se dressera contre lui. Comment François Ier ne pourrait-il approuver une si raisonnable politique ? « Entre tant d'infélicités, lui dit-il, je n'ai reçu plus grand plaisir que savoir l'obéissance que vous prêtez à Madame, en vous montrant loyaux sujets et bons Français, la vous recommande toujours, et mes petits enfants qui sont les vôtres et de la chose publique. Comme pour mon honneur et celui de ma nation, j'ai plutôt élu l'honnête prison que la honteuse fuite. Soyez sûrs qu'il ne sera jamais dit que je n'ai été si heureux de faire le bien à mon royaume que pour envie d'être délivré, j'y fasse le mal. »

Comme sa mère, le roi, parfaitement instruit de la situation, a compris que la division de ses ennemis fait la force de la France.

Charles Quint sait qu'il lui faut à présent négocier, faute de quoi il devra affronter une situation diplomatique extrêmement complexe et – qui sait ? – un jour prochain les flammes de l'enfer. « Sera plus honnête l'avoir par la douceur si possible, car, faisant la guerre à un prisonnier qui ne se peut défendre, semblerait sonner mal. » Telle est sa nouvelle stratégie, comme il l'écrit lui-même. En agissant avec plus de commisération que lui, même si sa démarche est intéressée, sa sœur Éléonore vient de lui montrer le bon chemin, ou tout au moins celui auquel il n'avait pas pensé. Lâcher du lest est nécessaire et lui permettrait de se dédouaner. Aussi, non seulement ordonne-t-il d'améliorer les conditions de détention de son prisonnier en le faisant transférer à l'Alcazar – même si le lieu n'a rien d'une résidence royale ! – mais encore encourage-t-il Éléonore à le soigner.

Il autorise même Marguerite d'Angoulême, duchesse d'Alençon, à venir visiter son frère, puisque ces dames se sont liguées pour le sauver. Suivie par trois cents cavaliers, celle-ci arrive bientôt, en tenue de deuil, car elle vient de perdre son mari, le duc d'Alençon, tombé en dépression, depuis son abandon à Pavie. On imagine l'émotion de la sœur très aimée du roi de France, qui avait vu son frère, quelques mois plus tôt, à Lyon, radieux et triomphant, et le retrouve ici, la mine défaite, dans la chambre haute d'un sinistre château, à plus de mille lieues de sa Loire, lui qui, l'avant-veille encore, rédigeait cet éloquent poème sur sa nostalgie du pays natal :

« Rhône, Seine, Garonne, Marne et Charente
Et autres fleuves tous qu'alentour environnent
L'Océan et le Rhin, l'Alpe et les Pyrénées,
Où est votre seigneur que tant fort vous aimez ?
Où est ce bon pasteur dont les plaisants troupeaux
Allaient en sûreté, sans point craindre, la nuit,
Le nocturne larron, ni, le jour, le fier loup ?
Où est le laboureur qui au plus grand hiver
Aucunes fois a pu avec sa seule vue
Les blés faire et floïr la campagne.
Il n'est pas avec vous, hélas non ! Car sous force
                                         [étrangère
Entre l'Adde, Tessin et Pô, vit captif. »

Malgré la joie de retrouver sa sœur, son état de santé continue à se dégrader. Les médecins le déclarent perdu et ordonnent qu'on lui administre les derniers sacrements. Un autel est improvisé dans la cellule, et un prêtre célèbre la messe. Après l'eucharistie, le malade reprend soudain de la vigueur lorsqu'on lui présente la sainte hostie. S'agit-il d'un miracle, comme le suggérera la propagande officielle ? On ne sait, mais la vie revient doucement et, avec elle, l'espoir.

Marguerite retrouve à Tolède l'empereur et tente de plaider la cause de la France. Mais Charles Quint se montre inflexible. Il consent seulement à ne pas exiger de rançon et donne au roi la main d'Éléonore. La future reine de Navarre rend compte de sa mission à son frère. Celui-ci fait aussitôt savoir à Charles Quint qu'il préfère croupir sa vie durant en prison que d'accepter la moindre amputation territoriale de la France.

Les deux souverains sont désormais dans l'impasse, mais ceci n'empêche pas l'empereur de charger son chancelier, Gattinara, d'établir un projet de traité, bientôt soumis à Louise de Savoie. Que demande-t-il ? Le duché de Bourgogne avec ses dépendances, les comtés d'Auxerre et de Mâcon et la vicomté d'Auxonne, la renonciation des droits du roi de France sur la Flandre et l'Artois, le duché de Milan et le royaume de Naples, la cession de la Provence au duc de Bourbon, qui la réunira à ses États pour former un royaume indépendant, et un certain nombre d'autres rétrocessions de moindre importance.

La régente de France et son chancelier récusent l'ensemble de ces prétentions et exigent une nouvelle copie, approuvée par François Ier qui fait savoir à Charles Quint que, dans ces conditions, il est prêt à abdiquer. Cela aura pour conséquence que son prisonnier, devenu « un simple chevalier », perdra toute sa valeur !

Les deux parties entament une longue négociation. Elle dure plusieurs mois, pendant lesquels on envisage un plan d'évasion du roi de France. Le capitaine Cavriana en est l'instigateur, mais le projet, assez fantaisiste du reste, n'aboutit pas. L'un des conjurés, Clément Champion, le dénonce en effet à l'empereur.

Le seul accord concerne le mariage du roi avec Éléonore de Habsbourg – mariage que rien n'empêche, puisque tous deux sont veufs, et que les Français tentent de récupérer à leur profit, suggérant que le roi de France offre la Bourgogne à l'empereur et que ce dernier en fasse, à son tour, la dot de sa sœur, ce qui ménagerait les susceptibilités de l'un et de l'autre. Pour accélérer la procédure, la régente de France expédie en Espagne un diplomate confirmé, Chabot de Brion, qui rejoint la délégation déjà composée du président de Selves, du cardinal de Tournon et de l'évêque Gabriel de Gramont. Ensemble, ils mettent au point le traité de Madrid, par lequel François Ier renonce à ses prétentions sur Naples et le Milanais, abandonne la Bourgogne à l'empereur et laisse comme otages à ce dernier ses deux fils, le dauphin François et Henri.

Pourquoi ce revirement ? Parce qu'il a décidé qu'il ne respecterait pas ces promesses, comme il l'a confié à ses émissaires, en citant la devise latine : « *Non stant foedera facta metu* » (« Les pactes faits sous l'emprise de la crainte ne tiennent pas »). N'a-t-il pas, au préalable, signé devant son notaire Gilbert Bayard cette protestation secrète : « Considérant qu'une plus longue détention deviendrait nuisible au royaume à cause de la minorité du dauphin et des divisions qui pourraient survenir, je déclare d'avance que, si, par menace d'une détention encore plus longue, je suis obligé d'abandonner la Bourgogne, cet abandon sera de nul effet. »

Fort de cette réserve, il signe, le 14 janvier 1526, le traité de Madrid sans état d'âme et, une fois la messe entendue dévotement, jure sur les saints Évangiles de le respecter à la lettre. Libéré de l'Alcazar, il visite

Madrid, touche les victimes des écrouelles à Atocha, chasse le cerf avec l'empereur et est admis à rencontrer sa fiancée qui, depuis des mois, a tant fait pour parvenir à cet accord. On le conduit donc en grand équipage à Illescas, où, à sa vue, la reine douairière du Portugal est prise d'un tel trouble qu'il faut la soutenir pour qu'elle ne s'évanouisse pas. À genoux devant son futur époux, elle tente de lui baiser la main, mais aussitôt le roi de France la prend dans ses bras, la relève et lui dit : « Ce n'est pas la main que je voudrois, c'est la bouche », avant de poser ses lèvres sur les siennes, au grand scandale des duègnes : « Alors, ajoute un chroniqueur, ils mangèrent des confitures et se lavèrent les mains d'eau odoriférante, sentant comme baume à la coutume des princes. »

Le 19 février, François Ier peut enfin, *via* Burgos, Vittoria et San Sebastian, prendre le chemin de la France, au terme d'une année d'épreuves. Si Charles Quint a, en principe, gagné la bataille, il n'en a pas moins perdu celle de l'image. D'où l'ambiguïté de leur dernier dialogue, à Torrejon, où leurs chemins se séparent, François Ier prenant la route du Nord et Charles Quint celle de l'Ouest, pour s'en aller épouser Isabelle de Portugal :

« Mon frère, vous souviendrez-vous des engagements que vous avez pris avec moi ?

– Sans doute, je puis vous répéter tous les articles que nous avons conclus.

– Assurez-moi que vous les exécuterez fidèlement de votre côté, comme je vais les exécuter du mien. Celui de nous deux qui manquerait à l'autre serait réputé justement un méchant homme et un lâche.

– Je les accomplirai exactement dès que je serai

dans mon royaume. Rien ne pourra m'en empêcher.

– Dans la longue guerre que nous avons eue
ensemble, je ne vous ai jamais haï, mais si vous
me trompez en ce qui touche surtout la reine votre
femme et ma sœur, je le prendrai à si grande
injure que j'aurai votre personne en haine et cher-
cherai tous les moyens d'en tirer vengeance et de
vous faire tout le mal que je pourrai. »

Le traité de Madrid fait une victime de poids, le ci-
devant duc de Bourbon, qui n'apparaît plus dans la
dernière mouture du texte, voyant ainsi anéantie sa
quadruple revendication de recouvrer ses territoires, de
recevoir en prime la Provence, d'être proclamé roi
de l'ensemble et d'épouser la princesse Éléonore. En
apprenant que son ancien suzerain est libre sans qu'il ait
rien obtenu et que, de surcroît, il lui a « volé » sa fiancée,
il ne peut cacher sa colère et comprend qu'il n'a été
qu'un pion dans cette partie d'échecs que se livrent,
bien au-dessus de sa tête, l'empereur et le roi de France.
Devenu un de ces nombreux chefs de guerre vendus au
plus offrant, il n'est plus rien mais a conservé sa grande
capacité à nuire. C'est ce qui conduit Charles Quint à le
nommer, l'été suivant, capitaine général de l'armée
impériale. Celui que Rabelais caricature à cette époque,
sur le dessin conservé à la Bibliothèque nationale,
ignore encore que cette élévation sera son chant du
cygne.

Ambroise Paré,
le chirurgien-barbier,
invente l'antisepsie

Ambroise Paré, qui accompagnera plus tard l'armée de François Ier lors des campagnes d'Italie, vit le jour vers 1510, sur les bords de la Mayenne. Mais c'est à l'âge de seize ans, en 1526, qu'il délivre avec énergie son premier diagnostic. Cela se passe à Angers, le jour du vendredi saint. Il soupçonne de supercherie, au moment de pénétrer dans l'église, l'un de ces « gueux de l'hostière » qui mendient sur le parvis : « Ce mendiant coquin – écrit-il – avait coupé le bras d'un pendu, encore puant et infect, lequel il avait attaché à son pourpoint, en cachant son bras naturel derrière son dos, couvert de son manteau, afin qu'on estimât que le bras du pendu était le sien propre… » Le jeune Ambroise n'hésite pas : il arrache au gueux son bras de cadavre, et le gueux s'enfuit.

À vingt-cinq ans, après trois années passées à l'Hôtel-Dieu, Ambroise Paré s'en va en guerre pour trouver à foison de belles et fraîches blessures à panser. Dans ce temps-là, tout capitaine avait un chirurgien-barbier dans sa suite. Le seigneur de Montjeau, colonel général de l'infanterie, attacha Paré à sa personne. Ambroise Paré, chirurgien militaire, ne se consacre pas seulement à la découpe des corps. Lorsqu'il écrit son premier livre, *La Méthode de traiter les plaies faîtes par les hacquebutes et autres bastons à feu*, il le rédige, faute de latin et en rupture de tradition, en français. L'homme d'action se plaisait à dire : « Ce n'est rien de feuilleter des livres, de gazouiller et de caqueter en chaire de la chirurgie, si la main ne met en usage ce que la raison ordonne. » Il est connu pour ses prouesses de chirurgien – corps étranger articulaire, réduction de fractures compliquées, trépanation et autre ligature des artères – mais peut-être pas assez pour ses observations de génie. Par exemple, c'est lui qui en 1570 fera de l'antisepsie sa « bataille contre l'altération de l'air et la putréfaction de la plaie ». Voilà ce que dit ce très grand praticien qui est aussi un écrivain d'occasion : « L'excellence de la vérité est si grande qu'elle surpasse toute la sapience humaine... La seule vérité doit être cherchée, suivie et chérie. »

Son père était valet de chambre, barbier du comte de Laval. Ambroise fut formé par un chapelain nommé Orsoy. Puis il entra chez le premier chirurgien-barbier de Laval. Là, dans l'idée de ceux qui l'emploient, il n'est pas question pour Ambroise de manier autre chose que le rasoir et de faire le poil aux clients. Mais le garçon ne cachera pas longtemps ses dons. On le met aux pansements, on lui apprend à phlébotomiser, c'est-à-dire à faire des saignées. Il assiste à de petites opérations. Il observe, il retient. Sa vocation prend vite forme et force. Quand il ne regarde pas comment s'y prennent ceux qu'il rêve d'égaler un jour, Paré lit beaucoup, et s'instruit tout seul.

Bientôt, mené par son étoile, il quitte Laval et gagne Paris où, on ne sait comment, il parvient à se faire admettre à l'Hôtel-Dieu. Il n'a toujours pas le moindre titre, et sans doute ne remplit-il pas là d'autres fonctions que celles d'infirmier. Il est probable qu'à Paris comme à Laval, à l'Hôtel-Dieu comme dans la boutique du barbier, Ambroise Paré sut vite se faire valoir. Au cours d'un hiver assez rigoureux, il fit si grand froid «qu'à aucuns malades, couchés audit Hôtel-Dieu, l'extrémité du nez se mortifia sans aucune pourriture». Ambroise raconte qu'il coupa quatre de ces nez gelés. Deux opérés guérirent; les deux autres moururent. Jusqu'alors, pour soigner les blessures «faîtes par hacquebutes», et afin d'éviter gangrènes et putréfactions, on versait sur ces plaies de l'huile de sureau bouillante; après quoi on y portait barbarement le fer rouge. On imagine le supplice que ce traitement radical infligeait, de surcroît, aux malheureux qui en étaient victimes. La bienfaisante et salutaire découverte de Paré naquit d'un hasard heureux.

Un jour que sa provision d'huile de sureau était épuisée, il eut l'idée d'appliquer sur les plaies, à défaut d'autre chose, un onguent digestif simple, fait de jaune d'œuf, de rosat et de térébenthine. Le résultat fut excellent. Si le futur père de la chirurgie française faisait du bien à ses contemporains, il reçut en retour le plus caressant des éloges. Comme la plupart des écrivains médecins, il préférait en effet être complimenté sur les œuvres de sa plume plutôt que sur les effets ouvragés des découpes de son petit couteau de chirurgie, sur ses phrases ciselées plutôt que sur les blessures réparées. Voilà pourquoi celui qui avait clamé sa vérité : «Le vrai livre, c'est le corps humain», beaucoup plus tard appréciera, à sa juste et haute valeur, l'éloge que lui consent son ami Pierre de Ronsard, le plus grand poète du temps, à travers un sonnet oublié :

«Tout cela que peut faire en quarante ans
[d'espace
Le labeur, l'artifice et le docte savoir;

Tout cela que la main, l'usage et le devoir
La raison et l'esprit commandent que l'on fasse,

Tu peux le voir, Lecteur, compris en peu de place
En ce livre qu'on doit pour divin recevoir ;
Car c'est imiter Dieu que guérir, et pouvoir
Soulager les malheurs de notre humaine race.

Si jadis Apollon, pour aider aux mortels,
Reçut en divers lieux et temples et autels,
Notre France devrait (si la maligne envie

Ne lui cillait les yeux) célébrer ton bonheur,
Poète et voisin j'aurais ma part en ton honneur,
D'autant que ton Laval est près de ma patrie. »

18

La paix des dames

Le 17 mars 1526, à sept heures du matin, le jour se lève sur la Bidassoa, une rivière formée par l'Izpegi et l'Izlauz, coulant en pente douce vers son estuaire, à Fontarabie. C'est à l'heure où les mouettes, inspirées par la lumière naissante, prennent leur envol vers l'océan tout proche. Au moment convenu par un coup de trompette, deux barques se détachent de chacune de ses rives légèrement voilées par les brumes matinales. Dans la première, auprès du capitaine d'Alarçon et du comte de Lannoy, se tient un homme de haute taille vêtu avec recherche. Dans la seconde, à côté du maréchal de Lautrec, sont assis deux jeunes garçons de sept et huit ans, le visage sombre, qui se découvrent devant l'homme lorsque les deux barques se croisent.

Les yeux emplis de larmes, François Ier bénit ses deux fils, François, le dauphin, et Henri, le duc d'Orléans, qui, selon les termes du traité de Madrid, vont prendre sa place en prison.

Des otages, voilà ce que sont devenus les deux princes de la maison des Lys, promis à une incarcération indigne de leur âge. C'est pourtant ce qu'a exigé Charles Quint pour engager le roi de France à respecter sa parole.

Les deux esquifs accostent à présent. La rivière, qui sépare la Navarre des Albret et la province du Guipúzcoa, constitue la frontière entre la France et l'Espagne, ou plus exactement cette île des Faisans située en son milieu, appelée à devenir le traditionnel lieu d'échange entre les deux royaumes. Une dernière fois, le roi se retourne du côté espagnol pour contempler ses enfants, dont s'emparent avec déférence les officiers de la cour ibérique, avant de disparaître dans une voiture fermée, solidement encadrée de soldats.

Mais, avant de partir, que regarde le cadet, Henri ? Son père ou cette dame à la beauté parfaite qui les a accompagnés ? Nous l'avons déjà croisée à plusieurs reprises. C'est Diane de Poitiers, grande sénéchale de Normandie, dont cet adolescent vient de tomber éperdument amoureux.

François Ier s'ébroue comme un poulain au réveil et marche vers son état-major auquel il lance : « Maintenant je suis encore roi ! »

Il grimpe sur son cheval et, avec sa suite, file sur Bayonne où l'attendent sa mère, qu'il n'a pas revue depuis un an, sa cour, son chancelier et les dignitaires de son royaume. Il est rayonnant et semble vivre une seconde jeunesse. On le sent prêt à toutes les aventures. Les salves d'artillerie annoncent son arrivée dans le célèbre port frontalier, où le roi et sa mère assistent à un service d'action de grâces dans la cathédrale Notre-Dame.

Comme il ne le cache pas à son entourage, ce moment est pour lui un nouvel avènement. En Espagne, il a mûri et acquis, non pas une gravité de ton qu'il n'aura jamais, mais une certaine profondeur, celle de l'homme qui, à la manière d'une initiation, a connu les épreuves et frôlé la mort. Son autorité semble plus affirmée, plus constructive aussi.

À quoi songe-t-il pendant l'office ? Il sait qu'il n'a que six semaines pour mettre en œuvre le traité de Madrid, comme il s'y est engagé, en apparence du moins.

En fait, il va mettre une année pour s'en retourner à Paris, signe qu'il est tout sauf pressé, et c'est au fil de cette nouvelle errance qu'il fait avec sa mère le point sur ces derniers mois, tout en récompensant ceux qui, en Espagne, ont partagé sa captivité. Montmorency accède ainsi à la fonction de grand maître – en attendant l'épée de connétable qui viendra plus tard ! – en remplacement du bâtard de Savoie tombé à Pavie ; Chabot de Brion à celle d'amiral en remplacement de Bonnivet, disparu de même ; Galiot de Genouillac à celle de grand écuyer, et Fleuranges à celle de maréchal de France.

Mais si beaucoup de choses sont à reconstruire, il en est une qui lui tient tout particulièrement à cœur, sa vie amoureuse qu'il lui faut réamorcer après une année d'abstinence. En arrivant à Bayonne, le roi a, en effet, remarqué d'abord l'absence de la comtesse de Châteaubriant. Il ignorait que sa mère, après Pavie, l'avait renvoyée à son mari en Bretagne et depuis avait « omis » de la rappeler, et surtout que, parmi ses suivantes, se trouvait une ravissante jeune femme de dix-sept ans, blonde comme les blés, les yeux bleus profonds, le visage angélique, la poitrine admirablement galbée et la taille impeccable. Elle se nomme Anne d'Heily, compte parmi les quelque quinze rejetons des trois mariages d'un petit seigneur de Pisseleu, dans la Beauce. Il semble évident que le souverain, en la voyant pour la première fois, en est tombé immédiatement amoureux,

314		*François Ier et la Renaissance*

ne pouvant résister à ce teint de porcelaine, à ces yeux clairs comme un ciel de printemps, à ces cheveux d'or et à ce corps d'une finesse de princesse de contes de fées. N'était-ce pas ce que voulait sa mère, qui avait délibérément choisi cette douce et fraîche jeune fille, afin de lui faire oublier sa précédente maîtresse qu'elle continue de vouer aux gémonies ? En tout cas, c'est pour lui un délicieux cadeau de bienvenue et un merveilleux fruit qu'il ne tarde pas à croquer. À Mont-de-Marsan, toute la cour est déjà au courant de sa liaison avec celle devant laquelle on s'incline désormais profondément et à laquelle il adresse ses premiers poèmes :

« Tous mes amis et chacun délaissé
J'ai oublié en tout ce qui leur touche
Pour obéir au désir de ta bouche. »

Les plaisirs, cependant, n'ont qu'un temps et ne doivent pas détourner le roi des affaires de son royaume, ce que sait parfaitement François Ier qui, contrairement à nombre de ses successeurs, n'associe jamais ses maîtresses à la politique, comme du reste le dit bien ce chroniqueur : « Dans toutes ses amours, il n'abandonna ni son royaume, ni ses affaires, ni sa conservation, ni sa grandeur, en se rendant nullement esclave aux dames. Mais il les aimait avec discrétion et modérément » !

C'est ainsi que, Mont-de-Marsan et Bordeaux franchis, le roi fait étape à Cognac où le rejoint Louis de Praët, émissaire de l'empereur, à qui le roi fait part de la réponse du parlement de Bourgogne qu'il vient de recevoir : « Sire, le serment que vous avez fait à Madrid est nul, parce qu'il est contraire à celui de votre couronnement et aux lois fondamentales de la monarchie. Si, toutefois, vous persistez, c'est à nous de disposer de nous. Nous n'obéirons jamais à des

maîtres qui ne seront pas de notre choix. » Voilà qui a
le mérite d'être clair. Jamais les Bourguignons n'ac-
cepteront d'intégrer le giron espagnol. Et le roi d'ajouter, à titre personnel : « Tout homme gardé ne peut
avoir obligation de foy. » Il est convaincu que Claude
de Seyssel a bien raison d'avoir écrit, en 1519, dans
son ouvrage *La Grande Monarchie de France*, qu'il
est légitime qu'un roi dissimule ses pensées à son
ennemi, ce qui est tout à fait moderne pour l'époque.
En fait, une des lois fondamentales du royaume,
opportunément rappelée à ce moment, précise que,
quelle que soit la volonté du monarque, aucune terre
composant le royaume ne peut être aliénée. Voilà pourquoi, en multipliant les atermoiements, en prétextant
les bonnes ou mauvaises raisons, en menant, pour
ainsi dire, en bateau les émissaires de Charles Quint, il
cherche tout simplement à gagner du temps, parce que
le temps est l'arme suprême contre laquelle nul ne
peut lutter.

Si la Bourgogne ne sera jamais cédée, faut-il donc
retourner en prison à Madrid, comme ose le demander
alors l'émissaire de Charles Quint en citant l'exemple
de Jean le Bon ? François Ier lui rétorque aussitôt :
« Il y a bien de la différence. Les otages de ce prince
s'étaient enfuis et mes fils sont entre les mains de
l'empereur. Mon aïeul fut toujours traité en roi et moi,
à peine si l'empereur m'a traité en gentilhomme. »
Plus le roi de France progresse dans ses États et plus il
prend de l'assurance, plantant là les diplomates espagnols pour s'en aller chasser, se promener ou faire
l'amour à sa maîtresse, leur montrant que, désormais,
c'est bien lui qui décide. Ceux-ci, penauds, ne peuvent
que s'en retourner à Séville, où l'empereur, comprenant enfin qu'il a été berné, s'exclame : « Le roi de

France m'a trompé ! Il n'a pas agi en vrai gentil-homme, mais méchamment et faussement. Plût à Dieu que ce différend eût à débattre entre nous deux, de sa personne à la mienne, sans exposer tant de chrétiens à la mort ! » Et aussitôt, avec une mesquinerie qui lui est coutumière, il s'en prend aux deux fils de François Ier, qu'il prive de leurs serviteurs et coupe de tout contact avec l'extérieur, tout en rationnant leurs vivres. Jouit-il de sa vengeance ? On peut se poser la question. Car lorsque le fait est connu, c'est toute l'Europe qui s'en trouve scandalisée et le juge inhumain. De ce fait, le César germano-hispanique commence à se rendre plei-nement compte que, loin de lui avoir porté chance, la capture de François Ier n'a été que la source d'une infinité de problèmes et qu'il n'y gagnera rien, surtout pas « sa » chère Bourgogne. Mais en se comportant ainsi, il ne comprend pas que, une fois de plus, il est en train de perdre la bataille de l'image, celle qui, de toutes, est la plus importante : le roi de France est venu le voir à Madrid pour négocier ; il l'a emprisonné. Ses deux fils sont ses otages, il les maltraite. Exigeant une province française que Louis XI a légalement annexée à sa Couronne, il choque les autres souverains, y compris les membres de leur famille, qui se demandent si leur tour ne viendra pas bientôt de subir ses caprices.

Car c'est à présent lui qui, par ses prétentions hégémoniques, commence à effrayer ses alliés, qui s'offusquent de découvrir la nouvelle titulature du « très grand Charles qui règne maintenant sur l'univers et que c'est à juste titre que lui est soumise toute la machine du monde ». Ce sont justement ces réticents que le roi de France prend pour arbitres dans le conflit qui l'oppose à l'empereur, en adressant à chacun d'eux un

mémoire. Et voilà que François Ier rassure et que
Charles Quint fait peur ! Dans les mois qui suivent,
Florence, Venise, le Saint-Siège, la Suisse, avec la
tacite complicité de l'Angleterre, condamnent à l'unisson le traité de Madrid. Il est désormais acquis que la
Bourgogne ne quittera jamais la France, et ces puissances sont prêtes à adhérer à une coalition destinée à
bouter l'empereur hors d'Italie ; c'est « la ligue de
Cognac ». Geste spectaculaire : après la signature du
traité, le roi de France arme chevalier l'ambassadeur de
Venise, en présence du comte de Lannoy pour qu'il
puisse, à son retour, raconter la scène à son maître. Le
temps de laver les humiliations est venu ; il a suffi de
quelques mois au roi de France pour retourner la situation à son profit ! Bien sûr, on n'annonce pas à Charles
Quint qu'il est devenu « l'ennemi public numéro un »,
comme on dit aujourd'hui, puisqu'on lui propose même
d'adhérer à cette coalition dont le but officiel est
de pacifier l'Italie avant de commencer une croisade
unitaire contre les Turcs. Mais on y met plusieurs
préalables, parmi lesquels la libération des fils de
François Ier et la restitution aux Sforza du duché de
Milan.

L'empereur n'est naturellement pas dupe des intentions de François Ier qu'il accable d'invectives. Il lui
propose même un combat singulier, que l'autre refuse
en continuant à le railler tout en entraînant désormais sa
cour de Cognac à Angoulême. Là reprend le rythme des
banquets, des bals et des tournois, où trône à la première
place la rayonnante Anne de Pisseleu, « en robe de drap
d'or frisé, fourrée d'hermine, avec force pierreries »,
témoigne l'indispensable Brantôme. D'Angoulême, le
roi file sur Amboise au mois de juillet, et, comme il se
doit, tout le monde le suit. Pendant ce temps, la guerre
recommence en Italie, où cette fois les puissances de la

ligue de Cognac, commandées par le duc d'Urbin, affrontent l'armée de Charles Quint commandée par le duc de Bourbon. Celui-ci se révèle bien meilleur stratège que son rival et commence par lui infliger une série de lourds revers, avec la complicité d'un autre mercenaire de grande envergure, Georges de Frundsberg. La situation est périlleuse. Mais, le 5 avril 1527, l'ancien connétable de France, qui a mis le siège devant Rome, alors qu'il grimpe à une échelle pour franchir le rempart, est abattu par un arquebusier habile. Le haut seigneur de Moulins n'est plus à cette heure qu'un pauvre pantin désarticulé, couché dans la boue de la Ville éternelle, pour lequel Clément Marot brosse cette épitaphe en demi-teinte :

> « Dedans le clos de ce seul tombeau cy
> Gist un vainqueur et un vaincu aussi
> Et si n'y a qu'un corps seulement
> Il ne faut s'en esbahir nullement ;
> Car ce corps mort, du temps qu'il a vécu
> Vainquit pour un autre, et pour soi fut vaincu. »

L'extraordinaire est que cet arquebusier n'est pas un soldat ordinaire, mais un sculpteur émérite au service du souverain pontife. Il l'a embauché pour son immense talent, fermant les yeux, comme jadis un autre pape avec son compatriote Michel-Ange, sur son goût pour la bagarre et les beaux garçons. Trois ans après le siège de Rome, François Ier invitera bientôt, à sa cour, cet artiste accompli et le pensionnera. Il s'appelle Benvenuto Cellini, c'est l'homme providentiel qui met fin de manière pathétique à l'existence du duc de Bourbon. Le roi de France sera autant fasciné par cet « exploit » que par l'incontestable génie de Cellini.

La mort de Bourbon, l'absence d'argent d'un côté comme de l'autre, le manque de clarté des offensives et des contre-offensives, auxquels s'ajoutent les premières divisions survenues entre les coalisés de la ligue de Cognac, font qu'une fois de plus une trêve est décidée. Mais la situation internationale demeure instable, d'autant que l'Europe est horrifiée par le sac de Rome perpétré par les troupes de Charles Quint. Après la mort de Bourbon, pillages, viols et profanations se suc-cèdent, laissant la ville exsangue. Le pape, enfermé au château Saint-Ange, est le témoin impuissant d'un désastre comme on n'en avait pas vu depuis la fin de l'Antiquité. La plus abominable des atrocités du « très-chrétien » roi d'Espagne et maître du Saint Empire romain germanique laisse le monde catholique pantois et donne des ailes au roi de France qui, lançant à nou-veau ses troupes commandées par Lautrec, tente de recouvrer une nouvelle fois le Milanais. Il n'y parvient pas, malgré quelques succès qui lui permettent de sou-mettre la Lombardie et la Ligurie. Parallèlement, les tractations diplomatiques s'amplifient, principalement entre les royaumes de France et d'Angleterre qui, à Amiens, signent un traité de paix. À l'issue de celui-ci, Henri VIII reçoit l'ordre de Saint-Michel et François Ier celui de la Jarretière, pour le plus grand bonheur de Louise de Savoie qui considère que les deux rois sont, enfin, « dans le même habit ». Le 22 janvier 1528, Charles Quint reçoit les ambassadeurs de François Ier pour une entrevue des plus orageuse, dans laquelle le héraut du roi de France tient ce discours :

> « Sire, le roi très chrétien, mon naturel et souverain seigneur, m'a commandé de dire qu'il a un mer-veilleux regret de déplaisir de ce que, au lieu de l'amitié qu'il a tant désirée avec vous, il faut que

l'inimitié précédente demeure et se maintienne encore. »

Et d'exiger la libération immédiate des enfants du souverain, à laquelle l'empereur répond :

« Je m'ébahis que le roi votre maître me défie car, étant mon prisonnier de juste guerre et ayant sa foi, il ne peut le faire par raison. »

Pour trouver des subsides, mais aussi pour légitimer son action aux yeux de ses sujets, François Ier convoque alors une assemblée des notables. Il prononce, le 16 décembre 1527, un discours magistral, dans lequel il fait le récapitulatif de son règne, annonçant d'emblée la couleur : « Je suis votre roi, votre prince, votre maître et seigneur, et en ma personne gît tout l'honneur du royaume de France. Je ferais mal de rien faire en cette matière, si je ne vous en avertissais. » Avec une maestria reconnue de tous, il plaide pour cette paix qu'il a toujours voulue et rend responsable de la guerre son adversaire Charles Quint. Il dénonce cette fois officiellement ce traité de Madrid qu'on lui a extirpé par la force. Il n'a guère de mal à emporter l'adhésion des trois ordres, séduits par sa faconde, et empoche le million d'écus demandé, assorti d'une seule condition, ne jamais céder la Bourgogne à l'empereur, ce qu'il approuve totalement. Il leur lance à l'issue de la séance, avec un sens consommé de la politique, si lumineux lorsqu'on le compare à la terne attitude de Louis XVI, beaucoup plus tard, devant les états généraux : « Regardez et avisez entre vous ce que je peux faire comme roi pour le bien et utilité du royaume et de mes sujets et m'en avertissez. Car je ne peux tout savoir. Je prendrai vos avertissements de bonne part et les écouterai bénignement. Ce que je dis, je ne le dis pas par feinte, mais je le dis privément, afin que vous n'ayez crainte en général et en particulier devers moi. Et je vous remercie de votre bon vouloir et conseil. » Le traité de Madrid est déclaré nul et non avenu.

Malgré les subsides obtenus, l'argent vient à nouveau à manquer, tant du côté des coalisés que du côté de l'empereur. L'alternance des succès militaires et des défaites – sans compter la peste qui sévit au sud de la péninsule italienne et fait des ravages chez les soldats de l'un et l'autre camp ! – fait que rien de décisif n'apparaît à l'horizon. Lautrec perd une nouvelle fois la campagne menée pour remettre la main sur Naples. La guerre devra-t-elle durer toujours et, avec elle, le cortège de la misère publique à cause de deux enfants obstinés, le roi et l'empereur qui ne veulent pas entendre le langage de la raison ? Et à propos d'enfants, que deviennent ceux de François Ier, soumis à la garde du marquis de Berlanga ? Au début, ils avaient été traités en fils de roi, avec toute leur importante maison dirigée par Cossé-Brissac, et confiés à la garde du duc de Frias, connétable de Castille. Mais, au vu du refus affiché quelques mois plus tard de livrer la Bourgogne, l'empereur avait ordonné une incarcération beaucoup plus stricte dans la sinistre forteresse de Villalba, sous la garde du cruel marquis de Berlanga. De mois en mois, on avait ainsi réduit le nombre de leurs serviteurs, avant de les chasser, pour ne laisser auprès d'eux que des Espagnols tout dévoués à l'empereur, et les couper du monde. Mais Villalba ne paraissant plus sûr – on estimait que les mendiants rôdant aux alentours étaient des espions français venus délivrer les captifs –, on les avait relégués à Pedrazza, près de Ségovie, où Éléonore d'Autriche avait tenté en vain d'adoucir leur sort. C'est là que leur grand-mère, Louise de Savoie, put leur dépêcher son huissier Jean Bodin.

On apprend ainsi que, depuis quatre années, les petits princes sont relégués dans une tour sans lumière, « lieu à peine bon pour y détenir de grands criminels, et bien malséant et malsain pour des personnes d'une si haute condition et d'un âge aussi tendre que mes seigneurs », et là, dorment sur de simples paillasses. Plus grave, ils ne semblent plus comprendre le français et ne s'expriment qu'en espagnol, ce qui blesse la conscience nationale. Enfin, ils n'ont pour seul plaisir que leurs petits chiens, puisqu'ils ont été séparés de leurs serviteurs que, dans son courroux, Charles Quint a vendus aux infidèles pour en faire des rameurs sur les galères barbaresques ! Jean Bodin leur ayant offert, de la part de leur grand-mère, des bonnets de velours brodés d'or et ornés de plumes blanches, ceux-ci sont aussitôt confisqués par le gouverneur de la forteresse, « de peur que ces objets ne les aidassent à s'envoler de leur prison et à retourner en France » ! Cette situation ne peut plus durer, se disent les observateurs les plus lucides, qui estiment que, pour que les peuples vivent enfin en paix, il faut définitivement vider cette querelle, d'autant que le moment paraît opportun, puisque l'argent manque des deux côtés et que les troupes, décimées par la maladie, sont épuisées.

Cette mission de salut public, deux femmes vont à présent s'en charger et jeter leurs dernières forces dans ce combat. Ces deux dames exceptionnelles sont Louise de Savoie, mère de François Ier, et Marguerite d'Autriche, tante de Charles Quint, qui, en se substituant aux hommes, laisseront leurs traces dans l'histoire. Malgré un long contentieux politique et familial, elles sont

prêtes à surmonter leurs divisions, ou mieux leurs préventions, et décident de se rencontrer, de négocier, afin
de sortir elles-mêmes l'Europe de l'ornière dans laquelle
ces deux impétueux jeunes gens l'ont enlisée. Fille de
l'empereur Maximilien, Marguerite de Habsbourg avait
été fiancée à trois ans au futur Charles VIII et, de ce fait,
avait été élevée, comme Louise, à la cour d'Anne de
Beaujeu. Ce mariage ayant été rompu, elle avait épousé
Don Juan d'Espagne, dont elle était tombée follement
amoureuse, mais qui s'était tué, la laissant veuve. Son
père la donna alors à Philibert le Beau, duc de Savoie,
avec qui elle vécut heureuse, mais qui mourut à son
tour, faisant d'elle un être inconsolable qui, pour célébrer son amour défunt, fit édifier un mausolée gothique
flamboyant à Bourg-en-Bresse. Pour s'occuper, elle
éleva les enfants de son frère, Philippe le Beau, prématurément disparu, à savoir le futur Charles Quint et ses
frères et sœurs, à qui elle tenta de servir de mère,
puisque la leur, devenue folle, était enfermée dans un
château espagnol. Depuis, Marguerite, la sœur de
Philippe le Beau, exerce la régence des Pays-Bas,
qu'elle administre avec sagesse en diplomate avisé et en
femme sage, comme son ex-belle-sœur, Louise de
Savoie.

L'été 1529, les deux princesses se retrouvent donc à
Cambrai : cette ville est alors située aux confins de
la France et, traditionnellement, elle est le cadre
des conférences politiques ou diplomatiques. Assistée
du chancelier Duprat, de Montmorency et de La
Trémoille, Louise de Savoie prend ses quartiers à
l'hôtel Saint-Paul. Entourée d'une importante suite de
conseillers, Marguerite d'Autriche, elle, s'installe juste
en face, dans l'abbaye de Saint-Aubert. Elles n'ont que
la rue à traverser pour se rencontrer ; à peine, puisqu'un

pont de bois, bientôt jeté entre les deux bâtiments, facilite leurs échanges. Pendant un mois, les deux femmes
discutent de ce qu'elles ont en commun – leur haine de
la guerre, en particulier – et de ce qui les sépare – les
intérêts rivaux de ceux pour qui elles travaillent. Réa-
listes, pragmatiques même, elles déblaient soigneusement le terrain, ne se perdent pas en conjectures
inutiles et vont à l'essentiel, c'est-à-dire, d'une part,
l'absolue résolution française de ne jamais restituer la
Bourgogne et, d'autre part, la volonté pour l'Autriche
de ne pas perdre la face après tant de batailles, tant de
morts et tant de guerres qui ont laminé les finances des
États.

Après un mois de débats, elles finissent par tomber
d'accord en établissant un texte que Charles Quint et
François Ier peuvent ou non ratifier, puisqu'elles
agissent, l'une et l'autre, de leur propre initiative, pro-
posant ce que Louise de Savoie allait joliment définir
comme « cette paix en quoi vous et moi avons tant
labouré ». Le traité est signé à Cambrai le 13 juillet,
assorti des conditions suivantes : le roi de France cède
Hesdin à l'empereur, mais conserve la Bourgogne. Il
renonce à sa suzeraineté sur l'Artois, la Flandre, le
duché de Milan et le royaume de Naples et règle un
million d'écus à l'empereur en échange de ses deux
fils. La réunion d'une telle somme – quatre tonnes d'or
d'aujourd'hui ! – n'est pas sans occasionner un certain
nombre de difficultés, mais toute la nation est sollici-
tée, y compris la noblesse qui accepte de sacrifier un
dixième de ses revenus, y compris le roi Henri VIII
qui, malgré sa ladrerie habituelle, fait alors cadeau
d'un somptueux lys d'or enrichi de pierreries valant
cinquante mille écus. Preuve de l'extraordinaire atta-
chement de la France à son roi, la somme est donc

réunie et centralisée par le chancelier Duprat, avant d'être expédiée sous bonne garde à Bayonne, ce qui prendra plusieurs mois. Aussi la libération des jeunes princes ne se fera-t-elle qu'un an près la « paix des dames ».

Le 1er juillet 1529, sur la même Bidassoa où, naguère, François Ier fut échangé, ses deux fils se préparent à l'être, à leur tour, mais cette fois contre de l'or. Des deux côtés de la rivière partent les barques transportant, chacune, leur précieuse cargaison et leurs escortes respectives, composées du même nombre d'hommes et dirigées, du côté français, par Montmorency, du côté espagnol, par le connétable de Castille qui, en prenant congé des enfants, leur tient ce discours :

> « Si je ne vous ai pas traité comme je le devais et comme il vous appartenait, c'est que mon devoir était de vous bien garder ; pardonnez-moi. »

La tradition veut qu'à ce moment le futur Henri II lui cracha à la figure. Pour d'autres, il ponctua ces adieux en lui « lâchant une pétarade » ! Quoi qu'il en soit, à Villeneuve-de-Marsan, François Ier, qui venait de Bordeaux, les serre dans ses bras. C'est le début d'un immense enthousiasme qui, de la Gascogne à Paris, ira s'amplifiant, à coups de *Te Deum* et de cloches carillonnant, toute la nation fêtant le retour des fils du roi, gage d'un avenir serein et d'une paix que l'on espère éternelle, comme l'écrit le Bourgeois de Paris : « C'était merveille d'ouïr un si grand nombre de cloches carillonner avec les grosses tours de Notre-Dame, et mêmement l'horloge du palais fut carillonnée bien longtemps. Messieurs de la ville firent à l'autel d'ycelle grande fête et solennité avec trompettes, clairons, bascines, tambours et autres instruments ; et y étaient tous honnêtes

gens bienvenus. De mémoire d'homme, on ne se souve-
nait avoir vu démontrer une plus grande joie. » Quant au
musicien Clément Janequin, il use de tout son talent
pour composer cette chanson que tout le monde reprend
en chœur :

> « Chantez, dansez, jeunes fillettes,
> Bourgeoises et bourgeois
> Faites sonner vos doulées gorgettes
> Disant à haute voix :
> Vivent les enfants du noble roi François. »

Les deux instigatrices, pourtant, de ce chef-d'œuvre
diplomatique que fut la paix des dames ne tardent pas
à quitter ce monde. Durant l'été 1530, en effet,
Marguerite d'Autriche se blesse au pied, et d'une infec-
tion mal soignée naît une gangrène qui, à la fin de
l'automne, dégénère en septicémie. Le 30 novembre,
elle rend son âme à Dieu, unanimement regrettée par sa
famille et ses sujets. L'année suivante, Louise de
Savoie, épuisée par la goutte qui, depuis plusieurs
années, ne la laissait plus en repos, mais victime surtout
de la gravelle, la maladie de la pierre, est alitée à
Fontainebleau. Ayant vu passer une comète, signe de
sombres présages, elle comprend que sa fin est proche
et décide de mourir dans son château de Romorantin.
Mais à Grez-sur-Loing où elle fait étape, elle s'éteint le
15 septembre 1531, veillée jusqu'au bout par sa fille
Marguerite, devenue reine de Navarre depuis son
mariage avec Henri d'Albret, à qui elle murmure au
dernier moment : « Seigneur, aidez mon fils dans ses
grandes affaires. »

C'est à Chantilly, où il réside chez Montmorency,
que le roi apprend la nouvelle de la mort de cette mère
à laquelle, depuis la vie jusqu'à son trône, il doit tout.

C'est pourquoi, surmontant difficilement son immense peine, il ordonne aussitôt de somptueuses funérailles célébrées à Notre-Dame de Paris, avant l'inhumation à Saint-Denis. Désormais, il lui faut manœuvrer seul la nef de sa destinée, ce qui n'est pas aussi simple qu'on pourrait le croire de prime abord, tant la défunte « Madame » avait acquis d'expérience.

À Calais, Anne Boleyn dénoue
enfin sa chevelure d'ébène...

Non seulement François Ier porte une grande attention à Henri VIII d'Angleterre lorsqu'il le rencontre à Calais en 1532, mais dès qu'il voit celle qui l'accompagne son sang ne fait qu'un tour. Un homme qui aime les femmes n'oublie jamais une jolie fille. Celle qu'il contemple est une beauté brune au teint mat, avec de grands yeux sombres et de belles lèvres sensuelles. Il a le sentiment de l'avoir déjà rencontrée. Et tout à coup la lumière se fait dans son esprit. Il se souvient de l'avoir vue chanter et danser à ravir. Elle était coquette et rouée, son nom affleure à ses lèvres comme le souvenir d'un désir dissipé par le temps : Anne Boleyn ! C'est au moment où la jeune fille s'incline devant le souverain français, baissant humblement la tête, qu'il remarque son cou gracile. Il se remémore alors le moment de leur rencontre. Elle avait douze ans et venait d'être admise comme fille d'honneur à la cour de la reine Claude de France avant d'entrer au service de Marguerite de Navarre. Irlandaise d'origine, elle paraissait « toute française ». La vérité est qu'elle avait été confiée à la mort de sa mère à une nourrice nommée Simonette et qu'elle avait passé son enfance au château de Briis, près de Limours.

À la cour des Valois, elle avait tout appris. Bien sûr le chant et la danse, mais aussi l'art de composer des poèmes. Cependant, sa suprématie s'exprimait déjà dans un domaine : son pouvoir de séduction. En la regardant évoluer et capter le désir des hommes, on pouvait se demander si cette disposition extraordinaire était un don ou l'expression d'un très fort

instinct. Selon Brantôme, « la donzelle apprit la
galanterie dans la plus fameuse *école d'amour* »,
c'est-à-dire la cour de France...

François Ier la fixa encore quelques instants. Il
admirait ses yeux noirs et brillants, ses traits splendides, sa taille souple. Aussitôt il évalua son âge.
Elle n'avait pas vingt ans et elle lui plaisait.

François se tourna vers Henri. Il se sentait proche
de lui : aucun des deux, à l'origine, n'était destiné à
régner. Henri VIII était monté sur le trône à la mort
prématurée de son frère Arthur. Il était devenu roi à
dix-huit ans.

François a d'autant plus de considération pour
Henri qu'il le sait très cultivé. Il connaît presque tout
des lettres et de la philosophie, et l'on dit partout
qu'il prend plus de plaisir à lire de bons livres
qu'aucun prince de son âge. François serait-il un peu
jaloux d'une telle réputation, lui qui se pique d'être
un grand lettré et un poète des plus acceptables ?

Cependant il ne peut s'empêcher d'apprécier ce
prince qui paraît si doué et se flatte d'avoir parmi ses
amis personnels les grands écrivains et les savants les
plus avancés. Henri VIII sait y faire avec les artistes
et les intellectuels et se montre brillant dans les débats
théologiques.

Cependant il est un point sur lequel le roi de
France, avec une vanité toute naturelle, peut se croire
supérieur à Henri d'Angleterre. C'est dans l'art difficile du maniement des femmes. Il voit devant lui un
souverain tellement épris qu'Henri semble avoir
abandonné cette absolue maîtrise de soi qui est le
fondement de la fonction royale. On a raconté à
François ce qui s'est passé quand la jeune Anne
Boleyn est rentrée à Londres après son séjour si for-
mateur, à tous égards, à la cour de France. Avec sa

grâce naturelle, elle oscillait entre la jeune fille naïve
et la femme décidée. Qui pouvait résister à la somptuosité de son enveloppe charnelle ? On prêtait une
âme claire à cette femme à l'opulente chevelure
noire, qu'elle pouvait faire tomber, dit-on, jusqu'à
ses pieds et qui encadrait son visage d'un feu sombre
et fatal.

À cette époque, Henri VIII, avait trente-cinq ans,
sa femme, la reine, en avait quarante et un, tandis
qu'Anne Boleyn ne comptait que dix-neuf printemps. La grâce, la beauté, la vivacité, la gaieté de
Mademoiselle Boleyn, fille de l'un de ses ambassadeurs, le distrayaient énormément de la mélancolie
constante et de l'ennuyeuse vertu de son épouse, la
reine Catherine d'Aragon. Un jour de mars 1522, à
un bal masqué, l'évidence éclata : le roi déguisé en
chevalier français avait dansé toute la soirée avec
Anne. Quand le roi avait dévoilé son choix en jetant
son mouchoir à la beauté venue de France, cette dernière avait feint de ne rien voir. Ce n'était pas seulement une coquetterie de sa part, c'était surtout une
précaution pour ne pas se retrouver dans la même
situation que sa sœur Marie, qui après avoir été la
maîtresse passagère d'Henri, avait été gravement
humiliée. Anne s'était juré que ceci ne se reprodui-
rait pas. Elle était décidée à demeurer intraitable. Sa
stratégie face à l'amant volage et au séducteur à la
barbe rousse était des plus simples : obtenir l'anneau
du mariage et la couronne d'Angleterre avant de se
donner à lui. La résistance d'Anne fut telle que le
souverain perdit la tête. Elle jouait de son charme,
tantôt juvénile, tantôt sensuel. En vérité, elle était en
train de l'ensorceler. Et c'est justement le moment
qu'elle choisit pour s'enfuir et regagner la demeure

paternelle. Henri VIII était totalement décontenancé.
Ses protestations amoureuses tombaient à plat, ses
billets doux aussi. Devait-il lui écrire en vers, en
français ou en anglais ? Lorsqu'il lui envoyait des
présents, ceux-ci lui étaient retournés. Alors le souverain n'eut plus qu'un recours : l'inviter – avec
autorité – à regagner la cour. Anne se plia à la
volonté royale… mais ce fut pour repartir aussitôt.
Le roi rompu découvrait tous les états de la désespé-
rance, tandis qu'Anne – superbe et intacte – le tenait
à distance.

Le colosse pathétique, le géant cruel, était devenu
un petit garçon, un homme enflammé. Voilà ce qu'il
lui écrivit : « Il y a plus d'un an que l'amour m'a
blessé de ses dards et je me trouve toujours dans
l'incertitude de savoir si j'aime sans espoir ou si je
peux trouver une place dans ton cœur. » Le roi, n'y
tenant plus, se présenta à la poterne du château des
Boleyn. Le père d'Anne le reçut avec la plus grande
déférence, et bientôt le roi recouvrit un semblant de
bonheur. Tout semblait redevenu normal, il chevau-
chait fougueusement avec celle qu'il aimait dans la
campagne anglaise. Il passait des soirées à écouter
les joueurs de luth, tout en contemplant inlassablement la beauté de sa bien-aimée. Est-ce dans ces
moments privilégiés qu'elle lui abandonna enfin ses
belles lèvres ? En tout cas, quelque chose s'était
passé. Le roi se sentit mieux, d'où cet ardent message : « Maintenant que j'ai reçu ce signe de toi, de
ton inclination, avec des mots qui viennent du cœur,
tu peux être assurée que je t'aime et t'honore pour
toujours, et que je serai en tout ton serviteur. Si
j'ai dû te chagriner, je t'implore de me pardonner, comme tu peux être toujours certaine de mon

pardon. Mon cœur est à toi seule à partir de maintenant, et j'attends ardemment le jour où mon corps
t'appartiendra, que Dieu peut accorder si telle est sa
volonté, et pour laquelle je prie tous les jours. »

Le cardinal Wolsey fut frappé de stupeur quand il
apprit de la bouche de l'amoureux transi qu'il voulait
répudier Catherine d'Aragon et même annuler son
mariage. Tout cela pour convoler en justes noces
avec la petite Boleyn. Mais le roi était prêt à aller
encore plus loin. Jusqu'à solliciter l'autorité du
pape Clément VII pour obtenir ce qu'il voulait.
François Ier, à son retour de la prison de Madrid,
avait compris qu'Henri VIII cherchait à lui plaire. Il
ne savait pas encore pourquoi Henri avait renoncé à
sa part de la rançon royale – cinq cent mille écus
d'or. Pourquoi ce geste d'une folle générosité ? Sans
aucun doute pour le bon plaisir du roi de France,
puisqu'Henri VIII, non content d'effacer la dette,
restitue à François Ier le joyau que ce dernier avait dû
laisser en gage. Cette fois, François a compris : le roi
d'Angleterre veut répudier son épouse espagnole
mais il sait que Charles Quint n'acceptera jamais la
répudiation de sa tante, Catherine d'Aragon. C'est
pourquoi il compte sur François Ier pour intercéder
en sa faveur auprès du pape. Henri d'Angleterre a
fait son choix : il ira jusqu'au bout pour épouser celle
qui a su enchaîner son cœur, sa tête et son corps.
Henri d'Angleterre, le fils soumis de l'Église, voyant
que son caprice ne recevait aucune approbation, prit
le parti, par amour, de se dresser contre l'Église de
Rome. En novembre 1534, il fit voter par le parlement anglais l'« acte de suprématie » qui le recon-
naissait « chef suprême et incontestable de l'Église
d'Angleterre ». Catherine, sa femme, reçut l'ordre de

quitter le château de Windsor. Au même moment, le roi d'Angleterre avait été invité à rendre visite à François Ier, prétendu avocat de sa cause et médiateur auprès du Saint-Père. Anne est portée au pinacle. Le roi lui a donné le titre de marquise de Pembroke, mais ce n'est pas assez, voilà qu'il lui fait verser mille livres de rente par an et la couvre de bijoux. Il n'a plus qu'un rêve : la mettre en valeur et c'est pourquoi il l'emmène partout avec lui. Quelle idée plus charmante que de lui proposer de l'accompagner au royaume de France ?

À Calais, l'entrevue a lieu sous les meilleurs auspices. François Ier, avec sa galanterie coutumière et sa bonne humeur communicative, se penche vers son ami Henri et lui souffle dans l'oreille un message flatteur à propos de la beauté de la favorite. Plusieurs fois ce soir-là, dans la capitale de la dentelle, il l'invite à danser et, au moment de son départ, lui fait porter un collier de diamants. C'est à Calais, dans la vaste chambre immaculée du roi d'Angleterre, sous la caresse du crépuscule qui s'étend jusqu'aux falaises blêmes, qu'Anne défait sa lourde chevelure d'ébène qui seule, ce soir-là, couvrira son corps nu, enfin offert au désir souverain.

19

L'amie du roi et la nouvelle reine

Couchée sous la courtine, elle dort paisiblement, tandis qu'un rayon de lune fait miroiter ses cheveux blonds. Elle est si jeune qu'elle semble encore être une enfant, bien que son corps soit celui d'une femme, avec des rondeurs offertes qui feraient rougir tous les moines du royaume. « Dieu qu'elle est belle », se dit son compagnon, qui n'est jamais lassé de la regarder dormir, convaincu que leur nuit d'amour l'a sans doute épuisée et qu'elle mérite son repos. Pourtant, son ardeur est telle qu'il la réveillerait volontiers pour lui offrir un nouvel hommage. Mais il n'ose pas et se contente de baiser très délicatement sa chair satinée, avant de se lever pour regarder l'heure à sa clepsydre. L'aurore paraît, le jour ne va pas tarder à poindre.

Il est trop tard pour tenter de retrouver le sommeil. À pas de loup, François Ier quitte le lit, s'installe à sa table qu'éclaire une bougie, trempe sa plume dans l'encrier et, avec ce sourire qui lui est familier, se met à composer un poème en l'honneur de son amie :

« Étant seulet auprès d'une fenêtre,
Par un matin, comme le jour poignait,
Je regardai Aurore à main senestre

Qui à Phébus le chemin enseignait,
Et d'autre part m'amye qui peignait
Son chef doré, et vit ses luisants yeux,
Dont un jeta un trait si gracieux
Qu'à haute voix je fus contraint de dire :
Dieux immortels, rentrez dedans vos cieux,
Car la beauté de cette vous empire.
Ainsi ma Dame en son regard tenait
Tout obscurci le soleil radieux.
Donc, de dépit, lui triste et odieux,
Sur les humains en daigna plus luire,
Par quoi lui dis : "Vous faites pour le mieux,
Car la beauté de cette nous empire."
Quelques mortels, j'en serais soucieux.
Devrais-je plus doncques craindre les dieux
Et dépriser, pour fuir, tel martyre,
En leur criant : "Retournez en vos cieux,
Car la beauté de cette vous empire."
Cour qui bien aime ce désir curieux
D'étranger ceux qu'il pense être envieux
De son amour et qu'il doute lui moire :
Par quoi j'ai dit aux dieux très glorieux
Que la beauté de cette les empire. »

Mais Anne de Pisseleu n'est pas qu'une jeune
beauté ; elle est encore une femme d'esprit : elle maîtrise l'ironie à la perfection, est curieuse de littérature
et d'art, ce qui lui a attiré le surnom de « la plus savante
des belles et la plus belle des savantes ». En ce printemps de l'année 1530 marqué par le retour à la paix et
à la prospérité du royaume, sa faveur ne faiblit pas.
Elle va durer vingt et un ans, jusqu'à la mort d'un roi
qui, sans être fidèle, est tout au moins constant dans ses
amours dès lors qu'il a jeté son dévolu sur une femme.
Car, malgré la puissance de son désir, il n'en continue

pas moins de papillonner à droite ou à gauche, pour
peu qu'un joli minois, un beau décolleté, une croupe
appétissante se présente à lui. Ne voit-on pas très souvent, à cette époque, une belle servante d'auberge,
nommée Jeanneton, entrer dans sa chambre à l'heure
où tous les chats sont gris ? Ne parle-t-on pas de deux
« professionnelles » du plaisir, convoquées les nuits
sans lune, Olive Sainte et Cécile de Viefville ? Et qui
est la mère de M. de Villecouvin, le seul bâtard officiel
qu'on lui connaisse – ce qui est peu, si l'on compare
avec le nombre de ceux d'Henri IV ou de Louis XIV ?
D'où quelques fortes scènes de ménage de la dame de
Pisseleu, que François calme en la couvrant de joyaux,
de terres et de châteaux, tout en entretenant une certaine ambiguïté, puisque, ayant appris son infortune, la
comtesse de Châteaubriant n'a pas mis beaucoup de
temps pour reparaître à la cour.

Pendant quelques mois, le vigoureux roi de France
comble donc ses deux maîtresses, sans pouvoir éteindre
la lutte d'influence à laquelle toutes deux se livrent. Il
déteste autant trancher qu'essuyer des algarades de ses
maîtresses. « Comment pouvez-vous avoir plaisir à
voler ainsi pour une noire corneille ? » lui demande
Anne de Pisseleu, tandis que la seconde se fait plus
chatte au fil des jours ! Une compétition commence,
dans laquelle tous les coups sont permis, à commencer
par celui de dénigrer l'adversaire :

> « Dix-huit ans je vous donne
> Belle et Bonne,
> Mais à votre sens rassis
> Trente-cinq ou trente-six
> J'en ordonne. »

Clément Marot écrit ces vers pour Anne, tandis que Françoise raille ainsi les charmes de sa rivale, qui est aussi blonde qu'elle est brune :

> « Blanche couleur est bientôt effacée,
> Blanche couleur en un an est passée,
> Blanche couleur doit être méprisée,
> Blanche couleur est à sueur subjette,
> Blanche couleur n'est pas longtemps nette,
> Mais le teint noir et la noire couleur
> Est de haut prix et de plus grande valeur. »

La comtesse de Châteaubriant prend-elle les atermoiements du roi pour un encouragement ? Elle a le tort de dénigrer le physique de sa rivale et d'irriter le roi par de trop nombreux reproches que, selon son habitude, elle lui adresse en vers :

> « De retourner, mon ami, je te prie
> Pour contenter l'esprit de ton amie,
> Car, sans cela, aise ne puis avoir. »

Elle n'en reçoit d'abord que des réponses lasses :

> « Cette pauvre, déçue et misérable amante,
> Par trop avoir aimé, tourmentée et dolente,
> Et te pensant amie, t'ai trouvée variable. »

Et enfin totalement excédées, à la suite d'une énième protestation :

> « C'est bien assez me donner à connaître
> Et non endroit que vous ne voulez plus être.
> Et pour la fin ne me peux reprocher
> Si ce n'est que t'ai voulu tenir trop cher,
> Dont pour le temps qu'avec toy j'ai passé,
> Je peux bien dire : *Requiescat in pace.* »

Dépitée, la comtesse de Châteaubriant reprend alors le chemin de son château en Bretagne, où son mari accepte, en apparence tout au moins, de lui faire bonne figure. Mais elle n'a pas encore bu le calice jusqu'à la lie. Un émissaire du roi se présente à elle pour lui demander les bijoux reçus, que réclame à présent Anne de Pisseleu, non pas pour leur valeur vénale, mais pour les célèbres devises que le roi avait composées et fait graver en leur envers. Aussitôt, elle les fait fondre et renvoie le tout avec, selon Brantôme, ce commentaire :

« Allez-y ! Portez cela au roy et dites-luy que, puisqu'il luy a plu de me révoquer ce qu'il m'avoit donné si libéralement, que je le luy rends et renvoie en lingots d'or. Pour quant aux devises, je les ai si bien empreintes et colloquées en ma pensée, et les y tiens si chères, que je n'ai pu permetre que personne en disposât, en jouît et en eût le plaisir que moi-même. »

Belle leçon donnée au roi qui réagit ainsi :

« Retournez-luy le tout. Ce que j'en faisois, ce n'était pas pour la valeur, car je luy eusse rendu deux fois plus, mais pour l'amour des devises ; et puisqu'elle les a faites ainsi perdre, je ne veux point de l'or, et le luy renvoie ; elle a montré en cela plus de générosité, de courage, que je n'eusse pensé pouvoir provenir d'une femme. »

Cette affaire est le dernier éclat de Françoise de Châteaubriant qui, le 16 octobre 1537, est retrouvée morte dans son lit, poignardée de toutes parts, ce qui, dit-on, fut à l'origine de l'expression populaire « être saigné aux quatre veines ». On ne sut jamais qui fut le ou les coupables de ce singulier meurtre, ni la raison de cet étrange trépas. À moins qu'il ne s'agît là de la

vengeance d'un mari qui, pourtant, gagna beaucoup
dans la liaison que le roi eut avec sa femme. Peu avant
de disparaître, cette amoureuse des mots avait pris soin
de rédiger elle-même son épitaphe :

> « Une femme gisant en cette fosse obscure
> Mourut par trop aimer d'amour grande et naïve
> Et combien que le corps soit mort pour peine dure,
> Joyeux est l'esprit de sa foi qui est vive. »

La nostalgie étreint-elle François Ier à cette annonce ?
Il compose en tout cas ces autres vers :

> « L'âme est en haut. Du beau corps, c'en est fait
> Icy dessous !
> Las ! Triste pierre, auras-tu cette audace
> De m'empêcher cette tout belle face,
> En me rendant malheureux et défait ?
> Car tant digne œuvre où rien n'avait méfait
> Qu'on l'enfermast avec sa bonne grâce
> Icy dessous. »

Et avec lui, Clément Marot :

> « Ci-gît un rien, là où tout triompha. »

Entre-temps, l'étiquette ne pouvant tolérer qu'une
jeune fille demeure à la cour, Anne de Pisseleu est
mariée en 1534 à un homme suffisamment complaisant,
ou assez endetté, pour accepter de jouer le rôle du cocu.
Il se nomme Jean de Brosse, il est le cadet des fils du
duc de Penthièvre, et est aussitôt promu duc d'Étampes.
La nouvelle amie du roi devient duchesse, ce que ne fut
jamais Françoise de Foix, comtesse de Châteaubriant,
issue pourtant de plus haute maison.

C'est le roi lui-même qui, à Nantes où se déroule le
mariage, conduit sa maîtresse à l'autel, sous les sou-

rires de sa cour. Après avoir payé les dettes des nouveaux époux, il a promu de surcroît la jeune duchesse
d'Étampes au rang de gouvernante de ses filles, les
princesses Madeleine et Marguerite. Rien ne pouvant
désormais contrecarrer son ascension, Anne est aujour-
d'hui au sommet et peut pousser sa nombreuse paren-
tèle au premier rang, puisque le roi ne lui refuse rien.
Ainsi, un de ses oncles devient-il archevêque de
Toulouse et cardinal, tandis qu'un de ses frères reçoit
l'évêché de Condom, un autre celui d'Amiens et un
troisième celui de Pamiers. Deux de ses sœurs
deviennent abbesses et les autres, bien dotées, sont
mariées dans les plus riches familles du royaume. Les
observateurs de la vie de cour insinuent qu'elle profite
de sa haute position pour s'enrichir copieusement, ce
qui est fort possible car cette très jeune femme possède
une tête solide. D'autres affirment qu'elle ne se gêne
pas, à chaque fois qu'il tourne les talons, pour tromper
ce roi qu'elle n'aime pas, mais dont elle se sert. Ceci
paraît peu vraisemblable, d'une part parce qu'un roi de
France, au XVIᵉ siècle, sait se tenir informé des faits et
gestes de chacun et, d'autre part, parce qu'on imagine
mal la belle risquer de tuer « la poule aux œufs d'or » !

En attendant, comme naguère Françoise de Châteaubriant, Anne est la muse du roi qui, lorsqu'il la quitte
pour un temps, lui adresse un de ses innombrables
poèmes que l'amour lui inspire, tel celui-ci :

« Las ! Quand je vins pour de toi congé prendre,
Je vis ton cœur grossir quasi pour fendre.
L'honnêteté te commandait cacher
Sous ton visage amour que tiens tant cher ;
La crainte et peur que ne fusses connue
À chacun fit riante ta vue,

Et tout ainsi Neptune en tempête
Par-dessus l'onde haussant l'antique tête,
Commande aux cieux en leurs lieux retourner
Par les efforts d'Éole détourner,
Ainsi Raison usait de sa puissance
Sur l'estomac de toi lors sans défense.
Le seul adieu que dis sans prononcer
Fut si cruel qu'il sut mon cœur percer.
Or passent donc le temps et le malheur
Tout leur pouvoir, car à ce qui est mien
Mal ne feront ; prennent ce qui est mien ;
Rien ne prendront, car tout à toi je suis,
Et seulement ce que tu veux, je puis. »

Mais si Anne occupe aujourd'hui la première place, une autre femme n'en est pas moins importante dans la vie du royaume, à défaut de l'être dans le cœur de François Ier. Éléonore d'Autriche, en application de la paix des dames, est devenue officiellement, le 6 juillet 1530, la nouvelle épouse du souverain, au terme de la cérémonie d'épousailles célébrée au cœur de la Gascogne, en l'abbaye des clarisses de Saint-Laurent-de-Beyrie, près de Villeneuve-de-Marsan. Pourquoi en ce lieu ? Tout simplement parce que son arrivée en France se fit concomitamment avec celle des petits princes dont, du reste, elle avait tenté en vain d'adoucir le sort en Espagne. Le même jour qu'eux, en effet, mais quelques brasses plus loin, elle avait franchi la Bidassoa et son cœur avait battu lorsqu'on lui avait remis, en débarquant, ce billet de son fiancé : « À cette heure que nous partons pour sûrement nous approcher, me semble ne vous devoir céder ne m'être moins d'aise l'espérance de tôt vous voir que la liberté de mes enfants. »

De sa nuit de noce à son couronnement, effectué à Saint-Denis le 5 mars suivant, ce ne fut d'abord qu'un bonheur ininterrompu. Cette femme totalement amoureuse de son mari connaissait aujourd'hui une félicité qu'elle n'eût pas soupçonnée, elle qui attendait ce moment depuis… quatre ans, et qui lui adresse régulièrement ce genre de billets : « Votre toute bonne et gracieuse lettre m'a donné plus de joie et de plaisir que je ne saurais vous dire. Je me languis de vous, mon cher Seigneur, et vos lettres sont l'unique sourire de mes journées. Revenez me trouver avec autant de hâte que j'ai d'impatience à vous revoir. »

D'emblée, en remontant de Bordeaux à Thouars, d'Angoulême à Cognac, de Chenonceaux à Amboise, elle fut infiniment heureuse de découvrir une France plus belle, à ses yeux, que cette Espagne qu'elle n'avait jamais aimée. Elle, la Bourguignonne née en Flandre, ne se plaît que dans la verdure des paysages du Nord. Très populaire, non pour la douceur de son caractère, mais parce qu'elle symbolisait la paix revenue, elle inspira d'innombrables pages, tels ces vers de Théodore de Bèze :

> « D'Hélène on chante les attraits ;
> Auguste Éléonore, vous n'êtes pas moins belle,
> Mais bien plus estimable qu'elle,
> Elle causa la guerre, et vous causez la paix. »

En fait, ce bonheur cesse brutalement dix jours après son couronnement, lors de son entrée officielle dans Paris effectuée avec toute la pompe d'usage. Précédée des archers, des hautbois, des trompettes, des cent suisses et de la garde royale, elle pénètre, portée dans une somptueuse litière, dans la capitale capétienne, vêtue de brocarts d'or et d'argent et couverte des joyaux de la Couronne. Ce mémorable après-midi, en effet, tandis que le peuple l'acclame, qu'elle ne cesse d'admirer les tapisseries piquées de fleurs décorant les fenêtres de tant de maisons et que les jeunes filles chantent des cantiques sur le chemin de Notre-Dame où est célébré un service d'action de grâces, son cœur se glace soudain. À un balcon, elle aperçoit le roi, son mari, tendrement enlacé à la duchesse d'Étampes. Le soir, au Louvre, la reine Éléonore verse ses premières larmes, constatant que sa lune de miel est achevée et que son bonheur aura été intense mais bref.

Les fêtes de l'entrée de la reine s'achèvent, selon la coutume, par une série de tournois. Le roi et, pour la première fois, ses fils combattent avec une vaillance qui fait honneur à la dynastie des Valois. Lors d'une de ces joutes, le cadet, Henri, duc d'Orléans, avant d'entrer en lice, vient abaisser sa lance devant Diane de Poitiers qui, depuis son plus jeune âge, fait l'objet d'une passion que la dame a bien devinée, sans imaginer encore qu'elle sera si durable. Mais, à l'issue du tournoi, un concours est organisé afin de désigner la plus belle femme de la cour, laissant les seigneurs voter secrètement. Dans un silence tendu, chacun attend le résultat proclamé par le héraut de France : la plus belle est Diane de Poitiers. Courroucée, Anne de Pisseleu se lève et quitte la tribune officielle, non sans glisser : « Ces gens sont fols. Peut-on me comparer à cette vieille femme de trente-deux ans ? »

Une rivalité vient de naître, comme une passation de pouvoir future entre la favorite de François Ier et celle qui sera, plus tard, celle de son fils Henri II. Elle renvoie en tout cas au néant la reine Éléonore qui, si elle avait encore des illusions sur elle-même, les voit ruinées par ce scrutin ne laissant désormais la vedette qu'à deux femmes. À elles les hommages, à la reine le respect ; à elles le désir des hommes, à la reine leurs révérences !

De ce jour commencent pour la sœur de Charles Quint dix-sept années de relégation ponctuées, non pas d'agressivité – elle sera toujours respectueusement traitée – mais plutôt d'indifférence chronique, dont témoigne, parmi d'autres, Francis Bry, écrivant à son maître Henri VIII, en parlant de François Ier : « Tout d'abord quoique logeant sous le même toit, ils ne partagent point leur lit plus de deux fois la semaine ; ensuite, il lui parle très rarement en public ; ensuite, il ne quitte jamais la chambre de madame, où le retient l'amour de sa maîtresse ; ensuite depuis le début du triomphe, il n'y a pas eu de banquet ni de fête où, une fois la table dressée, il ne soit venu à s'asseoir à la table d'Heilly [Anne de Pisseleu], tandis que le cardinal de Lorraine et l'amiral en faisaient autant auprès de leurs maîtresses. Il lui est également arrivé, à plusieurs reprises, de s'éloigner de six ou sept milles de la reine et de coucher dehors quatre ou cinq jours de suite, chez d'anciennes maîtresses, à ce qu'on dit. »

Certes, elle participera encore à nombre de déplacements officiels de la cour, comme ce voyage en Normandie qui suit le mariage, mais dans lequel elle doit tolérer la présence de la duchesse d'Étampes à la première place. Peu à peu, elle se confinera dans une petite cour austère, où l'on pratique les exercices de dévotion, de plus en plus délaissée par un mari qui, très vite, a déserté sa couche, estimant avoir déjà bien assez d'enfants pour engendrer un rival qui leur causerait un jour des problèmes. Elle vivra ainsi, à demi oubliée de tous, jusqu'à la mort de son époux adoré, auquel elle n'adressa jamais le moindre reproche. Son mari lui fait-il grief d'être la sœur de son pire ennemi ? N'a-t-il fait semblant de l'aimer, à Madrid, que pour se servir d'elle ? Ou tout simplement n'est-elle pas à son goût ?

Elle n'ose pas se poser la question et se contente de l'aimer, en secret, et de se précipiter à la fenêtre pour le voir, lorsqu'il rentre de la chasse ou d'un de ses innombrables voyages, auxquels il ne la convie jamais ! Une seule personne lui témoigne quelque égard, sa belle-sœur, Marguerite, la nouvelle reine de Navarre qui, avec son tact parfait, sa courtoisie naturelle et sa bonté sincère, lui apporte quelque réconfort.

Quand François Ier mourra, quelques années plus tard, personne ne se souviendra en France de celle qui, plus que d'autres sans doute, pleurera feu le roi. L'ambassadeur d'Espagne s'étonnera de son chagrin, « en raison du peu d'amour qu'il lui portait ». Celui-ci sans doute ignorait que seules les femmes savent véritablement aimer sans exiger de contrepartie. Avec beaucoup de sagesse, elle rendra alors d'elle-même les joyaux de la Couronne et, rassemblant ses affaires, prendra congé du nouveau roi pour s'installer, d'abord à Bruxelles, sur la terre de son enfance où elle vivra huit ans, puis en Espagne, où son frère la réclamera ensuite, lorsqu'il quittera la vie politique pour se retirer au monastère de Yuste. Ce sera, tout près de là, à Jarandilla, qu'elle s'éteindra, aussi discrètement qu'elle avait vécu, le 13 février 1558, quelques mois avant Charles Quint. Si Claude de France repose à Saint-Denis, près de François Ier, Éléonore dort dans le silence de l'Escurial, loin, très loin de ce mari qu'elle avait adoré, au-delà de toute expression.

Rencontre au sommet
du Mont-Saint-Michel :
François Ier et Jacques Cartier

Quelques années après, en 1532, alors que les derniers feux du soleil illuminent cet îlot singulier, entre vents et marées, où, depuis plus de cinq cents ans, les moines prient dans la solitude, entre Bretagne et Normandie, se tient une énigmatique conversation au cœur de « la merveille », dominant l'immense baie du Mont-Saint-Michel. Ce singulier monastère, porte de l'ouest du royaume, dressé comme un défi de l'homme à l'enfer, un don fait à Dieu. Ce n'est pas pour se rapprocher du Ciel que François Ier s'y trouve, mais pour élargir sa connaissance du monde comme tout grand prince de la Renaissance.

Un bon roi sait parler familièrement avec ses sujets, d'autant plus s'il discerne chez son interlocuteur un grand homme pour servir la France. Ainsi François Ier s'adresse-t-il d'égal à égal à Jacques Cartier, sur les hauteurs du Mont-Saint-Michel. Jean Le Veneur, grand aumônier de France et évêque de Lisieux, vient de présenter à son visiteur royal ce maître marinier de la ville de Saint-Malo. Dominant de leur conversation la montée des flots à l'assaut des remparts, à la vitesse d'un cheval au galop, le roi est impatient d'étendre la France au-delà des mers. Il espère ainsi entraver l'expansion coloniale de son rival Charles Quint.

En 1532, les succès des conquêtes outremer remportés par le Portugal et l'Espagne alarment

François Ier. C'est un temps où l'image de l'or venu des horizons lointains hante les esprits souverains. François Ier songe au Cathay, mystérieux paradis terrestre situé quelque part en Asie. Jacques Cartier va recevoir pour mission d'en trouver le passage. Cartier n'est-il pas l'homme idéal pour jouer le rôle du chercheur d'or et procurer ce précieux métal à la France, lui qui sait manier aussi bien « les cartes que ses compas, sa boussole que ses plombs à sonder » ? Il a déjà navigué le long des côtes d'Afrique, du Brésil et dans les parages de Terre-Neuve. Le roi écoute le capitaine courageux, prend note de ses arguments et approuve ses projets. Il financera les trois voyages suivants de Cartier et lui promet même six mille livres tournois.

Tout au long de l'entretien, le roi observe les yeux plissés et malicieux de cet enfant de Saint-Malo, né l'année même où la duchesse de Bretagne épousait le roi Charles VIII, en 1491. Il est friand du récit des exploits des corsaires malouins qui ont enchanté son adolescence et s'émerveille des légendes de l'époque qui parsèment l'Atlantique d'îles rêvées. Jacques Cartier a belle allure. En épousant, en 1519, la fille du connétable de Saint-Malo, l'une des héritières les mieux dotées de la ville, il a pris rang parmi les notables. L'année qui a suivi son mariage, il est nommé pilote et maître de navire. Les côtes du Brésil n'ont pas de secret pour lui.

À quarante-deux ans, il rêve d'un défi à sa mesure. Il veut se rendre à Terre-Neuve et résoudre l'énigme principale de cette partie du monde : la barrière continentale qui s'étend de la Terre de Feu au Cap-Breton se poursuit-elle au-delà, vers le nord ? Cartier veut chercher un passage vers l'ouest. Il a informé de son projet, sans succès, un proche du souverain, l'amiral de France Philippe de Chabot. Mais à présent ? Il se trouve face au roi en personne. Ainsi, au sommet du rocher granitique, Jacques Cartier confie son projet fou à François Ier. Le mot Canada, ce jour-là, ne peut être prononcé. Mais entre ciel et mer la mission est fixée. L'époque est particulièrement propice puisque François Ier va signer la paix des dames avec Charles Quint, en 1533. Bon vent au pilote malouin ! Depuis, si l'on en croit Brantôme, Cartier est admis dans l'entourage du roi, à la table duquel on parle si souvent du Nouveau Monde qu'y « jaillit l'idée d'envoyer des vaisseaux de France explorer les côtes septentrionales de ces contrées et d'en confier le commandement à Jacques Cartier » !

Le 20 avril 1534, le *Triton* et le *Goéland* lèvent l'ancre avec soixante hommes d'équipage. Cartier part vers l'inconnu, et ce sera la rencontre, après vingt jours de traversée et de combat contre les vagues et les icebergs, avec les Amérindiens. Le Malouin découvre une côte désolée et n'hésite pas à la qualifier de « terre que Dieu donna à Caïn ». L'aventure ne fait que commencer. Les sauvages sont vêtus de peaux de bêtes, leurs cheveux sont liés sur la tête comme une poignée de foin tressé. Puis ce sont les îles Madeleine, le cap du Sauvage, la baie des Chaleurs, où les narines du grand navigateur privées pendant la traversée des parfums terrestres retrouvent avec bonheur les effluves de groseille et de framboise. Quand l'expédition atteint la baie de Gaspé, en juillet 1534, c'est une image inoubliable qui s'offre au regard des marins : des Indiens étendus sous leurs barques retournées se dressent et font de grands gestes en signe d'accueil. Ce sont des Iroquois occupés par la pêche, une tribu qui domine le Saint-Laurent. Mais cela, Cartier ne le sait pas encore. Cordial, il leur offre des petits cadeaux : couteaux et clochettes d'étain. Et puis ses hommes dressent une croix de trente pieds de hauteur. Une croix telle une balise. Une croix telle une promesse. Elle porte les fleurs de lys et la mention du roi de France. Elle annonce que les propos du Mont-Saint-Michel ne se sont pas envolés avec le vent et que vient de commencer pour le roi François la prise de possession de terres nouvelles. Ici, le Canada que vont lui décrire deux Hurons que Cartier ramène à son bord et que le roi verra à son retour.

Jacques Cartier mènera deux autres expéditions canadiennes. La première quitte Saint-Malo le 19 mai 1535 et lui permet, au mois d'août suivant, de remonter le Saint-Laurent jusqu'aux rapides que Cavelier de La Salle baptisera plus tard Lachine, avant de rentrer en France au mois de juillet 1536. La deuxième, quatre ans plus tard, cette fois avec six navires, le conduit à la baie de Sainte-Croix où il fonde un premier établissement et explore la rivière d'Ottawa. À Charles Quint qui proteste, au motif que l'Amérique est à lui depuis le traité de Tordesillas, conclu l'année même de la naissance de François Ier entre l'Espagne et le Portugal, le roi de France fait cette belle réponse : « Le soleil brille pour tout le monde, pour moi comme pour les autres. Je voudrais bien voir la clause du testament d'Adam, qui m'exclut du partage du monde » !

En attendant, c'est bien un Français qui a découvert le Canada – c'est-à-dire « l'Aqua nada » des Por-

tugais (une eau avec rien derrière) – qui restera français, jusqu'à ce que, deux siècles plus tard, un autre
roi de France, Louis XV, cède ces « quelques arpents
de neige » à l'Angleterre, laissant les Français
d'outre-Manche se replier sur la « belle province »,
Québec, dont Cartier reconnaît le site lors de son
second voyage, sur lequel, au siècle suivant, Samuel
Champlain fondera une cité.

En attendant, Cartier ramène en France le chef
indien Donnacona, qui ne reverra jamais la terre de
ses ancêtres car il mourra peu après son arrivée. Il
symbolisera néanmoins cet extraordinaire échange
entre la vieille Europe et le Nouveau Monde dans
une partie duquel, quatre siècles plus tard, on continue de parler français !

20

Comment le roi très-chrétien
devient l'allié du Grand Turc

En cet été 1533, les habitants du Velay peuvent contempler un singulier spectacle qui les laisse pantois. Sur les routes de ces hautes vallées, chemine une petite troupe d'hommes habillés d'une si curieuse façon qu'on ne sait à quel royaume ils peuvent appartenir, avec leurs couleurs exubérantes, leurs pantalons bouffants, leurs poignards courbés et plus encore ce curieux turban dont leur tête est couverte. Sombres de peau, les yeux très clairs, ils étonnent d'autant plus les rares habitants de ces hauts plateaux des monts d'Auvergne qu'à certaines heures de la journée ils cessent toute activité pendant quelques minutes, pour se prosterner, face contre terre, en direction de l'est, en marmonnant des mots incompréhensibles. Sûrement, se disent les braves gens en se signant, que ces diables-là ne sont pas des chrétiens !

Mais plus encore, ces derniers transportent avec eux une grande cage de bois, juchée sur un chariot tiré par un cheval de trait, dans laquelle se trouve un animal extraordinaire, dont on n'a encore vu le pareil nulle part. C'est une bête à poil court, sauf autour de la gueule, où une épaisse crinière lui fait comme une

couronne, avec des oreilles rondes, une longue queue
munie à la fin d'une sorte de fouet et qui, la plupart du
temps, demeure couchée, comme un énorme chat, mais
avec un regard inquiétant et des dents gigantesques qui
seraient capables de broyer une vache. Lorsque la bête
grogne, c'est un rugissement terrifiant qui sort de son
gosier, glaçant le dos de ceux qui l'entendent, même
dans le lointain.

Les plus courageux, les plus instruits ou les plus
curieux se renseignent auprès de ceux qui guident cet
étrange cortège et obtiennent ces réponses mysté-
rieuses :

« Qui sont ces gens ?
– Des émissaires du Grand Turc.
– Qui les conduit ?
– L'envoyé de Khayr al-Din, chef des barba-
resques, dit "Barberousse".
– Quel est le nom de cet animal ?
– Un lion de l'Atlas.
– Et où vont-ils ?
– En la bonne ville du Puy l'offrir au roi François,
qui y réside en ce moment en cadeau de notre
maître, Soliman. »

Depuis son retour de captivité, François Ier n'avait
pas seulement appris à gouverner différemment, il
avait encore révisé la nature même de ses alliances.
Ainsi, il avait rencontré, à Calais, le roi d'Angleterre,
Henri VIII, le 4 octobre 1532, douze années après le
Camp du Drap d'or. Bien moins fastueuse que la précédente, cette réunion fut plus fructueuse. Les deux
hommes, cette fois, avaient besoin l'un de l'autre. Le
roi de France cherchait l'alliance du roi d'Angleterre
contre Charles Quint, ou tout au moins sa neutralité.

Henri avait besoin de l'aide de François pour obtenir
du pape l'annulation de son mariage avec Catherine
d'Aragon, afin d'épouser Anne Boleyn. François Ier se
rapprocha aussi du pape Clément VII qui accepta de
marier sa nièce – en fait, sa petite-cousine – Catherine
de Médicis au cadet des trois fils du roi de France,
Henri, alors duc d'Orléans. L'union fut célébrée en
grande pompe à Marseille, le 28 octobre 1533. Enfin,
depuis un certain temps, François avait tourné aussi ses
regards plus au-delà, vers cet Orient de légende sur
lequel régnait, à Istanbul, Soliman le Magnifique.
Après le désastre de Pavie, Soliman lui avait adressé ce
courrier : « Moi qui suis, par celui dont la puissance est
glorifiée par les miracles sacrés de Mohamed, le Sultan
des Sultans, le distributeur des couronnes, l'ombre de
Dieu sur la terre, à toi, qui es François, roi du pays de
France, garde courage. » En conséquence, dès son
retour de Madrid, il lui avait envoyé un premier émissaire, qui avait été assassiné, puis un second, qui était
arrivé à bon port, avec les présents d'usage.

Le mariage de Catherine de Médicis et du fils de
François Ier fut l'occasion d'un nouveau voyage passant par l'Auvergne. Pour se rendre en Provence, le roi
délaissa en effet pour une fois la traditionnelle route de
Lyon afin de visiter cette terre passée dans le domaine
de la Couronne depuis la confiscation des biens du
connétable de Bourbon. La difficulté des chemins
n'avait pas découragé les émissaires du sultan de la
Porte qui, bien décidés à le rencontrer, poussèrent alors
vers Le Puy, où François Ier et sa maison faisaient alors
étape, dans cette cité, halte incontournable sur le chemin de Saint-Jacques-de-Compostelle. Nombre de ses
prédécesseurs, depuis Louis VII, y sont venus en pèlerinage, Saint Louis, en particulier, qui offrit à son

sanctuaire la célèbre Vierge noire, devenue la protectrice de ce pays, celle que, tour à tour, Charles VI,
Charles VII, Louis XI et Charles VIII ont implorée
pour que la paix revînt en France.

C'est le lendemain même du jour où, à son tour, il
formula ses vœux devant la Vierge miraculeuse, le
19 juillet 1533, qu'il reçoit à l'évêché, lors d'une
audience publique, l'ambassadeur et sa suite, le lion, et
un important groupe de chrétiens enchaînés, faits prisonniers en mer, qui sont ainsi rendus au roi. Singulier
lieu de culte pour négocier avec les émissaires de cet
infidèle, considéré par Rome comme une menace permanente, non seulement sur les lieux saints qui font
partie de son empire, mais encore sur toute la Méditerranée, contrôlée par sa flotte galvanisée par Barberousse.
Tout cela n'embarrasse nullement François Ier, fils aîné
de l'Église, qui sait que d'autres chrétiens, avant lui, ont
fait de même, tel Charlemagne qui conclut une alliance
avec Haroun al-Rachid ou encore le pape Alexandre VI
avec le sultan Bajazet. Sans compter les récurrentes
alliances de Venise avec la Porte. Tout est bon dans cette
lutte permanente contre Charles Quint pour atteindre
son objectif : recouvrer le duché de Milan. Il est même
prêt à s'allier en sous-main avec les princes protestants
d'Allemagne, demeurant lui-même, en son royaume, le
champion du catholicisme !

Les prisonniers sont libérés, le lion domestiqué, et
l'ambassadeur turc accompagne la cour et la Maison du
roi à Marseille. Là, nombre de présents sont offerts :
Clément VII reçoit une tapisserie de Bruxelles représentant la Cène ; François Ier un morceau de corne
de licorne, et le cardinal de Médicis, neveu du pape, le
lion en question. Hippolyte de Médicis est si content de

son cadeau qu'il demande à l'un de ses peintres pré-
férés d'immortaliser les noces de Catherine. Aussitôt
l'artiste se met au travail, représentant la chambre de
Clément VII, le voyage du pape à Marseille, la rencontre
avec le roi de France, les fiançailles de la princesse
avec le dauphin et lui-même en compagnie du lion qui
– ironie du sort – est un présent des infidèles parvenu,
en définitive, au cœur même de la Chrétienté !

De ce jour commence l'extraordinaire roman des
relations d'amitié entre les deux princes magnifiques
que sont François Ier et Soliman qui, sans jamais se
rencontrer, vont correspondre, s'entraider, se fasciner
l'un l'autre, par le biais de leurs ambassadeurs et des
missives échangées, où le tutoiement est de mise, quitte
à se rassurer lorsque l'un comme l'autre semblent ne
pas respecter leurs accords. Ainsi, lorsque François Ier
fait la paix avec Charles Quint, son homologue turc ne
doit nullement croire que cet accord sera respecté ;
ainsi lorsque le roi de France promet de participer à
une croisade contre les Turcs, le sultan ne doit y voir
que fariboles imposées par les apparences démocra-
tiques. « Le roi de France est en paix et concorde avec
nous, comme un frère de l'empereur des Turcs », assure
le grand vizir à son maître, tandis que Soliman affecte
de grosses sommes pour permettre à Khayr al-Din, dit
« Barberousse », de causer de grands dommages en
Méditerranée à la flotte de Charles Quint.

Certes, l'aide matérielle, en revanche, laisse plus à
désirer que les deux souverains l'eussent sans doute
souhaité, puisque, à l'automne de l'année 1534, si
Soliman envoie en renfort une flotte dans le port de
Marseille que commande le fameux « Barberousse »,
celle-ci est inopérante et cause, en Provence – à Toulon,

en particulier –, bien davantage de problèmes qu'elle n'en résout en matière de stratégie militaire. En effet, François Ier a fait vider en partie la ville de Toulon pour y accueillir, en 1547, la flotte turque forte de cent dix galères. Durant six mois, Khayr al-Din, qui signifie en turc « Bienfait de la religion », sera maître de la ville. Barberousse nageait en pleine lune de miel car, âgé de soixante-dix-sept ans, il venait d'épouser la jeune dona Maria, dix-sept ans, la fille du roi de Calabre. Georges Bordonove nous restitue fort bien la scène de l'arrivée des Turcs à Toulon, dans sa biographie de François Ier : « Les Turcs s'installèrent dans les maisons, avec leurs esclaves, dressèrent leurs tentes dans les environs de la ville. Force était de les approvisionner, si l'on voulait éviter les incidents ! Ils étaient trente mille, de bon appétit. Selon les témoignages, on se serait cru à Constantinople. Dans les églises provisoirement converties en mosquées, on invoquait Allah. De temps à autre, les galères partaient ravager quelque port espagnol et rentraient dans la rade, chargées de butin. Cette vie de délices dura jusqu'au mois de mai 1544. Le roi dut verser huit cent mille écus pour qu'ils consentissent à partir. Pendant le voyage de retour, ils pillèrent à nouveau, fort consciencieusement, les côtes italiennes. L'alliance avec Soliman s'avérait coûteuse. Au bout du compte, le jeu n'en valait pas la chandelle ! »

Mais l'important n'est pas tant dans l'épisode de Toulon que dans le domaine des relations internationales. Pour la première fois, le traité d'amitié conclu avec la Sublime Porte par La Forest, ambassadeur de François Ier, ouvre à la France des horizons nouveaux : son commerce s'accroît, mais aussi sa connaissance du monde.

En plus des privilèges commerciaux, les « capitulations », la France reçoit encore le droit de fonder la chapelle d'Ambas à Istanbul, dans le quartier de Galata, l'actuel lycée Benoît. En attendant Molière, la Turquie fascine déjà les sujets de François Ier et ne cessera de le faire jusqu'à Napoléon III, en vertu d'une tradition initiée par le roi chevalier, peut-être la plus singulière de son règne !

**Soliman le Magnifique
ou le rêve oriental**

Quand Soliman ceint le sabre d'Osman en 1520, la trinité européenne est déjà en place depuis quatre ans. 1509 : avènement d'Henri VIII d'Angleterre ; 1515 : avènement de François Ier ; 1516 : avènement de Charles de Habsbourg en Espagne. Voilà quatre hommes qui, pendant près d'un demi-siècle, vont dominer l'Europe. Tous quatre se ressemblent : ardents au combat, séducteurs de foules, poètes à leurs heures, architectes de leur grandeur, cruels avec ceux qui les servent, que ce soit le roi d'Angleterre avec Wolsey, le roi de France avec Semblançay ou Soliman avec Ibrahim, l'esclave qu'il a élevé à la charge de grand vizir. Quel fut le rôle de la troisième épouse de Soliman, Roxelane, dans l'élimination de son rival Ibrahim, le plus fidèle compagnon du sultan ? Ce dernier aimait tant Ibrahim qu'il lui avait même promis sa sœur Hatice en mariage. Au matin du 15 mars 1556, Ibrahim fut découvert assassiné dans sa chambre voisine de celle de son maître, au palais de Topkapi. Ses vêtements déchirés et les traces de sang sur les murs témoignaient qu'il avait longuement lutté avant que les muets du sérail fussent parvenus à lui passer autour du cou le lacet fatal.

Né à Trébizonde le 27 avril 1495, le jeune sultan, dixième de la dynastie, est le fils de Selim Ier, l'Inflexible, et l'arrière-petit-fils de Mehmed II, le Conquérant. À sept ans, il étudie le Coran, la lecture, l'écriture, l'arithmétique et la musique, et, plus tard, il montrera ses étonnants talents de bijoutier. Il

excelle aux exercices du corps et, dès quinze ans,
devient gouverneur de province. C'est ainsi que, très
jeune, il acquiert l'expérience du pouvoir tout en
apprenant l'art de gouverner. L'Empire ottoman est
autant une armée qu'une nation, moderne, en avance
sur son temps quant à l'artillerie, disciplinée et har-
die avec, à sa pointe, une troupe d'élite très bien
payée, les janissaires. Cette garde compte douze
mille hommes, souvent des esclaves d'origine chrétienne mais islamisés, dévoués au sultan jusqu'à la
mort. L'Empire ottoman jouit d'une situation géo-
stratégique sans pareille dans le monde de l'Islam.
Tous les pays au sud du Danube sont sous sa domi-
nation. En Orient, les mamelouks ont été écrasés, les
lieux saints annexés, et le Kurdistan conquis. Le
règne de Soliman s'ouvre sous le signe de l'ordre,
mais aussi de la justice. Le peuple apprécie la lutte
inflexible du souverain contre la corruption. Avec
l'aide de son grand vizir Ibrahim, trente ans durant,
il impose les réformes qui lui valurent son surnom
turc de « Législateur ». Il est autant le mécène apprécié des créateurs que l'artiste qui donne toute sa
mesure lorsqu'il compose des vers. Seigneur de la
Renaissance, il se veut un prince de la poésie, ambition qu'il partage avec Henri VIII et François Ier. Son
règne est marqué par une politique de grands travaux
qui métamorphose l'ancienne Constantinople et
ennoblit les grandes villes de l'empire de constructions majestueuses. Sinan, un Grec né chrétien
converti à l'Islam, est son architecte de cour. Il a bâti
trois cent trente-cinq édifices : des grandes mosquées, des mausolées, des caravansérails et des
aqueducs. Istanbul est, à cette époque, la plus grande
ville du monde, une capitale éclatante et le siège du
sérail. C'est sous Soliman que l'empire connaît son

apogée jusqu'à ce que sa défaite devant Vienne
marque une limite à son orgueil expansionniste. Au
lendemain de la déroute de Pavie, François Ier stupé-
fie le monde en devenant l'allié de Soliman. Leur
correspondance témoigne de cette « amitié et fidélité
que nous conserverons avec la même constance
qu'au temps passé », comme a plaisir à l'écrire le
plus glorieux des sultans. André Clot, dans sa biographie *Soliman le Magnifique*, explique que l'ambassadeur du roi de France, La Forest, « obtint la
signature du fameux traité de commerce qui est à
l'origine des capitulations grâce auxquelles la
France devait exercer pendant plusieurs siècles son
protectorat politique au Levant » et précise que « le
traité donnait à la France le "droit de pavillon",
c'est-à-dire que les marchands des autres nations
européennes, à l'exception de ceux de Venise, qui
voulaient commercer avec l'Empire ottoman,
devaient naviguer "sous la bannière et la protection"
de la France. Quand les navires de la France et de la
Turquie se croisaient, ils devaient hisser les bannières de leurs souverains et se saluer de salves
d'artillerie ». Des claquements secs au-dessus d'une
mer céruléenne, un hommage fugace pour saluer
l'alliance inattendue et durable du roi très-chrétien et
du Grand Turc qui ne se rencontreront pourtant
jamais en personne.

Le règne de Soliman fut l'âge d'or de la civilisation ottomane : Damas, Bagdad, La Mecque,
Médine et Jérusalem répondent à Florence, Rome,
Venise, Mantoue et Ferrare. Les architectes, les
peintres, les calligraphes, les céramistes, les liciers et
les tisserands, ainsi qu'une constellation de poètes
participent à cette Renaissance. Dans une lettre à

François Ier, Soliman, qui règne sur trois continents et compte plus de trente millions de sujets, montre à quel point il est doué pour rédiger son propre curriculum vitae : « Moi qui suis le Sultan des Sultans, le Souverain des Souverains, le distributeur des Couronnes aux Monarques du Globe, l'Ombre de Dieu sur la Terre, le Sultan et le Padichah de la mer Blanche, de la mer Noire, de la Roumélie, de l'Anatolie, de la Caramanie, du pays de Roum, de Zulcadir, du Diabekr, du Kurdistan, de l'Azerbaïdjan, de la Perse, de Damas, d'Alep, du Caire, de La Mecque, de Médine, de Jérusalem, de toute l'Arabie, du Yémen et de plusieurs autres contrées que mes nobles aïeux et mes illustres ancêtres [...] conquirent par la force de leurs armes et que mon Auguste Majesté a également conquises avec mon glaive flamboyant et mon sabre victorieux... »

21

Le plus beau prince de la Renaissance

Aux premières lueurs du jour, quand l'aurore est encore rose, du côté du château d'Amboise relié au manoir du Cloux, quand, au même moment, à une portée d'arbalète, Léonard de Vinci de sa fenêtre à meneaux jette son regard matinal sur les brumes bleutées de la Loire, François Ier glisse dans le bain son beau et grand corps. Il prend soin de sa personne, ne serait-ce que pour le plaisir des dames, lui pour qui l'amour voluptueux est souverain. Voilà pourquoi il aime se couvrir de lait d'ânesse.

Il n'est pas le seul roi du monde à avoir utilisé les vertus cosmétiques de ce lait si favorable à la beauté des humains. Ce sont les peuples nomades d'Asie qui découvrirent les premiers les qualités du lait de leur animal favori. Ils l'utilisaient pour nourrir les enfants autant que pour préserver la beauté de la peau. Plus tard, Cléopâtre, reine d'Égypte, et Poppée, épouse de l'empereur Néron, se baigneront quotidiennement dans du lait d'ânesse pour garder à leur peau l'éclat de la jeunesse. Les dames de la Renaissance sont les premières à savoir que ce liquide est un tenseur naturel et un puissant régénérateur de la peau. Elles sont loin d'ignorer qu'il est également préconisé dans le traitement des rides précoces, des peaux sèches. Elles savent ses vertus profitables au cuir chevelu, car le lait d'ânesse combat les pellicules avec une grande efficacité. Les alchimistes ou même les médecins vous diront que sa composition en protéines, phospholipides, céramides et glucides lui confère des propriétés adoucissantes et rajeunissantes.

Il permet en outre de régénérer la flore intestinale et de combattre la constipation. Ce produit d'une grande richesse nutritive agit sur l'état général en redonnant de l'énergie en cas de fatigue, de carence alimentaire et de convalescence. De plus, il stimule les défenses immunitaires car ce lait est celui qui se rapproche le plus du lait maternel. Le roi chevalier y a recours quotidiennement pour que son épiderme retrouve rapidement un aspect sain et un toucher de satin.

Les rois Valois se lavent plusieurs fois par jour. Ils aiment les bains. Ils invitent les ambassadeurs à découvrir leurs thermes. Ils y passent tant de temps qu'ils les veulent décorés. À Fontainebleau, dans ce qui ressemble à un hammam, ils y disposeront même des tableaux de valeur, si bien que, quand Henri IV prend possession de la place, il est obligé d'en débarrasser les toiles pourries par l'humidité. Après son bain, le roi s'habille – il porte du linge de la plus fine toile de Hollande et des chemises brodées de soie noire que l'on conserve dans des étuis de maroquin parfumés. On ne compte plus ses élégantes fourrures de zibeline ou de martre. Le roi ne regarde pas à la dépense. Évidemment, ce qu'il y a de plus beau lui est destiné, et certaines années son tailleur présente une note de quinze mille six cents livres. Ce qu'il préfère c'est apparaître dans sa tenue immaculée, pourpoint blanc et toile d'argent, inimitable, naturel et royal. Autour de lui, les jours de belle cérémonie, les deux cents gentilshommes de la garde étaient vêtus de drap d'or, le chancelier de France en robe de cérémonie d'un manteau écarlate, les pages et les gens de l'écurie étaient aussi en blanc, moitié velours, moitié toile d'argent ; courtisanes et dames devaient rivaliser de splendeur et d'éclat. Déjà la noblesse se ruinait pour plaire à Sa Majesté. Le public se moquait de cette course à l'élégance qui obligeait les seigneurs à « emporter leur terre sur leurs épaules ».

François Ier n'hésite pas à gaspiller de l'argent pour être lui-même couvert d'or. Il adore le luxe pour le luxe lui-même, il aime à être l'arbitre de l'élégance, il devance la mode par son sens de l'éclat, son goût du faste. Tout ce que François Ier portait était précieux : en or, les breloques nombreuses dont il aimait à se couvrir ; en or, ses éperons, ses miroirs, les boutons et les agrafes de ses vêtements ; la mule qu'il montait avait une housse garnie d'or et une bride de soie plaquée d'or, avec des boutons d'or sur les houppes ; ses habits étaient en drap d'or, brodé, frisé, profilé tels des ornements sacerdotaux. Ses mains étaient couvertes de bagues, ses doigts ornés de diamants et de rubis, ses vêtements cousus de perles, ainsi tous ses gestes scintillaient. Même les objets servant à son usage familier étaient en argent : encriers, flacons, chandeliers, vaisselle. Comble du luxe : le fourreau de son épée était de velours blanc.

L'élégance n'est pas seulement le fait d'un souverain très soucieux de son apparence depuis qu'il a quitté sa geôle de Madrid. Il va pleinement conserver son charme un peu faunesque jusqu'à la cinquantaine. Il a surtout gardé intacte son impressionnante force physique qui lui permet d'exceller à la chasse ou au tournoi, de maîtriser les chevaux les plus rétifs ou de passer des nuits entières à danser, sans parler naturellement de ses prouesses d'alcôve. Tout au plus commence-t-il à avoir la vue un peu basse, ce qui est fréquent à une époque où on ne peut rien faire contre ce mal, sauf utiliser des loupes. Il développe aussi d'inquiétants abcès, comme celui de l'Alcazar, mais qui, heureusement, ont tendance à se résorber d'eux-mêmes.

Ce souci de l'apparence physique et vestimentaire n'est pas l'expression d'un narcissisme suprême, mais bien la marque de l'importance qu'il accorde à sa fonction. Incontestablement, plus que ses prédécesseurs, François Ier en a une très haute idée. Il donne une réelle impulsion à l'étiquette entourant la monarchie, même si elle est encore loin du niveau qu'elle atteindra sous Louis XIV. Imprégné de sa mission divine, conférée par le sacre, d'assurer le salut de la France et de ses sujets, il ressent avec force toute atteinte à la majesté royale et rejette toute contestation, même s'il sait écouter les avis, lorsqu'il les sollicite. Moins volage qu'on ne le croit, puisque, au fond, à quelques incartades près, il n'a eu que deux maîtresses attitrées, il est fidèle en amitié, particulièrement généreux envers ceux qui le servent bien. Il est volontiers bienveillant, même à l'égard des réformés – au début, tout au moins – dont il ne partage pas les convictions, puisque catholique il est né, catholique il mourra. Il ne dédaigne pas les comparaisons que les flatteurs font de lui avec les dieux de la mythologie antique : Jupiter, Apollon ou Mercure. Depuis Madrid, il est cependant devenu plus grave, plus secret, plus rusé, moins optimiste que dans sa jeunesse. Mais c'est

peut-être ce qu'on appelle, à l'époque comme aujour-
d'hui, la maturité.

Ainsi est-il, ainsi le vit Pierre de Bourdeille, seigneur
de Brantôme, dans une page célèbre : « Il faut parler à
ceste heure du grand roy Françoys. Ce nom de grand
luy fut donné, non pas tant pour la grandeur de sa taille
et corpulence, qui estoit très belle, et sa majesté royale
très riche, comme pour la grandeur de ses vertus,
valeurs, beaux faicts et hauts mérites, ainsy que jadis
fut donné à Alexandre, à Pompée et à d'autres. Il ne fut
jamais envieux ny usurpateur du bien d'autruy, ce qui
est très rare en un grand roy comme luy, mais il a voulu
conquérir le sien perdu, et garder le sien tenu, ainsy
que Dieu le permet librement. Il a esté à son peuple, ne
le tyrannisant pas trop, au prix de plusieurs que l'on a
veu ; mais il falloit pardonner aux guerres que luy et les
autres avoient à supporter grandement. Il fut fort libéral
et prenoit grand plaisir à donner. » Et c'est vrai que, fait
rare en son temps, François Ier aime naturellement les
autres, cherche à les comprendre – y compris les héré-
tiques – et récuse la violence. La tolérance est, chez lui,
une seconde nature, qui va de pair avec sa curiosité
intellectuelle, son amour de l'art et son insouciance.

Toujours en mouvement, il réside où bon lui semble,
tentant d'éviter la routine et les habitudes, bien qu'au fil
du temps, certaines finissent par s'installer. C'est ainsi
qu'il passe généralement l'hiver au château de Saint-
Germain-en-Laye, avant de s'installer, au printemps, au
palais des Tournelles, à Paris, puis plus tard au Louvre,
dès qu'il aura fait reconstruire cette ancienne forteresse
de son aïeul Charles V. Il ne verra cependant pas l'achè-
vement des travaux. Si la majeure partie de sa vie est
officielle, une partie de ses nuits l'est moins, au cours

desquelles, comme au beau temps de sa jeunesse, il continue de se dépenser, aimant aller incognito, avec quelques compagnons, au cabaret, voire dans des lieux plus divertissants, chercher galante compagnie jusqu'au petit matin. Une nuit, selon la légende, il n'hésite pas à faire le coup de poing avec une bande de malfrats, pour libérer une catin qu'ils voulaient violer ! Hédoniste il demeure, aimant la bonne chère et la belle chair ! Au reste, il aura bientôt à sa disposition, dans le bois de Boulogne, une résidence qu'il est en train de faire édifier et que, par ironie, il appellera le « château de Madrid », en souvenir de sa claustration espagnole, en hommage aussi à sa femme, Éléonore, puisque l'architecture de celui-ci est inspirée de la résidence du primat d'Espagne, qu'elle occupait à l'époque où elle tomba amoureuse de lui.

Il en possède une autre, un peu plus éloignée de la capitale, qu'il aime particulièrement, Fontainebleau, une ancienne forteresse plutôt austère, dont il fait une résidence digne du plus grand des rois. Napoléon, achevant l'œuvre de son prédécesseur, dira que ce lieu est « la mémoire des siècles ». De l'humble pavillon de chasse près duquel mourut jadis Philippe le Bel à l'immense enchevêtrement de bâtiments de grès qu'on peut voir aujourd'hui, Fontainebleau est, sans doute, après Amboise, le deuxième palais français véritablement « Renaissance ». François Ier aime à y montrer lui-même, tout en commentant, à ses visiteurs sa grande galerie de soixante-quatre mètres, ornée de fresques et de sculptures aux savantes allégories, l'autre, dite d'Ulysse, qui a malheureusement disparu, ainsi que le grand escalier en forme d'arc romain qu'il avait fait édifier. Construit par Gilles Le Breton, ce nouveau palais, décoré de fabuleuses fresques de Rosso et de

Romain, et de statues du Primatice et de Cellini, est un
laboratoire en mouvement. Il est à l'origine de l'école
de Fontainebleau qui, dans quelques années, sera une
référence pour l'art du portrait et du décor intérieur, tel
celui-ci où l'image du roi de France se reflète partout,
en Alexandre ou en César, dans un océan de symboles
qui lui font chasser l'ignorance, rétablir la paix ou illu-
miner les consciences.

À Fontainebleau, François Ier se sent véritablement
chez lui. Et il est vrai que ce séjour ne tarde pas à briller,
non seulement par l'éclat des fêtes, des bals et des banquets que le roi y donne, mais encore par celles de ses
chasses dans une des forêts les plus étendues de France,
véritable thébaïde qu'un mot de Michelet a immortali-
sée : « Si vous avez quelque malheur, où chercherez-
vous un asile et les consolations de la nature ? – J'irai à
Fontainebleau. – Et si vous étiez heureuse, où iriez-
vous ? – Mais à Fontainebleau, bien sûr ! »

L'été venu, il retrouve avec plaisir la Loire de son
enfance et de sa jeunesse, et choisit, parmi les mille et
un châteaux que celle-ci offre – le roi est partout chez
lui –, celui qui l'inspire le plus. C'est cependant
Amboise qui a sa préférence, dont il achève les travaux,
commencés sous Charles VIII. La mort de sa mère a fait
de lui un homme riche, Louise de Savoie ayant amassé,
jusqu'à son dernier jour, une fortune colossale de plus
d'un million d'écus. Mais la pierre n'a d'intérêt que
parce qu'elle participe au décor de la cour. On peut
véritablement considérer François Ier comme son inventeur, lui qui a institué les premières grandes charges
et fixé ainsi une noblesse féodale turbulente qu'il préfère, sinon « domestiquer » comme le fera plus tard

Louis XIV, du moins surveiller, en l'ayant quotidiennement dans sa ligne de mire. Nul doute encore qu'à son
contact cette noblesse de France, encore mal dégrossie,
apprenne à se civiliser, à s'initier peu à peu aux usages,
mais aussi au savoir et à l'art : à l'exception des couvents, c'est uniquement à la cour qu'on lit, écoute de la
musique et pratique la poésie. Cette cour, au fil des
années, n'est pas seulement infiniment plus raffinée que
par le passé. Elle tend à devenir de plus en plus peuplée
et dispendieuse.

Avec François Ier, en effet, se développent un certain
nombre de charges qui composent ce qui sera désormais
« la Maison du roi » ou, plus exactement, les Maisons,
car il y en a deux, la civile et la militaire. – La reine et
les enfants royaux ont aussi la leur, dont le nombre
d'officiers double, là encore, tout au long du règne.
Beaucoup d'entre eux sont italiens, ce qui démontre, si
besoin était, l'intérêt que le souverain porte à la péninsule, à ses mœurs et à ses goûts. – La Maison militaire
du roi comptait quelque huit cents hommes chargés de
sa sécurité et de son service d'honneur, gentilshommes
à bec de corbin, compagnies écossaises, cent suisses et
gardes de la prévôté. La Maison civile du roi en comptait davantage, répartis entre les six offices de l'hôtel, les
chambellans, les gentilshommes de la Chambre (charge
créée par François Ier), les valets de chambre, les huissiers d'armes, les maîtres de la garde-robe, coiffeurs,
tailleurs, barbiers, médecins, officiers de la bouche, cuisiniers, argentiers, feutiers, veneurs, écuyers, palefreniers, pages, hérauts d'armes, etc., sans compter les
clercs, tous placés sous l'autorité du grand maître de
France. Comme ses prédécesseurs, François Ier a un fou
attitré, Triboulet, chargé de le faire rire, lui dont Victor
Hugo fera le pivot de sa pièce *Le roi s'amuse*. Selon

Rabelais, qui l'a bien connu, il est « fol, complètement fol ». À sa mort, il est remplacé par Caillette.

Pas de cour sans femmes, tel est l'un des principes fondamentaux du roi. Il veut être quotidiennement entouré de dames, belles de préférence et vêtues, comme lui, avec magnificence, quitte à profiter de ses largesses, lorsqu'il leur distribue les somptueux brocards qu'il fait venir, à grand prix, d'Italie. Ce sera seulement sous Henri IV que la France s'initiera à la culture de la soie et à l'art de tisser l'or et l'argent. En attendant, ce sont des poupées de chiffons qui servent de mannequins, puisque c'est ainsi qu'on copie alors les modèles italiens ! Il en va de même de ce qu'on n'appelle pas encore les « produits de beauté », mais qui n'en font pas moins leur apparition à cette époque, fards, parfums, huiles, poudres, eaux distillées, qui coûtent déjà de véritables petites fortunes. Si, bien sûr, dans son entourage, l'amour est omniprésent et la galanterie de mise, il convient cependant de savoir se tenir, comme l'écrit Brantôme : « Certainement, si le roy eût introduit et planté une convocation et habitation de putains, comme fit Héliogabale à Rome, il serait à blâmer. Mais ce n'étaient que dames de maison, damoiselles de réputation qui paraissaient en sa cour comme déesses au ciel. Que si elles favorisaient quelquefois leurs amours et serviteurs, quel blâme en pouvait avoir le roy puisque sans user de force et de violence, il laissait à chacune garder sa garnison, dans laquelle, si aucun entrait, il n'en pouvait mais. Voire qu'à une garnison de frontière où l'on veut faire la guerre, il est permis à tout galant homme d'entrer, s'il peut. »

François Ier fut le premier souverain à exiger la parité à la cour de France. Il l'imposa de façon spectaculaire, avec son fameux plan de table – nouveauté absolue – qui consistait à alterner les places : une femme puis un homme. Ceci eut lieu lors du festin du baptême de son fils. Ainsi la Renaissance fut-elle le théâtre de la mise en valeur de la souveraineté des femmes.

Deux fois par semaine, en moyenne, le roi offre un bal auquel se presse un nombre croissant d'invités de tous âges, ou une mascarade, qui se déroulent alternativement dans telle ou telle de ses résidences, puisqu'il continue, invariablement, d'en changer, au gré de ses humeurs. S'il n'y a pas de divertissement organisé, on improvise, ce que le roi adore qui, contrairement à Louis XIV, déteste se laisser enfermer dans un carcan rigide. Rien ne lui plaît tant que bavarder à bâtons rompus, y compris avec des inconnus, sauter à cheval pour aller voir ailleurs ce qui s'y passe ou organiser un concours de poésie. Et si le séjour dans tel lieu s'éternise, il se lasse. Alors, aussitôt, au son des trompes, on décide de déménager. En un clin d'œil, meubles, vaisselle, linge sont prestement rangés et déposés dans les charrettes. Les dames n'ont que le temps de réunir leurs effets, les soldats leurs armes, les clercs leurs papiers, qu'il faut s'en aller sans discuter et suivre le roi qui, déjà, chevauche en tête. Jusqu'où ? Jusqu'où il voudra ! « Ma légation a duré quarante jours, témoigne un ambassadeur vénitien, Dieu a voulu qu'elle soit passée tout entière en pérégrinations. Jamais la cour ne s'arrêta au même endroit pendant quinze jours de suite. »

Sitôt remarié, le roi avait donc repris son errance, heureux de multiplier à l'infini les joyeuses entrées dans ses bonnes villes, où le peuple se réjouit à son passage, non seulement par ce simple bonheur de voir son roi, mais encore parce que chacun de ses déplacements est bon pour le commerce local et, souvent, lui donne l'occasion de rendre directement la justice, donc de régler d'importants différends. Partout il est chez lui, partout il paraît heureux de se trouver, même si sa fantaisie le pousse, à l'occasion d'un voyage en Bretagne, à visiter en grande pompe son ancienne favorite, la comtesse de Châteaubriant, plusieurs années après leur rupture. Les châteaux et la cour ne sont, là encore, qu'un prétexte que Rabelais définit si bien, lorsqu'il s'écrie : « Et les beaux et nouveaux bâtisseurs de pierres mortes, ne sont pas marqués dans mon livre de vie. Je ne bâtis que pierres vivantes, les hommes. » L'humanisme, en effet, est bien au centre de tout avec ce roi poète d'accès facile que – presque – tous peuvent approcher. Brillant causeur et subtil épistolier, il aime tant lire et écrire qu'une miniature le représente, entouré de ses trois fils et des dignitaires de la Couronne, écoutant avec attention une lecture de Diodore de Sicile.

*

Son règne est décisif quant à l'évolution intellectuelle et artistique de la France. Sachant d'instinct, par nature comme par éducation, que le développement culturel contribue autant à l'édification d'une nation que les territoires, il crée, dès 1518, le Grand Cabinet des livres qu'il ne cesse, tout au long de son règne, d'enrichir de nouvelles acquisitions. La confiscation des biens du connétable de Bourbon n'a pas seulement permis d'ajouter des provinces à la Couronne ; elle a encore considérablement augmenté le nombre de livres précieux de cette bibliothèque royale, embryon de notre actuelle Bibliothèque nationale. Celle-ci, sur

laquelle veille le poète Mellin de Saint-Gelais, jadis
familier de Louise de Savoie, est d'abord entreposée au
château de Fontainebleau. Pour la compléter, plusieurs
émissaires du roi sillonnent l'Europe – l'Italie, surtout
et Venise particulièrement – à la recherche de manuscrits précieux ou d'éditions rares.

C'est du reste dans cette optique qu'en 1537 le roi
ordonne qu'aucun ouvrage imprimé ne pourra être
vendu sans qu'un exemplaire soit remis au garde du
Grand Cabinet des livres. Cette initiative qu'aucun autre
État au monde n'a encore mise en application est à l'origine de notre actuel dépôt légal. Inlassablement, il protège les écrivains, les pensionne, les encourage et les
reçoit à sa cour, comme aucun autre roi de France ne l'a
fait avant lui. Ainsi François Rabelais, qui a encouru les
foudres d'un grand seigneur voulant se venger d'une de
ses insolences, à qui le roi lance : « Vous n'y toucherez
pas. » Ou Clément Marot, qui fut son valet de chambre,
et qui, par ses sympathies pour la Réforme, ne manque
pas de s'attirer les foudres de l'Église. Incarcéré à deux
reprises, il est aussitôt libéré sur ordre du souverain. Si
le roi côtoya donc Marot, avec qui il entretint, leur vie
durant, une correspondance en vers, on ignore s'il ren-
contra Rabelais. Mais il est certain qu'il se fit lire le
Tiers livre, même si, lors de sa publication, les théolo-
giens le contestèrent violemment.

« Ce prince, dit Cavalli, est d'un jugement très sain,
et d'une érudition très étendue ; il n'est chose ni étude
ni art, sur lesquels il ne puisse raisonner très pertinemment, et qu'il ne juge d'une manière aussi assurée que
ceux-là mêmes qui y sont spécialement adonnés. Il est
très expérimenté en peinture, en littérature, dans les
langues. » Comme Mellin de Saint-Gelais, les poètes

de la Pléiade ne sont pas oubliés par un roi qui souhaite vivement la rédaction d'un manifeste, qui ne sortira que deux ans après sa mort, mais avec toute son approbation, le fameux *Défense et illustration de la langue française*.

En revanche, le roi aura le bonheur de voir naître cet « illustre institut », le Collège de France, qu'il a créé à l'initiative de Guillaume Budé, pour promouvoir les *humaniores litterae* et surtout permettre à l'enseignement qui y sera dispensé d'échapper à l'autorité de l'Université. Les premiers professeurs à y siéger sont Vatable pour l'hébreu, Fine pour les mathématiques, Le Maçon pour le latin, Danès pour le grec : les meilleurs de l'époque dans leurs domaines respectifs. Un chroniqueur le fit remarquer, en écrivant : « Lorsque le roy François vint à la couronne, l'on n'usait que de la seule langue latine, et encore fort barbarement, il n'y avait science qui eût cours et vogue en l'Université de Paris que la théologie. Mais il envoya en toutes les parties du monde, et principalement en Orient pour les langues hébraïques, grecques et chaldaïques, sans y épargner aucune dépense, d'où nous vinrent de grands et doctes personnages qui profitèrent si bien qu'en moins de quinze ans, toutes langues et sciences furent remises sus, et le fit ce grand roi par sa libéralité fleurir plus que jamais. »

Sous François Ier, tant à Paris qu'à Lyon, la seconde grande ville du royaume devenue la véritable « porte » de la Renaissance, l'imprimerie se développe, tandis que les écrivains viennent naturellement au roi. Ceci fait de son règne – jusqu'à celui de Louis XIV – l'un des plus riches de l'histoire de France, dans lequel brillent en particulier Seyssel, Lemaire, Scève, Champier, Bouchet, Tory, Fabri, du Pont, des Périers, Crétin ou de Crenne, avec qui François Ier aime à s'entretenir, quand il ne suggère pas lui-même à certains de traduire *Les Métamorphoses* d'Ovide, les œuvres de Cicéron ou l'*Iliade* et l'*Odyssée*. Mais il n'y a pas que les Français, puisque viennent encore à sa cour des Italiens, tels que Gabriel Siméoni, Luigi Alamanni et Baldassare Castiglione, à qui il commanda la rédaction du *Cortigiano*, le premier manuel de civilité nobiliaire, publié en 1528 avec un éloge du roi de France.

François Ier faisait partie d'une société de pensée nommée l'Agla, acronyme d'une formule d'exorcisme qu'employaient les cabalistes. Les doctrines des gnostiques du Moyen Âge et celles des cathares s'y étaient perpétuées par l'intermédiaire des copistes et des enlumineurs, puis par les papetiers et enfin les imprimeurs. À l'époque de la Renaissance, toute la corporation du livre était affiliée à l'Agla.

Les Estienne étaient de remarquables imprimeurs, et la deuxième génération avait donné à cette dynastie des belles-lettres, en la personne de Robert, fils d'Henri, un esprit de premier plan, à la fois helléniste, latiniste et hébraïsant. Sa Bible latine, parue en 1532, était un véritable chef-d'œuvre typographique. Chez les Estienne, on avait des principes. La devise du père était : « Plus d'huile que de vin. » Celle du fils, extraite de l'Épître de saint Paul aux Romains, était : « *Noli altum sapere* ». Ce dernier travaillait avec tant de conscience qu'il pria un jour François Ier, qui arrivait chez lui à l'Enseigne de l'Olivier, de bien vouloir attendre pour lui parler qu'il eût terminé les corrections dont il s'occupait à cet instant. Le roi sera patient car c'est son plaisir d'être au milieu de ce qu'il aime : les presses à imprimer, les forges à fondre les caractères et les maillets des relieurs. Comme nous le raconte avec verve Robert Burnand : « Le roi tient à encourager personnellement les modestes artisans du livre et c'est pourquoi, sans écuyer et simplement vêtu, il s'en allait rue Jehan de Beauvais rendre visite à son compère Robert Estienne. Ce dernier le saluait sans interrompre sa besogne et sagement, en visiteur qui sait que le souci du travail bien fait doit passer avant toute chose, François Ier attendait que fût composée la page et tirée l'épreuve. Robert Estienne penchait sur ses presses une grave et douce figure, la grande machine de bois grinçait et le roi recevait du maître une feuille humide, fleurant bon l'encre fraîche où les beaux caractères, messagers de l'esprit, dessinaient leurs formes sveltes ou grasses. » L'imprimerie allait révolutionner le monde et le règne de François Ier. Jamais découverte ne fut si fulgurante ni si parfaite à ses débuts. Dans cette nouvelle industrie de l'esprit, les Estienne n'avaient pas fini de nous surprendre. Une troisième génération allait naître avec le fils de Robert. C'est à ce deuxième Henri Estienne qu'on doit une édition gréco-latine des œuvres de Platon parue en 1578. Le texte grec admirablement imprimé était accompagné de notes dues à la grande érudition du troisième du nom. Pour les férus de statistiques, n'est-il pas intéressant de noter que le prix du livre, entre la naissance et la mort de François Ier, fut divisé par cinq cents ?

Le roi accorde encore toute sa faveur à Benvenuto Cellini, malgré les préventions que manifeste à son égard la duchesse d'Étampes parce qu'un jour il s'est moqué d'elle. N'a-t-elle pas demandé au roi de le faire pendre ? Celui-ci donna son accord, à la condition toutefois de lui procurer un artiste aussi accompli que lui,

ce qu'il sait impossible, bien sûr. Quotidiennement,
François Ier utilise une salière extraordinaire (aujour-
d'hui conservée au musée de Vienne) que le sculpteur
orfèvre a réalisée pour lui.

Cette bienveillance pour les artistes, nul doute que
ceux-ci la lui rendent bien qui, sur les portraits qu'on a
de lui, montrent un homme aussi charismatique que
sympathique, dont l'apparence physique, mentale et
intellectuelle est arrivée jusqu'à nous sans perdre de sa
force. Il fit venir d'Italie des grands noms parmi lesquels Rosso, Primatice et Nicolo Dell'Abbate, pour
décorer ses palais de Fontainebleau et du Louvre. Et il
est vrai encore qu'en entreposant dans sa galerie de
Fontainebleau les chefs-d'œuvre de Vinci, du Pérugin,
de Del Sarto, de Bronzino, de Del Piombo, de Michel-
Ange, de Titien, François Ier est à l'origine des collections royales et, *de facto*, de ce qui, beaucoup plus tard,
deviendra le musée du Louvre. Mécénat, impulsion ?
Vision d'avenir ? On peut appeler comme on voudra
l'action constante de ce roi envers le savoir et la création, mais chacun est unanime, depuis quatre siècles, à
reconnaître que c'est incontestablement grâce à lui que
la France moderne devient, au fil des années, la « mère
des lois, des sciences et des arts ». Cette mutation déci-
sive n'est pas seulement la conséquence de l'intérêt du
souverain pour la pensée et l'art, mais bien celle d'une
politique, personnelle, parfois audacieuse, mais toujours déterminée, par laquelle le fils de Louise de
Savoie, derrière son sourire de façade et ses yeux rieurs,
a imposé son style et son autorité.

Et il n'est pas que l'architecture, la sculpture et la
peinture à bénéficier de son attention. La musique n'est

pas en reste, avec Claude Gervaise d'abord, Clément Janequin ensuite, tous deux non seulement proches du roi, mais encore considérés comme les deux premiers compositeurs français, dont les branles, gaillardes, rondes et pavanes illustrent si bien aujourd'hui cette esthétique auditive que prisa tant le Valois, dans ces interminables nuits de fêtes où, à Fontainebleau, Chambord ou Amboise, le roi chevalier dansait jusqu'à l'aube. La musique, en effet, est omniprésente dans la vie de la cour de François Ier, des baptêmes princiers aux funérailles publiques, des joyeuses entrées dans les villes aux réceptions des princes étrangers, de la messe du roi aux bals qu'il offre aux dames. Et c'est tout à fait nouveau !

Mais n'est-ce pas dans la sincérité de son cœur et la singularité de sa plume que François Ier nous apparaît véritablement comme le plus beau prince de la Renaissance ? L'homme d'État est plus fascinant encore en poète des états d'âme. La vraie signature de sa personnalité est tout entière dans la composition de ses vers et la magie de ses poésies :

« Celle qui fut de beauté si louable
Que pour sa garde elle avait une armée,
À autre plus qu'à vous ne fut semblable
Ni de Pâris, son ami, mieux aimée,
Que de chacun vous êtes estimée ;
Mais il y a différence d'un point
Car à bon droit elle a été blâmée
De trop aimer et vous de n'aimer point. »

*

« Malgré moi vis, et en vivant je meurs ;
De jour en jour s'augmentent mes douleurs,
Tant qu'en mourant trop longue m'est la vie.
Le mourir crains et le mourir m'est vie :
Ainsi repose en peines et douleurs !

Fortune m'est trop douce en ses rigueurs,
Et rigoureuse en ses feintes douceurs,
En se montrant gracieuse ennemie
Malgré moi.

Je suis heureux au fond de mes malheurs,
Et malheureux au plus grand de mes heurs ;
Être ne peut ma pensée assouvie,
Fors qu'à rebours de ce que j'ai envie :
Faisant plaisir de larmes et de pleurs
Malgré moi. »

*

« Ô triste départir,
De moi tant regretté !
Deuil ne sera ôté,
Qui mon cœur fait partir :

J'entends jusques au revoir,
Si de moi tant désiré,
Car quelque part que serai,
Toujours ferai mon devoir. »

*

« Plus j'ai de bien, plus ma douleur augmente ;
Plus j'ai d'honneur et moins je me contente ;
Car un reçu m'en fait cent désirer.

Quand riens je n'ai, de riens ne me lamente,
Mais ayant tout, la crainte me tourmente,
Ou de le perdre ou bien de l'empirer.
Las ! je dois bien mon malheur soupirer,
Vu que d'avoir un bien je meurs d'envie,
Qui est ma mort, et je l'estime vie. »

Brantôme, l'indispensable indiscret des amours de la cour

Qui est ce Brantôme, le champion du potin coquin qui nous dit tout sur les dessous des intrigues amoureuses de la cour de France dans son recueil *La Vie des dames galantes* ? On voudrait réprouver son impudeur patente et son indiscrétion continuelle, mais, sans lui, nous ne connaîtrions rien des dessous de la Renaissance. Il finira en héros, mettant sa vaillante épée au service des chevaliers à la croix blanche de l'ordre de Malte. Il est à la fois un brave combattant et un grand chrétien. Il n'aura cessé durant son existence de feuilleter les pages roses de l'histoire, auxquelles il aura grandement contribué comme rédacteur malicieux et chroniqueur à scandale. C'est à certains détails rapportés par Brantôme – né sous François Ier mais avant tout contemporain d'Henri II –, sans même qu'il y attache d'importance, qu'on apprend que la brillante cour des Valois n'a sans doute pas été un conservatoire des vertus familiales. Les jolies femmes courent après les hommes, accumulent les aventures, certaines n'hésitent pas à se faire payer, d'autres payent leurs amants. Des pères débauchent leurs filles, des cardinaux vivent publiquement en état de mariage. François Ier, fleuron de la chevalerie française, viole « en soudard », dit un de ses historiens, la jolie Philippa Duci. En lisant Brantôme, la Renaissance devient le labyrinthe du couloir des caresses et le souterrain des voluptés. L'obscurité des salons et des galeries facilite bien des entreprises. Les anecdotes citées par Brantôme sont singulières. L'inavouable est commis dans un coin de fenêtre « sans cérémonie d'honneur ny de parole », alors que dans la même pièce se trouve un autre couple qui se contente d'aimable bavardage. Ou encore on s'abandonne « en une galerie obscure et sombre » : circonstance aggravante, le galant ne connaît même pas sa proie et doit la marquer d'un trait de craie sur la robe pour l'identifier. Ailleurs, on badine en présence d'une gouvernante et même d'un mari jouant aux cartes. Ces exploits sont d'autant plus remarquables que les femmes étaient habillées de formidables vertugadins qu'il fallait soulever comme un rideau de boutique.

François Ier veut que « les honnêtes gentils-hommes de sa cour ne fussent jamais sans des maî-tresses ». Le roi s'amuse et veut s'amuser, il aime faire la fête avec quelques familiers triés sur le volet. Ainsi s'est constituée cette petite bande qui va aller jusqu'à rendre jaloux le roi d'Angleterre. Henri VIII parle avec envie dans ses dépêches de la « *privy band* », dont il n'est pas, tandis que les diplomates italiens évoquent la « *picciola banda* » où eux aussi rêvent d'être admis. Mais le roi ne semble pas avoir seulement encouragé les apparences puisque, quelques lignes plus bas, on lit qu'il était curieux des détails sur « les combats amoureux » et qu'il se faisait raconter comment se conduisaient en cette occasion les femmes qu'il connaissait, « quelles contenances et postures elles y tenoyent et de quelles paroles elles usoyent ». Le roi est sans pudeur et sans complexes : « Je ne veux autour de moi que les plus belles et les plus gentilles. »

Mais Brantôme n'est pas le seul à nous renseigner sur la sexualité du roi. Louise de Savoie, en mère attentive au moment de la jeunesse de son fils, note

en effet dans son journal, à la date du 7 septembre
1512 : « Mon fils passa à Amboise pour aller en
Guyenne… et, trois jours avant il avait eu *mal en la
part de secrète nature*… » François Ier parfois
confond courtoisie et sensualité, faisant preuve d'un
certain exhibitionnisme, comme ce jour à Chambord
où, face à une cheminée monumentale où est allumé
un grand feu, il fait l'amour à une belle à même le
sol jonché de fougères, alors que certains de ses
compagnons sont encore présents dans la salle.

En matière de sexualité, l'époque nous propose
cependant un point de vue inattendu. Celui de Léonard de Vinci lui-même, lorsqu'il baisse son regard
vers son propre sexe. On trouve dans ses carnets ce
texte sobrement intitulé « De la verge » : « Celle-ci a
des rapports avec l'intelligence humaine et parfois
elle possède une intelligence en propre ; en dépit de
la volonté qui désire la stimuler, elle s'obstine et agit
à sa guise, se mouvant parfois sans l'autorisation de
l'homme ou même à son insu ; soit qu'il dorme, soit
à l'état de veille, elle ne suit que son impulsion ;
souvent l'homme dort et elle veille et il arrive que
l'homme est éveillé et elle dort ; maintes fois
l'homme veut se servir d'elle qui s'y refuse ; maintes
fois elle le voudrait et l'homme le lui interdit. Il
semble donc que cet être a une vie et une intelligence
distinctes de celles de l'homme, et que ce dernier a
tort d'avoir honte de lui donner un nom ou de l'exhiber, en cherchant constamment à couvrir et à dissimuler ce qu'il devrait orner et exposer avec pompe,
comme un officiant. »

22

La consécration absolutiste

Il est assis sur son trône, revêtu du long manteau bleu semé de fleurs de lys et brodé d'hermine, les pieds reposant sur un coussin de soie. Autour de son cou, le collier d'or de l'ordre de Saint-Michel et, sur la tête, un bonnet de velours noir sur lequel repose la couronne d'or, symbole de son pouvoir, de même que le sceptre qu'il tient dans la main gauche. Derrière lui est tendu un riche brocard terminé en dais, d'où pendent des lambrequins dorés. Comme on peut s'y attendre, il se tient parfaitement droit, puisqu'il ne saurait faillir à sa tâche, ce que souligne l'intensité de son regard, tout à la fois doux mais ferme, incarnant la sûreté de jugement, la force de convictions et la raison qui émane de sa foi.

À sa droite se trouvent les seigneurs de sa cour, en chausses rouges et habits noirs, mais représentés plus petits que lui, conformément à leur rang, que surveille un chien, symbole de fidélité. À sa gauche se tiennent, en longues simarres, quelques clercs de rang élevé qui font office de conseillers du prince, eux aussi représentés plus petits, de même que cet homme, au premier rang, agenouillé devant lui, un livre à la main dont il se prépare à lui faire hommage. Dans cette composition, où le bleu, symbole de la couronne de France, et le rouge, symbole de l'élitisme nobiliaire, se complètent harmonieusement, François Ier, qu'on reconnaît parfaitement à sa courte barbe soigneusement taillée, est bien en majesté, et nul ne pourrait s'y tromper. Ainsi l'ont voulu les auteurs de ces nombreuses enluminures qui popularisent non seulement les traits du roi, mais encore la symbolique dans laquelle il doit être représenté.

François Ier, en effet, est le premier roi de France que chacun de ses sujets peut reconnaître, ce qui n'était pas le cas de ses prédécesseurs. Qui, en effet, d'un simple coup d'œil, pourrait, hier comme aujourd'hui, reconnaître sur une enluminure Philippe le Bel, Charles V, Philippe VI ou même Louis XII ? Magie de l'iconographie ? Marque évidente de l'humanisme de la Renaissance ou symbole de la mise en place du pouvoir absolutiste ? Désormais, chacun n'a d'yeux que pour le roi, source de toute lumière. François Ier incarne pleinement le pouvoir, prêt à signer tout acte de cette formule dont il est l'inventeur : « Car tel est notre bon plaisir » ! L'ambassadeur Giustiniano écrit aussi, en 1535 : « L'autorité de François Ier est plus grande que n'a été celle d'un roi de France depuis longtemps. »

Malgré son goût pour la chasse, le sport, les lettres, les femmes et les plaisirs, François Ier, pendant tout son règne, gouverne et aime gouverner, surtout depuis que la mort de sa mère, en 1531, puis celle du chancelier Duprat, en 1535, l'ont laissé seul maître à bord. Quel que soit donc le château où il réside, il est à même, par un remarquable réseau de renseignements, d'être parfaitement informé. Par une non moins remarquable adaptation de l'administration de l'État, il est aussi apte à prendre toute décision qui s'impose. Rien ne se fait donc sans qu'il le sache, et toute décision prise est longuement discutée, soupesée, comme l'ont souligné les contemporains du souverain, ayant tous noté qu'il aimait débattre, se faire expliquer, comprendre, et, généralement, avait tendance à suivre les avis qu'on lui donnait. Personne ne s'y est trompé, à l'instar de cet ambassadeur de Venise qui écrit, à la fin du règne de François Ier : « Pour ce qui est des grandes affaires de l'État, de la paix et de la guerre, Sa Majesté veut que les autres obéissent à sa volonté. Dans ce cas-là il n'y a personne à la cour, quelque autorité qu'il possède, qui ose en remontrer à Sa Majesté. » Ce n'est donc pas en France qu'on trouverait un cardinal Wolsey, gouvernant totalement le royaume pour le compte de son maître Henri VIII, allant jusqu'à signer les actes gouvernementaux de cette formule restée fameuse, « *Rho et Rex Meus* » (« Moi et mon roi ») !

Aucun règne, jusque-là, n'a autant magnifié le rôle d'un souverain qui, malgré son affabilité habituelle, s'exclame un jour : « Ceux qui ne se soumettent pas à mes ordres, je les chasserai. » Avec François Ier, l'autorité royale s'affranchit de tout ce qui, jusque-là, pouvait limiter son pouvoir, en particulier les parlements. Celui de la capitale surtout, prestement remis à sa place par la régulière pratique des « lits de justice » et une formule sans appel : « Il n'y aura pas de Sénat à Paris, comme à Venise. » Non seulement, comme on l'a vu plus haut, les finances publiques sont sérieusement reprises en main – l'infortuné Semblançay l'a appris à ses dépens –, mais encore la fin du connétable de Bourbon a consommé la ruine des féodaux, tandis que le Concordat a mis le clergé en tutelle. La Bretagne réunie à la Couronne, il ne reste plus aucune grande province autonome, pas même la Navarre, puisque Charles Quint n'en a laissé que les bribes à son roi, Henri d'Albret, le respectueux beau-frère de François Ier. Autant dire que rien, ou presque, ne menace plus ce trône de France, que défend une armée de clercs et de juristes au seul service du roi, travaillant exclusivement à accroître son pouvoir.

À partir du règne de François Ier, les états généraux ne sont plus convoqués et la noblesse n'a plus le droit de lever des armées. En outre, l'organisation de la cour commence à la domestiquer, faisant d'elle une classe assistée, quémandant les grâces et les faveurs d'un sou-verain qui, le premier, incarne par son faste la majesté royale reçue comme un dépôt sacré à Saint-Denis. Encore embryonnaire au début du siècle, l'administra-tion de la Couronne se développe considérablement sous l'autorité de François Ier, avec, en particulier, la multiplication des conseillers qui se spécialisent. Ils peuvent ainsi contrôler avec efficacité tel ou tel domaine d'un État qu'un nombre croissant de Français aspirent à servir avec le développement intensif de la vénalité des offices. En 1547 sont de surcroît nommés les quatre secrétaires d'État, formule à laquelle tous les rois de France seront fidèles jusqu'en 1789. C'est avec eux – et uniquement avec eux – que gouverne le roi. Enfin, la justice royale est étendue aux provinces par un certain nombre d'ordonnances qui font que rien, désor-mais, en la matière, n'échappe à son autorité, car s'il n'y a qu'un seul roi, il n'y a qu'une seule justice royale. Les provinces elles-mêmes n'échappent pas à la vigi-lance du pouvoir central, dès lors que sont créées les généralités, espaces d'administrations constituant la lointaine ébauche de ce que seront, beaucoup plus tard, les départements. Si François Ier avait, à son avènement, quelque cinq mille officiers, il peut en compter le double à la veille de sa mort. De ce fait, l'autorité de la Couronne ne saurait être contestée par personne, et ceux qui ne l'ont pas compris le payent cher, même si François Ier, contrairement à Henri VIII, n'est jamais cruel. Ainsi les soulèvements populaires sont-ils prestement matés, même s'ils sont moins nombreux sous son règne que sous d'autres.

Pas moins de trente-deux mille actes sont rédigés pendant les trente-deux années de règne de François Ier, soit mille par an. Un collège de notaires veille sur leur bonne application, ce qui assure une meilleure diffusion des rouages de la politique d'un État de plus en plus centralisé et absolutiste. Tous ne passent pas le seuil de la postérité, mais l'un d'eux peut être légitimement considéré comme le chef-d'œuvre du règne, l'édit de Villers-Cotterêts, signé le 15 août 1539. Non pas dans son ensemble, puisque celui-ci comporte cent quatre-vingt-douze articles ayant pour but de réformer la justice. Mais les articles 110 et 111 sont fondamentaux, ils stipulent que « les enquestes, contrats, commissions, sentences, testaments et autres actes et exploicts de justice, ou qui en dépendent, sont prononcez, enregistrez et délivrez aux parties en langaige maternel français et non autrement ». Qu'est-ce que cela signifie ? Que cet avatar du romain qu'avaient progressivement adopté les Gaulois conquis par César, et que, depuis le serment de Strasbourg conclu en 842 par Charles le Chauve et Louis le Germanique, on appelait vaguement le « franc », le « francien » ou le « français », est désormais l'unique langue administrative pour l'ensemble du royaume de France. L'usage du latin est relégué à l'Église et celui des langues régionales au bas peuple des campagnes, ces « gens de néant », chargés seulement de nourrir le royaume et non de le gérer.

L'édit de Villers-Cotterêts accélère brutalement l'unité linguistique du royaume de France et ouvre cette tradition glotophage qui, accentuée par le décret Barère sous la Révolution, va combattre les idiomes locaux de l'Oïl ou de l'Oc – breton, picard, wallon, normand, limousin, gascon, provençal – sans pouvoir cependant les éradiquer. Ce texte a aussi pour conséquence de favoriser non seulement le monde de l'édition, mais encore celui de l'Université, et d'enclencher un mouvement de restructuration et d'organisation du français, avec la construction progressive des règles d'orthographe, de prononciation, de ponctuation, de grammaire et de syntaxe. Ce sont ces règles qui, deux siècles plus tard, aboutiront à cette perfection de la langue de Racine, de Molière ou de Voltaire. Grâce à elles, le français servira de langue diplomatique commune à l'Europe jusqu'au congrès de Vienne, au début du XIXe siècle.

En satisfaisant à cette requête issue de la pensée de la Renaissance – que Charles VIII et Louis XII avaient publiquement souhaitée –, François Ier, avec une fulgurance singulière, annonce donc le temps du Grand Siècle et des Lumières, même si c'est la verve de Rabelais ou l'harmonie poétique de Ronsard qui s'engouffrent dans la brèche ouverte ! Joachim du Bellay le comprend parfaitement et, dix ans après la signature de l'édit, en 1549, lui donne ses lettres de noblesse en publiant son fameux *Défense et illustration de la langue française*, dont le retentissement est immense, suivi par Robert Estienne, bientôt auteur du premier dictionnaire franco-latin. N'était-ce là que l'aboutissement d'un courant de pensée collectif ? Sans doute, il n'en demeure pas moins vrai qu'il n'a pu être réalisé qu'à l'initiative d'un roi visionnaire. Mais cette fameuse ordonnance comporte d'autres dispositions nettement absolutistes, comme la possibilité pour la justice civile de juger les clercs, l'interdiction faite aux confréries de s'assembler afin d'éviter ce qu'on n'appelait pas encore la « grève », mais la « tric » qui avait paralysé les imprimeries de France pendant plusieurs mois. Du côté de la politique « sociale », François Ier s'impose comme un souverain très humain, à l'écoute de son peuple, toujours désireux d'aller à la rencontre des gens de France. S'il est un homme d'ordre, ce qui ne le différencie pas des souverains de son temps, il sait, *in fine*, pardonner. Ainsi, après le soulèvement du Sud-Ouest contre la gabelle, il annonce à La Rochelle[1] : « Je n'ai sur mes mains, merci à Dieu, aucune teinture du sang de mon peuple. »

Comme celle de tous les rois de France, l'œuvre politique de François Ier comporte naturellement des aspects positifs. Outre le redressement de l'État, la part belle faite aux lettres, aux sciences et aux arts, il faut encore mentionner les premières mesures concrètes de ce qu'on appelle aujourd'hui « l'aménagement du territoire », à savoir le développement routier de la nation et l'action entreprise pour rendre les fleuves navigables. N'a-t-il pas, le premier, émis l'idée de créer le canal du Midi, qui ne sera réalisé qu'au XVIIe siècle sous l'impulsion des Caraman ? Sous son règne connaissent encore une forte expansion l'industrie de

---

1. Lors d'un séjour à La Rochelle, rapporte René Guerdan dans sa biographie de François Ier, on voit le souverain acheter à des corsaires revenus du Brésil du bois de gaïac. On raconte aussi que Barberousse lui aurait envoyé des pilules mercurielles ; or, bois de gaïac, bois des Indes et mercure seraient les remèdes utilisés, à l'époque, contre la syphilis.

la laine et celle du lin, ainsi que le développement de la culture du ver à soie. L'armée encore est réorganisée, de même que l'industrie d'armement et la marine, tandis que la diplomatie connaît une nouvelle impulsion avec, en particulier, l'envoi pour la première fois d'ambassadeurs permanents dans les autres nations. De la mer du Nord à l'Aquitaine et, ensuite, en Méditerranée, les côtes de France, enfin, sont fortifiées et le commerce maritime vivement encouragé.

Si l'on excepte Charlemagne, François Ier est le premier à se pencher sur l'avenir culturel de son pays. Il a compris l'influence de la lecture sur l'âme d'une nation. Comme l'a écrit Monsieur de Lescure dans sa biographie parue en 1878 : « Premier roi chevalier, premier roi courtisan, premier roi poète et, à tout prendre, un des plus grands rois qu'a eus la France. »

À Marseille, François Ier découvre le rhinocéros que Dürer immortalisera à Gênes

Une ancienne tradition veut que les rois de France possèdent des animaux étranges que voyageurs, souverains étrangers, explorateurs leur rapportent ou leur expédient, et cela depuis le temps des croisades. La création des ménageries royales accentue ce mouvement qui permit aux sujets de Louis XI de voir des chameaux, des éléphants, des lions, des tigres et des panthères dans la forêt d'Amboise ou, sous François Ier, au chancelier Duprat d'être toujours accompagné d'une guenon apprivoisée.

Ainsi, après Marignan, faisant étape à Marseille en janvier 1516, le jeune roi François apprend qu'un navire appartenant au roi Manuel de Portugal transporte un animal jusque-là inconnu. En son honneur, celui-ci est débarqué sur le quai, et chacun admire sa taille et son aspect étranges. Comment appelle-t-on cette curieuse bête ? demande François. C'est un rhinocéros, que le souverain portugais offre au pape. Comment est-il arrivé là ? Par les Indes, où le prince Muzaphar, roi du Gambay, en fit don au souverain lusitanien. Ce dernier décida de l'offrir au pape Léon X. Or, après cette escale, le bateau reprend sa route et là essuie une redoutable tempête et fait naufrage quelques jours plus tard, au large de Gênes. Conscient de la valeur de l'animal, on repêche le rhinocéros noyé et on le naturalise pour le conduire à Rome, où depuis l'interdiction des jeux du cirque on n'avait pas vu d'animaux aussi extraordinaires. Ce fut à Gênes que le dessina Albert Dürer, à la fois peintre, graveur et sculpteur. Dürer est l'artiste préféré de l'empereur Maximilien, grand-père de Charles Quint qui, parlant de lui à son entourage, déclare : « Vous êtes noble de naissance, mais mon peintre a la noblesse du génie. » Ce fils d'orfèvre, d'une famille de dix-huit enfants qui, trois ans durant, a voyagé entre l'Allemagne, les Pays-Bas et l'Italie, à son retour à Nuremberg épousa Agnès Frey, femme dont la très grande beauté n'eut d'égale que la rare méchanceté. Quant au rhinocéros représenté par Dürer, il va faire une carrière prodigieuse dans l'imagerie mondiale. Pendant plus d'un siècle, il ne cesse d'être copié et recopié. En cela, il participe à cette naissance de la civilisation de l'image que signe la Renaissance, première rencontre de la culture et de la communication.

Déjà, sous Louis XI, la ménagerie royale attisait toutes les curiosités. Le roi rusé ne manqua jamais d'entretenir les animaux et en communiqua la passion à ses enfants Anne de Beaujeu et le futur Charles VIII. Comme nous le raconte si bien Rodolphe Trouilleux dans ses *Histoires insolites des animaux de Paris*, la meilleure façon de se faire bien voir du roi était de lui offrir un lion, un tigre ou un léopard, car Louis XI était grand amateur de ces fauves. Son cousin, René de Lorraine, lui avait offert un lionceau qui suivait Charles dans sa chambre comme un chien. Ne résidant pas souvent à Paris, le roi finit par négliger ses animaux et leur fit construire en 1487 une nouvelle écurie. Trois ans plus tard, Jean de Sabrevoys devint « garde et gouverneur des lions du roi ». Sa fonction était de surveiller cinq à six fauves. Il avait réussi à élever deux petites lionnes, auxquelles il prodiguait les soins les plus attentifs, leur réservant, le long des écuries, un petit jardin clos. Quand l'hôtel Saint-Paul fut abandonné, la ménagerie fut transférée à l'hôtel des Tournelles.

23

Les nuages de l'horizon spirituel,
les deuils d'une dynastie

Le matin du 18 octobre 1534 à Amboise, la journée s'annonce agréable et laisse probablement espérer une belle chasse ou, tout au moins, un déjeuner sur l'herbe dans l'Île d'Or, avec les dames, les fous, les acrobates et les musiciens, comme le roi les aime, à l'issue duquel il entraîne sa galante compagnie en promenade. Mais, pour l'instant, nul n'ose aller réveiller un roi peu matinal, qui de surcroît s'est couché fort tard la veille, chacun se tenant prêt à recevoir ses ordres et à les exécuter, mais uniquement lorsqu'il daignera sonner et réclamer son ordinaire.

Pourtant, le premier gentilhomme de la Chambre du roi est inquiet, car, en cette même matinée, il a découvert, collé sur la porte de la chambre du roi, ce qu'on appelle un « placard », c'est-à-dire une sorte d'affiche portant pour titre « Articles véritables sur les horribles grands et insupportables abus de la messe papale inventée directement contre la grande cène de Notre Seigneur », et contenant un texte raillant « l'autel, le Saint Sacrement et l'honneur des saints ». Qui a osé coller, dans cette nuit d'automne, un tel document, dont on

apprendra plus tard que d'autres, en tout point simi-
laires, ont été placardés à Paris et à Orléans, provoquant
un tollé général ? Pour les officiers de la Maison du roi,
un tel geste est un crime de lèse-majesté, et la question
se pose : faut-il avertir le roi ? Un conciliabule est réuni,
à l'issue duquel le premier gentilhomme décide d'aller
éveiller le roi et de lui montrer le placard.

Pour la première fois de sa vie, peut-être, François Ier
est hors de lui ! Pour la première fois aussi, le Parlement
est à l'unisson de son roi, qui fait saisir de corps, avec le
plein accord de l'opinion publique, des centaines de
suspects appartenant à toutes les classes du royaume. Il
en fait brûler vif une quarantaine, battre publiquement
une centaine et conserver le reste en prison, à l'exception de tous ceux qui peuvent trouver un asile, tel Clément Marot réfugié chez Marguerite d'Angoulême en
Gascogne. Plus même, la censure est établie pour
contrôler les imprimeries et éviter la propagation des
édits luthériens.

Depuis plusieurs années, les idées réformées s'étaient
développées en France, avec d'autant plus de conviction
qu'il ne s'agissait pas, au départ, de modifier totalement
le dogme catholique et de fonder une nouvelle Église,
mais seulement d'en réformer les abus, dont les plus
criants étaient le népotisme, la simonie et la conduite
dissolue de nombre de clercs, qui menaient joyeuse vie,
plus intéressés par les filles, le vin et la bonne chère que
par la théologie. De surcroît, la toute-puissance de
l'Église, morale certes, mais aussi politique et finan-
cière, lui avait attiré nombre d'adversaires, parmi lesquels une grande partie des seigneurs d'Allemagne,
acquis à la Réforme pour cette raison.

Comme on l'a dit plus haut, François Ier n'était pas *a priori* défavorable à la Réforme, d'autant que sa sœur tendrement aimée, Marguerite, la reine de Navarre, la soutenait avec son petit cercle de fidèles, autour de l'évêque de Meaux. Ainsi, à Nérac ou à Pau, ses résidences habituelles, on recevait volontiers Calvin, Marot et nombre d'humanistes versés dans ce qu'on n'appelait pas encore le « protestantisme ». Calvin lui-même n'avait-il pas dédié un de ses livres au roi de France ? En fait, contrairement à Henri VIII, la théologie n'était pas véritablement son fort, et encore moins les controverses religieuses dans lesquelles il ne voulait en aucun cas entrer. C'est pourquoi, jusque-là, il avait plutôt tendance à modérer la situation, demandant d'un côté à la Sorbonne de lâcher prise dans sa lutte contre la progression de l'hérésie et, d'un autre, priant les réformés d'être discrets. Mais cette tolérance, qui n'était nullement de règle à l'époque – il est intéressant de souligner combien, avec deux siècles d'avance, le roi annonce le siècle des Lumières –, ne fait qu'aggraver la situation, car l'un et l'autre camp nourrissent à son égard de fausses espérances.

Le chancelier Duprat avait eu beau organiser un concile à Paris, en 1528, pour tenter d'y voir plus clair, cela n'avait rien réglé, et les incidents se multiplièrent. Ainsi cette statue de la Vierge, rue du Roi-de-Sicile, qu'on retrouva brisée, provoqua un scandale retentissant, que le roi apaisa en offrant une nouvelle statue qui fut installée en grande pompe, à l'issue d'une immense procession dont il prit lui-même la tête. Aujourd'hui, ce qu'on appelle « l'affaire des placards » vient de mobiliser l'opinion publique et le roi lui-même contre la Réforme. Il avait pourtant tout tenté pour réconcilier ses sujets et éviter une guerre civile. Le 21 janvier 1535, une nouvelle procession fait office de cérémonie expiatoire et rassemble l'ensemble des Parisiens et des corps constitués, les grands officiers de la Couronne et toute la famille royale, y compris le roi, tête nue, portant un cierge. Après celle-ci, une messe réunit à Notre-Dame les participants, puis un grand banquet est offert à l'archevêché, où François Ier tient le discours suivant : « Ne trouvez étrange, si lors ne trouvez en moi ce même visage, contenance et parole dont j'ai accoutumé d'user les autres fois que je vous ai fait assembler. Maintenant il convient de prendre autre style et parole, autre visage et contenance ; car je ne vous parle plus comme roi et maître, mais comme sujet et serviteur d'un commun roi, roi des rois et maître des maîtres, qui est le Dieu tout-puissant. »

L'affaire des placards fait donc rentrer dans le giron de l'Église catholique et romaine ce roi qui avait fait alliance avec les infidèles, et déclenche la vague des persécutions dont vont souffrir les réformés, à commencer par ce chantre de la chapelle royale qui finit par avouer, avant de monter sur le bûcher, qu'il avait collé le placard sur la porte de la chambre du souverain, à Amboise. Une des conséquences de la progression de la Réforme sera, une dizaine d'années plus tard, en Provence, la mobilisation d'une masse de pauvres hères, adhérant à la Réforme et qui tentent de la mettre en application suivant le mouvement initié par Pierre Valdo au XIIe siècle. Aussitôt, le parlement d'Aix condamne le mouvement, mais l'évêque de Carpentras, Sadolet, prélat juste et éclairé, refuse de faire exécuter les sentences frappant ceux qu'on nomme à présent « les Vaudois ». Telle n'est pas la position du cardinal de Tournon, archevêque de Lyon et conseiller du roi, qui finit par le persuader que ces paisibles réformés sont de graves fauteurs de troubles qu'il convient de punir avec la dernière sévérité. N'écoutant pas, pour la première fois de sa vie, la voix de sa conscience, François Ier signe l'ordre de les poursuivre, sans savoir que son ordre est à l'origine du massacre d'un millier d'êtres, constituant sans doute la seule tache de son règne, ou, comme l'ont dit ses contemporains, sa « ternissure ».

Sombres sont les dernières années de son règne, marquées par la poursuite de la guerre, la crise religieuse et bientôt les deuils de la dynastie, constituant l'envers de la médaille d'un règne dont l'avers fut si brillant. Le 6 août 1536, à Tournon, après une partie de paume dans laquelle il a déployé toute l'énergie qu'on met à son âge dans ce genre d'exercice, malgré la chaleur étouffante qui paralyse la ville, le dauphin François demande à son échanson, Sébastien de Montecucculi, gentilhomme de Ferrare, de lui servir à boire. Celui-ci s'empresse de satisfaire cette requête et revient au bout de quelques secondes avec un verre d'eau glacée qu'il tend au joueur, lequel le vide d'un trait. Quelques minutes plus tard, l'héritier du trône est pris de violents frissons et doit s'aliter. Quatre jours plus tard, il meurt, alors qu'il n'a pas encore atteint sa dix-huitième année.

C'est le cardinal de Lorraine qui, à Lyon, où le roi attend son fils, lui apprend la terrible nouvelle. François Ier accuse mal le coup, il se précipite à une fenêtre pour pleurer tout à son aise, tandis que son entourage le laisse seul avec sa douleur. Tout juste l'entend-on soupirer au bout d'un long moment : « Dieu punit mon péché en m'enlevant mes enfants ! Il faut bien que je sois né sur une planète malheureuse sur

laquelle je chemine toujours. » Et le jeune Pierre de
Ronsard, qui jusque-là servait dans la maison d'un
prince unanimement apprécié pour sa beauté, sa douceur et son humanité, qu'on comparait déjà à son grand-
père Louis XII, écrit alors :

> « Six jours devant sa fin je vins à son service
> Mon malheur me permit qu'au lict mort je le visse
> Non comme un homme mort, mais comme un
> [endormy
> Ou comme un beau bouton, qui se penche à demy,
> Languissant en avril, alors que la tempeste,
> Jalouse de son teint, luy aggrave la teste,
> Et, luy chargeant le col, le fanit contrebas,
> Ensemble prenant vie avecques le trépas. »

Le dauphin de France est-il mort d'une insolation ou
a-t-il été empoisonné par son échanson ? Ou encore
souffrait-il d'une forme de tuberculose qui ne s'était pas
encore déclarée, comme le suggèrent aujourd'hui certains médecins ? On ne saura probablement jamais la
vérité sur ce qui a été à l'origine de cette tragédie. Toujours est-il que Montecuccoli est aussitôt soupçonné et,
passé à la question, avoue sous la torture qu'il a glissé
de l'arsenic dans le verre sur ordre de Charles Quint,
avant de se rétracter par la suite, tandis que l'empereur, informé de ses aveux, dément cette histoire ahuris-
sante. L'infortuné échanson n'en est pas moins jugé,
condamné et, chargé de chaînes, prestement conduit
place de Grenette, à Lyon où, devant un grand concours
de peuple, il est écartelé à quatre chevaux et expire dans
d'atroces douleurs. La mort du dauphin anéantit le roi,
non seulement parce qu'il aimait tendrement son fils
aîné, mais encore parce qu'il s'entend infiniment moins
bien avec son cadet, devenu l'héritier du trône, à qui il
tient néanmoins ce discours : « Mon fils, vous avez

perdu votre frère et moi mon fils aîné. En sa mort, je trouve que ce qui m'accroît le regret me réconforte ; c'est la mémoire que j'ai de l'amour qu'il avait acquise envers les grands et les petits. Mettez peine de l'imiter en sorte que vous le surpassiez, et de vous faire tel et si vertueux que ceux qui, aujourd'hui, languissent du regret qu'ils ont de lui recouvrent en vous de quoi apaiser ce regret. »

Mais le roi doit encore affronter d'autres épreuves. Au tout début de l'année suivante, alors qu'il pleure encore la mort de son fils à Fontainebleau, il apprend que sa fille Madeleine qui, il y a un mois à peine, avait épousé le roi d'Écosse Jacques V, s'était, elle aussi, éteinte à dix-huit ans en arrivant dans ses États, victime d'une fièvre maligne, cette hasardeuse définition que les médecins donnaient alors aux maladies qu'ils ne comprenaient pas. Les nouvelles les plus lugubres lui parviennent cette même année, la mort de la comtesse de Châteaubriant et celle de Fleuranges, l'ami de toujours...

Huit ans plus tard, au mois de septembre 1546, le benjamin de ses trois fils, le séduisant Charles, devenu duc d'Orléans depuis que le titulaire de ce titre était devenu dauphin, combat dans le nord de la France contre les Anglais qui assiègent alors Boulogne. Dans un village abandonné, le jeune homme, avec quelques compagnons de sa suite, pénètre dans une maison vidée de ses occupants et ne trouve rien de mieux à faire, pour s'amuser, qu'à disperser, à grands coups d'épée, les plumes d'un matelas. Ce qu'ils ignorent, c'est que si ce village a été abandonné, c'est que la peste y sévissait et que toutes ces plumes qu'ils ont si fort remuées sont sans doute infectées. Effectivement, quelques jours plus tard, en se rendant à l'abbaye de Forest-Moutier, la fièvre saisit le jouvenceau qui, le 9 septembre, s'éteint dans d'horribles convulsions, à moins que, là encore, il ne succombe lui aussi à cette même tuberculose qui aurait emporté son frère et sa sœur.

Une fois de plus, le roi est désespéré par le trépas de cet enfant si séduisant, si sensible et si drôle qui, jusque-là, était le véritable « boute-en-train » de la cour. Lors des négociations diplomatiques, on pensait le marier avec la fille de la régente des Pays-Bas et leur donner le duché de Milan, ce qui eût pu régler une fois pour toutes l'éternelle querelle Valois-Habsbourg. Deux ans plus tard, le 18 février 1548, vient le tour du duc d'Enghien, au château de La Roche-Guyon, au cours d'un jeu, ce jeune parent du roi auquel il était très attaché, lui arrachant cet ultime commentaire : « J'ai donc bien offensé Dieu, pour qu'il m'ait enlevé deux de mes fils et, après eux, quelqu'un que j'aimais comme un enfant. »

Une dernière joie après tant de drames : le 16 janvier 1544, la dauphine Catherine met au monde son premier enfant, un fils prénommé François, le premier petit-fils de François Ier, appelé – son grand-père n'en doute pas – à ceindre un jour la couronne du plus beau pays au monde. Mais de celui-ci, le roi est-il encore le maître, en ce temps où la vieillesse s'abat sur lui, où la guerre de succession s'ouvre, où la révolution de palais se profile ? Un exemple éloquent montre que, peut-être, le souverain commence à perdre la main ou, tout au moins, à offrir une résistance moindre à ses ennemis et, par là même, à ceux de ses protégés. Le 3 août 1546, Étienne Dolet, que jusque-là le roi, « père des lettres », avait protégé, monte sur le bûcher après avoir été jugé, condamné à mort pour athéisme et torturé. En place publique, le malheureux, avant de se tordre dans les flammes, voit sa femme, au premier rang de la foule, allaiter paisiblement leur dernier enfant !

À Lyon, creuset de la Renaissance, François Rabelais dissèque le cadavre d'un pendu

Pendant la Renaissance, Lyon est une nouvelle Florence, une capitale de la finance soutenue par les banquiers germaniques et italiens, à l'apogée de son essor économique. Place de négoce et deuxième ville du royaume, Lyon avec ses soixante mille âmes est une métropole cosmopolite et prospère, où défilent aussi bien les Flamands que les Grisons, les Anglais que les Lucquois, les Siennois que les Turcs. Mais les champions de l'opulence restent les Italiens.

Quand s'élève la brume bleutée du Rhône, les tavernes se remplissent. On se retrouve au Chapeau Rouge, au Porc Sellé ou encore au Cygne de la Croix. Au Chardon Blanc, on peut voir s'attabler François Rabelais, dont les narines frémissantes hument les odeurs chaudes de canards rôtis et l'irrésistible parfum des oies à la broche. Chacun vient trinquer tour à tour avec l'écrivain, qu'il soit juriste, médecin ou imprimeur. Toute l'Europe se donne rendez-vous pour faire du commerce au pied du mont Fourvière. Les quatre foires annuelles donnent l'occasion de goûter aux grands vins de Bourgogne, comme aux jambons de Mayence. On vient y chercher des épices d'Espagne, des soies d'Italie, des bonnets de Paris. Dans le marché, c'est une succession de splendeurs : des draps de soie, d'or et d'argent, de velours et de satin, de taffetas et de crêpe. Partout l'œil est captivé, des couleurs de l'Angleterre aux oriflammes des Flandres. Les toiles exposées évoquent d'éternels voyages : elles arrivent de la région de Lyon, mais aussi de Constance, de Saint-Gall, d'Anvers et du Hainaut. On trouve même de la lingerie fine, batiste tissée avec la rame du Nord, spécialité française dont les femmes raffolent.

Les rois de France, désireux de s'approprier la péninsule, ont toujours aimé Lyon et l'ont choisi pour base de départ de la conquête. Charles VIII, Louis XII et maintenant François Ier qui accorde privilège et droit de noblesse à cette classe montante énergique, cultivée et raffinée : la bourgeoisie éclairée. Parmi les Italiens les plus actifs, Bernard Salviati fut un banquier dont le nom apparaît dans les actes de François Ier. Sa fille Cassandre fut aimée de Ronsard et sa petite-fille, Diane, inspirera ses plus beaux vers à Agrippa d'Aubigné. C'est à Lyon, et là uniquement que les rois de France rencontrent les banquiers étrangers qui se sont implantés dans la ville grâce aux foires, comme cet Allemand nommé Kléberger, intime de François Ier et dont Dürer a fait le portrait, ou encore comme ces Florentins prospères, enrichis dans le commerce des produits des Indes, les Guadagni – devenus Gadagne – et les Gondi. C'est à eux que le roi de France fait appel pour l'aider à financer son expédition vers le nouveau monde conduite par Verrazane. C'est à Lyon encore, dans le vieux bourg de Saint-Just, quand le roi est absent, que Louise de Savoie, secondée par le chancelier Duprat, reçoit un jour la triste missive annonçant le désastre de Pavie : « Madame, tout est perdu, fors l'honneur ! »

C'est là que la sœur de François, Marguerite, rassemble les lettrés et encourage leur hardiesse à penser. Un nouvel âge commence pour eux avec le miracle de l'imprimerie qui multiplie et diffuse leurs œuvres dans l'Europe entière. Lyon a maintenant un rôle pionnier en cette matière. C'est un riche bourgeois, Barthélemy Buyer, qui a subvenu aux dépenses du premier atelier d'imprimerie, confié à maître Guillaume Le Roy et qui fait publier, dès 1473, le premier livre issu des presses lyonnaises : un certain compendium du cardinal diacre Lothaire. Lyon se passionne pour cette nouvelle création du génie humain. La plus noble conquête du savoir, c'est l'imprimerie. Sept ans avant les ateliers parisiens, ses ouvriers gravent ces belles lettres ornées qui remplaceront les lettres peintes à la main. Le libéralisme lyonnais porte, une fois de plus, ses fruits. Tel imprimeur vient de Liège, tels autres arrivent de Darmstadt ou de Strasbourg. L'Europe des cultures est en marche. De Bâle, sont importés des caractères jusque-là inconnus avec lesquels Martin Husz, originaire du Wurtemberg, compose le premier livre illustré imprimé en France : *Le Miroir de la rédemption*. Aussitôt publié, il enregistre un succès de vente considérable. Lyon a toujours un temps d'avance : *Le Roman de la rose* y est édité avant même qu'il ne paraisse à Paris.

De Lyon, François Rabelais écrit à Érasme le 30 novembre 1532. Ce texte précieux, oublié dans une bibliothèque de Zurich, signe, par sa cadence et son message, l'esprit de la Renaissance : « Salut – écrit Rabelais à Érasme – Salut, père très tendre, père et honneur de la Patrie, défenseur et soutien des lettres, soldat triomphant de la vérité ! »

La même année, l'hôtel-Dieu de Lyon vient de choisir Rabelais pour médecin, avec des gages de quarante livres par an. C'est lui-même qui nous raconte comment il se comporte avec les malades : « Hippocrate a fait un livre exprès intitulé *De l'état du parfait médecin*, auquel il commande, rien n'être qui puisse offenser le patient ; tout ce qu'est au médecin, gestes, visages, vêtements, paroles, regards, touchement : complaire et délecter le malade. Ainsi faire en mon endroit et en mon lourdois, je me peine et efforce envers ceux que je prends en cure. »

En 1537, à l'Hôtel-Dieu, la science rime enfin avec impatience : Maître François Rabelais prépare une véritable révolution, il va disséquer le cadavre d'un pendu. Peu nombreux sont les médecins de l'Antiquité qui ont osé cette pratique. On sait qu'Hippocrate, Aristote et Galien n'ont disséqué que des animaux. Les médecins du Moyen Âge ont toujours été réticents à commettre un tel acte, considéré comme sacrilège. Quand Rabelais ose le geste interdit, le grand anatomiste flamand André Vésale, qui fera école en la matière, n'a encore que vingt-trois ans… C'est donc une innovation prodigieuse à laquelle vont assister quelques proches de François Rabelais, des étudiants curieux, des médecins stupéfaits. Le pendu, voleur ou assassin, est étendu sur une longue table recouverte d'un linge. La cérémonie secrète va commencer. Ce jour-là, la mort se plaît à secourir la vie. Un siècle avant que Rembrandt peigne sa fameuse *Leçon d'anatomie*, Rabelais passe de la plume au scalpel…

24

Fin de partie avec l'empereur

Le 12 décembre 1539, à l'issue de la lutte interminable qui opposait Charles Quint à François Ier, les deux plus puissants princes de l'Europe se rencontrent à Loches, en Touraine. L'empereur est à un tournant de son règne. Il doit résoudre un conflit dans l'actuel Pays-Bas. Le roi l'autorise à traverser la France pour aller mater les révoltés de Gand. François Ier accueille son éternel rival et son ennemi fidèle dans sa bonne ville de Loches, très fier d'un bâtiment flambant neuf, un modèle du genre, l'hôtel de ville.

François Ier avait signé auparavant des lettres patentes autorisant les Lochois à bâtir leur hôtel de ville à l'intérieur des remparts verrouillés par quatre portes fortifiées. C'est l'un de ces bâtiments de la Renaissance avec escalier droit, rampe sur rampe, grande nouveauté, comme à Azay-le-Rideau. Le roi François, éternel veneur, est heureux de retrouver ce logis royal qui n'était à l'origine guère plus grand qu'un pavillon de chasse dominant une immense forêt giboyeuse au magnifique tracé d'allées. Il est arrivé à Loches, en litière, le 6 décembre, six jours avant la rencontre, usé, miné par la maladie. Le roi décide d'accueillir l'empereur à cheval, mais ce dernier lui écrit de n'en rien faire. François Ier va donc l'attendre sur la place du marché au blé, près de la porte Picois. Le souverain a fait aménager tous les abords. Il veut une réception exceptionnelle et fait installer une estrade pour cette rencontre au sommet.

Charles Quint arrive par la porte Poitevine, longe le rempart et débouche sur la porte Picois entièrement décorée. Dans le soir qui tombe, accompagné des deux fils du roi, l'empereur s'avance à la rencontre de François Ier qui l'attend vêtu de satin pourpre, coiffé d'un béret scintillant de pierreries. Charles Quint, habillé de noir, se découvre et les deux hommes s'embrassent. Puis deux femmes apparaissent et s'inclinent. La reine Éléonore et Madame Marguerite : la sœur de l'empereur et la sœur du roi. Charles serre sa sœur dans ses bras, tandis que François lui vante les mérites de Marguerite, « une rose parmi les épines, un ange au milieu des diables ». François Ier a peut-être une idée. Pourquoi Charles Quint, veuf depuis trois mois, n'épouserait-il pas sa sœur ? L'empereur descend de cheval, François Ier est à pied. Une grande émotion s'installe. L'assistance est saisie par la façon dont, silencieusement, ces deux hommes se dévisagent, se contemplent, se scrutent, se jaugent, se mesurent et s'envisagent. Cet examen réciproque rend les minutes interminables, ils ne se parlent toujours pas. Ils s'observent, se dissèquent, se boivent des yeux jusqu'à plus soif. Ce n'est pas de l'amitié, ni de l'amour, ni de la considération ou de la rancune, mais ce n'est pas de l'admiration non plus. Ils veulent savoir, chacun, qui est l'autre. Mieux, le deviner, le sentir… l'apprécier.

Les gens de cour rassemblés autour d'eux sont fascinés par ce silence si lourd et si long. Il est vrai que

François Ier et Charles Quint peuvent s'observer longuement, tant ils ont à découvrir l'un de l'autre. Ils sont tels des chasseurs à l'affût, ils changent de point de vue en restant immobiles, ils se voient et se perçoivent tour à tour gibier ou prédateur. À ce niveau de rapport de force, plane l'illusion de l'égalité. Entre deux hommes de grande facture, ce sentiment suscite une ivresse réciproque. François Ier le Latin, face à Charles Quint le Flamand. François Ier, roi de Chambord, où les nymphes en toge apparaissent au bord de la rivière. Charles Quint, empereur aux tentures noires symbolisant le deuil d'Isabelle du Portugal. François Ier, c'est l'Europe du vin, Charles Quint, c'est l'Europe de la bière. François Ier, c'est la luminosité, Charles Quint, ce sont les ténèbres. François Ier parle l'italien, le latin mais pas l'allemand. Charles Quint ne parle pas, il écoute.

Et pourtant, pour communiquer, ils ont choisi la langue de Dante. François Ier incarne l'État-nation. Il est le fils aîné de l'Église. Charles Quint accumule les titres, il ne cesse d'ajouter des États membres à sa confédération. François Ier, c'est la France qui s'agrandit. Il regarde l'Europe comme des landes supplémentaires, le Midi, les Pyrénées, la Bourgogne. Charles Quint a le mal de mer, François Ier a le mal d'empire. Charles Quint est réfléchi, dissimulateur et rusé, François Ier aime paraître, il est généreux, ouvert, fastueux, parfois naïf et souvent dépensier à l'excès. Ce sont aussi deux personnages des plus opposés sur le plan physique : le grand, le petit. L'un est sportif et cultivé, l'autre est érudit et souffreteux. L'un est un Apollon, un nouvel Adam, l'autre est un prince austère, un puissant qui se prive. François Ier règne sur une France qui n'a pas été envahie, tandis que Charles Quint, empereur d'Occident, contrôle un territoire qui fédère l'Europe et sur

lequel le soleil ne se couche jamais. Voilà pourquoi ces
deux hommes, parmi les plus puissants de la terre,
s'observent, ce jour-là, en silence, à Loches, encore
pour quelques instants. François Ier fait signe à l'empereur de gagner la tribune royale où va avoir lieu
l'échange des cadeaux. Puis le roi invite Charles Quint à
assister à un feu d'artifice sur le thème de la salamandre,
l'animal que le feu n'atteint pas, le phénix qui brûle et
renaît de ses cendres. Le ciel de Touraine ce soir-là est
lézardé de lumière colorée.

Dans le ciel de Loches, les fusées éclatent en majesté
et font retomber avec lenteur leurs cristaux de couleur,
leurs éclats d'or et d'argent. Le bleu de la nuit semble
être une étoffe qui attend ses joyaux. Après ce feu d'artifice, François Ier propose à Charles Quint de le raccompagner à cheval, mais il souffre tellement qu'il doit
renoncer à ce geste de courtoisie. Charles Quint ce soir-
là passe la nuit au manoir de Sansac, chez Louis
Prévost, où l'a logé François Ier. L'empereur finira la
soirée avec quelques familiers de sa cour en savourant,
à la fin du festin, une orgie d'oranges confites présentées dans des bassines de cuivre. Le manoir de Sansac
est la dernière construction à la mode. Au-dessus de la
porte, une terre cuite de Della Robbia accueille le visiteur. Elle est à l'effigie du roi chevalier. Quelle leçon
tirer de cette rencontre des deux grands princes
contraires et du vaste silence si plein de sens qui les a
unis ? C'est Rabelais qui nous la livre : « Soyons heureux et buvons frais, bien que certains disent que ce
n'est pas le meilleur moyen pour étancher la soif. Je le
crois pourtant puisque les contraires sont guéris par les
contraires. »

Les nuits solitaires sont souvent les rendez-vous des souvenirs heureux. Et l'évocation d'un mariage à venir, faite dans la soirée par François Ier, empêche Charles Quint de trouver le sommeil. Comment pourrait-il se résoudre, lui qui a connu l'absolu bonheur, à une nouvelle alliance ? Comment serait-il possible de reproduire une semblable harmonie avec un être encore inconnu ? Les souvenirs du bonheur sont encore du bonheur. En accord avec cette phrase d'Alexandre Dumas : « le problème de l'Histoire, c'est qu'on garde les livres de comptes et qu'on brûle les lettres d'amour », on se plaît à imaginer comment, en cette nuit tourangelle, les paupières à demi fermées, Charles se souvient de ces moments radieux, où la sombre raison d'État lui a offert, sans qu'il puisse la prévoir, la volupté d'aimer. Ce sont les arguments géopolitiques qui ont présidé à l'union intéressée de Charles Quint avec Isabelle du Portugal, sa cousine germaine. Mais la préméditation stratégique va faire place à l'éblouissement amoureux. Celle qui est la deuxième des sept enfants du roi Manuel du Portugal a vingt-trois ans. C'est une beauté préraphaélite avant la lettre, un air doux, des yeux verts, des cheveux roux, une flambée d'amour qui inspire le respect. Dès qu'il la voit il comprend que c'est elle, celle qui vous est destinée pour vous rendre heureux. Alors, dans la nuit, il a plaisir à reconstituer, à partir des fragments du souvenir, son château d'amour. Avec volupté, il se remémore comment cela s'est passé à Séville. Isabelle attendait depuis une semaine l'inconnu qui allait devenir son mari, lui est arrivé en costume de voyage. Il se revoit, impatient, entrer à grands pas dans l'Alcazar à la lueur des flambeaux. Il se souvient de son mouvement à elle, lent et majestueux, dès qu'il apparaît ; elle met un genou à terre et veut lui baiser la main. Promptement il la relève, immédiatement il la prend dans ses bras et elle lit alors dans ses yeux l'effroi superbe de la certitude du bonheur. Il se souvient qu'il décide alors dans l'instant de tout bousculer. Il se rappelle la stupéfaction du légat du pape, Salviati, à qui il annonce qu'il ne peut attendre demain, qu'il va se marier maintenant, tout de suite, dans la nuit.

Dans son lit du manoir de Sansac, Charles Quint sourit à l'obscurité. Il revoit la scène comme si c'était hier. C'est dans la chambre d'Isabelle que l'autel a été dressé. Minuit vient de sonner et commence la cérémonie nuptiale célébrée par l'archevêque de Tolède. À une heure du matin, Isabelle et Charles sont unis. Elle lui prend la main et penche sa tête sur son épaule avec un sourire indéfinissable. Ils se retirent dans la chambre de leur palais. Charles sourit dans sa nuit lochoise parce qu'il se souvient... Il se souvient qu'ils ne sont pas sortis de la chambre pendant sept jours, tout occupés l'un de l'autre comme seuls savent le faire les amants mariés. Il se souvient de l'étonnement de la cour, de ceux qui n'osaient pas frapper à sa porte. Il ne peut oublier ce dimanche où enfin ils se sont extraits de leur longue étreinte, le soleil irradiait le jardin offrant une perspective de fontaines et de cyprès. Et c'est avec un bonheur tout neuf qu'ils sont allés assister à la grande messe des Rameaux dans la cathédrale de Séville.

Charles se retourne dans tous les sens. Est-il possible de retrouver le sommeil quand le bonheur perdu vous est réapparu en rêve ? Et comme il est cruel d'être veuf, de sentir son corps glacé quand l'amante est partie. Ainsi sera la nuit de Loches célébrant la plénitude disparue car comme le dit si bien Louise de Savoie : « Seul l'amour pare l'existence et vivifie les choses. »

Le voyage de Charles Quint à travers la France du roi François se poursuit à Amboise. Alors qu'il monte dans la tour qui conduit aux jardins suspendus, des porteurs de torches par inadvertance mettent le feu aux tapisseries des murs. C'est la panique, et dans les nuages de fumée, la confusion totale règne entre gentilshommes et serviteurs. Après cet incident fâcheux, qui pourrait gravement inquiéter un empereur de passage pouvant d'un instant à l'autre devenir un prisonnier à vie, François Ier entre dans une grande colère et veut sévir. Mais Charles Quint le calme et refuse avec grandeur que l'on cherche d'hypothétiques coupables. Il poursuit sa route à la découverte des merveilles de la France. Il est l'auteur de ces mots magnifiques : « Si j'étais Dieu et que j'avais deux fils, je donnerais à l'aîné le ciel et au cadet la France. »

À Fontainebleau, François Ier a préparé une attraction pour son hôte, le 24 décembre, pour célébrer Noël. Alors que l'empereur se promène dans le parc qui entoure le château, il se voit soudainement cerné par des déesses et des dieux bocagers qui surgissent de la forêt et, au son du hautbois, se mettent à gambader mimant des danses aussi païennes que rustiques. Le 30 décembre, Charles Quint quitte Fontainebleau, dîne à l'abbaye des Lys, court deux cerfs et s'embarque sur la Seine à bord de son bateau équipé de cheminées où brûlent de grands feux. Ainsi s'éloigne l'empereur, après cet apparent voyage de paix. L'eau mouvante emporte son embarcation, comme les remous de l'actualité politique, tandis que la fumée des cheminées flottantes disparaît dans le ciel à l'image de ce flou si familier aux promesses des princes.

Cette rencontre entre les deux hommes sera la troisième et la dernière. Douze ans après Madrid, ils se sont d'abord revus le 14 juillet 1538 dans le port d'Aigues-Mortes, à bord du vaisseau impérial où, avec une mauvaise foi digne des meilleurs comédiens, ces deux êtres qui se haïssent firent assaut d'amabilité, à commencer par l'empereur, qui donna le ton en enlevant son lourd collier de la Toison d'or pour le passer autour du cou du roi de France :

> « "Ce fut un grand malheur pour nous et nos sujets que, plus tôt, nous ne nous soyons connus, car la guerre n'eût pas tant duré.
> – Aussi devons-nous rendre grâce à Dieu de ce qu'il lui a plu nous joindre ensemble par amitié en ce lieu", répond François Ier en ôtant d'un de ses doigts un beau diamant pour le passer à celui de son hôte. »

Cette entrevue se déroule deux ans après la paix de Nice (18 juin 1537) : un énième chiffon de papier par lequel, une fois de plus, chacun avait gagné du temps, au terme d'une guerre que Charles Quint avait bel et bien perdue. Après avoir envahi une Provence dans laquelle les Français avaient pratiqué la stratégie de la terre brûlée, les impériaux, humiliés, affamés et de surcroît victimes de dysenterie, avaient été contraints de plier bagage. Mais si leurs entourages respectifs furent dupes, ou voulurent bien l'être, l'ambassadeur de Venise, Giustiniano, lui, vit clair, qui écrivit : « Ce que j'ai vu du roy de France, dans mon court séjour, et ce que j'ai entendu de l'empereur à la cour, me prouvent assez qu'entre ces deux princes, il n'y aura jamais d'union. Ils sont, en somme, d'un caractère si différent que le roi lui-même dit un jour à l'ambassadeur et à moi justement à propos des trêves qu'on allait conclure : "L'empereur tâche de faire tout au rebours de ce que je fais ; si je propose la paix, il dit que la paix n'est pas possible, mais qu'il vaut mieux un accord ; si je parle d'accord, il propose une trêve. Nous ne sommes jamais du même sentiment en rien." Non, malgré les apparences, les deux rivaux n'ont mis leurs épées au fourreau que pour mieux les en tirer le moment venu. »

Le traité de Madrid et, du reste, ceux qui suivirent, s'ils semblaient placer Charles Quint en position de force en Europe, ne reflétaient pas la réalité. Celui qui, en matière de géopolitique, faisait parfois office de « colosse aux pieds d'argile », régnait certes sur d'immenses territoires, mais les gouvernait difficilement. Il se trouvait toujours à court d'argent, devant séduire en Espagne une noblesse rétive, faire obéir en Flandre des bourgeois hostiles, et plus encore, en Allemagne, contenir l'inexorable progression de l'hérésie protestante franchement opposée à son catholicisme outrancier et instaurant dans ses États une véritable guerre civile. Ce fut l'une des raisons pour lesquelles, deux ans après l'entrevue d'Aigues-Mortes, l'empereur se rappela au bon souvenir du roi de France, non pas cette fois pour une rencontre, mais pour lui demander une faveur, l'autorisation de traverser la France pour mater ses sujets flamands révoltés contre lui, plus rapidement qu'en passant par ses propres États, plus difficiles à franchir.

Ayant obtenu l'accord désiré, Charles Quint, à la tête d'une suite réduite et seulement protégé par cinquante cavaliers, entra en France par Saint-Jean-de-Luz le 27 novembre 1539 et prit aussitôt le chemin de Bayonne, où les deux fils cadets du roi de France l'accueillirent et l'escortèrent jusqu'à Amboise, à défaut de leur père qui, souffrant d'hémorroïdes, ne pouvait, à cette époque, voyager à cheval. Charles Quint était-il si rassuré ? Il semble que non, comme le montra l'inquiétude visible sur son visage lorsque le plus jeune des deux princes, Charles, bien connu pour ses facéties, sauta un jour sur la croupe de sa monture en lui enserrant les bras et s'écriant : « Sire, vous êtes mon prisonnier ! » Dax, Mont-de-Marsan, Bordeaux, Verteuil, Lusignan, Poitiers, tel fut l'itinéraire de l'empereur qui, effectivement, retrouva le roi de France à Loches après avoir écouté des centaines de harangues et participé à autant de banquets.

Rien n'est épargné pour éblouir le César germano-hispanique, tels, l'autre soir, ce feu d'artifice à Loches, ces visites de Chenonceau, Blois, Chambord ou, deux semaines plus tard, cette soirée mythologique, donnée le 24 décembre à Fontainebleau. Tout au long du périple, Charles Quint, désormais habitué à l'austérité de la Castille, est effectivement stupéfait par la richesse de la France et comprend pourquoi il a rêvé, naguère, de la réduire à sa merci. C'est peut-être ce à quoi il pense en visitant – à sa demande – à Notre-Dame de Cléry, le tombeau de Louis XI, l'homme qui avait repoussé à Beauvais son aïeul, Charles le Téméraire, duc de Bourgogne. La duchesse d'Étampes, naturellement, préside ces divertissements, et Charles Quint ne tarde pas à comprendre quel est le véritable rôle de cette enchanteresse dans la vie de son beau-frère. Sa sœur Éléonore lui a-t-elle fait ses confidences ? Mais ce mélancolique et dévot souverain, qui va jusqu'à refuser de danser en public, peut-il comprendre les choses de l'amour ? Il ne s'en montre pas moins galant, laissant un soir choir – sans doute volontairement – une de ses bagues de diamant, que la belle Anne ramasse pour la

lui tendre et à qui il l'offre aussitôt, arguant de la tradition : lorsqu'un roi perd un objet, celui-ci appartient à
qui le trouve. Enfin, le 1er janvier 1540, après une assez
longue étape à Fontainebleau, le roi de France et
l'empereur font leur entrée officielle dans un Paris
magnifiquement décoré pour l'occasion, où toutes les
fenêtres pavoisent, tandis que la foule acclame les deux
souverains réunis, gage de paix et d'avenir serein. Cette
scène inspirera nombre de peintres, parmi lesquels celui
qui, n'ayant jamais vu la ville, l'imagine au milieu de
montagnes ! On peut voir aujourd'hui à la villa Farnèse
une œuvre originale, vision insolite de la capitale française cernée de sommets. Pendant quelques jours, ce
ne sont que visites, banquets, bals, messes et actions
de grâces, à l'issue desquels l'empereur s'exclame : « Je
mettrai tout Paris dans mon Gand. »

Chevauchant de conserve jusqu'à Saint-Quentin,
François Ier et Charles Quint y prennent congé l'un de
l'autre après avoir échangé nombre de promesses qu'ils
n'envisagent pas un instant de tenir. Puis les deux fils
du roi, comme il était prévu, accompagnent l'empereur
jusqu'à Valenciennes, frontière entre les deux États.
Cette réconciliation, œuvre de Montmorency promu
connétable de France, n'est que d'apparence, puisque
sitôt Gand maté, les deux monarques reprennent leurs
positions. En conséquence, la guerre fait de nouveau
rage, deux ans plus tard, avec la même constance que
jadis, sans donner de résultats décisifs, comme une
absurde pomme de discorde, dévoreuse d'hommes et
d'argent, ravageant tout sur son passage et donnant,
une fois de plus, l'occasion à Henri VIII de changer de
camp, passant alors dans celui de l'empereur. Au fil
des mois, on voit ainsi le duc de Clèves envahir le
Brabant, dans une expédition où les deux fils du roi de

France font leurs armes, tandis que, dans le Piémont italien, les armées de François Ier remportent quelques beaux succès dont, en particulier, le 14 avril 1544, la victoire du duc de Bourbon sur les impériaux, à Cérisoles.

Voulant venger cette cruelle défaite, Charles Quint lève alors une puissante armée qui, renforcée par celle du roi d'Angleterre, compte fondre sur Paris. Elle n'y parviendra pas. Faute de temps, de moyens et d'une véritable stratégie militaire. Alors, pour ne pas perdre la face, les deux souverains signent, le 18 septembre suivant, la paix de Crépy-en-Valois. Rien n'est réglé, mais la paix revient, le temps, tout au moins, d'une récolte.

1539, entre la chance et le hasard, l'édit de Châteauregnard instaure la loterie

L'année 1539 est marquée du sceau de l'Histoire par l'ordonnance de Villers-Cotterêts. François Ier, en monarque éclairé, y substitue le français au latin dans tous les documents officiels. Mais l'année 1539, c'est aussi une autre naissance officielle en France, celle de la loterie. C'est en effet l'édit de Châteauregnard du 21 mai 1539 qui fonde cette institution en donnant au jeu un règlement. Il y eut l'esquisse d'un précédent, quand deux ans auparavant, douze bourgeois de Lille avaient organisé au profit de l'église Saint-Sauveur et avec un certain succès une loterie dans un esprit charitable. Mais Lille alors était flamande et non française.

Au XVe siècle, le jeu est encore l'objet de tous les soupçons. Au temps des épidémies, des guerres et des famines, il est aisé de le diaboliser. C'est d'ailleurs dans un coin de l'enfer que Jérôme Bosch place les joueurs. Depuis 1494, année de la naissance de François Ier, l'auteur de *La Nef des fous* n'a pas changé d'avis : « Tous les joueurs du monde sont fils de Satan ! » Grâce à sa mère, François Ier serait plutôt porté à l'indulgence à l'égard des jeux d'argent. En effet, en Savoie, ont été autorisés au XVe siècle les tirages s'effectuant à l'aide d'épingles, ce qui pourrait expliquer la fameuse expression « tirer son épingle du jeu ». On insérait une épingle dans un livre composé de très nombreuses pages blanches et de quelques-unes seulement marquées de lots. On peut reconnaître l'influence italienne dans la dénomination des jeux de hasard. Le mot « loterie » vient de l'italien *lotto* et apparaît pour la première fois en 1538. Le terme « blanque » – un autre nom pour la loterie –, provient également de l'italien *bianca*, la couleur des bulletins perdants.

Pourquoi François Ier joue-t-il avec le feu, pourquoi joue-t-il avec le jeu ? C'est un choix de pure politique fiscale. Face à la disette des finances royales, le souverain n'a guère d'alternative : ou la *blanque* ou la taxe sur le vin. François Ier ne peut que constater que la première loterie d'État vient d'être efficacement organisée à Florence en 1535, avec l'assentiment de Jules de Médicis devenu le pape Clément VII. En 1539, François Ier institue donc la *blanque*. Quel chemin parcouru depuis 1515, l'année de Marignan où une ordonnance continue d'interdire les jeux de « quilles, fossettes, et autres jeux de sort ».

L'actuel président de la Française des Jeux, Christophe Blanchard-Dignac, nous livre son expertise sur cette innovation du roi chevalier : « L'édit de Châteauregnard, si l'on met à part l'insuccès de la loterie qu'il institue, reste pour autant tout à fait digne d'intérêt. Considéré à juste titre comme le texte fondateur de la régulation du jeu, cet édit est d'une étonnante modernité. » Jugeons-en sur pièce ! Tout d'abord, la méthode. Sur un sujet de société, aux confins de la loi et de la morale, François Ier a consulté ce que nous appellerions aujourd'hui la société civile. C'est après « avis et délibérations de plusieurs princes de nostre sang et gens de nostre conseil », mais aussi « de certains bons et nostables personnages de notre royaume », que François Ier prend sa décision. Deuxièmement, les justifications évoquées pour agir. On retrouve, outre l'impôt, tous les objectifs modernes de la régulation du jeu : intégrité, protection sociale, ordre public. Pour le roi, il s'agit en effet de « porter remèdes aux jeux dissolus » et d'empêcher « nostables, bourgeois, marchans et aultres de blasphémer Dieu, de consommer leur temps… en des jeux de hasard… » et que « les aultres dissipent tous leurs biens ». Dans le *Quart livre* de Pantagruel, François Rabelais décrit ainsi « l'Isle de Blanque où règne le Dieu hasard », avec ses deux filles, « Espérance » la géante et « Réalité » la naine. La première ayant en charge les perdants, la seconde les gagnants.

Par l'édit de Châteauregnard, François Ier concède le monopole royal de la *blanque* à son « cher et bien aimé Jean Laurent » moyennant une redevance annuelle de deux mille livres tournois. Ce monopole ne concerne que Paris, le roi se préservant de « nommer pareillement aultres personnages en chacune des aultres villes du royaume ».

Le défi architectonique d'un roi
au centre de la création

À l'automne 1539, deux cavaliers et leur suite chevauchent de bon matin dans la campagne, à la poursuite d'un dix-cors, comme il est conforme à deux gentilshommes de haute race, se livrant là au plus noble des passe-temps, la chasse. Mais suivent-ils la trace d'un animal ? Charles Quint le croit. François Ier l'a entraîné dans cette partie sans lui révéler, bien sûr, que le chemin qu'ils empruntent ne doit rien au hasard mais a été soigneusement étudié à l'avance. En fait, le roi de France conduit l'empereur dans un traquenard ! Certes, il ne s'agit nullement de le voler ou de l'assassiner, mais de l'épater, de le stupéfier, de l'anéantir en lui dévoilant – comme par hasard – une vision insoupçonnée. L'idée est non seulement d'exciter sa jalousie, mais aussi de lui démontrer que, tout maître de l'Europe qu'il est ou croit être et quoi qu'il envisage, jamais il ne possédera ce qu'on va lui montrer « fortuitement ».

Prétextant une envie pressante, le roi de France s'arrête et descend de sa monture pour satisfaire, contre un chêne de la grande forêt, un besoin plus que naturel.

Son invité l'empereur fait de même, satisfait de souffler un moment. S'apercevant soudain qu'il est dans une clairière d'où la vue porte loin – au bord des marais de La Faisanderie –, Charles Quint contemple le paysage et, stupéfait, distingue une forme émergeant des brumes de l'horizon. Est-ce un château ? Non ! Une apparition inédite jusque-là et qu'il ne reverra sans doute jamais. Une folie, une merveille, un mirage, une masse de pierres inouïe, sortie d'un conte, la demeure d'une fée, sans doute, attendant quelque chevalier perdu pour l'entraîner dans le monde du rêve. Entre six puissantes tours surmontées d'extravagantes terrasses hérissées de centaines de cheminées, de lucarnes, de lanternes plus richement sculptées les unes que les autres, l'ensemble constitue une irréelle dentelle de pierre ininterrompue.

Ce que l'empereur vient d'apercevoir, Alfred de Vigny le décrira ainsi plus tard : « Dans une petite vallée fort basse, entre des marais fangeux et un bois de grands chênes, loin de toute route, on rencontre tout à coup un château royal, ou plutôt magique. On dirait que, contraint par quelque lampe merveilleuse, un génie d'Orient l'a enlevé pendant une des mille et une nuits et l'a dérobé au pays du soleil pour le cacher dans ceux du brouillard avec les amours d'un beau prince. »

« Qu'est cela ? demande Charles Quint.
– Cela ? Oh, c'est ma résidence de Chambord que j'ai plaisir à faire construire ; vous plairait-il de la visiter ? Je n'avais pas prévu que cette petite chose pourrait vous intéresser », répond subtilement François Ier avec ces yeux rieurs que connaît si bien son entourage. Et les deux souverains d'abandonner la chasse pour une visite prétendument improvisée du plus extraordinaire des châteaux de la couronne de France. Ils parcourent cette

cité d'utopie signée par des chiffres et des lettres : cent
cinquante-six mètres de façades, cent dix-sept mètres de
profondeur, à chaque angle une tour de dix-neuf mètres
de diamètre, quatre cent quarante pièces, huit cents cha-
piteaux, trois cent soixante-cinq cheminées – autant que
de jours dans l'année et de fenêtres dans ce palais – que
desservent quatre-vingt-trois escaliers, parmi lesquels
cet extraordinaire degré central, un escalier à double
hélice où ceux qui descendent aperçoivent, sans les
croiser, ceux qui montent.

À cet instant, le César hispano-germanique comprend
peut-être ce que Chateaubriand définira si bien plus
tard : « Chambord rappelle les idées qui occupaient le
roi soldat dans sa prison : femmes, solitude, remparts.
De loin, l'édifice est une arabesque ; il se présente
comme une femme dont le vent aurait soufflé en l'air la
chevelure ; de près cette femme s'incorpore dans la
maçonnerie et se change en tours ; c'est alors Clorinde
appuyée sur des ruines. Le caprice d'un oiseau volage
n'a pas disparu, la légèreté et la finesse des traits se
retrouvent dans le simulacre d'une guerrière expirante. »
L'opération a parfaitement réussi. L'empereur quitte
Chambord stupéfait, ce qui provoque la jubilation de
son hôte qui, pourtant, dans toute sa vie, n'a passé que
quarante-cinq jours dans ce lieu qui, depuis, symbolise
son règne ! Entre les deux hommes, tout est dit.
Comment, en effet, se consoler d'une douloureuse captivité et comment, lorsqu'on est enfin libre, reprendre
avec éclat les rênes du pouvoir ? François Ier n'a pas
hésité un instant à répondre à cette question, dès son
retour de Madrid.

Seule l'apparition de Chambord a semblé constituer
une pose émerveillée au milieu du duel sans pitié auquel

se livrent François Ier et Charles Quint. Chambord, c'est le roi des châteaux, avec pour coiffe, sur ses terrasses, une forêt de tourelles qui s'envole au-dessus de la forêt. Chambord, c'est encore un parc immense de cinq mille quatre cent trente-trois hectares dont quatre mille huit cents de bois et d'étangs, un mur interminable de trente-trois kilomètres percé de six portes, qui encercle le domaine de chasse de cette ancienne propriété des rois de France, qui est aujourd'hui une réserve de faune sauvage où vivent quelque huit cents cervidés et environ mille sangliers. Une des plus belles réserves d'animaux d'Europe occidentale, avec des milliers de canards sur les étangs, des rapaces diurnes et nocturnes qui survolent le passage des grands animaux et la tendresse des biches. Chambord, c'est la souveraineté de la forêt aux confins du val de Loire et de la Sologne, entre la langueur des eaux du fleuve et la rudesse des sols solognots. Un château bâti sur pilotis dont les piliers de bois auraient été sédimentés par le temps, devenus durs comme de la pierre, toujours debout dans un lac intérieur, invisible aux yeux, irrigué par les eaux souterraines.

Les Romains ont été les premiers défricheurs de cette forêt, mais ce sont les moines qui, au Moyen Âge, maîtrisent l'eau affleurante et drainent les champs, créant de vastes étangs. C'est pour célébrer sa puissance et assouvir son plaisir que François Ier fait construire Chambord. En même temps, il confie à son ami Léonard de Vinci le soin d'imaginer les moyens d'assainir la Sologne et de créer un canal qui relierait la Loire au Rhône. Chambord, selon Gustave Flaubert, c'est un monument d'orgueil. Chambord, c'est toute l'expression de la majesté royale d'un souverain veneur. Chambord, c'est enfin, entre les mains de mille huit cents ouvriers, la naissance de l'expression même de l'exubérance royale signée par le sceau superbe de la Renaissance. Cette exubérance, on la retrouve à Fontainebleau, avec les cuirs dorés, les tapisseries héraldiques, les soieries tissées à Tours ou acquises en Italie, la statue du roi en cuirasse ornée de rinceaux, un mobilier paré d'or et de pourpre, des coffres peints à peine déballés dont les boîtes revêtues de tissu précieux rappellent les incessants déplacements de la cour ; exécutés par le menuisier Francisque Scibec de Carpi, des parquets à l'italienne et les deux panneaux de lambris qui habillent la salle de bal.

Avec « Fontaine belle eau » le roi ne sera pas en reste. Il y rassemble des merveilles : vases, médailles, statuettes, dessins, tapisseries, pièces d'orfèvrerie, pierres gravées. Il fait venir d'Italie le portrait de l'Arétin par Salviati, *Vénus et Amour* du Bronzino, la *Madeleine* de Titien, la *Léda* de Michel-Ange, *La Joconde* de Léonard. Il installe le Rosso qui décore la grande galerie François Ier et Francesco Primaticcio qui restera en France jusqu'à sa mort. Le roi invite Andrea del Sarto et Benvenuto Cellini qu'il fait seigneur du Petit-Nesle et dont il s'amuse à supporter les caprices. Fontainebleau, le palais qui mire sa façade rose aux eaux claires des bassins, ne fait que confirmer la force de la signature du roi.

C'est en 1528 que François Ier se fixe définitivement dans sa capitale avec toute la cour. Paris et sa région vont donc profiter de sa dynamique de construction. Dans ses projets, la destruction du donjon du vieux Louvre précédera l'édification d'un palais citadin pour remplacer l'Hôtel des Tournelles. Après Amboise remanié, les rénovations de Fontainebleau commencées,

celles de Villers-Cotterêts et Saint-Germain-en-Laye à
peu près achevées, quels sont ces nouveaux châteaux,
enfants du caprice et certificat de la monarchie absolue ? Ils ont noms Chambord (1524), Madrid (1528),
Challuau (1540) et la Muette (1542). Cadet Rousselle
avait trois maisons, François Ier a sept chantiers et dix
châteaux. Après la période troublée de sa captivité
madrilène, ce ne sont pas de châteaux en Espagne dont
il rêve, mais au contraire d'offrir à Paris une couronne
de constructions majestueuses à laquelle il se consacre
entièrement. Le roi a décidé d'agir sur deux fronts,
d'abord il va procéder à la modernisation des bâtisses
de ses ancêtres, ensuite il va se vouer à l'ouverture de
nouveaux chantiers. Beaucoup de ceux qui se promènent dans le bois de Boulogne actuel ont oublié que
du côté de Suresnes il y avait dans cette forêt giboyeuse
un château, celui de Boulogne-sur-Seine dit le château
de Madrid. Il a aujourd'hui rejoint dans les brumes de
la nostalgie, le cortège des châteaux évanouis…

En 1532, le roi décide d'agrandir le château de
Villers-Cotterêts et se penche sur le destin de celui de
Folembray. En 1539, il se consacre à l'embellissement
de Saint-Germain-en-Laye et au château de Challuau
qu'il va offrir à sa favorite la duchesse d'Étampes.
Ce dernier sera plus tard profondément remanié par
Henri IV qui, lui, en fera don à sa maîtresse Gabrielle
d'Estrées, créant ainsi une continuité à la vocation de
cette propriété : être la demeure des bien-aimées.

En ce qui concerne la restauration du Louvre,
François Ier rêve de s'inspirer des palais romains.
Après mûre réflexion il a compris que le mieux armé
pour concevoir une architecture à l'italienne était finalement Français : Pierre Lescot ! François Ier a retenu la
leçon de Léonard de Vinci : « Ne pas prévoir c'est déjà

gémir. » Ces travaux mis en perspective, nous permettent de comprendre que François Ier dessine l'allée
toute droite qui conduit à la future surintendance des
bâtiments du roi qu'Henri II, son fils, officialisera en
digne successeur du roi bâtisseur.

Fontainebleau et le Louvre disent bien la façon dont
François Ier atteint toujours son ambition. Celle d'imaginer des palais qui en plus de leur somptuosité architecturale et de leur richesse décorative peuvent être tout à la
fois lieu de séjour et siège du pouvoir. L'ardeur à bâtir
et la fureur de restaurer de François Ier sont conta-
gieuses. À tel point que, comme nous le confirme
Charles Terrasse, l'un de ses biographes : « Tous les
amis du roi bâtissent. Montmorency à Chantilly et à
Fère-en-Tardenois, Brion à Pagny, en Bourgogne, Laval
à Chateaubriant, Galliot de Genouillac à Accier, en
Quercy, François de La Rochefoucauld à La Rochefoucauld, en Angoumois, Marguerite, la sœur du roi, et
Henri de Navarre à Pau. »

Quatre siècles plus tard, la magie des châteaux de
François Ier opère toujours, même si, à l'époque, ils
ont lourdement pesé sur le budget de la France. La
seule cassette du roi, si importante fût-elle, n'a pu en
couvrir les frais ! Faut-il lui reprocher d'avoir conçu et
réalisé cette suite somptueuse de châteaux en forme de
chefs-d'œuvre qui, de Paris à la Loire, a porté si haut
la civilisation française ? Certes non. Avant Henri IV et
Louis XIV, François Ier est le premier de nos rois bâtisseurs. La grande différence entre les châteaux de
François Ier et ceux de Louis II de Bavière est que le
second s'abandonne à une rêverie postromantique à
l'époque industrielle, tout entière dédiée au protocole de la nostalgie tandis que, pour le premier, les

châteaux sont les témoins d'une civilisation accomplie qui a encore un message à offrir à l'avenir. Contrairement à ceux du génial Wittelsbach, les châteaux de François ne sont pas des châteaux du passé, mais des châteaux du futur. La meilleure preuve en est cet enchantement permanent que les Français comme les visiteurs étrangers ressentent dans la cour carrée du Louvre ou face à Chambord, authentique miracle esthétique, révélation que demain sera plus beau qu'aujourd'hui : le principe même de la Renaissance.

Car si le roi de France est l'architecte des songes de son royaume, il est encore l'inspirateur de quantité d'autres châteaux que, par émulation ou par communion, ses sujets font à leur tour élever, grands seigneurs, financiers, favoris, les faisant entrer dans une légende qui, depuis, ne cesse de fasciner, comme dans cette suite fameuse du Val de Loire qu'a si bien célébrée Charles Péguy dans son poème :

> « Le long du coteau courbe et des nobles vallées,
> Les châteaux sont semés comme des reposoirs
> Et dans la majesté des matins et des soirs
> La Loire et ses vassaux s'en vont par ses vallées.
>
> Cent vingt châteaux lui font une suite courtoise
> Plus nombreux, plus nerveux, plus fins que des
> [palais,
> Ils ont nom Valençay, Saint-Aignan et Langeais
> Chenonceaux et Chambord, Azay, Le Lude,
> [Amboise.
>
> Et moi, j'en connais un de ces châteaux de Loire
> Qui s'élève plus haut que le château de Blois,
> Plus haut que la terrasse où les derniers Valois
> Regardaient le soleil se coucher dans sa gloire.

La moulure est plus fine et l'arceau plus léger
La dentelle de pierre est plus dure et plus grave
La décence et l'honneur et la mort qui s'y grave
Ont inscrit leur histoire au cœur de ce verger… »

« Ô saisons ! Ô châteaux, quelle âme est sans défauts ? » écrivait Arthur Rimbaud. François Ier n'est pas le seul à être possédé par cette folie des châteaux, cette passion de la restauration et de la construction qui lui permet à la fois de redonner de la jeunesse aux vieilles pierres et d'offrir un avenir flamboyant à un nouveau palais. Dans sa jeunesse, le plus ambitieux des Tudor, Henri VIII, se fait bâtir un château baptisé « *Nonsuch* » (Sans pareil) fait de briques et de bois, où les tours, les mâchicoulis et les créneaux étaient traités tels des ornements, préfigurant le néogothique avant l'heure, ou annonçant l'avant-garde du style Troubadour. Ce rêve d'un palais fou, imaginé par un prince aux yeux bleus, à la peau blanche et à la barbe châtain clair commencé en 1538, ne sera jamais achevé. Et aujourd'hui, hors le souvenir, il n'en reste plus rien !

Quant à la rivalité qui oppose François Ier à Charles Quint, elle est si profonde qu'elle envahit tous les domaines et renvoie constamment les deux princes dos à dos. Mais cette opposition de façade n'est finalement qu'un trompe-l'œil. Il leur permet de prolonger un combat intime et secret, un dialogue continu, interrompu seulement par les accidents de l'histoire. Ils se disputent cette même passion du patrimoine, cette même frénésie de bâtir. Pour Charles Quint, cela dit, les châteaux ne resteront toujours que des forteresses et des couvents. Ainsi, les deux hommes partagent une semblable obsession, qui leur permet de se retrouver encore une fois face à face : le défi architectonique.

Pendant la Renaissance, les rois rêvent d'être des architectes ou, pour être fidèles aux expressions de l'époque, des « architecteurs », des « maîtres d'œuvre », des « deviseurs de plans ». Il est vrai que, selon plusieurs témoignages, le roi de France s'adonne avec talent au dessin et montre sa préférence pour celui de l'architecture. Veut-il imiter l'empereur Hadrien, qui conçut jadis les plans du Panthéon de Rome, ou Laurent de Médicis, qui avait lui-même élaboré l'ordonnancement de sa villa de Poggio à Caiano, en choisissant cette forme en croix, qui fait toute l'originalité de la construction de Chambord ? Nous disposons à cet égard d'une dépêche de l'ambassadeur de Mantoue, datée de 1539, exprimant clairement que François Ier « a dessiné de ses propres mains un grand édifice ». Il précise que le roi esquisse des projets de châteaux « partout où il passe à la chasse ». La sœur du roi, Marguerite, témoigne à son tour de la « légitimité architecturale » de son frère. Ainsi, en 1531, elle parle de Chambord comme d'un bâtiment « fait » par François Ier, à qui elle écrit : « Voir vos édifices sans vous, c'est un corps mort, et regarder vos bâtiments sans ouïr sur cela vos intentions, c'est lire en hébreu. »

Cette volonté de bâtisseur prend, du reste, sa source au tout début du règne. En 1516, le roi élaborait avec Léonard de Vinci le projet de Romorantin, une petite Venise, ville nouvelle irriguée par un réseau de canaux alimentés par la Sauldre, véritable cité idéale avec ses ponts et ses maisons préfabriquées, sans oublier – attention charmante – deux châteaux jumeaux, l'un pour sa mère, l'autre pour lui. C'est à partir du règne de François Ier qu'entre dans l'histoire le rôle de l'architecte qui, jusque-là, n'était que l'auteur des charpentes des cathédrales et qui se substitue désormais au maître d'œuvre. Ceci donne véritablement corps à ce que l'étymologie grecque ajoute à ce terme d'architecte, jadis attribué aux auteurs du Parthénon et autres chefs-d'œuvre : « Celui qui met l'esprit dans la matière. » Et peut-être au terme, cette fois-ci latin, de monument : « Ce qui perpétue le souvenir. »

Donnons à Charles Quint le mot de la fin : invité par son fastueux rival français, il s'est exclamé devant Chambord, cette merveille de majesté : « C'est l'abrégé de ce que peut effectuer l'industrie humaine. » Si Chambord est un point marqué par François Ier, le château de Chantilly, dont il est tombé amoureux, ne fera pas son ultime triomphe. Son propriétaire refusera toujours de lui céder. En 1540, c'est au tour de l'empereur Charles Quint séjournant chez le connétable Anne de Montmorency de s'éprendre de cette splendide propriété. Il ira même jusqu'à proposer de l'échanger contre l'une de ses provinces des Pays-Bas. Là encore, Montmorency ne cède pas. Aucun des deux princes finalement ne l'emporte : encore une fois, entre eux, un match nul !

Nicolas Copernic découvre à Cracovie la vision héliocentrique de l'univers

Ne faut-il pas une vie entière pour comprendre la marche de l'univers ? Ne faut-il pas toute une existence pour oser dire au monde que la terre tourne autour du soleil ? Nicolas Copernic, né le 12 février 1473, aura été contraint d'attendre près de soixante-dix ans pour pouvoir livrer son secret. Et c'est maintenant, au moment où il sent arriver sa fin prochaine, après tant de travaux cachés, épuisé par ses années de recherches et affaibli par ses insomnies, qu'il a le courage de se relever pour clamer sa vérité dans un livre qu'il dédie au pape Paul III : « Si par hasard, lui écrivait-il, il se trouve des hommes légers qui, sans aucune connaissance mathématique, voudront faire intervenir à tout moment l'Écriture sainte, et qu'ils osent avec elle poursuivre et calomnier mon œuvre, je déclare que je ne me soucie nullement d'eux et que je considère leur jugement comme de la poussière… Seuls les mathématiciens peuvent discuter sur les vérités mathématiques. » Copernic connut une ultime joie avant de fermer les yeux pour toujours le 24 mai 1543 à Nuremberg : il put voir son travail imprimé et reçut le premier exemplaire du *De revolutionibus orbium coelestium*. François Ier qui avait quarante-huit ans attendait le retour de la troisième expédition de Jacques Cartier.

Tout a commencé dans une chambre d'étudiant de l'université de Cracovie à la fin du XVe siècle. Le jeune homme qui l'habite est fier de faire ses études dans cette ville célèbre, lui qui est orphelin mais qui est là grâce à son tuteur l'évêque de la Varmie. Voilà deux ans qu'il suit avec passion les cours d'astronomie, de perspective et de peinture. C'est l'époque où, comme dit Rabelais, « les jeunes gens studieux et amateurs de pérégrinité étaient convoiteux de visiter les gens doctes, antiquités et singularités d'Italie » à la façon, aujourd'hui, du programme Erasmus qui permet aux étudiants de vivre un nouvel âge de l'Europe des cultures. Voilà pourquoi Nicolas Copernic, à vingt-trois ans, décide de se rendre en Italie, choisissant de faire sa médecine à l'université de Padoue en même temps qu'il étudie l'astronomie dans celle de Bologne. C'est là qu'il suit les cours de Domenico Maria Novara, l'un des premiers scientifiques à remettre en cause le système géocentrique de Ptolémée. Ce professeur bien-aimé encourage l'intérêt de Copernic pour la géographie et l'astronomie.

Les deux hommes observent ensemble de nombreuses éclipses de lune, ainsi que l'occultation de l'étoile Aldébaran le 9 mars 1497, à Bologne. Dans cette ville cosmopolite, ses mérites ne vont pas tarder à être reconnus. En lui confiant dès 1500 la chaire de mathématiques, à l'âge de vingt-sept ans, on salue en lui un homme de la Renaissance. C'est alors qu'il est rappelé par son oncle, l'évêque l'ayant fait nommer chanoine à Fraunenbourg. Une vie pleine d'indépendance s'ouvre à lui, faite d'étude, de sérénité, d'amitié et de compassion. Médecin, il accorde ses soins à ses confrères du chapitre, aux pauvres et aux malades du pays. Mathématicien, il laisse percer son génie, étudiant les remèdes propres à combattre l'avilissement de la monnaie. Un beau jour Copernic fait bâtir, devant sa petite maison, une tour d'observation. Ainsi, sur les bords de la Vistule, quand la nuit est limpide, il observe les astres avec des instruments d'optique. Homme libre, il se met à l'école des philosophes grecs : « Je pris la résolution de relire les ouvrages de tous les philosophes pour y chercher si aucun d'eux n'avait admis pour les sphères célestes d'autres mouvements que ceux acceptés dans les écoles, et je trouvais dans Cicéron que Nicetas croyait au mouvement de la terre. Plutarque m'apprit ensuite que cette opinion avait été partagée par plusieurs autres ; voici ses propres paroles : "Les autres tiennent que la terre ne bouge pas, mais Philolaus, pythagoricien, tient qu'elle se meut en rond sur le cercle oblique, ni plus ni moins que fait le soleil ou la lune…" »

C'est en 1503 que Copernic déclare que la Terre pivote sur elle-même en vingt-quatre heures et se lance dans une course annuelle autour d'un Soleil immobile. Grâce à lui, on comprend que les étoiles sont des points fixes, et que toutes les planètes, de même que la nôtre, gravitent autour de l'astre central. Ses croyances et la peur des foudres du Vatican sont les principales raisons du retard de la publication de son œuvre majeure.

Ainsi est la Renaissance qui, chemin faisant, s'en retourne vers l'antique pour retrouver les secrets, ceux qui permettront de projeter la connaissance dans les âges à venir, d'aller vers l'inconnu pour trouver du nouveau, comme le disait Charles Baudelaire qui sut ressusciter dans son poème *Les Phares*, à l'époque romantique, le message depuis deux siècles enseveli de Léonard de Vinci.

26

« J'ai vécu ma part »

« Majesté ! Majesté ! »

En ce mois de février 1547, le jeune coursier grimpe à perdre haleine les escaliers du château de Saint-Germain-en-Laye. Après une nuit de galop, il n'a que le temps de sauter de son cheval et d'en confier la bride aux palefreniers, tant il est pressé d'annoncer la nouvelle à son roi. À la porte de la chambre de celui-ci, il bouscule un serviteur portant un lourd plateau de verres et de carafes, lequel se renverse, brisant en mille morceaux tout le chargement sur le pavage de marbre. Mais rien n'arrête le messager empressé qui, à présent, s'agenouille devant François Iᵉʳ, au saut du lit.

« Sire, Sa Majesté le roi d'Angleterre est mort d'une fistule à la jambe le 28 janvier dernier. »

À cette annonce, le roi est stupéfait. Il s'attendait à tout sauf à cette incroyable nouvelle. Sur le moment, il jubile et fait répandre partout, par la duchesse d'Étampes, cette information : « Grande nouvelle ! Nous venons de perdre notre pire ennemi. Le roi me commande de vous en informer ! » Aussi la reine Éléonore croit-elle, pendant quelques instants, que son frère, Charles Quint, est mort ! Le soir, on le voit plaisanter sur la fin de son rival avec les dames, comme le raconte le cardinal du Bellay qui voit pourtant, dans les jours qui suivent, l'humeur du souverain s'assombrir. Il vient de se rendre compte que non seulement il a pratiquement le même âge que feu Henri VIII, mais encore que ce dernier avait prophétisé, jadis, qu'ils partiraient ensemble, ou presque, attendu, disait-il, que « les rois aussi sont mortels ». Un message secret du défunt souverain vient de lui confirmer qu'ils sont tous deux « soumis à la loi commune », de simples mortels « devant penser à Dieu ». Une mélancolie s'empare de lui, lui faisant refuser d'assister au service funèbre qu'il a commandé à Notre-Dame de Paris à la mémoire de son « bon frère ».

Le roi ne connaît pas encore les circonstances de l'agonie d'Henri VIII. Au siècle dernier, André Castelot aimait à faire le récit haut en couleurs de la fin de Barbe-Bleue : « Cornelis Matsys a buriné une gravure hallucinante du roi d'Angleterre et de ses derniers moments : le visage bouffi, le corps usé par les attaques de goutte répétées et douloureuses, envahi par la graisse il est monstrueusement obèse. Il est obligé de porter une gaine à armature de fer pour soutenir son abdomen. Ses ulcères dégagent une odeur fétide. Incapable de monter un escalier, il est hissé à l'étage supérieur à l'aide d'un panier muni d'un treuil. »

L'annonce de la disparition de son « bon frère » n'arrange guère l'état de santé plutôt préoccupant du roi François. À la mort de ses deux fils qui l'avait sérieusement déprimé, se sont ajoutées les épreuves physiques d'un mal qui, sournoisement, le ronge de plus en plus. N'a-t-il pas coutume, parfois, de citer cet extrait de la *Chanson de Roland*, en se comparant à Charlemagne :

« Ah ! Que triste est ma vie ! » Cette lassitude, le dernier portrait que fait de lui Jean Clouet en témoigne admirablement, montrant son front ridé, sa bouche contractée, son regard privé de l'éclat qui, naguère, faisait tout son charme. Certes, il a conservé sa capacité à converser avec aisance, à raisonner d'affaire d'État, à apprécier un bon mot, un poème, une chanson, un air de luth. Certes, il semble encore heureux de la compagnie des jolies femmes, mais il fait désormais chambre à part avec la duchesse d'Étampes, avec qui les relations sont désormais plus amicales que sexuelles.

À cinquante-deux ans, le roi de France est diminué. Déjà, à l'automne 1538, à Villers-Cotterêts, il était tombé assez gravement malade et avait dû s'aliter un certain temps, soigné par la reine Éléonore et la duchesse d'Étampes qui s'étaient relayées à son chevet. « Je vous avais dit que j'ai été bien tourmenté d'un rume [sic] qui m'est tombé sur les génitoires et vous assure que la maladie m'en a été tant ennuyeuse et douloureuse qu'il n'est pas croyable », avait-il alors écrit à son ambassadeur à Londres, ce qui nous permet, aujourd'hui, de conclure qu'il souffrait depuis longtemps d'un abcès au périnée. Il ne s'en cache guère, et même en plaisante, en écrivant : « Je suis puni par là où j'ai péché. » Certes, l'ambassadeur de Venise faisait encore, à cette époque, un portrait favorable de lui : « Le roi est d'une excellente complexion, d'une constitution vigoureuse et gaillarde que n'ont pas ébranlée les soucis, les disgrâces et les fatigues qu'il n'a cessé d'endurer dans tant de voyages et d'excursions à travers ses provinces. Il mange et boit fort bien, dort on ne peut mieux et ce qui importe encore plus, il tient à vivre gaiement et sans trop de soucis. » Mais celui d'Espagne, quelques mois plus tard, semblait mieux informé, qui écrivait : « Le roi

de France a une veine rompue et pourrie dessous les
parties basses par où les médecins désespèrent de sa
longue vie, disant être celle de laquelle dépendra la vie
de l'homme et que, si elle rompt, il suffoquera. »

Une légende, tout à la fois malveillante pour le
Valois et conforme à l'idée de séducteur, que l'histoire
s'est faite de lui, affirme que François Ier était gravement atteint de la vérole, depuis qu'un mari jaloux
avait sciemment attrapé ce mal pour le communiquer à
sa femme, « la belle ferronnière », avec l'espoir, bientôt
réalisé, que le roi le contracterait à son tour. Rien ne
permet aujourd'hui d'affirmer la véracité de cette histoire ni que François Ier soit mort de ce « mal d'Italie »,
malgré ce que chanteront certains, dans ce tercet répan-
dant la rumeur :

> « L'an mille cinq cent quarante septembre
> François mourut à Rambouillet
> De la vérole qu'il avait. »

En fait, depuis plusieurs années, il subit une pénible
et gênante incontinence et, depuis peu, souffre « d'abcès
purulents au bas-ventre » accompagnés de fortes fièvres.
Les médecins d'aujourd'hui concluent de ce fait qu'il
souffrait plutôt d'une maladie urinaire – cancer de la
vessie, voire de la prostate – que du « mal de Naples ».
Certains estiment que le souverain a probablement suc-
combé à une crise d'urémie, doublée d'une leucémie
foudroyante ou d'une tuberculose longtemps latente.
Plus précisément, « apostume au niveau du périnée
évoluant depuis plusieurs années », selon le docteur
Georges Bloch consulté par André Castelot. Il est inutile de préciser que les médecins de l'époque étaient
totalement impuissants à soigner ce mal, d'autant
qu'ils confondaient la blennorragie avec la syphilis. À

cet égard, le docteur Bloch est formel : même s'il fut
atteint du mal de Naples, il en guérit « et ce n'est certes
pas la syphilis qui le mit dans la tombe ».

Quoi qu'il en soit, lorsqu'on ouvre son corps pour
l'embaumer, le rapport d'autopsie, pratiqué le vendredi
1er avril 1547, dont le texte en latin ne sera publié qu'en
1856, reste formel : « La gorge couverte de plaies laissait
échapper un pus rouge ; le poumon droit putride adhérait
si solidement aux côtes près de l'épine dorsale qu'on
n'aurait pu l'enlever sans le déchirer ; une fois cette partie coupée, un pus mauvais s'écoula… on trouva un
large abcès rempli de pus au col de la vessie ; sous le
pubis, à droite, tout était purulent et la chair – *substantia*
– elle-même était gangrenée ; le scrotum, la prostate et
les testicules avaient contracté le même mal. » Ce texte
corroborant cet autre témoignage qui évoque « les
rognons gastez et toutes les entrailles pourries… une
tumeur suppurante et des pustules sur la langue » !

Mais il n'y a pas que le corps. Son âme est tout aussi
fortement atteinte, lorsqu'il se remémore ses morts, sa
première femme, Claude, sa mère, Louise, ses deux fils,
François et Charles, ses trois filles, ses amis. C'est un
triste printemps que celui de cette année 1547, dans
lequel le roi tente d'oublier ses souffrances en voyageant, en litière car il ne peut se tenir à cheval, d'un
château à l'autre dans cette partie ouest-sud-ouest de
Paris – Saint-Germain-en-Laye, Villepreux, Rochefort,
Dampierre et Limours – avant d'échouer, au début du
mois de mars, à Rambouillet, chez son capitaine des
gardes, Jacques d'Angennes, où il espère chasser dans
cette forêt giboyeuse qu'il connaît si bien. Mais, attaqué
par une terrible fièvre et des douleurs continues, il doit
s'aliter et se trouve bientôt au plus mal. Ses médecins et

chirurgiens sont particulièrement désarmés. Sentant sa fin prochaine, il met sa conscience en règle en sacrifiant au rituel de la mort monarchique, que reprendront plus ou moins invariablement ses successeurs : la confession, les derniers sacrements et le renvoi de sa maîtresse, la duchesse d'Étampes, qui obtempère aussitôt, non sans une emphase qui annonce l'opéra baroque encore à naître, puisqu'elle s'écrie alors : « Oh ! Terre, engloutis-moi ! »

Avec sa taille voûtée, sa barbe et ses cheveux poivre et sel, son regard fatigué, le roi a tellement changé que, s'il n'avait ses vêtements somptueux, on ne le reconnaîtrait pas. Il est vrai que le traitement qu'on lui administre, purges et saignées à répétition, ne peut que l'épuiser davantage. Le 29 mars 1547, alors qu'il n'est plus que l'ombre de lui-même, le roi reçoit les derniers sacrements, voulant quitter ce monde, selon sa propre expression, « sous l'étendard et la conduite de Jésus-Christ ». Il fait ensuite appeler son fils en pleurs qui se jette dans ses bras, incontestablement culpabilisé par le peu d'amour qu'il a, depuis toujours, porté à son père, mais conscient aussi de la très nette préférence que celui-ci avait pour son aîné et son benjamin, que Dieu a pris dans la fleur de l'âge. En ce moment précis, l'un et l'autre ont sans doute décidé de se réconcilier, le premier surtout, qui avait peut-être trop répété cette phrase tragique : « Et je n'ai plus qu'un fils ; je ne l'aime pas, mais il est mon légitime héritier. » Mais ce moment n'est pas seulement celui où un père et un fils se disent adieu ; c'est aussi celui où deux rois se succèdent dans la chaîne de transmission de l'autorité suprême !

Les témoins ont aussi rapporté ce discours du père à son fils :

« Vous avez été un bon fils et je m'en contente. Je
ne m'en irai point que je vous donne premièrement
ma bénédiction. Il vous souviendra de moi. Mais
quand vous viendrez en l'état où je suis maintenant
pour rendre compte de votre charge devant Dieu,
ce vous sera grand réconfort de pouvoir dire ce que
je dirai maintenant : que je n'ai point de remords
en ma conscience pour chose que j'ai fait faire à
justice, à personne du monde que j'ai su. »

Le 30 mars, François Ier entend la messe depuis son
lit, communie, reçoit à nouveau son fils et lui délivre ses
derniers conseils, parmi lesquels celui-ci : « Faites toujours votre devoir, Dieu vous le rendra », ou cet autre :
« Ne vous laissez jamais dominer par les femmes »,
montrant par là que, jusqu'au bout, il est resté lucide,
remarquant la singulière influence que Diane de Poitiers
exerce sur son héritier. Enfin, le jeudi 31 mars, à quatorze heures, au terme de sa trente-deuxième année de
règne, alors qu'un ultime rayon de soleil traverse la
fenêtre de cette chambre du gros donjon de Rambouillet,
le roi chevalier cesse de vivre, après avoir murmuré, en
serrant un crucifix contre sa poitrine, « Jésus, Jésus ». À
ses pieds, les yeux emplis de larmes, prient le dauphin et
sa sœur, Marguerite, la dernière fille du roi, tandis que
prêtres et courtisans se tiennent à distance respectueuse.
Certains en prennent pourtant à leur aise, tel le duc
d'Aumale, dans la pièce attenante, ironisant ainsi : « Il
s'en va ; il s'en va le galant. » Deux absentes de poids
dans cette agonie finalement assez courte, la reine Éléonore, à qui on a caché la réalité du mal de son mari, et sa
sœur Marguerite, la reine de Navarre, que nul n'a songé
à rappeler en Île-de-France. Elle n'apprendra la terrible
nouvelle que quelques semaines plus tard, lui faisant
rimer ces vers :

« Je n'ay plus ny père ni mère
Ny sœur ny frère
Sinon Dieu seul auquel j'espère. »

Avant de composer à sa mémoire l'un de ses plus beaux poèmes :

« Or, cesse donc l'extrême deuil
Que pour moi fais, et moi t'éjouis
Que vrai amour fait sortir du cercueil.
Es-tu celui par qui l'eau trouble et noire,
Sans nul espoir, il y a quatre mois
Parfait amour de larmes m'a fait boire ?
Ton frère suis lequel plus tu ne vois
Ni ne verras que par l'étroite porte
Viennes à moi, car la passer tu dois. »

À la vesprée, François Clouet, qui avait tant de fois immortalisé ses traits, vient mouler le visage du défunt pour préparer un mannequin à son image destiné à être présenté au public, puisque, à cette époque, on ne connaît pas les techniques de conservation des cadavres. Le cœur et les viscères du roi sont déposés dans des urnes de plomb, bientôt expédiés en l'abbaye des Hautes-Bruyères. Le corps, lui, est enfermé dans un cercueil de plomb cerclé de bois et rapatrié à Saint-Cloud, dans la demeure de l'évêque de Paris, Jean du Bellay, où il est veillé en permanence, jour et nuit, dans une salle obscure, par plusieurs religieux. C'est encore là que Clouet effectue l'empreinte du visage du défunt, afin de réaliser son effigie. Celle-ci doit contribuer à l'établissement de la « remembrance du roi », c'est-à-dire sa reconstitution physique, couché, comme s'il dormait, avec son visage en cire orné de vrais cheveux et portant la couronne, son corps en osier vêtu de la chasuble, des chausses, du manteau de velours violet semé de fleurs de lys, du collier de l'ordre de Saint-Michel, le sceptre et la main de justice posés sur les coussins de velours rouge.

Jusqu'au 21 avril, toute la cour et les corps constitués, depuis les magistrats jusqu'aux ordres mendiants, viennent s'incliner une dernière fois devant ce souverain faussement vivant. Tous sauf son fils, puisque l'étiquette interdit formellement qu'il y ait deux rois en France et – transgression absolue – qu'on puisse voir deux rois côte à côte. Enfin, dernier tabou : il ne saurait être question que les rois en personne soient mis en présence de la mort. L'ensemble de ce cérémonial correspond à une très ancienne croyance selon laquelle l'âme du défunt ne quitte pas immédiatement son corps. C'est pourquoi, selon les mêmes règles, on sert au roi à manger, deux fois par jour, pendant un peu plus d'une semaine, sans oublier de remplir son verre de vin. Le rituel est le même que de son vivant : bénédiction des couverts par un cardinal, présentation de la serviette par le maître d'hôtel, défilé des gentilshommes servants apportant les divers services, « présentation de la coupe aux endroits et heures que le feu roi était accoutumé de boire », splendeur des ustensiles, délicatesse et abondance des mets, gestuelle des serviteurs de l'hôtel qui participent à ce culte au fond très païen du souvenir. En témoigne l'ordonnancement de ce menu, dont les officiers de la bouche du roi lui présentent les plats, tour à tour : cerf en potage, rafioules de blanc-manger feuilletées, cafiades d'esturgeon, cygne rôti en crémonaise, neige de lait au sucre. Myrobolans confits, grenouilles frites au persil, pâté de grue. Cartoufle bouilli, gelée passementée au chou, longes de veau rôti froides sinapisées de poudre zinzibérine, grand massepain doré, lard d'amande, gelée d'ambre, petits beignets

de la mi-carême, à plaisir. Un rituel qui vise symboliquement à prolonger la vie du roi jusqu'à ce que son
successeur soit sacré à son tour, en vertu du principe
selon lequel, en France, « le roi ne meurt jamais ».
Après ces simulacres de festin et cette singulière mise
en scène d'un appétit fantomatique, il va de soi, au nom
de la charité chrétienne, que tous ces plats intouchés
sont offerts aux pauvres.

Un mois plus tard, le 21 mai, le cercueil du défunt
roi, selon la volonté qu'il avait manifestée avant de
s'éteindre, est conduit à Notre-Dame de Paris, aux côtés
de ses deux fils qui reposaient, le premier à Tournon, le
second à Beauvais, selon un impressionnant cérémonial
réglé par le connétable de Montmorency. Le roi d'arme
Guyenne en a laissé une relation : précédé des crieurs
répétant à chaque carrefour « Priez Dieu pour l'âme de
très haut, très puissant saint et très magnanime
François, par la grâce de Dieu roi de France très chrétien, premier de ce nom, prince clément, père des arts et
des sciences ! », le cortège s'ouvre par deux archers
de l'hôtel du roi, en habits de deuil, suivis des Cordeliers, des Jacobins, des Augustins, des Carmes et des
Mathurins, ainsi que de plusieurs centaines de pauvres,
chapeau sur tête, portant chacun une torche de cire.
Suivent, vêtus de noir, les arquebusiers et arbalétriers
de la ville de Paris, les luminaires, crieurs, officiers du
guet, sergents à verge, notaires, commissaires, lieutenants, conseillers, gens du roi, avocats et prévôts de la
ville portant leurs bâtons noirs. Viennent ensuite les
collèges de Cluny, des Ballettes, des Blancs-Manteaux,
de Sainte-Catherine-du-Val, de Saint-Victor, de Sainte-
Geneviève, des Bernardins, de Saint-Germain-des-Prés,
l'Université, avec ses recteurs et ses bedeaux, et puis
les chevaucheurs, les palefreniers, les pages, contrô-

leurs et receveurs de la Maison du roi, les trompettes, le prévôt de l'hôtel, les suisses commandés par le maréchal de Sedan, deux cents gentilshommes portant la hache d'arme à pied et toute la maison du feu roi, à savoir les officiers du commun, les officiers de la bouche, les valets de chambre, les contrôleurs, clercs d'office, valets de garde-robe, médecins, chirurgiens, barbiers, huissiers de chambre, maîtres d'hôtel et pages d'honneur.

Et ce n'est pas fini ! Devant les Parisiens respectueusement massés sur le parcours du cortège, arrivent à présent les généraux des monnaies, des aides et de la chambre des comptes, le grand prieur du Temple, le premier écuyer Tranchant portant le fanion de France en velours violet cramoisi semé de fleurs de lys et frangé d'or, les quinze trompettes aux banderoles déployées et enfin, tiré par six chevaux harnachés de noir, le chariot d'armes où reposent les trois cercueils royaux, couvert jusqu'à terre de velours noir, décoré d'une grande croix de satin blanc et de vingt-quatre écussons aux armes de France, le tout surmonté d'une couronne royale. Dans un immense mouvement d'ensemble, le peuple se signe et de nombreuses femmes pleurent lorsque paraît le corps du roi encadré par les douze pages à cheval, le grand écuyer de France, Noailles, portant les gantelets du feu roi, et ses adjoints portant son heaume, son manteau, son écu et sa cotte d'arme. Trente-trois évêques ferment la marche, suivis de celui de Paris accompagné de tout son clergé, qui, à présent, va célébrer la messe de funérailles, dans une nef éclairée « d'autant de luminaires qu'elle en pouvait porter ».

La longue messe achevée, le cortège reprend sa marche pour gagner l'abbaye de Saint-Denis où, le

lendemain, le grand aumônier de France, Pierre
Duchâtel, prononce l'éloge funèbre de François Ier. À
l'issue des vêpres, les trois cercueils sont inhumés dans
la nef, en attendant de prendre place, quelques années
plus tard, dans le magnifique tombeau que commencent
à sculpter Philibert Delorme et Pierre Bontemps, sous
la forme d'un arc de triomphe romain, dans lequel
François Ier et Claude de France seront représentés
deux fois, en orant et en gisant, selon les conventions
de l'époque. C'est alors que le héraut de France, devant
la fosse béante où François Ier et ses deux fils viennent
de rejoindre le premier dauphin et la reine Claude,
appelle les grands officiers de la Couronne à faire leur
devoir, c'est-à-dire à jeter dans la fosse ce qu'ils
portent :

> « Monsieur de Boisy, grand écuyer, l'épée.
> Baron de Lenouville, les éperons dorés.
> Monsieur d'Annebault, conducteur de ce convoi,
> [la bannière.
> Monsieur René de Lorraine, la couronne royale. »

Ceci fait, le héraut de France crie par trois fois : « Le
roi est mort », avant de proclamer l'avènement de ce
nouveau souverain de vingt-huit ans : « Vive le roi
Henri, second de ce nom, par la grâce de Dieu roi de
France, à qui Dieu donne bonne vie et longue. » La
cérémonie achevée, un grand banquet rassemble les participants, au réfectoire de l'abbaye. À la fin du repas, le
premier maître d'hôtel du défunt roi, Mendosse, se lève,
brise son bâton, symbole de sa fonction, et prononce
l'allocution suivante : « Messieurs, nostre maître est
mort et pour ce que chacun de se pourveoye. Nous
avons un roy, en la bonté duquel nous debvons avoir
grande espérance. » À cette seconde, « l'Hercule gau-

lois » succède à son flamboyant géniteur et ouvre un nouveau chapitre de l'histoire de France.

Comme l'écrit Jean Giraudoux dans son *Portrait de la Renaissance* : « La France n'est que force, vigueur, brutalité. Les monarques, dans leur entrevue, se battent à bras le corps, meurent dans les tournois, la langue est forcenée, le désir implacable, mais aucune époque n'a été raffinée et courtoise, dans son esprit, aussi généreuse et subtile dans ses passions. » Que reste-t-il de cet interminable rituel et de ce si long deuil ? Une vision inoubliable : le spectacle hallucinant de ce festin présenté à l'effigie royale est à l'image de la vie de François Ier. Tout lui a été donné en abondance dès le début de sa destinée. N'a-t-il pas bu à toutes les sources de la vie ? La force du symbole est là, dans ce repas intouché servi à un roi plus que rassasié.

François Ier est le roi de tous les superlatifs : plus de jeunesse et plus d'énergie, plus de succès et plus de défaites, plus de gloire et plus de douleur, plus de chasses et plus de guerres, plus de poésie et plus de musique, plus de luxe que de confort, autant de goût de l'honneur que de sens de la ruse, autant d'autorité que de tolérance, autant de volupté que de mysticisme, et autant d'amour que d'amours.

Le roi François, à l'ultime instant de son agonie, parvient à prononcer le nom de Jésus. Jusqu'au bout, il aura gardé son secret : la souffrance est humaine, seule la jouissance est divine.

Au Clos-Lucé d'Amboise, le 17 août 2008.

CHRONOLOGIE

1494   Naissance au château de Cognac de François, fils de Charles, comte d'Angoulême et de Louise de Savoie (12 septembre). Début des guerres d'Italie et mort du dauphin Charles-Orland, fils de Charles VIII (décembre).

1496   Mort de Charles d'Angoulême, père de François Ier (1er janvier).

1498   Mort de Charles VIII (8 avril) et avènement de Louis XII. Installation de Louise de Savoie à Amboise, où François d'Angoulême est confié à la garde de son gouverneur, le maréchal de Gié.

1499   Mariage de Louis XII avec Anne de Bretagne (8 janvier). François est élevé au titre de duc de Valois. Louis XII combat en Italie.

1500   Naissance de Charles de Habsbourg, le futur Charles Quint (24 février).

1505   À Blois, Louis XII reçoit François et le traite en héritier.

1506   Disgrâce du maréchal de Gié. Artus Gouffier de Bonnivet, gouverneur de François. Fiançailles de François et de Claude de France (22 mai). Début de la construction de la basilique Saint-Pierre, à Rome.

1508   Proclamé majeur, François s'installe à la cour de Louis XII. Michel-Ange commence à peindre le plafond de la chapelle Sixtine.

1509   Marguerite de Valois, sœur de François, épouse le duc d'Alençon (9 octobre). Érasme publie son *Éloge de la folie*, et Henri VIII devient roi d'Angleterre.

1511   François accompagne Louis XII dans la vallée du Rhône.

1512   François entre au Conseil du roi et participe à l'expédition de Guyenne (octobre).

1514   Mort d'Anne de Bretagne (9 janvier). François épouse Claude de France, fille de Louis XII, à Saint-Germain-en-Laye (18 mai). Remariage de Louis XII avec Mary d'Angleterre (9 octobre). Guillaume Budé publie *De asse*.

1515   Mort de Louis XII. François Ier est proclamé roi de France (1er janvier) et sacré à Reims (15 février). Victoire de Marignan sur les Suisses (14 septembre). Entrée des Français dans Milan (13 décembre). Entrevue de François Ier et du pape Léon X à Bologne (décembre). Début de la construction de l'aile François Ier à Blois.

1516   Installation de Léonard de Vinci à Amboise (mars). Traité de Noyon conclu avec Charles de Habsbourg (13 août). Établissement du Concordat (29 novembre) et paix de Fribourg conclue avec les cantons suisses (29 novembre). Jean Clouet devient peintre du roi.

1517   Couronnement de la reine Claude (28 novembre). Publication des quatre-vingt-quinze thèses de Luther.

1518   Naissance du dauphin François (28 février). Traité de Londres conclu avec Henri VIII (décembre). Création du Grand Cabinet des livres, ancêtre de la Bibliothèque nationale.

1519   Candidature malheureuse de François Ier à la couronne impériale. Élection de l'empereur Charles Quint (28 juin). Naissance du duc d'Orléans, futur Henri II (28 juin). Mort de Léonard de Vinci et début du chantier du château de Chambord.

1520   Entrevue du Camp du Drap d'or (7-24 juin). Avènement de Soliman le Magnifique.

1521   Première guerre de la France contre Charles Quint (juin). Excommunication de Luther et publication de *Dialogues sur l'art de la guerre*, de Machiavel.

1522   François Ier, gravement blessé à la tête, passe quelques jours entre la vie et la mort. Création des rentes sur l'Hôtel de Ville (22 septembre). Perte du Milanais (octobre). Avènement du pape Adrien VI.

1523   Trahison du connétable de Bourbon (juillet). Avènements du pape Clément VII et du roi de Suède Gustave Vasa.

1524   Mort de Bayard (30 avril). Mort de la reine Claude de France à Blois (26 juillet). Invasion de la Provence par le connétable de Bourbon (août). Prise de Milan par La Trémoille (26 octobre). À la tête d'une expédition maritime financée par François Ier, Giovanni da Verrazano reconnaît la côte Est de l'Amérique du Nord et fonde « la Nouvelle-Angoulême » en l'honneur de la dynastie régnant sur la France, la future New York.

1525   Bataille de Pavie (24 février). François Ier est fait prisonnier et conduit à Madrid. Ambassade de Marguerite d'Angoulême en Espagne.

1526   Après la signature du traité de Madrid (14 janvier), François Ier est libéré (21 février), mais ses deux fils aînés sont requis comme otages.

1527 Début de la liaison de François Ier avec Anne de Pisseleu, future duchesse d'Étampes. Seconde guerre de la France contre Charles Quint. Mort de l'ancien connétable de Bourbon avant le sac de Rome (7 mai). Exécution du banquier Semblançay (août).

1529 Signature de la paix des dames à Cambrai (3 août).

1530 Fondation du Collège de France. Libération des enfants de France, prisonniers à Madrid (1er juillet), et mariage de François Ier avec Éléonore d'Autriche (7 juillet). Construction du château de Saint-Germain-en-Laye.

1531 Couronnement de la reine Éléonore (16 mars). Mort de Louise de Savoie (22 septembre). Organisation de la religion anglicane.

1532 Première ambassade turque auprès du roi de France (juillet). Seconde rencontre à Calais de François Ier et d'Henri VIII (octobre).

1533 Mariage, à Marseille, d'Henri de France avec Catherine de Médicis (28 octobre). Avènement, en Russie, d'Ivan le Terrible.

1534 Affaire des placards à Fontainebleau (17-18 octobre). Alliance de François Ier avec les protestants allemands et prise de possession du Canada par Jacques Cartier. Rabelais publie *Gargantua*. Avènement du pape Paul III.

1535 Procession expiatoire à Paris, présidée par le roi (13 janvier). Mort du chancelier Duprat (juillet). Traité d'alliance franco-turque.

1536 Troisième guerre de la France contre Charles Quint qui, cette fois, s'achève en défaite militaire des impériaux en Provence. Mort du dauphin François (août). Mariage de Madeleine de France avec Jacques V, roi d'Écosse. Traité d'alliance de la France avec Soliman le Magnifique.

1537 Création du dépôt légal des livres. Mort de Madeleine de France, reine d'Écosse, fille de François Ier.

1538 Montmorency connétable de France (février). Entrevue de François Ier et de Charles Quint à Aigues-Mortes (juillet).

1539 Ordonnance de Villers-Cotterêts (août). Réception de Charles Quint en France (décembre).

1540 Édit de Fontainebleau contre les réformés (juin).

1541 Disgrâce du connétable de Montmorency et de l'amiral Chabot.

1542 Quatrième guerre contre Charles Quint (juillet). Création, en France, des généralités et révoltes contre la gabelle dans le Sud-Ouest (décembre).

1543 Guerre de l'Angleterre contre la France. Présence de la marine turque dans le sud-est de la France (juillet-août).

1544 Naissance du futur François II, premier petit-fils de François Ier (19 janvier). Bataille de Cérisoles et paix de Crépy-en-Laonnois entre François Ier et Charles Quint (septembre).

1545 Début des persécutions contre les Vaudois. Mort du dauphin François à Lyon (9 septembre). Début du concile de Trente. Naissance de Nicolas d'Estouteville, seul bâtard connu de François Ier.

1546 Mort du duc d'Orléans, benjamin des trois fils de François Ier (9 septembre). Exécution d'Étienne Dolet et publication, par Rabelais, du *Tiers livre*.

1547 Mort d'Henri VIII (27 janvier). Mort de François Ier au château de Rambouillet (31 mars). Avènement d'Henri II.

1558 Mort de Charles Quint (25 septembre).

REPÈRES BIBLIOGRAPHIQUES

Anonyme
   Chronique du roi François, premier de ce nom (Paris, 1860)
Attali (Jacques)
   1492 (Fayard)
Aubenas (Roger) et Ricard (Robert)
   L'Église et la Renaissance 1449-1517 (Bloud et Gay)
Bailly (A.)
   François Ier (Paris, 1954)
Batiffol (Louis)
   Le Siècle de la Renaissance (Hachette)
Battisti (Eugenio)
   La Renaissance à son apogée et le premier maniérisme (Albin Michel)
Bec (C.), Cloulas (I.), Jestaz (B.) et Terrenti (A.)
   L'Italie de la Renaissance, un monde en mutation (Fayard)
Bellanger (Stanislas)
   La Touraine ancienne et moderne (Mercier/éd. de la Vierge)
Bennassar (Bartolome et Lucile)
   Christophe Colomb (Fayard/Hachette)
Bertière (Simone)
   Les Reines de France (de Fallois)

Bordonove (Georges)
  Les Valois, de François Ier à Henri III (Pygmalion)
Bosquet (H.)
  François Ier et son siècle (Rouen, 1873)
Boucher (Jacqueline)
  La Présence italienne à Lyon à la Renaissance
  (ULGD)
Bourassin (Emmanuel)
  François Ier, le roi et le mécène (Tallandier)
Bourgeois (Louis)
  Quand la cour de France vivait à Lyon (des Tra-
  boules)
Bramly (Serge)
  Léonard de Vinci (J.-C. Lattès)
Brégeon (Jean-Noël)
  Le Connétable de Bourbon (Perrin)
Burnand (Robert)
  François Ier (Librairie Gründ)
Cahours d'Aspry (Jean-Bernard)
  La Vigne et le vin, histoire, légende et symbolisme
  (Atlantica)
Caroli (Flavio) et Zuffi (Stefano)
  Titien (Fayard)
Castelain (Marie-France)
  Au pays de Claude de France (Société d'art, d'histoire
  et d'archéologie de Sologne)
Castelot (André)
  François Ier (Paris, 1967)
Champdor (Albert)
  Louise Labé, son œuvre et son temps (de Trevoux)
Chastel (André)
  Renaissance italienne 1460-1500 (Gallimard)
Chatelain (Jean-Marc)
  Livres d'emblèmes et de devises, une anthologie
  (1531-1735) (Klincksieck)

Chaunu (Pierre)
   Colomb ou la logique de l'imprévisible (François Bourin)
Clot (André)
   Soliman le Magnifique (Fayard)
Cloulas (Ivan)
   La Vie quotidienne dans les châteaux de la Loire au temps de la Renaissance (Hachette)
Conato (Luigi Giuseppe)
   Leonardo da Vinci nella valle dell'Adda (Comunità Montana Lario Orientale)
Conte (Arthur)
   Bâtisseurs de la France de l'an 1000 à l'an 2000 (Plon)
Corvaja (Mireille)
   Les Prophéties de Nostradamus (de Vecchi)
Déjean (Jean-Luc)
   Marguerite de Navarre (Fayard)
Delumeau (Jean)
   Une histoire de la Renaissance (Perrin)
Douville (R.) et Casanova (J.-D.)
   La Vie quotidienne en nouvelle France (Hachette)
Dufresne (Claude)
   François Ier le chevalier de l'amour (Belfond)
Fleuranges (Robert de la Marck, dit)
   Mémoires. Histoire des choses mémorables advenues du règne de Louis XII et François Ier (Paris, 1838)
Fontbrune (Jean-Charles de)
   Nostradamus, historien et prophète (Éd. du Rocher)
Franc-Nohain
   Bayard ou la gentillesse française (Spes)
Gadoffre (Gilbert)
   Renaissance européenne et Renaissance française (Espace 34)
Gaillard (G.-H.)
   Histoire de François Ier (1766-1769, 7 volumes)

Garin (Eugenio) / Collectif sous la direction de
  L'homme de la Renaissance (Seuil)

Garrisson (Janine)
  – *Royauté, Renaissance et Réforme* (Seuil)
  – *Les Derniers Valois* (Fayard)

Géoris (Michel)
  François Ier (France Empire)

Giono (Jean)
  Le Désastre de Pavie (Gallimard)

Guerdan (René)
  François Ier, le roi de la Renaissance (Flammarion)

Guette (Georges)
  Gloire au connétable de Bourbon (Denoël)

Habert (Jacques)
  Verrazane, quand New York s'appelait Angoulême
  (Perrin)

Hale (John)
  La Civilisation de l'Europe à la Renaissance (Perrin)

Hevesy (André)
  Pèlerinage avec Léonard de Vinci (Firmin-Didot)

Hue (Bernard)
  *Jacques Cartier, de Saint Malo de l'Île aux rapides de
  la Chine* (Armine/Édiculture)

Jacquart (Jean)
  – *François Ier* (Fayard)
  – *Bayard* (Fayard)

Kermina (Françoise)
  Les Montmorency, grandeur et déclin (Perrin)

Knecht (Robert J.)
  Un prince de la Renaissance (Fayard)

Lang (Jack)
  François Ier ou le rêve italien (Perrin)

Lapeyre (H.)
  Charles Quint (PUF)

Larivaille (Paul)
   La Vie quotidienne des courtisanes en Italie au temps de la Renaissance (Hachette)
Launay (Claude)
   Quand les rois de France étaient en Val de Loire (Fayard)
Le Clech (Sylvie)
   François Ier, le roi chevalier (Tallandier/Historia)
Le Fur (Didier)
   – *Marignan* (Perrin)
   – *Charles VIII* (Perrin)
Lemonnier (Henri)
   Charles VIII, Louis XII et François Ier, les guerres d'Italie (Tallandier)
Lescure (M. de)
   François Ier (L'Harmattan)
Levis Mirepoix (duc de)
   François Ier (Éditions de la France/Hachette)
Madelin (L.)
   François Ier, le souverain politique (Paris, 1931)
Mahn-Lot (Marianne)
   Les Plus Belles Lettres de Christophe Colomb (Calmann-Lévy)
Masci (Sandro)
   Léonard de Vinci et la cuisine de la Renaissance (Gremese)
Maulde la Clavière (R. de)
   Louise de Savoie et François Ier, trente ans de jeunesse (Paris, 1895)
Méchin (Muriel)
   L'Imprimerie et la Touraine (L'imprimerie de la Tranchée)
Mignet (M.)
   Rivalité de François Ier et de Charles Quint (Campiomont)

Minois (Georges)
   Henri VIII (Fayard)
Paris (P.)
   Études sur François Ier (Paris 1885, 2 volumes)
Pater (Walter)
   Essais sur l'art et la Renaissance (Klincksieck)
Patier (Xavier)
   Le Roman de Chambord (Éd. du Rocher)
Pigaillem (Henri)
   Claude de France première épouse de François Ier
   (Pygmalion)
Pillement (Georges)
   Anthologie de la poésie amoureuse (Le Bélier)
Pontavice (Gilles et Bleuzen du)
   La Cuisine des châteaux de la Loire (Ouest-France)
Rain (Pierre)
   Les Chroniques des châteaux de la Loire (Librairie
   Pierre Roger)
Screech (Michael)
   Rabelais (Gallimard)
Sibert (Marie-Laure)
   Les Rencontres d'Amboise (Barcla, Tours)
Soisson (Jean-Pierre)
   Charles Quint (Grasset)
Soyez (Jean-Marc)
   Quand l'Amérique s'appelait Nouvelle-France
   (Fayard)
Starnazzi (Carlo)
   Léonard, de la Toscane à la Loire (Cartei et Bianchi)
Suhamy (Henri)
   Henri VIII (Éd. du Rocher)
Tanguy (Geneviève-Morgane)
   Sur les pas d'Anne de Bretagne (Ouest-France)
Terrasse (Charles)
   François Ier et son règne (3 volumes, Grasset)

Tourault (Philippe)
Anne de Bretagne (Perrin)
Trouilleux (Rodolphe)
Histoires insolites des animaux de Paris (Giovanangeli/Durante)
Vaissière (Pierre de)
Le Château d'Amboise (Calmann-Lévy)
Varennes (Jean-Charles)
Quand les ducs de Bourbon étaient connétables de France (Fayard)
Varillas (Antoine)
Histoire de François Ier (La Haye, 1684)
Vaudoyer (Jean-Louis)
Ambroise Paré et les Valois (les Laboratoires Ciba)
Venturi (Lionello)
La Peinture de la Renaissance de Bruegel au Greco (Skira/Flammarion)
Vinci (Léonard)
– *Maximes, fables et devinettes* (Arléa)
– *Hommes, bêtes et météores* (Arléa)
Willocx (Albert)
Anne de Montmorency connétable de France (La pensée universelle)
Wölfflin (Heinrich)
Renaissance et Baroque (Le Livre de Poche)
Zweig (Stefan)
Amerigo, récit d'une erreur historique (Belfond)

Sources documentaires des « médaillons »

Chapitre 1 – Nostradamus : *Historia*, les articles de Jacqueline Allemand, Jean-Louis de Degaudenzi, Jean-Marie Pelaprat ainsi que les articles et ouvrages de Jean-Charles de Fontbrune

Chapitre 2 – Machiavel : *Historia*, l'article de Pierre
Dominique

Chapitre 3 – Érasme et More : *Érasme*, édition établie par
Claude Blum, André Godin, Jean-Claude Margolin et
Daniel Ménager, dans la collection « Bouquins » dirigée
par Guy Schoeller (Robert Laffont)

Chapitre 4 – La musique de la Renaissance : communication de Caroline Murat, pianiste, sur la musique Renaissance au colloque de Chanceaux en 2008, animé par
Emmanuel de La Taille et Claude Sérillon, sur le thème
« Renaissance et Nouvelle Renaissance »

Chapitre 7 – La bière de Charles Quint : communication
d'Hervé Marziou, biérologue d'Heineken, au colloque
de Chanceaux en 2008 (*id.*)

Chapitre 10 – Pacello : *Savoir tout faire du bon jardinier*
d'Alain Baraton (Flammarion)

Chapitre 12 – Michel-Ange et Titien : *Titien* d'Alexandre
Dumas (éditions du Sandre)
– *Titien* de Flavio Caroli et Stefano Zuffi (Fayard)

Chapitre 14 – Ronsard : *Historia*, les articles du duc de
Brissac, de Jacques Levron et de Georges Poisson

Chapitre 15 – Verrazane : *Verrazane, quand New York
s'appelait Angoulême* de Jacques Habert (Perrin)

Chapitre 17 – Paré : *Ambroise Paré et les Valois* de Jean-
Louis Vaudoyer (Les Laboratoires Ciba)

Chapitre 18 – Anne Boleyn : *Historia*, par Bernard
Boringe, Robert Coureau, Maurice Rat et Philippe
Toureault

Chapitre 19 – Cartier : *Historia,* les articles de Flodica
Dulmet et Alain Frèrejean

Chapitre 20 – Soliman : *Soliman le magnifique* d'André
Clot (Fayard)

Chapitre 23 – Lyon : *Historia,* les articles de Renée-
Paule Guillot et Émile Henriot de l'Académie française

– *La Présence italienne à Lyon à la Renaissance* de
Jacqueline Boucher (ULGD)
– *Quand la cour de France vivait à Lyon* de Louis
Bourgeois (des Traboules)
Chapitre 25 – Copernic : *Historia*, l'article de Pierre
Rousseau

REMERCIEMENTS

Tout d'abord, je voudrais rendre hommage à ma mère, Agnès Mame, comtesse Saint Bris, qui a toujours encouragé ce goût de l'histoire chez moi si vif et si précoce. Elle a élevé ses enfants dans la présence de l'histoire, favorisant nos jeux de garçons avec nos arcs et nos flèches dans la tour de guet ou au fond du parc, parce qu'ils étaient semblables à « la petite guerre » menée par François Ier enfant avec ses amis, au même âge et en même lieu. En effet, de l'âge de cinq ans à celui de quinze ans, François d'Angoulême a séjourné auprès de sa mère et de sa sœur au Clos-Lucé d'Amboise, notre demeure familiale. Ma mère nous parlait des dames du Clos-Lucé : Anne de Bretagne, Louise de Savoie et Marguerite de Navarre, comme si elles étaient encore là et, le soir, quand elle venait m'embrasser dans mon lit à baldaquin, je me demandais si elle aussi n'était pas descendue d'un tableau identique à celui de François Clouet où se cachait mon amour secret, « la Marguerite des Marguerites ». Cette Marguerite de Valois, future reine de Navarre, est l'auteur de l'*Heptaméron*, son chef-d'œuvre, dont on a fêté en 2008 les cinq cent cinquante ans de la parution. Notre mère nous a donné cette éducation libre dans l'histoire et rien ne lui plaisait plus que d'assister au tournoi de ses sept fils. Mon père complétait cette initiation en nous offrant l'accès direct au souterrain du Temps : ce passage secret qu'empruntait le roi de

France pour rendre visite au Maître toscan, Léonard de Vinci, qu'il appelait « *Padre* ».

À treize ans, je lisais la nuit *Rivalité de François Ier et de Charles Quint* de Mignet, sans me douter qu'à la septième ligne de *À la recherche du temps perdu*, Marcel Proust évoquait ce livre : « Il me semblait que j'étais moi-même ce dont parlait l'ouvrage, une église, un quatuor, la rivalité de François Ier et de Charles Quint. » À seize ans, dans mon cahier vert à spirale, j'ai pris mes premières notes sur ce roi chevalier propre à me faire rêver. À me faire rêver peut-être d'écrire un jour un livre qui lui serait consacré. Depuis, je n'ai cessé de marcher dans ses pas, de me rendre partout où il était allé jusqu'à ce champ de bataille de Marignan devenu aujourd'hui un échangeur d'autoroutes. Des cols de Larche et de l'Argentière dans les Alpes à l'île des Faisans sur la Bidassoa, d'Amboise jusqu'à Milan, du Havre – le port qu'il a créé – jusqu'à Aigues-Mortes, de Cognac à Romorantin, de Calais à Chambord et de Fontainebleau à Rambouillet.

Aujourd'hui, j'ai plaisir à saluer les historiens contemporains qui ont su donner un nouvel éclairage aux années du roi de la Renaissance : Didier Le Fur, l'auteur de *Marignan*, et le biographe de François II, Henri Pigaillem celui d'Anne de Bretagne, Jean-Pierre Soisson celui de Charles Quint, Xavier Patier, l'auteur du *Roman de Chambord*, et Franck Ferrand qui conte si bien les *Fils de France*. Je garde des souvenirs exquis de nos conversations savantes sous les arbres centenaires de La Forêt des Livres, une signature d'écrivains en Touraine, là où Caroline Murat évoqua la musique Renaissance et où brilla Alain Baraton, le roi des jardiniers.

Je tiens à exprimer aussi ma reconnaissance à ceux qui ont guidé mes recherches en Italie ; à Florence : Carlo Pedretti, Alessandro Vezzosi, Ludovica et Lorenzo Villoresi ; à Venise : Francesca Bortolotto-Possati et ma gratitude à Robert Érignac, le président fondateur des *Routes François Ier* ainsi qu'au service des archives d'*Historia* qui m'a permis de retrouver quelques contributions capitales sur cette période et ses plus grands personnages.

Mes pensées vont à Hervé Novelli, secrétaire d'État chargé du commerce, de l'artisanat, des petites et moyennes entreprises, du tourisme et des services, auprès de la ministre de l'Économie, de l'Industrie et de l'Emploi, qui a présidé le Colloque de Chanceaux en 2008 sur le thème « Renaissance et Nouvelle Renaissance » ; à Philippe Martel, directeur du domaine national de Chambord ; Bernard Notari, directeur du domaine national et du château de Fontainebleau ; Thierry Crépin-Leblond, conservateur en chef et directeur du musée national de la Renaissance au château d'Écouen, qui a œuvré avec Catherine Adam et Fabienne Audebrand sous la direction d'Hervé Oursel à la remarquable publication sur *Les Châteaux de François Ier* ; ainsi qu'au sénateur maire de Rambouillet, Gérard Larcher, président du Sénat, au sénateur maire de Lyon, Gérard Collomb, au maire du Havre, Antoine Ruffenach, au maire de Tours, Jean Germain, au maire d'Amboise, Christian Guyon, au maire de Cognac, Michel Gourinchas, au maire d'Angoulême, Philippe Lavaud et au premier maire adjoint de Saint-Jean-de-Luz, Michèle Alliot-Marie, ministre de l'Intérieur, de l'Outre-mer et des Collectivités territoriales.

Gonzague Saint Bris
dans Le Livre de Poche

L'Enfant de Vinci   nº 30803

Arthur a treize ans. Le jour de son anniversaire, son père le
convoque dans la salle des gardes du château familial, le
Clos-Lucé, où jadis François Iᵉʳ accueillit Vinci au soir de sa
vie. Il lui dit : « À partir d'aujourd'hui, tu as le droit d'aller
dormir dans le lit de Léonard, cela te donnera des idées. »

Les Vieillards de Brighton   nº 30052

Au début des années 1950, en Angleterre, un petit garçon,
fils de diplomate français, se retrouve placé par ses parents
dans un asile de vieillards à Brighton. Dans ce manoir
gothique, face à la mer, cet enfant de cinq ans déambule au
milieu d'un cauchemar et lutte pour survivre, au cœur de la
vieillesse.

Composition réalisée par IGS-CP

Achevé d'imprimer en mai 2010 en France par
MAURY Imprimeur – 45330 Malesherbes
N° d'imprimeur : 155794
Dépôt légal 1re publication : juin 2010
LIBRAIRIE GÉNÉRALE FRANÇAISE
31, rue de Fleurus – 75278 Paris Cedex 06